ちくま学芸文庫

内的時間意識の現象学

エトムント・フッサール
谷 徹 訳

筑摩書房

目次

まえがき

本書は、「内的時間意識の現象学」として知られる、現象学の始祖エトムント・フッサールの時間論の翻訳である。その中心的な部分は一九〇四／〇五年のゲッティンゲン大学での彼の講義に由来する。そのため、本書は「内的時間意識の現象学に関する諸講義」とも呼ばれ、さらに「時間講義」と略称されることもある。

この（諸）講義は、彼が主宰した *Jahrbuch für Philosophie und phänomenologische Forschung*, Bd. IX（『哲学および現象学研究のための年報』第九号、一九二八年）に掲載された。そのときには、編者マルティン・ハイデガーによって編者序文が添えられた。それは以下のようなものである。日本語としては多少読みにくくなっているが、本書の大枠を理解いただけるであろう。

「編者序文

内的時間意識の現象学に関する、以下の諸分析は、二部に分かれる。第一部に含まれるのは、一九〇四／〇五年冬学期における四時間の講義「現象学および認識論の主要な諸部分」の最後の部分である。[1]『論理学研究』第二巻（一九〇一年）が「高次の」認識作用[2]の解釈を主題としたのに対して、本講義で研究されるのは「いちばん根底に横たわる知的な諸作用、すなわち、知覚、空想、像意識、記憶＝想起、時間直観」である。[3]第二部は、一九一〇年までに作成された講義の補遺と新たな補足的研究から成っている。

さらにその後に展開され、とくに一九一七年からまたもや取り上げ直された――個体化の問題に関連する――時間意識に関する研究は、今後の公刊のために取り残されている。[4]

ここでの研究の一貫した主題は、純粋な感覚与件の時間的な構成[5]と、そうした構成の基礎にある〈「現象学的時間」の自己構成〉[6]である。その場合に決定的なのは、時間意識の志向的な性格を際立てること、そして、志向性一般をよりいっそう原則的なところから解明すること、これである。このことによってそれだけでもうすでに、ここでの諸研究は、個別的な諸分析の独特の内容を無視すれば、『論理学研究』においてはじめて着手された〈志向性の原則的解明〉の不可欠な補足となるのである。今日でもなお、この〈志向性という〉表現は、〈スローガン的な〉合言葉ではなく、むしろ、中心的な問題の名称なのである。[7]

テクストに対しては、外面的な、その論述スタイルに影響しないような〈文章を滑らかにする作業〉がなされたことを除いて、講義の動的性格をそのまま残しておいた。重要な諸分析は、〈本書では〉もちろんいつでもまたもや変化するような仕方で繰り返されているが、[8]

そうした繰り返しは、〔読者による本書の〕理解を具体的に検証する〔のに役立つだろう〕という関心のもとで意図的に、〔整理・削除せずに〕保持する形で残しておいた。

章の区分および段落の区分は、〔エディット・〕シュタイン博士によって、速記草稿をトランスクライブする際に[9]、その一部は著者〔＝フッサール自身〕の欄外註と結びつけながら、付加された[10]。

目次と事項索引は、〔ルートヴィヒ・〕ラントグレーベ博士が作成したものである。〔本書の目次と索引は訳者による。〕

マールブルク・アン・デア・ラーン[11]　一九二八年四月

マルティン・ハイデガー」

本書の刊行のための編集作業をハイデガーに依頼したのは、もちろんフッサール自身である。フッサールは（出会った直後はそうでもなかったが）、すぐにハイデガーの実力を見抜き、自身の後継者と考えるようになった。ところが、この当時のハイデガーは、フッサールから離反しつつあった。フッサールとしては、ハイデガーをフッサール自身の現象学の道に引き戻そうとして、この編集作業を依頼したようである（もうひとつの試みは「ブリタニカ草稿」の共同執筆の試みだった）。しかし、*Husserliana*（『フッサール全集』）版の編者R・ベームによる研究を見ると、本書の編集作業に関する功績の大部分はシュタインにあり、ハイデガーの貢献は（一九二七年の『存在と時間』公刊前後の彼の側の事情もあったが）小さかったようである。そして、右のハイデガーの編者序文そのものも、少なくとも間接的に、フッサールの目論見が不首尾であったことを暗示しているように思われる。ハイデガーはその編集にあまり関心をもたないままに（あるいは自身のコミットを避けるように）、なにかフッサールの言葉だけを反復し、事実関係だけをごく簡単かつ事務的に示す編者序文を記したように読めてしまう。哲学的・現象学的に何が重要か、右の編者序文ではよくわからない（最低限度は記されているとしても）。優れた哲学史家でもある――言い換えれば、哲学の本質を見抜く力に長けた――ハイデガーの文章にしては、あまりに味気ない。

右のハイデガーの編者序文が簡略すぎるのに対して、本書それ自体は、おそらく一般読者にとって、あるいは哲学（の研究）者にとっても、かなり難解である。そんな背景から、本書はこれまで、十分に理解されてきたとは言いがたい[12]。他方で、フッサール自身が本書を現象学的にきわめて重要だと考えていたことは間違いない。

フッサールにとって、当時危機に陥っていると感じられていた（ヨーロッパ的な）学問を基礎づけることが問題だった。すなわち、学問の基礎としての「論理」を、その根底から基礎づけようというのである。

「論理」は、伝統的に（言語的な）「判断」の問題として考えられてきた。「判断」は「「高次の」認識作用」に関わる。フッサールは、これには基礎があると考えた。この基礎から論理を基礎づけようとしたのである。そこで、その基礎、あるいは「いちばん根底に横たわる知的な諸作用」が問題になる。ところが、これが覆い隠されており、それゆえ新たに発掘されねばならない。

これは、「知覚」「空想」「像意識」「記憶＝想起」「時間直観」だとされている。これらに深く関連するものとして、あるいはもっと積極的にいえば、これらを現象学的に解明するためのいわば現場として、フッサールは『論理学研究』（以下では『論研』と略記する）で「体験」（Erlebnis）なるものを確保していた。「体験」とは――これ自体、説明がなかなかたいへんな概念だが、とりあえず簡単に言えば――、なにかを見るとか聞くということが成立するところの場、そして、そのなにかがそれ自体で存在すると思われるようになるところの場、しかし、そのこと自体が意識されてあるところの場である。これが、「「高次の」認識作用」の基礎なのである。

さて、ところが、『論研』では、フッサールは、その「体験」に深く関わる「時間」の問題[13]について（この「まえがき」の註（3）で示したように）あえて語らなかった。しかし、不要・二次的だから語らなかったのではなく、この問題が「体験」を考えるときには決定的だからこそ、慎重を期したのである（実際、その成果を得るには、その当時からなお数年を要したが）。これをフッサール自身が視野に収めていたことを――やや後年の回顧という形にはなるが――示す一九〇九年の資料を訳しておこう（この資料では、「体験」はデカルト的に「コギタティオネス」とも記されている）。

「コギタティオネス――その実的および志向的な成素に関して――は、現象学の場であるはずである。……しかし、すべての体験はただどんどん流れていくのであり、意識は永遠のヘラクレイトス的流れである。〔今〕まさに与えられてあるものは、現象学的な過去の底なし沼（Abgrund）に沈下していき、しかも、ずっと行ったきりである。なにものも戻ってくることができず、二度と同一性のなかで与えられてあることができない。そうであれば、われわれはほんとうに、無限の場をもっているのか、むしろ、いつもただ、到来してはただちにまたもや流れていく一点をもつだけではないのか？」（底本三四九頁）。

このような（デカルト対ヘラクレイトスとでも言うべき）問いをフッサールは立てていた。すべてが一瞬で流れ去るならば、そもそも「体験」など、可能であろうか。それどころか、総じて、なにものも「今・ある」――これには「今」という時間に関わる成分と「ある」という存在に関わる成分とが含まれることに注意すべきだが――ことができないのではなかろうか。ラディカルに一点・一瞬をどこまでも切り詰めれば、まったく時間幅のない数学的な「点」になってしまい、結局のところ、なにもない、ということになるのではなかろうか。そして、プラトン以来そう考えられてきたように、「真理」が「存在」＝「ある」に関わるのであれば――フッサールの場合にはこれは「明証性」の問題として捉え直されるのだが――、およそ学問など不可能ではなかろうか。現象学が（ヨーロッパ的）学問の基礎づけを目指すとすれば、現象学にとって右のことは根幹に関わる問題なのではなかろうか(14)。こうした事情が示すように――これに対してフッサールがとりわけ「把持」（Retention）という（おそらくジョン・ロック由来の）概念を登場させるということは、すでに現象学に触れたことのある読者諸賢はご存知であろうが――、本書は、体験（意識）と時間をめぐる研究として、現象学にとって不可欠な文献なのである。いや、それだけではない。本書は、その後、広範に展開する（哲学的な）現象学運動の展開にとっても決定的な位置を占めているし、さらには、いわゆる科学（当時からすでに心理学、精神医学、そして現在では認知科学、脳科学など）とも切り結んでいる。

さて、本書には、すでに立松弘孝訳『内的時間意識の現象学』（みすず書房、一九六七年初版、ただし底本は異なる）がある。その訳者の立松先生が本年（二〇一六年）に逝去された。訳者としては、まことに残念である。ご冥福を心よりお祈り申し上げる。その「訳者あとがき」で、立松先生は、フッサールのもとで学んだ高橋里美の言葉を紹介しておられる。「本書は「一般に難解な彼の著作の中でも最も難解を嘆ぜしめるもの」となったのである」（二三五頁）[15]。さらに、立松先生はこうも記されている。「その十分な理解と評価は今後の研究にゆだねられているのである」。

フッサール現象学はいくつかのモットーで性格づけられている。「事象そのものへ」。「可能なかぎり少ない悟性、しかし、可能なかぎり純粋な直観」。「小銭で払う」。さらには、本書に登場する（多少文脈が異なるが）言葉として「見よ」。これにしたがえば、フッサールの「記述」は、事象そのものをありありと見えさせ、現れさせるものであってよさそうなものである。ところが、本書の記述に関しては、そうなっていない。フッサールが何を「見て」いるのか、わからないという文章にしばしば出くわす。立松先生も苦労されたことと思う。立松訳は、多くの（今なお重要な）訳註をつけて日本語読者の理解を助けている。その訳註なしでは、理解はおぼつかない。

ここに新訳を世に出すわけであるが、これは、ふたつの目的をもつ。第一に、訳註をさらに増やし、表記の仕方を工夫し、さらに解説も付けて、原著を一般の（あるいはできるだけ多くの）読者諸賢に理解可能にする。第二に、ゆだねられた「今後の研究」に貢献しようとする。このふたつの目的のために、この新訳の訳註は、おそらく立松訳の何倍かの分量になった。また、文意を明確にするために、多くの補助記号を用いた（凡例参照）。さらに、本文中にきわめて多くの補いを入れた。これほど多くの補いを入れることに対しては、批判もあると思う。それに対してあらかじめ一言述べておけば、私は、「哲学」の翻訳は称揚（あるいは賞賛）だと考えている。総じて、翻訳では、ほぼ宿命的に、原著がもっているもののいくつかが埋もれてしまう。しかし、そうだからこそ、とりわけ「知」の貢献に関しては、あたうかぎり（言葉の流れのなかに埋もれさせずに）浮かび上がらせることが、哲学的な翻訳の称揚だと思う。しかるに、こと本書に関しては、フッサールが「見た」当の事象そのものがなかなか浮かび上がってこない。だから、それを浮かび上がらせ、ありありと見えるようにするための補いが必要になる。実際、本訳書の補いによってそれがかなり見えるようになったと自負している。[16] また、それによって、これまで埋もれていたフッサールの洞察も「新たに」いくつか見えるようになったと思う。しかし、それでもなお（あるいはその対価として）埋もれさせているものがあるだろう（すべてを完全に見えるようにすることは、翻訳の問題としても、また翻訳とは別の「事象そのもの」の問題としても、不可能であろう）。そうしたものについては、いくらか別の意味になるが、やはり「今後の研究にゆだねられている」という言葉を繰り返す以外にない。

そうした「今後の研究」は、「称揚」――もし無批判の称揚という意味であるならば――の反対語にも思われる「批判」でもありうるだろう。いや、哲学においては、称揚と批判はまったく別のことでなく、むしろ絡み合って活動しているはずである。そういう意味で、この新訳を哲学の（この反対のものが協働して形作る）「時間」のなかに置くことができることを、訳者は祈っている。

註

（1） この一九〇四／〇五年冬学期の講義は、底本の編者R・ベームによれば、「一、知覚について」、「二、注意、特殊な思念などについて」、「三、空想および像意識」、「時間の現象学に関して」という四つの部分から成っていた。

（2）「「高次の」認識作用」は、（言語的な）「判断」に関わる認識作用である。

（3）「知覚、空想、像意識、記憶＝想起、時間直観」が「いちばん根底に横たわる知的な諸作用」と呼ばれているのは、「直観」が「判断」の基礎にあるという考え方と関係している。フッサールは、「直観」から「判断」を基礎づけようとする。ただし、この場合、すでに「直観」にも、たとえ最低段階のものだとしても「知的」な性格が認められる。

なお、「知的」は intellektiv の訳である。

本文中の引用符は、フッサールが一九〇四／〇五年冬学期の講義の導入として述べた、以下の文章に由来している。

「ここで始まる諸講義のテーマとして、私は、「現象学および認識論の主要な諸部分」を予告した。そのときもともと、私は、ただ、高次の知的な諸作用だけを念頭に置いていた。すなわち、いわゆる「判断論」の領分を、である。弟子たちと共同作業をしながら、私は、この先まで見通されてはいるが、まだごくわずかしか知られていない領分の、多くの面でまだ定式化されていない諸問題を追究し、解決を試みる、あるいは少なくとも解決の可能性を諸君とともに考え抜くということに、思い至った。関連資料を準備的に深く研究しているときに、私は、しかしすぐに以下の洞察を得た。すなわち、単に教育上の理由でなく、なによりも事象上の理由によって、端的な、いちばん根底に横たわる知的な諸作用を詳細に扱うことが必要とされている、と。この文言でもって私が考えているのは、もちろん、知覚、感覚、空想表象、像表象、記憶＝想起〔草稿では、これのあとに「予期」が記されていたが、しかし、三重の抹消線で強く消されたようである」という、いささか曖昧な表題で誰にも知られてはいるが、しかし、学問的にはなおあまり研究されていない諸現象である。」（底本XV頁）

また、これにつづいてフッサールは、ウィーン大学でのブレンターノの教えに感謝しつつも、しかし、ここで扱われる諸問題が、ブレンターノが考えていたよりももっと複雑であることを述べる（実際、本書＝本講義ではブレンターノを批判している）。さらにフッサール自身の『論理学研究』と本書＝本講義との関連も（自己批判的に）述べている。「まさに記憶＝想起の領分全体が、そしてそれとともに原本的な時間直観の現象学の問題全体が、そこ（＝『論理学研究』）では、いわば黙殺されていた」と。本講義は、この黙殺された部分を解明する。

（4）これは、「ベルナウ（時間）草稿」などと呼ばれている。現在は*Husserliana* Bd. XXXIIIで公刊されている。わが国では、和田渡氏らが先駆的な研究をおこなってきたが、近年では新たな世代の研究者たちが研究に取り組んでいる。

（5）本書での分析の大きな特徴は、「感覚」あるいは「感覚与件」と呼ばれるものがすでに「時間的」だとされていることにある。ハイデガーは、このことに注意を喚起している。

（6）この「「現象学的時間」の自己構成」の「自己構成」はSelbstkonstitutionである。本書でフッサールは、時間構成する意識がおのれ自身を構成する、ということを論じている。この「おのれ自身を構成する」が「自己構成」であるが、これの中動態的ニュアンスについては、随所で註記する。時間構成する意識は、「意識流」とも呼ばれ、この「意識流」はまた「内在的時間」とも重なるので、そのかぎりで、ハイデガーの記述は的を外していない。ただし、「意識流」は、さらに詳細に分析されて、「先現象的」と呼ばれることになる。この「意識流」

の解明が本書の中心的なテーマのひとつである。

（7）たとえば補遺Ⅵ末尾の文言（「そして、まさにここに問題がある」）が、これに対応するかもしれない。

（8）このあたりの文言は、通常に訳せば、「もちろん何度も異なった論述のなかで繰り返されるが」といったようになるだろうが、しかし、ハイデガーは、本書に出てくるフッサールの言い方をそのまま用いているように思われる。そのため、あえてこのように訳しておく。

（9）フッサールは、多くの原稿や研究草稿を「速記体」で記した。出版のためには、それを通常のアルファベットに起こす作業が必要になる。この作業のことが、ここで語られている。

（10）この文言からは、シュタインの関与は些末《さまつ》なものだったように思われてしまうかもしれないが、底本の編者ベームは、シュタインが相当に大きな貢献をしたことを明らかにしている。彼女は、フッサールのさまざまな時期の草稿を集め直したが、しかし、そのことでフッサール自身の思索の年代記的な変化がわからなくなったという面もある。そうした変化を、可能なかぎり追おうとすれば、（多くの資料を含む）底本全体を訳す必要があるだろう。しかし、まずは「内的時間意識の現象学」として知られている部分を、完全な仕方でとは言えないが、それでも（必要な説明と有益と思われる解釈をつけて）日本語読者にとって理解可能な仕方で訳すことが必要だと考える。

（11）現在の公式の都市名表記では、「アン・デア・ラーン」（a. d. L.: an der Lahn）が削除されている。

（12）フッサールの時間論については、彼の遺稿まで含めて現象学者の大きな関心をひいてきたが、それでも本書が十分に読まれているとは言えない。

(13) それでは論理あるいは判断に「時間」は関係しないのか、と言われるならば、もちろん関係する、と答えねばならない。ただ、判断における「事態」あるいは「命題」と呼ばれるものに関しては、「時間」の問題は——こう言ってよければ——二次的になる。事態や命題は「時間的でない」というのがフッサールの考えである。

(14) 諸学問を基礎づける「厳密学」を目指す現象学にとって、これは深刻な問題である。しかし、現象学運動のなかでは、応用現象学といったものも、十分可能だし現実的だと思われる。とはいっても、応用現象学にとっても時間と体験は避けて通れない問題であろう。

(15) 同書一九四頁の訳註でも「本書はフッサールの著書のうちでも格別難解」だとされている。

(16) もうひとつの批判として、補いを入れるよりも、本書の底本に収録されている、フッサールのもともとの講義原稿を翻訳すべきだ、というものがあろうかと思う。しかし、それは量的に膨大にもなり、しかも繰り返しが多く含まれることになってしまうので、諦めた。

凡　例

本書は Edmund Husserl, *Zur Phänomenologie des inneren Zeitbewußtseins*（*1893–1917*）, *Husserliana* Bd. X, Martinus Nijhoff, The Hague に Vorlesungen Zur Phänomenologie des inneren Zeitbewußtseins（1893–1917）として収録されている版を底本とした「内的時間意識の現象学に関する諸講義」の翻訳である。翻訳にあたって、以下のように記号を用いた。

一、原文でゲシュペルト（隔字体）によって強調された箇所は、傍点を付した。ただし、人名であることを示すゲシュペルトについては傍点を付していない。

一、原文の„“による引用は「　」で示し、（　）による補足はそのまま（　）で示し、イタリック（斜字体）による強調のうち、書名は『　』で示し、外国語（ラテン語など）についてはとくに記号を用いなかった。

一、原註は［　］内に、訳註は（　）内にアラビア数字で示し、ともに各章の末尾に置いた。

一、〔　〕は、訳者による補足説明であり、基本的にはこの〔　〕内の言葉は飛ばして、前後の文章をつなげて読んでいただけるようにした。

一、〈　〉は、訳者が語句をまとめて読みやすくするために用いた記号である。

一、《　》は、右の記号内の文章での、さらなる語句のまとまりを示すために用いた記号である。ただし、第四五節と補遺XIIIでは、「命題」と呼ばれるものに対応する文言を示す。

一、原文の――（ダッシュ）はそのまま――で示したが、それ以外に、訳者の判断で、読みやすくするために――を用いた箇所もある。

内的時間意識の現象学

第一部　一九〇五年の内的時間意識についての諸講義[1]

序論[2]

　時間意識の分析は、記述的心理学と認識論(1)に負わされた、太古(2)の十字架(3)である。ここに横たわるとてつもない諸困難を深く感じ取り、それらに取り組んで絶望に陥る寸前まで辛苦の努力をした最初の人は、アウグスティヌスである。『告白』の第一一巻第一四章から第二八章(4)は、時間の問題に取り組む人ならば、だれもが今日なお徹底的に研究すべきものである。というのも、学知を誇る現代も、ことこの事柄においては、真摯に格闘したこの偉大なる思想家を凌駕《りょうが》するほど見事にまた顕著に研究を前進させてはいないからである。アウグスティヌスとともに、今日なお、こう言ってよかろう。だれも私にたずねないとき、私は知っています。しかし、たずねられて説明しようと思うと、知らないのです[3](5)。

　もちろん、われわれはみな、時間が何であるかを知っている。時間は最もよく知られたものである。けれども、時間意識について説明しようとすると、そして、客観的な時間と主観的な時間意識とを正しい関係のうちに置こうとすると、そしてまた、時間的な客観性が、それゆえ個体的な客観性一般(6)が、いかにして主観的な時間意識のなかでおのれを構成するのかを理解しようとすると、さらにまた同様に、純粋に主観的な時間意識を分析し、もろもろの時間体験(7)の現象学的な内実を分析しようとすると、たちまち、われわれは数多の最高度に奇妙な困難、矛盾、混乱に巻き込まれてしまうのである。

われわれの研究にとって出発点として役立つのは、ブレンターノによる時間分析の論述である。しかし、残念なことに、彼はこの分析を出版せず、ただいくつかの講義で述べただけである。〔とはいえ、まったく資料がないわけではなく、〕マルティ[4]が、六〇年代の終わりに刊行した、色彩感覚の発展についての自身の著作のなかで、この分析をごく短く示したし、また、シュトゥンプフもその音響心理学[5]のなかで簡略に示した。

第一節　客観的時間の遮断

さらに、いくつかの一般的な注意事項をあらかじめ示しておかねばならない。われわれの狙うところは時間意識の現象学的分析である。この現象学的分析のなかに含まれるのは——現象学的分析の場合にはいつもそうであるように——客観的時間(8)に関するいかなる想定も、いかなる決定も、いかなる確信（〔外的に〕現実存在するもの(9)についての超越化的な諸前提(10)すべて）も完全に排除するということ、これである。客観的な観点からすれば、どのような体験も、すべての実在的な存在や存在契機と同様に、その位置を唯一無二の客観的時間のなかにもつということになるだろう――したがってまた、時間知覚や時間表象の体験それ自体も、そういうことになるであろう。〔この場合、〕ある体験の客観的時間(11)を規定することに、そして、なかでもとりわけ〈時間構成する体験(12)〉の客観的時間を規定することに関心をもつ人もいるだろう。さらに進めて、〈時間意識のなかで客観的時間として措定される時間〉は〈現実に客観的な時間〉とどのような関係にあるのか、そしてまた、〈時間間隔の〔体験的な〕査定〉が〈客観的に現実的な時間間隔〉に対応するのか、あるいは前者は後者からどのようにずれるのか、こうしたことを確定するのは、興味深い研究であろう。けれども、そういったことは現象学の課題ではない。現実的な事物や現実的な世界が現象学的な与件でない(13)のと同様に、〈世界時間〉や〈実在的時間〉は現象学的な与件でないし、自然科学の意味での、また心的なものの自然科学としての心理学の意味での、〈自然の時間〉も、現象学的な与件ではない。

さて、もちろん、われわれが時間意識の分析とか、知覚の、記憶＝想起(14)の、予期(15)の対象の時間性格といったことを語ると、あたかも、われわれが客観的な時間経過をすでに〔存在する＝あると想定して〕受け取っており(16)、また、そのことからして、根本的なところでは、時間直観および本来的な時間認識の、主観的な〈可能性の条件(17)〉を研究しているだけであるかのように、思われてしまうかもしれない。けれども、われわれがただ受け取る(18)ものは、世界時間の〔外的な〕現実存在[19]とか、事物的な持続の〔外的な〕現実存在とか、それに類したものなどではなく、現出する時間、現出する持続そのものである。これらのものは、それを疑うことが無意味であるような、絶対的な所与性[20]である。それにまた、たしかに、われわれも、ひとつの存在する時間を〔存在する＝あるとして〕受け取る[21]のだが、そうはいっても、その時間は、経験世界の時間経過ではなく、意識経過の内在的時間[22]である。音の出来事過程[23]についての意識、私がまさに聞いているメロディについての意識は、〈ひとつの後に他のひとつ[24]〉〔という順序関係〕を証示するのであり、このことに関してはいかなる疑いもいかなる否認も無意味だということを顕《あら》わにする明証性を、われわれはもつのである。

　客観的時間の遮断とはどういうことか。これがより判然とするのは、おそらく、空間との平行関係を示す場合であろう。それというのも、たしかに空間と時間は、これまでもよく注目されてきた類比関係、しかも〔実際に〕重要な類比性を、証示しているから[25]である。現象学的な〈与えられるもの〉の領分には、〈空間意識〉が、すなわち〈それのなかで知覚や空想としての「空間直観」が遂行されるところのその体験〉が、属している。両目を開くと、われわれは客観的空間を覗き込んでいる――これは（反省する考察[26]が示すように、）以下のように言い換えられる。すなわち、われわれは、空間現出を基づけるもろもろの視覚的な感覚内容をもっており、空間的にかくかくの状態にある特定の諸事物の現出をもっている、と。超越化的な解釈[27]をすべて捨象し、知覚現出を〈与えられているもろもろの第一次内容[28]〉に還元するならば、それらの第一次内容は視野〔＝視覚の場〕の連続体を示す、すなわち、準－空間的な場ではあるが、しかし〔まだ客観的な〕空間とか、空間内の表面ではないような視野〔＝視覚の場〕の連続体を、示す。大雑把に言えば、それは二面的な連続的多様性[29]である。〈ひとつの隣に他のひとつ〉[30]とか〈ひとつの上に他のひとつ〉[31]とか〈ひとつの内に他のひとつ〉[32]といった関係[33]を、われわれはそこに見出す。また、その場の一部を完全に囲んで分割している〈閉じた諸直線〉[34]などを見出す。けれども、それは客観的－空間的な関係ではない。たとえば、視野〔＝視覚の場〕の〔なかの〕一点が、ここにあるこの〔客観的－空間的に〈外的に〉現実存在する〕机の角から一メートル離れている、というようなことを言うのはまったく意味がないし、あるいは、机の隣とか、机の上とか、などなどに置き換えても同様である。もちろん同様に、事物〔全体の〕現出も〔客観的な〕空間位置をもたないし、またなんらかの〔客観的な〕空間関係ももたない。たとえば、家－現出は、〔客観的－空間的に〈外的に〉現実存在する〕家の隣や、家の上にあるとか、家から一メートル離れている、などということはない。

　同様のことが時間についても言える。現象学的な与件は、客観的な意味での時間的なものがそれのなかで現出するところのその時間統握[35]であり、体験[36]である。現象学的に与えられているのは、またもや、時間統握そのものを特別な仕方で基づけているもろもろの体験契機であり、それゆえ、場合によっては特有に[37]意識時間的な（temporal）[38]もろもろの統握内容〔穏健な生得説が〈根源的に時間的なもの〉と名づけているもの）である。けれども、これらのいずれも客観的時間ではない。現象学的な分析によって見いだされうるのは、客観的時間についての事柄ではまったくない。「根源的な時間野〔＝時間の場〕」は、たとえば客観的時間の一部分といったものではない。体験される今は、それ自身において受け取るならば、客観的時間の一点などではない。客観的空間、客観的時間、そしてそれらとともに、現実的なもろもろの事物やもろもろの出来事過程の客観的世界——これらすべては、超越性である。〔ただし、〕よく気をつけてみるならば、空間とか現実性は、〔経験不可能・現出不可能な〕「物自体」[39]のような、神秘的な意味で超越的だというのではない。〔むしろ、ここでの語義で〕超越的であるのは、まさに、現象的な空間、現象的な空間-時間的現実性、現出する空間形態、現出する時間形態である。これらすべては、体験〔の真正な内在性〕ではない〔かぎりで、超越的と呼ばれるのである〕[40]。〔また逆に、〕体験のなかで真正な内在性[41]として見いだされうる秩序連関〔＝秩序をなす繋がり〕[42]は、経験的、客観的な秩序[43]のなかで出くわされることもできず、それに組み込まれることもできない。

〔別の講義で〕詳論された〈空間的なものの現象学〉には、局所与件（かの〔穏健な〕生得説が心理学的な態度において想定している）の研究も含まれる。局所与件は「視覚的な感覚の場〔＝視覚的感覚野〕」の内在的秩序を形作り、そしてこの場それ自体を形作っている。局所与件と〈現出する客観的な場所〉との関係は、性質与件[44]と〈現出する客観的な性質〉との関係と同様である。前者の関係において〈局所徴験[45]〔=局所記号、局所示標〕〉といったものが語られるならば、後者の関係においては〈性質徴験[46]〔=性質記号、性質示標〕〉といったものが語られねばならないだろう。感覚される赤は現象学的な与件であり、これが、特定の統握機能によって生化されて、客観的な性質を描出=提示する（darstellen）[47]。つまり、その感覚される赤は、それ自体では、〔客観的な事物の〕性質ではない。本来の意味での性質、すなわち、現出する事物の性状は、感覚される赤ではなく、知覚される赤である[48]。感覚される赤は、ただ曖昧語法で[49]赤と呼ばれているにすぎないのであり、それというのも、赤とは実在的な性質の名称[50]だからである。特定の現象学的なできごとたち[51]と関係づけて、これらの一方と他方の「合致[52]」ということを語るとしても、それでもやはり以下のことに留意するべきである。すなわち、感覚される赤は、統握によってはじめて〈事物の性質を描出=提示する契機〉という価値をもつのであり、しかもまた、〈描出=提示するもの〔=感覚される赤〕〉と〈描出=提示されるもの〔=事物の性質としての赤〕〉との「合致」は、けっして、その相関項が「ひとつの同じ」と呼ばれるような、同一性意識の〔場合の〕合致ではない、ということである[53]。

現象学的与件は、統握によって、客観的なものを〈有体的に与えられる[54]〉として意識させるのであり、その場合、その客観的なものが〈客観的に知覚される〉と言われるのだが、その現象学的与件のほうが〈感覚される〉と呼称されるのであれば、それと等しい意味において、「感覚される」時間的なものと、〈知覚される〉時間的なものも、やはり区別されるべきである。[6] 後者の時間的なものは客観的時間である。しかし、前者はそれ自体としては客観的時間でなく（あるいは客観的時間のなかの位置でなく）、現象学的与件であって、すなわち、それの経験的な統覚[55]によって客観的時間への関わりが構成されるところのものである。時間与件、[56] あるいはそう呼びたければ時間徴験（＝時間記号、時間示標[57]）は、意識時間（*tempora*）それ自体[58]ではない。客観的時間は経験対象性の繋がり[59]に属している。「感覚される」時間与件は、単に感覚されるだけではない。それには統握性格が［付着して］[60]もいるのであり、しかも、この統握性格には、さらにまた以下のような要求と権限が含まれているのであって、その要求と権限とは、もろもろの時間ともろもろの時間関係[61]——感覚される与件にもとづいて現出するそれら——を相互に並べて測り、さまざまな仕方で客観的秩序のうちに持ち込み、さまざまな仕方で見かけ上の秩序と現実的な秩序とを区別する[62]［ことが正当にできる］というものなのである。[63] 私がそのような〈要求と権限に従う〉場合に〈客観的に妥当な存在〉として構成するものは、つまるところ、唯一の無限な客観的時間であって、すなわち、すべての事物や出来事[64]、物体やそれらの心的な性状、心と心的な状態が、その時間のなかで、それぞれ特定の時間位置——精密時計によって規定可能である時間位置——をもつところのその時間である。

ひょっとすると——ここは、それについて判断するところではないが——これらの〈見かけ上とか現実的といった〕客観的な諸規定〔がなぜ客観的な諸規定として認められるのか、と問われるならば、そうした客観的な諸規定〕は、最終的に、もろもろの〔感覚的な〕時間与件の相違と関係とがそれぞれ確かめられるということを、その手がかりにしているかもしれないし、あるいは、〔客観的な諸規定が経験的なものに〕直接的に適合している場合にさえもこれらの時間与件を、その手がかりにしているかもしれない。けれども、たとえば、感覚される「いちどきに」(Zugleich)[65]は、ただちに、客観的な同時性だというわけではないし、感覚される〈現象学的－意識時間的[66]な隔たりの同等性〉は、ただちに、客観的な〈時間的隔たりの同等性〉だというわけではないし、はたまた、感覚される絶対的な時間与件は、ただちに、客観的時間が体験されてある〔＝存在する〕ということだというわけでもない(このことは、今の絶対的な与件に関しても妥当する)。ある〔感覚的な〕内容を、それが体験されているとおりに把握するということ、しかも明証的に把握するということ、そうしたことは、まだ、経験的な意味での客観性を把握するということを言っていないし、しかも、客観的な諸事物や諸出来事や諸関係、客観的な空間位置および時間位置[67]、客観的に現実的な空間形態や時間形態などが論題になるような意味での客観的現実性を把握するということを言っていない。

一本のチョークに目を向けよう。〔それから〕われわれは目を閉じ、そして開く。そのとき、われわれは二つの知覚をもつ。その場合、われわれは、同じチョークを二度見る、と言う。その際、われわれは、時間的に区別された二つの内容をもち、現象学的〔に捉えられる〕時間的な〈ひとつの外に他のひとつ〉(68)を、〔すなわち〕分離を観て取りもするが、しかし、対象〔それ自体〕に分離はなく、対象は同じである。すなわち、対象には持続があり、現象には変転がある。そうであればまた、われわれは時間的な〈ひとつの後に他のひとつ〉を主観的に感覚するが、その場合に、客観的には〔複数の対象の同時的な〕共存(69)が確認される、ということもありうる。体験される内容は「客観化」されるのであり、そして、いまや、〔客観化されたものとしての〕客観(70)は、体験される内容という素材＝実質(71)から統握〔される〕という仕方で構成されてあるのである。しかしながら、対象(72)は、単にこれらの「諸内容」の総計とか複合ではない、すなわち、その対象のなかにまったく入り込んでいかない「諸内容」の総計とか複合とかではない。対象は、内容以上のものであり、また、ある観点では別のものである。〔この対象としての〕客観性は「経験(73)」に属し、もっと詳しくいえば、経験の統一性に属し、自然の経験法則的な繫がりに属する。現象学的に言えばこうなる、すなわち客観性が構成されるのは、「第一次」内容のなかで、ではなく、むしろ統握性格のなかで、であり、かつまた、これらの〔統握〕性格の本質に含まれる法則性のなかで、である。このことを完全に見通す作業、そして全面的な理解にもたらす作業、これこそがまさしく認識現象学である。

第二節　「時間の根源」への問い

これらの反省[74]によって、経験にとって構成的な諸概念のすべてに関して――ということはまた時間概念に関してもということでもあるが――、現象学的（ないし認識論的）な根源への問いと、心理学的な根源への問いとの相違もまた理解される。〔前者の問い、すなわち〕経験の可能性への認識論的な問いは経験の本質への問いであり、そしてまた、〔そうした〕経験の現象学的な可能性を解明する作業は、現象学的与件に還帰することを要求する、すなわち、経験されるものが――現象学的に見るかぎり――それにもとづいて成り立つところのその現象学的与件に還帰することを要求する。経験されるものは「非本来的」と「本来的」との対立[75]によって二つに分かれ、しかも、本来的な経験こそが、すなわち直観的でまた最終的には十全的な経験こそが経験〔を〕評価〔するため〕の尺度を与えるかぎり、とりわけ「本来的な」経験の現象学が必要である。

　このことに対応することであるが、時間の本質への問いは時間の「根源」への問いにも通じている。この根源の問いは、しかし、時間意識のもろもろの原初的な形成〔作用〕[76]――これらのなかで、時間的なもののもろもろの原初的な差異が、〈時間に関する明証性すべての原本的な源泉〉として、直観的かつ本来的に構成されてくる[77]――に向かう。この根源への問いは、心理学的な根源への問いと、すなわち、経験主義と生得主義との対立の場となる問いと、混同されてはならない。心理学的な根源への問いにおいて問われるのは、根源的な感覚素材、すなわち、人間個体における、さらには人類における客観的な空間直観と時間直観とがそれにもとづいて成立するところのその根源的な感覚素材である。〔しかし、〕われわれにとっては、〔心理学的な問いにおいて問われる〕経験的な発生[78]への問いはどうでもよい。われわれの関心をひくのは、〈体験〉であり、それの対象的意味とそれの記述的内実を軸にして捉えられるところのその〈体験〉である。心理学的な捉え方[80]は、諸体験を、経験的な諸人格の、心理物理的な諸主観の、心的な諸状態として解釈し、それらのあいだに純粋に心的な連関が確認されるにせよ、心理物理的な連関[81]が確認されるにせよ、心的な諸体験の生成、自己形成、自己改変を自然法則的なものとして追究するのだが、そうした心理学的な捉え方は、現象学的な捉え方とはまったく別物である。われわれは〔心理学のように〕諸体験を現実性に組み入れはしない。われわれが現実性に関与するのは、ただ、その現実性が、思念されている現実性、表象されている現実性、直観されている現実性、概念的に思考されている現実性であるかぎりにおいて[82]のことである。これは、時間の問題に関していえば、われわれの関心をひくのは時間体験だ、ということである。〔この場合、〕時間体験それ自体が客観的に時間的なものとして規定されるといったこと、時間体験が諸事物や心的な諸主観の世界のなかに属し、そしてこの世界のなかでそれの位置、それの実効性、それの経験的な存在〔＝ある〕および成立をもつといったこと、こういったことは、われわれにはまったく無関係であり、われわれの関知するところではまったくない。これに対して、われわれの関心をひくのは、「客観的に時間的な」与件はこの時間体験のなかで思念されてある〔＝思念されて存在する〕[83]、ということである。現象学の領分には、〈当該の作用があれやこれやの「客観的なもの」を思念する〉という、まさにこの記述こそが属する。もっと正確にいえば、〔この記述は〕アプリオリな真理の、すなわち客観性のさまざまな構成契機に属するアプリオリな真理の、証示である。われわれは時間のアプリオリを明晰性にもたらそうと試みるのであり、しかも、時間意識を徹底的に研究することによって、そして、それの本質的な構成を明るみに出し、また、この場合には時間に特有に属している統握内容と作用性格——これらにはアプリオリな時間法則が本質的に属している——とを引き出すことによって、それを試みる。この場合に私が考えているのは、もちろん、以下のような自明なたぐいの法則である[84]。すなわち、堅固な時間秩序は二次元的な無限の系列であるという法則[85]、また、二つの異なった時間がいちどきに（zugleich）あることはけっしてできないという法則、この両者の関係は非同時的な関係であるという法則[86]、推移性が成り立つという法則[87]、いかなる時間にもそれ以前の時間とそれ以後の時間とが属するという法則などである。——一般的な序論としては、以上で十分である。

原註

［1］〈本書は、〉エディット・シュタインが一九一七年夏に著者〔＝フッサール〕の委託と関与

のもとで、フッサールの一九〇五年から一九一七年の期間に由来する補足的記載と修正的記載とを付け加えて仕上げた原稿に、一九二八年にマルティン・ハイデガーが編集を加えた版による。この巻〔＝『フッサリアーナ』第一〇巻〕の編者によって、フッサールの現存する原草稿に依拠して検証され、また部分的に改善された。――編者〔＝ベーム〕註

［2］この「序論」のテクスト、これにつづく第一節から第六節、そして第七節の第一段落のテクストは、一九〇五年の講義草稿の一枚目から一五枚目に依拠している。付録〔底本〕のテクスト校閲の註を参照。――編者註

［3］『告白』第一一巻第一四章。――編者註

［4］Anton Marty, *Die Frage nach der geschichtlichen Entwicklung des Farbensinnes*, Wien 1879, S. 41 ff.〔アントン・マルティ『色彩感覚の歴史的発展についての問い』、ウィーン、一八七九年、四一頁以下〕。――編者註

［5］Carl Stumpf, *Tonpsychologie*, II, Leipzig 1890, S. 277〔カール・シュトゥンプフ『音響心理学』第二巻、ライプツィヒ、一八九〇年、二七七頁〕。――編者註

［6］それゆえ、この場合、「感覚される」というのは、ひとつの〔相対的な〕関係概念を示すものであろう。すなわち、この関係概念は、感覚されるもの（das Empfundene）が〔無時間的〕感覚的（sensuell）であるかどうか、いわんや、感覚されるものが〔無時間的〕感覚的なものという意味で内在的であるかどうか、といったことについては何も語らないようなものであろう。言い換えれば、感覚的なものそれ自体がすでに〔時間的に〕構成されているかどうか、そして、感覚的なものは〔無時間的〕感覚的なものとはまったく別様のものであるかどうか、

は未決定のままであろう。――けれども、この区別をまるごとそのまま脇に置いておくのが最善である。すなわち、どんな構成も統握内容―統握という図式をもつというわけではないのである。

訳註

(1)「記述的心理学」は、元来、フッサールの師フランツ・ブレンターノが用いていた語である(たとえば一八八八―八九年の講義題名)。初期のフッサールはこの語で(未完成だったとしても)現象学を示していた。「現象学は記述的心理学である」(『論理学研究』第二巻初版)のように、である。他方、「認識論」は、語としては一般的な語ではあるが、しかし、ここでは基本的に現象学を示しているだろう。

(2) この「太古の」の原語はuraltである。このドイツ語は、ただ「古い」(alt)を超えた古さを指す。日本語では「太古の」とか「大昔の」といったニュアンスである。本書――あるいは現象学全般と言ってもよいが――では、ur(「原」と訳されることが多い)という前綴りをもつ語が多用される。第二節の表題である「時間の根源」の「根源」もUrsprungである。この前綴りurは、発端となるもの、(派生的でない、それ以上遡れない)根源的なものを表すことができる。

フッサールが本書冒頭でこの語を使った理由については、定かでないが、背景的な事実から推測する――あくまでも推測であるが――ことはできる。ひとつには、フッサールは現象学を一種の「考古学」だと考えていた。現象学は、学問の根源・起源を解明するものだからである。

その解明は、論理・言語に先立ち、それを基礎づける経験（とりわけ知覚）に向かうが、この知覚は時間と不可分である。その方向で、本書は時間の根源を問う。ただしかし、ここで問われるのは、（客観的）時間のなかの過去に位置する根源ではない（ちなみに、すぐ後の「十字架」は、基本的には二千年ほど前のイエス・キリストの処刑に関わるが、ここで問われるのは、そうした「二千年」といった「時間」の意味での過去ではない）。むしろ、客観的時間それ自体を構成するもの、この意味で客観的時間のなかの過去よりも先立って古いもの（「時間構成する意識」）だということを、あらかじめ暗示するという意図があったように思われる。

　この解釈によって、uralt の含意を明示するために「原古の」と訳すことも考えたが、冒頭から新造語をもちだすのも憚られるので、「太古の」と訳しておく。

（3）「十字架」は、シンボルとしては古いものだが、キリスト教文化では、もちろん（イエス・キリストに負わされた）「苦難」「受難」「試練」を含意する。

（4）アウグスティヌス『告白』第一一巻第一四章冒頭では、「ですからあなたは何かをお造りになるのに、時間においてお造りになったのではありません。なぜならば時間そのものも、あなたがお造りになったのですから。」（山田晶訳、『世界の名著』、中央公論社、一九六八・一九七五年、四一四頁）と記されている。この箇所を引用すると、フッサールは神が時間を造ったと考えたのか、と誤解されてしまうかもしれない。そうではなく（神はさておき）、時間は、時間のなかで構成されたのではない、というところが重要であろう。

　フッサールにおいては、客観的時間は、客観的時間のなかで構成されるのではない。意識のなかで構成されるのである。その意識は、時間を構成する意識である。この発想が、アウグスティヌスと強く関係している。アウグスティヌスは——周知であろうが——第一四章でこう言う。「では、この二つの時間、過去と未来は、どのようにして存在するのでしょうか。過去とは「もはや存在しない」ものであり、未来とは「まだ存在しない」ものであるのに。また現在は、もしいつも存在し、過去に移り去らないならば、もはや時間ではなくて、永遠となるでしょう。」ここでは、過去と未来は「存在しない」が、現在は「存在する」ように見える、ただし、それが移り去らないならば、時間はない。

さらに第一五章でこう言う。「もしも時間のうちに、何かもうこれ以上極微の部分に分割されえないようなものが考えられるとすれば、それのみが「現在」と呼ばれてしかるべきです。しかしそれは、きわめて迅速に未来から過去へ飛び移ってゆくから、ごくわずかに延びている間すらもない。もしいくらかでも延びているとすれば、それは過去と未来とに分割されてしまう。しかし現在には、いかなる間もないのです。」ここでは、現在それ自体が存在することの不可能性が語られている。

そこで、時間はすべて「魂」のなかの事柄だとされる。「「三つの時がある。過去についての現在、現在についての現在、未来についての現在」。じっさい、この三つは何か魂の中に存在するものです。魂以外のどこにも見いだすことができません。」これらは、魂のなかの「記憶」、「直視」ないし「注視」、「期待」である。そして、時間とは「心の延び広がり」だと結論づけられる。

さらに、アウグスティヌスは、「時間」から「人の子らの時代」（他の魂ないし心と関わる「歴史」であろう）にまで論を進める。

こうしたアウグスティヌスの議論をフッサールがここで参照していることに疑いの余地はない。しかし、そうは言っても、現象学的判断中止（エポケー）――これによって外界も神も遮断される――および現象学的還元という方法をつうじたフッサールの「時間」の現象学は、アウグスティヌスの議論とはかなり異なったものになる。個々の論点の詳細については、本書を読んでいただく以外にないが、ひとつだけ註記しておくと、フッサールでは、時間を構成する意識それ自体が、時間のなかに現出する（「自己現出」と言われる）。ただ、これに関する分析はそれほど読み取りやすくない。翻訳書では、それが読み取れるように工夫したつもりである。

（5）アウグスティヌス『告白』第一一巻第一四章（山田晶訳、『世界の名著』、中央公論社、一九六八・一九七五年、四一四頁）より引用。

（6）ここですでに「時間的な客観性」と「個体的な客観性」とがほぼ等置されている。時間は、個体を個体たらしめる原理である。他方、個体的でない客観性としては、「本質」のような普遍的なものがある。

（7）「時間体験」は、本書の中心問題である。この「体験」の概念については、第一節で登場するときに、説明する。

（8）「客観的時間」については、すでに序論の冒頭部分でも「客観的な時間と主観的な時間意識」（二五～二六頁）という対比において、登場していた。しかし、この箇所での「客観的時間」は、「超越性」としてのそれを指している。この「超越性」とは、意識なしでもそれ自体で「現実存在する」とみなされている性格である。こうした「超越性」が、「エポケー」（判断中止）される――この「エポケー」がここでは「完全に排除する」とか「遮断」という言葉で述べられている。そして、それが現象学的な意識へと還元されるが、この現象学的な意識とは、右のような「客観的時間」がそれのなかで構成されるところのものである。

(9)「[外的に]現実存在するもの」(Existierendes)は、われわれ(あるいは意識作用)とは無関係に、それゆえわれわれ(あるいは意識作用)がなくても、それ自体で存在しているもの、である。「外的に」と補ったのは、そうしたものは、意識作用とは無関係に、それゆえ意識作用の「外部」に存在しているとみなされるからである。しかしまた、そもそもexistieren(現実存在する/実存する)という動詞が、ex(外部に)を含意しており、こうしたニュアンスは哲学史上しばしば利用されている。

(10)「超越化的な諸前提」(transzendierende Voraussetzungen)とは、「現実存在するもの」を、意識作用の外部に「あらかじめ措定する」ということを意味する。「意識作用の外部に出す」というのが「超越化」であり、「あらかじめ措定する」というのが「前提」である。

(11)「ある体験の客観的時間」とは何か。たとえば、ある体験が客観的時間において何時何分何秒に生じたか、といったことを規定しようとする場合に、「体験の客観的時間」が問われるだろう。これを出来事の客観的時間と関係づけることも可能だろうが、しかし、それは自然科学的な心理学の作業である。

(12)「時間構成する体験」が、本書の最終目標とでも呼ぶべきものである。本書の第一部第三章でそれが主題化されるが、しかし、それ以外の箇所でも、部分的に言及される。

(13)ここで言われる「現実的な事物や現実的な世界」というのは、それ自体で現実存在しているとみなされるかぎりでの、それらである。それらは、(それの「現実性」あるいは「実在性」

という点で）現象学的に遮断される。しかし、それらの「現象」は現象学的問題である。
（14）この語は、ドイツ語のErinnerungに対応する。日本語では「記憶」と「想起」は異なる。日本語の「想起」は、ドイツ語ではWiedererinnerung（再想起）に近い。しかし、ドイツ語のErinnerungは「記憶」も「想起」も意味する。この二義が判別できる場合も多いが、しかし、同じ語で記されており、それが文脈上重要である場合も多いので、本書では「記憶＝想起」といった表記を多用する。
（15）以下で、「知覚」「記憶＝想起」「予期」が分析される。「知覚」は、時間論的には、今あるいは現在に対応する。「記憶＝想起」は過去に対応し、「予期」は未来に対応する。これは、アウグスティヌス以来の伝統的な知見である。
　さてしかし、以下では、フッサールは「知覚」を多重的に分析する。その際、同じ「知覚」（Wahrnehmung）の語であっても、場面によってニュアンスが異なるので注意が必要である。以下では、できるだけ、そのニュアンスの違いを示す。
（16）「〔存在する＝あると想定して〕受け取っており」と訳したのはannähmenである。これは、文法的にはannehmenの接続法二式である。Annehmenは「想定する」などとも訳される。しかし、この段落では、いくつかnehmenをもつ語が登場する。フッサールはこれらを関連させせて使っていると思われるので、それらの関連がわかるように「〔存在する＝あると想定して〕受け取る」と訳す。
　この訳から理解されるように、ここでは「存在する」＝「ある」ということが重要である。
（17）この文言は、いくらか注意が必要であろう。まず「時間直観」の「直観」と「本来的な時間認識」の「本来的」とは、対応する。すなわち「直観的」と「本来的」――両者は哲学史的にさまざまな含意をもつが――は、フッサールでは重なる。他方、「可能性の条件」という語は、とりわけカントを連想させる。カントでは、時間は、感性の形式、直観の形式である。しかし、カントでは、直観だけでは認識は成り立たない（すなわち、悟性ないしカテゴリー、それゆえ言語的なものが必要である）。これに対して、フッサールは（さまざまな含意のある表現ではあるが）「可能なかぎり少ない悟性、しかし、可能なかぎり純粋な直観」（邦訳『現象学の理念』立松弘孝訳、みすず書房、一九六五年、九二頁）と標語化する。後者（純粋な直観）のほうがフッサールにとって本来的である。これは、論理・言語構造を直観的経験から基礎づけようとするフッサール現象学の意図と関連している。そして、これはまた「事象そのものへ」という現象学の標語とも重なるのであり、それというのも、「事象そのもの」は「直観」されるからである（この「直観」はカントのように「盲目」ではなく、すでに「知的」である）。それゆえ、この文言は、現象学を一種のカント主義と解するような「誤解」を避けようとする意図を含んでいるだろう。これは、とりわけ新カント学派が活躍していた時代（「カントに帰れ」をフッサールは批判して、「事象そのものへ」と言った）を考えると、一定の重さをもつ。

(18) 二行前の「〔存在する＝あると想定して〕受け取っており」が annehmen（annähmen）だったのに対し、ここでの「ただ受け取る」は hinnehmen である。この両者の語で、おそらく nehmen（受け取る）の仕方の相違が暗示されている。後者は、前者に含まれる意味での「存在する＝あると想定して」受け取るのではなく、「そのような「存在する」＝「ある」の存在信憑を働かせず、ただ受け取る」というニュアンスで、使われているように思われる。（ただし、この「存在する」＝「ある」とは異なった意味での「存在する」＝「ある」が、すぐ次に登場する。）

（19）この「〔外的な〕現実存在」はExistenzの訳である。この語は、多くの場合、「本質」（Essenz あるいは Wesen）と対比的に使われる。すなわち、「存在する」＝「ある」が、なにかの本質を表す場合と、なにかが現実に存在するということを表す場合とに対応して、「本質」と「現実存在」（あるいは「実存」でもよい）とが問題にされる。しかし、Existenz の語は、ex（外に）を含むので、哲学史的には、そのニュアンスを活かした語義で理解されてきた。この箇所でも、この Existenz の語には、「外に」のニュアンスが感じられるので、「〔外的な〕現実存在」と訳す。

（20）プラトン以来、「思われる」（あるいは「現れる」＝「現出する」）に対して、「ある」＝「存在」が真理の条件だと考えられてきた。ごく大雑把にいえば、ドクサとウーシアの二項対立である。さて、この二項対立を前提にすると、本文のこの箇所は誤解を招く（あるいは意味不明）だろう。

フッサールは、「ある」について、以下のように考える。たとえば、或る事態（あるいは事象）について「……ある」と言われるとする。これに対して、（本当に・真に）「……あるか？」というのが「疑い」である（ちなみに、すぐ後に出てくる「否認」は、「いや、……あらぬ」に対応するだろう）。多くの場合、「……ある」もなお「疑い」（や「否認」）の可能性を含んでいるわけである。これに対して、こうした「疑い」（や「否認」）が「無意味」であるような「……ある」が、（『イデーンⅠ』の表現で言うところの）「絶対的存在」である。これに対しては、「疑う」、「否認する」ということができない（「疑う」、「否認する」というのは主観的な作用の一種であり、おそらく、そうしたニュアンスを含ませて、フッサールは、Bezweifung（疑い）および Leugnung（否認）という言葉を使っている）。「世界」あるいは「世界内的なもの」についての「……ある」は、絶対的存在でないと見る。つまり、そうした「……ある」は、疑う・否認することが可能である。ところが、このように疑う・否認することが無意味であるのが、「絶対的存在」である。プラトン的には、これは「現れる」に属さないだろうが、フッサール的には、このような「……ある」に対応する事態（あるいは事象）が「明証的」に「現れる」とき、それは「絶対的所与性」である。

なお、このような明証性の場を確保する作業が、現象学的なエポケー（「世界」の疑いうる・否認されうる「存在」＝「ある」に対する判断中止）と還元である。こうした作業を経た「現れる」＝「現出する」の次元（現象学的意味での「現象」）は、絶対的存在に対応する。「現出する時間」も、これに属する。

（21）この「〔存在する＝あるとして〕受け取る」も annehmen である。ただし、ここでの「存在するとして」は、意識の外部に関する（想定された）「存在する」（これが「〔外的な〕現実存在」である）ではなく、意識の内部――この「内部」という言葉には最大限の注意を払わなければならないが――に関する「存在する」＝「ある」である。これをフッサールは『イデーンⅠ』で「絶対的存在」という言葉で表現した。この両者の相違をフッサールはこの箇所で際立たせようとしている。

なお、関連する事柄として、「知覚する」（wahrnehmen）も「受け取る」（nehmen）の語を含む。「知覚する」は、さらに「真に」（wahr）を含む。つまり、それは所与性を真に受け取る、という含意をもつことになる。

さらにもうひとつ言えば、「受け取る」（nehmen）は、「与える」（geben）と対応している（英語で言えば、take と give の関係である）。この「与える」の受動形「与えられる」（gegeben）から「所与性」（Gegebenheit）という言葉が造られる。しかも、ドイツ語では、この「与える」（geben）を用いて「……がある」（es gibt）という表現がある。これに応じて、「所与性」の語には、「がある」＝「存在する」のニュアンスが入り込むこともある。

「知覚する」は、こうした「所与性」を「真に受け取る」のである。「与える」と「受け取る」は、しかし、両者が関係し合うと、一筋縄ではいかない複雑で微妙な仕方で絡み合う。これらの語によって語られているもの同士の関係が、フッサール現象学の主題である。

(22)「内在的」（immanent）は「超越的」（transzendent）と対立する。現象学は、さしあたり後者を遮断する。そのときに残る領分――というより、そのことによってはじめて開かれる領分――が「内在的」と呼ばれる。しかし、「超越的」も、この「内在的」が確保されてはじめて、その真の意味が理解される。

この「内在的」のなかで、「実的に内在的」と「志向的に内在的」とが区別される。そしてさらに、後ほど、「内的」（inner）という概念が登場する。この「内的」は、第一義的には意識それ自体の自己意識、あるいは、意識作用それ自体の自己現出を意味する。

(23) ここでは Tonvorgang（音の出来事過程）と記されているが、本書では Vorgang という語が多用される。「出来事」という訳語では、一瞬という印象（「一瞬の出来事」といった表現がある）が生じやすい。しかし、本書では、メロディのような、時間的な広がりあるいは過程が重要であり、そのニュアンスを示すために、あえて「出来事過程」と訳す。

なお、すべての場合にそうだというわけではないが、この「出来事過程」は、内在的なものに関わる概念である。これに対して（やはりいつもそうだというわけではないが）、超越的なものについては「出来事」（Ereignis）が使われる。
(24)「ひとつの後に他のひとつ」はNacheinanderの訳である。この語は、通常は、名詞化されない。英語ならば、one after anotherに当たるだろう。「順々に・次々に・順次」といったことを表す。漢字表現すれば、「相互後在」とか「相互順在」とでもなるかもしれない。
ただ、フッサールをはじめとして、現象学者は、しばしば本来は名詞でない語、しかし、事象ないし状況をありありと表す語を、あえて名詞化して、「事象そのもの」がそのようにありありと現れていることを示そうとする。この語もその一例である。

他にも多くの似た表現が登場するので、右の点に注意されたい。
(25)「証示する」はaufweisenの訳語である。この語は、現象学ではかなり強い意味で用いられる。すなわち、言語的・論理的に真理を証明する、というのではなく、直観的・経験的に真理を示す、といった意味である。
(26)「基づける」（fundieren）という概念は、この箇所では、以下のように理解されるだろう。「感覚与件」が意識の「統握作用」によって「現出者」へと「生化」される。あるいは、『イデーンⅠ』の用語でいうと、「ヒュレー」（感覚与件）が意識の「モルフェー」（意味付与作用）

によって「ノエマ」へと構成される（さらに厳密にいえば「ノエマ」を媒介・突破して「端的な対象」が志向される）。このように、感覚与件（ヒュレー）が「基づける」側である。

この感覚与件をもとにして、空間が構成されて現出するのである。

(27)「超越化的な解釈」とは、超越性の現象学的な遮断・エポケー・捨象によって確保されるものを、いわば外に越え出てしまい、それに対応するものが「〔外部に〕現実存在する」とみなすことである。これが一種の「解釈」だとされる。

(28) この「第一次内容」とは、感覚与件（あるいはヒュレー）であろう。

(29) この「二面的な連続的多様性」とは何か。いくつか解釈が可能である。
第一に、（「感覚的なもの」としての）まだ奥行きのない二次元平面のようなもの。

第二に、すぐ後の文章の「ひとつ……他のひとつ」が示すような、二項をもつもの。この場合には「二項的な連続的多様性」と訳すほうがよい。

第三に、「何」に関わる成分と、空間的位置に関わる成分（「そこ」など）との二項をもつもの。

第一の解釈が適切と思われる。

(30)「ひとつの隣に他のひとつ」は Nebeneinander の訳である。漢字表現すれば、「相互隣在」とでもなるだろうが、先述の「ひとつの後に他のひとつ」と同様の表現である。なお、文脈によって、「ひとつと並んで他のひとつ」と訳すこともある。

(31)「ひとつの上に他のひとつ」は Übereinander の訳である。漢字表現すれば、「相互上在」とでもなりそうだが、この「上」は、接触しない「上」であろう。

(32)「ひとつの内に他のひとつ」はIneinanderの訳である。これは従来「相互内在」などと訳されてきた。

(33)これらの〈 〉で示された表現は、副詞的表現をそのまま名詞化したものである。(言語・論理に先立つ)「経験」に即して分析する現象学の手法は、こうした副詞的表現のなかにもよく現れていると考えられるので、あえて、右のように訳すことにする。

(34)たとえば、四辺形などであろう。

(35)ややわかりにくいかもしれないので、説明する。たとえば「知覚する」場合に、(今、聞いている)メロディの「音」が「今」という時間性格をもって「現出」している。メロディは、単なる「音」の聴覚的感覚ではない。「音」の感覚与件が、(客観的な)対象であるメロディの現出として(最も広い意味で)「解釈」されているのである。この「解釈」の仕方をフッサールはAuffassungと呼んでおり、これが「統握」と(立松弘孝氏によって)訳された。「統握」は意識作用(あるいは意識の構成作用)のひとつである。それゆえ、この「統握」という意識作用のなかで、「音」の感覚与件は(最も広い意味で解釈されて)客観的時間のなかの「今」において存在するメロディという(客観的な)「対象」へと構成されるのである。この箇所での「時間統握」とは、このような時間性格(この場合には「今」という時間性格)がそのなかで構成されるその意識作用である。

(36)「体験」(Erlebnis)という語は、本書のこれまでの箇所にもすでに登場していたが、注意を要する。通常、人は、たとえば桜の花が外に現実存在していて、それが私の意識のなかにいわば入り込んでくると考えているだろう(これが「自然的態度」の見方である)。しかし、フッサールは、こうした見方が成立するいわば手前の次元としての「体験」を問う（ここで、本来は、現象学的な判断中止および還元の説明が必要であり、実際、本書でもすでに「超越化的な諸前提」が排除されることが述べられていたが、今は省略する）。この次元でまさに体験されている諸成分（成素部分）によってこそ、〈外に現実存在する桜の花〉なるものが構成されるのである。ただし、体験されている諸成分は、通常は（自然的態度においては）主題的になっていない。むしろ、（外部知覚の対象である）桜の花だけが主題的になっている。このことを「意識」というやはり決定的な基本タームで言い換えれば、フッサールは、第一義的にこうした主題的でないものを内含する「意識」を問題にしているのである。

さて、その「体験」について、『論理学研究』（以下『論研』と略記する）での説明を参照しておきたい。「たとえば外部知覚の場合、具体的な〈見る〔作用〕〉（Sehen）の〈すなわち視覚的な知覚現出という現象学的意味での〈見る〔作用〕〉の〉実的な成素部分をなす〈色という感覚契機〉は、〈知覚する〔作用〕〉（Wahrnehmen）の性格と同様に、また色のついた対象の完全な知覚現出と同様に、『体験される内容』あるいは『意識される内容』である。これに対して、この対象それ自体は、知覚されてあるが、しかし体験されてあるのでも意識されてあるのでもない」（邦訳『論研3』立松弘孝・松井良和訳、みすず書房、一九七四年、一四四頁以下参照。なお、訳文は変更されている）。

「体験される」ものとしての感覚契機（ピンク色）は、それ自体では志向性をもたない。志向性を与えられると、その感覚契機は、たとえば、「桜の花」の「ピンク色」となる。この志向性を与えられる以前のものが感覚契機である。桜の花は、この感覚契機を媒介・突破して志向される、あるいは（右の『論研』の言い方では）「知覚される」。しかし、桜の花（「対象それ自体」）は「体験されていない」（「意識されていない」）。「体験されている」（「意識されている」）のは、志向性を与えられる以前の（それゆえ桜の花へ向かって媒介・突破される以前の）ピンク色である。

同様に、「見る」という作用それ自体、「知覚する」という作用それ自体も、「体験されている」（「意識されている」）。しかし、これらの作用は、（『論研』の言い方では）「知覚されていない」。

このような言い方がされるのは、『論研』では、「知覚する」という語が、「媒介・突破して受け取る」といった意味で使われているからである。この「知覚する」はWahrnehmenの語で記されているが、しかし、語義的にはむしろPerzipierenとして理解されている。このPerzepierenは、per（「をとおして」、それゆえ「媒介・突破して」）zipieren（受け取る）を意味する。

「体験」は、このような「知覚する」を可能にしているもの（大きく分ければ感覚契機と作用）を受け取ることである。このことからして、「桜の花」が体験の外に現実存在する（「超越的」である）のに対して、「体験」に属する成分は「内在的」である。

以上のことが前提になる。そのうえで言えば、本文で「体験」と言われているものは、一方で、作用（「意識作用」）であり、他方で、感覚契機（「感覚」）である。『イデーンI』の説明では、「色彩与件、触覚与件、音響与件などといった「もろもろの感覚内容」や「感覚的な快感、苦痛感、くすぐったい感じなど……、おそらくはまた、「衝動」の領圏の感覚的諸契機」、そして、「いわば「生化する」、意味付与する（もしくは意味付与を本質的に内含するところの）ひとつの層」（邦訳『イデーンI－2』渡辺二郎訳、みすず書房、一九八四年、九一頁以下。なお、訳文は変更されている）もこれに属する。こうした成分は「実的」（reell）に内在的だとされる。

さてしかし、少々わかりにくいのだが、フッサールは（右で「体験」と対比されていた）「知覚する」（Wahrnehmen）の語義を、本書では変更している。すなわち、wahr（真に）―nehmen（受け取る）の意味に変更している。これによって、「知覚する」の語義は、「体験」の語義と大きく重なることになる。しかも、この「真に受け取る」は、「今」および「存在する」＝「ある」と深く関連する。それゆえ、本書の以下の本文では、「知覚する」の語義について、そのつど必要なかぎりで説明する。

（37）「特有に」は spezifisch に対応し、この spezifisch は、術語としては「スペチエス的」を意味するが、ここではそれほど厳密な術語として使われていないように思われる。

（38）「意識時間的」と訳した temporal の語については、とくに説明されていないが、しかし、客観的時間それ自体ではなく、それを構成する「意識流」に属すものを指していると解釈される。それゆえ、「意識時間的」と訳す。

（39）「物自体」は Ding an sich の訳である。カントが想定されているのだろう。

（40）ただし、これらは、現象学的還元の後には、志向的内在としてのノエマを媒介・突破して志向される、ということが明らかになる。

（41）この「真正な」は、おそらく「意識時間的な」と重なる。

(42) この「秩序連関(=秩序をなす繋がり)」という語は、読み流されてよい言葉ではない。すなわち、把持、把持の把持といった仕方で形成される意識時間的な諸位相が、秩序をもって、現下の今にまで「繋がっている」。この「繋がり」こそが、記憶=想起されるものの「存在」(その当のものが「あった」ということ)を可能にするからである。予期されるものについても、同様のことが言える。

(43) ここでは、「経験的」(empirisch)と「客観的」とが、互いに重なる意味において使われている。

(44) フッサールでは「性質」あるいは「質」(Qualität)の語は二義的なので、文脈によって理解されねばならない。ここでは、「赤い」などの性質であろう。他方、この語は、「作用の性質」の意味にも使われる。

(45) 「局所徴験」はLokalzeichenの訳だが、さまざまに訳される。

(46) 「性質徴験」はQualitätszeichenの訳である。Lokalzeichenをもじったものである。

(47) この「描出=提示する」(darstellen)という概念は、従来あまり重視されてこなかったが、フッサール現象学の基本タームのひとつであるので、原語を添えておく。

たとえば、darstellenの場面として、「演劇」がわかりやすいだろう。演劇は、役者自身をただそのまま「呈示する」のではなく、登場人物を「提示する」。役者は、役者自身でないものを「描出する」のである。「表現する」と言ってもよい。

しかし、こうした機能が最も明確なのは、言語の場合である。音声は、生化されて(音声それ自体でない)意味を提示=描出する。これが本来の「表現する」(ausdrücken)である。フッサールは、こうした構造がすべての意識作用に関して普遍的に成り立っている、と見ている。つまり、「描出＝提示する」と「表現する」とは、基本的に同じ構造をもっている。本書における「描出＝提示する」はこの文脈で理解されるべきである。

なお、「生化する」（beseelen）は、Seele（魂・命・生）を含んだ語であり、「生き生きさせる」ということを意味するが、これは、右の語義における「描出＝提示する」をいわば補っている。しかも同時に、フッサールは、さまざまな意識作用の時間的な総体を「生」（Leben）と呼ぶ。このLebenは、動詞のlebenの名詞化である。すなわち「生」は、「生き生きさせる」という動詞的作用・機能において捉えられる。そして、その「生き生きさせる」は、対象が「描出的＝提示的」に現出するということを含意する。

なお、この語は、右ほど豊かな含意においてではなく、通常の語法で用いられる場合もある。

(48) ここでは（志向性をもたない）「感覚する」と、（志向性をもつ）「知覚する」との対比が重要である。なお「知覚する」の語は、さらに多様な語義で使われる。

(49) 「曖昧語法で」はäquivokの訳である。この語をフッサールは、自然的態度での語法とは異なるものを示すときに、しばしば添える。

(50) 「赤は実在的な性質の名称」という文言は、さらに深い問題につながる。「名称」は「言語」の一部であるが、しかし、「言語」は多くの場合、実在的なものを語る。ところが、現象学が問うている事象は実在的でない。あるいは、実在的なものを可能にしているものである（じつは「実在的なもの」以外のものも可能にしているもの、でもあるが）。この問題は、現象学が「超越論的」現象学と称されるときになると、さらに重要になる。なぜなら、超越論的なものを語るための超越論的言語は存在しないからである。

(51) この「できごとたち」はVorkommnisse(単数形はVorkommnis)である。Vorkommnis(できごと)は頻度が低い。本書では、似た語義の言葉として、Vorgang(「出来事過程」)がある。Ereignis(「出来事」)は、多くの場合、これらとは異なって、超越的なものを意味する。

(52) 「合致」はDeckungの訳である。この語は、たとえば(同一の対象の)ひとつの現出と他の現出は「合致」(重なり合い)の関係にある、というように使われることが多い。しかし、この箇所では、感覚される色と実在的性質としての色とが「一致」の関係にあるという意味で使われている。この語義の異なりのゆえに、この語に引用符が付けられているのだろう。なお、次の訳註(53)も参照。

(53) たとえば、一枚の紙の左のほうに「感覚される赤」を描き、その右のほうに「実存する(客観的な)対象の性質としての赤」を描くとする。この両者が「合致」の関係にある、というように考えるとすると、それは、現象学的な意味での「合致」とは別物である。そもそも、「感覚される赤」と「実存する(客観的な)対象の性質としての赤」を右のように捉えること、そのこと自体が、「超越化的解釈」に属するからである。

(54) 「有体的」(leibhaft)という表現は、「身体・肉体(Leib)を有したものとして」といった意味をもつ。たとえば知覚された机は、そうしたものとして現れるが、言語で表現された机は、そうではない。

(55) この「統覚」(Apperzeption)は「統握」(Auffassung)の意味で使われている。「統覚」は、ライプニッツ、カントの伝統では、第一義的に「自己意識」を意味する。

では、ここでの「経験的」の語は何を意味しているか、が問われる。とりわけ『イデーンI』の頃からフッサールは現象学が「超越論的」であることを強調する。しかし、ここでは、「経験的」の語は、「超越論的」と対比する意味で使われているわけではないように思われる。ひとつの解釈としては、「経験的なものに関わる」という意味で、あるいは、「超越的なものに関わる」という意味で使われている可能性が高い。そして、この「関わる」は「構成する」の意味である。

(56) 「時間与件」は Temporaldaten の訳である(なお、次の訳註(57)も参照)。

(57) 「時間徴験」(Temporalzeichen)は、「局所徴験」(Lokalzeichen)のいわば時間バージョンであろう。局所徴験の場合には、それぞれ感覚には空間的位置に関わる与件が含まれている、ということになるが、時間徴験の場合には、それぞれ感覚には時間的位置に関わる与件が含まれている、ということになるだろう。

ただし、フッサールは、この概念に賛同的でない。

(58) この「意識時間」(*tempora*)については説明がない。解釈すれば、ここまでの議論のなかで、temporal の語は、基本的に「意識時間的」を意味していたが、この箇所での tempora も、同様の意味で理解される可能性がある。

なお、tempora は、語学的には tempus(時間)の複数形・主格である。

(59) この経験対象性の「繋がり」(Zusammenhang)による客観的時間の構成については、後述(第三章)される。

(60) この箇所の「付着して」(behaftet)は、編者による挿入である。

（61）「もろもろの時間関係」（Zeitverhältnisse）とは何か。これは、とくにこだわることなく、読み飛ばしてもよいものかもしれない。しかし、たとえばカントでは「時間の諸関係」（Verhältnisse der Zeit）といった語も登場する（『純粋理性批判』B 47）。さらに、これに関わる「関係」（Relation）のカテゴリーが時間と結びつけられる「図式」の議論では、「実体」「原因性」「相互作用」が挙げられる。フッサールもこうしたカテゴリーを念頭に置きつつ、それをカントとはまったく異なった仕方で、すなわち「直観」から根拠づけようとしたとも解釈できる。

（62）ここでの「見かけ上の秩序」と「現実的な秩序」の区別は、通常の「見かけ」と通常の「現実」の区別であろう。しかし、現象学的な「現象」は、これらの区別に先立ち、あるいは、これらの区別それ自体を可能にする。それゆえ、現象学的な「現象」は、「見かけ」ではまったくない。

（63）統握性格は、客観性を支える「秩序」を形成せねばならないという「要求」と、それを正当に遂行することができるという「権限」とをもつ、ということであろう。

（64）「出来事」（Ereignis）は（すべての場合とは言い切れないが）、超越的なものを指す。

（65）この引用符付きの「いちどきに」（Zugleich）の語は、zugleich の名詞化だが、客観的時間のなかでひとつの出来事過程と他の出来事過程とが「同時的」だということを意味しないことがある。この語は、時間図表のなかで、原印象と諸把持が垂直方向に並ぶが、これらは Zugleich の関係にある、といった意味ももつ。すなわち、現象学的時間（意識時間でもよいだろう）における事柄である。

Zeit（時間）という語は、元来、客観的時間を示す。このZeitの語を含むGleichzeitigkeitは、客観的時間のなかでの「同時性」を示す。しかし、文脈によって、この区別がなされない場合もあるので、必要な箇所ではそのことを示す。

なお、カントでは、zugleichとgleichzeitigの区別はないように思われる。

（66）「現象学的－意識時間的」はphänomenologisch-temporalの訳である。この箇所でのtemporalは、phänomenologischという語と結びつけられていることからしても、明らかに「意識時間的」の語義で使われている。

（67）この「空間位置」はRaumlage、「時間位置」はZeitlageの訳である。フッサールは、現象学的な分析においては、Zeitstelle（「時間位置」）の語を使うことが多い。これは、現象学的時間のなかでの位置である。これに対して、ここでのZeitlageは、おそらく客観的時間のなかでの位置を示している。なお、Lageが「状況」の意味で使われることもある。

（68）「ひとつの外に他のひとつ」はAuseinanderの訳である。漢字表現では「相互外在」ということになるだろう。

（69）「共存」はKoexistenzの訳である。これは、客観的時間のなかでの「同時的な現実存在」を意味する。ただし、現象学的時間のなかでこの語が使われることもある。

（70）この「客観」は、（『イデーンI』の用語で言えば）「ノエマ」とも解釈可能であるが、むしろ、「端的な対象」であろう。あるいは、ここでは、両者は明確に区別されていないだろう。

（71）「素材＝実質」（Material）に対応するものは、『イデーン』などでは「ヒュレー」とも呼ばれる。

(72) この「対象」は、おそらく（『イデーンI』の用語で言えば）「端的な対象」であろう。なお、ここでの「内容」は、おそらく感覚される内容であろう。
(73) この引用符付きの「経験」は、客観的時間のなかで捉えられた経験である。
(74)「反省」は、現象学の方法である。ただ、ここでは、厳密な意味での「反省」ではなく、もう少し緩い「考察」という程度の意味で、この語が使われているかもしれない。
(75)「非本来的」と「本来的」との対立というと、ハイデガーの議論を思い浮かべる人もいるかもしれないが、フッサールの語法はこれとは対応しない。
ここでは、この両者が何を指すのか明示されていないが、フッサールの基本的語法では、「非本来的」は、象徴的あるいは言語的なものを介する、といった意味で使われている。たとえば千角形は象徴的あるいは言語的なものを必要とする。

逆に「本来的」は「直観的」に対応し、さらに厳密には、「十全的に直観される」ことを意味する。
(76) この「原初的な形成〔作用〕」（*primitive* Gestaltungen）の（イタリックで表記された）「原初的な」（primitiv）という表現は、序論冒頭の「太古の」（uralt）と対応しているように思われる。これらは、単純に、客観的時間の内部の「太古の昔」「原始の昔」でないもの、むしろ、そうした客観的時間それ自体の根源――この「根源」の意味で客観的時間に先行し、客観的時間より古いもの――が問われているのである。
(77) この「直観的かつ本来的」という表現が示すように、フッサールでは「本来的」の語は、多くの場合、「直観的」と重なる。なお、「非本来的」は、「象徴的」「記号的」「言語的」と重なることが多い。

(78) 「経験的」(empirisch) の語には注意が必要である。ここでは、「現象学的」と対立的な意味で使われている。言い換えると、「現象学的」は、「現実性」(それ自体で存在しているものとしての現実性)を遮断するということを含意しているから、「現象学的」と対立的な「経験的」は、それを遮断しないということを含意する。そして、このことはまた、「心理学的」の語にも言える。

他方で、フッサールは、「経験」(Erfahrung) を重視する。ただし、右の意味で「現象学的」に捉えられた「経験」である。これはまた「超越論的経験」などとも呼ばれる。

(79) 「発生」をフッサールは一九二〇年代(時期については議論もあるが)から、現象学的な概念として重視するようになる。しかし、ここでは、「経験的な発生」が問題になっており、これは現象学の問題でない。

(80) この「捉え方」の原語は Apperzeption である。Apperzeption は、ライプニッツからカントへ引き継がれた概念であり、基本的には「自己意識」を意味し、術語としては「統覚」と訳されることが多い。しかし、この箇所での語法は、この語義とはずれている。むしろ、「心理学的な(意識の)捉え方」といったニュアンスに読める(ので、「心理学的な捉え方」と訳す)。すぐ後の「現象学的な捉え方」についても同様である。

なお、フッサールはこの語を「統握」(Auffassung) とほぼ同義に使うこともあり、そして「統握」の語はまた「解釈」といった意味ももつ。この「解釈」は「捉え方」だとも言える。

(81) 「心理物理的」の語は、フェヒナーの「心理物理学」を指している。心理物理学においては、（純粋に心的なものではなく）物理的なものと心的なものとの連関が問題にされる。

なお、これまで多くの場合、この原語 Psychophysik は「精神物理学」と訳されてきた。Psycho- の語は、たとえば「精神分析」（Psychoanalyse）のように「精神」と訳されることも多いが、元来、「心」あるいは「心理」を示す。しかるに、「精神」という訳語は、Geist と混同されやすい。こうした理由から、「心理物理学」という訳語を選んだ（「精神分析」も、本来「心理分析」のほうが適切であるように思われる）。

（82）補足すると、「現実性」とは、「ある」・「存在する」とみなされるところのものである。それゆえ、ここで記されていることを、ごく簡単に言い換えれば、以下のようになる。すなわち、「それ自体である・存在する現実性」は問題にならない。問題になるのは、ノエシス・ノエマ的な連関・関係のうちにある現実性だけである。この連関が、「思念されている現実性」以下の文言で示されている。

（83）この箇所「思念されてある」あるいは「思念されて存在する」（*gemeint* sein）は注意を要する。第一に、客観的時間的なものは、（現象学的には）それ自体で（意識から超越的に）ある・存在するのではない。少なくとも、それ自体で（意識から超越的に）ある・存在する客観的に時間的なものは、現象学的にエポケー（判断中止）されている。第二に、そうしたものがもつ「ある・存在する」という性格は、意識作用と相関的である。この意識作用が「思念する」という語で言い表されている。第三に、「思念されてある」は、相関関係を表している。すなわち、一方の意識作用と、他方の（あらかじめそれ自体である・存在する）対象という（自然的かつ伝統的な）構図を最初から受け入れるのではなく、両者の「関係」から、現象学は出発するのである。

この「思念する」によって、当該の対象が（言語レベルの直説法に対応するような仕方で、現実的に）「……ある」、（接続法に対応するような仕方で、仮想的・空想的に）「……ある」という、「ある」（存在）が構成される、とフッサールは見る。

なお、「思念する」（meinen）の語義は、日常語としては広い守備範囲をもつが、そのなかで「意図する」や「意味する」という語義でも使われる。これは「志向する」（intendieren）や「意味する」（bedeuten）という現象学のキーワードを連想させる。

さらに、「思念」（Meinung）は、哲学では、古代ギリシアの「ドクサ」（doxa）の訳語として用いられることもあるが、こうしたドクサをフッサールは「存在信憑」の意味で使うこともある。このように、「思念する」の語は、重要な役割を与えられている。
（84）現象学的には、「自明」であることは、問いを必要としないということではない。むしろ、自明なことのなかにこそ、問うべき事柄が含まれている。
（85）この「二次元的」の語義は不明である。客観的時間が「直線的」であるならば、直線は一次元なので、「一次元的」のほうが適切かもしれない。しかしまた、そうした直線を念頭に置きつつ、「二次元的」を、過去の方向と、未来の方向という意味に理解することも可能かもしれない。さらには、時間図表の水平方向（客観的時間）と垂直方向（意識時間）を指しているとも解釈される。しかし、ここでは客観的時間のことが語られているように思われるので、おそらく、この最後の解釈は正鵠を射ていないだろう。
（86）この箇所は、原文ではungleichseitig（不等辺な）となっている。しかし、これでは意味がわからない。ここではungleichzeitig（非同時的）の誤植と解する。

（87）この「推移性」（Transitivität）は、おそらく、AとBのあいだの関係が、時間が推移しても、同様の関係として成り立つということを示している。より詳しくは、第三三節でこの語がふたたび登場するときに示す。

第三節　根源的連合

さて、ここに掲げられた諸問題〔に接近するため〕の通路を、われわれは、ブレンターノによる時間の根源についての学説に結びつけることで手に入れたいと思う。ブレンターノは、〔それらの諸問題の〕解決を〈根源的連合〉に見いだしたと信じる。根源的連合とは、「直接的な記憶表象が成立すること、言い換えれば、〈例外なき法則にしたがってそのつどの知覚表象にいかなる媒介もなく結びつく直接的な記憶表象〉が成立すること[1]」である。われわれがなにかを見る場合や聞く場合、あるいは総じて知覚する場合、以下のようなことが規則的に生じる、すなわち、知覚されるものは、ある程度の時間、われわれにとって現在的なままにとどまるが、とはいえ、変様されざるをえないのである。他の変化、すなわち強度や充実の変化も、ある場合にはごく小さな程度において、ある場合には顕著な程度において、介入してくるが、そうした変化を無視すれば、もうひとつ別の、とりわけ特有な変化がいつでも確認されるのであって、この特有の変化とは、そうした仕方で意識のうちにとどまるものが、多かれ少なかれ過ぎ去ったものとして、いわば時間的に後方移動したものとして、われわれに現出する、という変化である。たとえばひとつのメロディが鳴り始める場合、個々の音は、その刺激ないしそれによって引き起こされた神経活動が終わるのと完全にいっしょに消えてしまうというわけではない。〔その音の後に〕新たな音が鳴り始めるときも、先行した音が跡形もなく消えてしまったというわけではないのであって、仮にそのように消えたとすれば、われわれは、〈ひとつの次に他のひとつ〉というように後続するもろもろの音同士の関係に気づくことができないだろうし、また、各瞬間において〔すら〕、ひとつの音をもつ、あるいは場合によって二つの音の響きのあいだの時間にひとつの空虚な〔＝音のない〕休止をもつといったこともけっしてないだろうが、しかし、〔実際には〕われわれは〔そのように次々に後続する音から成る〕メロディの表象をもつのである。他方で、意識のなかに音の諸表象が〔ただそのまま〕残っているというだけでは十分でない。仮に音の諸表象が変様されなかったとすれば、われわれは、メロディではなく、ひとつの〈同時的なもろもろの音の和音〉を、あるいはむしろ、ひとつの〈不調和な音のごた混ぜ〉をもつことになってしまったことだろう。それは、すでに鳴り始めているもろもろの音がすべて同時に鳴り響く場合にわれわれがもつであろうような、そうした音のごた混ぜである。〔実際には〕かの特有の変様が介入してきて、それぞれの音の感覚が、それを産み出す刺激の消失後でも、おのれ自身から同様のしかも時間規定性を付与された表象を呼び起こし、かつまた、この時間規定性が継続的に変化していくのであって、こうしたことによってはじめて、音の感覚はメロディの表象——これのなかで個々の音たちはそれらの特定の位置とそれらの特定のテンポ（Zeitmaße）とをもつのだが――にまで至ることができるのである。

かくして、ひとつの普遍的な法則がある。それは、どの表象を取り上げても、そのいずれにもみな、その自然本性からして諸表象の連続的な系列が結びつくのであり、そうした表象それぞれはみな、先行した諸表象の内容を再生しているが、しかし、新たな諸表象にたえず過去性の契機を付着させるというような具合に再生している、という法則である。[1]

そのようにして、空想がここでは特有の仕方で生産的だということが示される。つまり、ここには独特の事態があって、この場合、空想が諸表象の真に新たな契機を創り出すのであり、これこそがすなわち時間契機である。かくして、われわれは時間表象の根源を空想の領分に発見したのだ。ブレンターノより前の心理学者たちは時間表象の本来的な源泉を見つけ出そうと努力してきたが、成功しなかった。この不成功の原因は、主観的な時間と客観的な時間の――たしかにありがちな――混同にあったのであり、この混同によって心理学研究者は道を誤り、ここにある本来的な問題が見えなくなった。多くの人は、時間概念の根源についての問いは、色や音などについてのわれわれの概念の根源についての問いと別様に答えられるべきものではない〔、むしろ同様に答えられるべきものだ〕と考えている。われわれは、色を感覚するのと同様に、色の持続をも感覚するのだ、と。性質や強度と同様に、時間的な持続も感覚のひとつの内在的契機である、と。[2] 外的な刺激は、物理過程の形式によって〔感覚的な〕性質を呼び起こし、それの生き生きとした力によって強度を呼び起こし、それの継続的持続によって、主観的に感覚される持続を呼び起こす、と。しかし、これはまったく明らかな誤謬である。〔右のような仕方で〕〈刺激が持続する〉ということによっては、まだ、〈感覚が持続的だとして感覚される〉ということは言われていないのであって、それによって言われるのは、〈〔刺激と対応する仕方で〕感覚も持続する〉ということだけである。〈感覚の持続〉と〈持続の感覚〉とは、二つの別々のことである。また、継起の場合も同様である。〈諸感覚の継起〉と〈継起の感覚〉とは、同じことではないのだ。

もちろんのことだが、まったく同じ異義は、次のような人々にも、すなわち、〈持続や継起の表象〉を〈心的作用の持続や継起の事実〉に引き戻そうとする人々にも、振り向けられねばならない。しかしながら、われわれとしては、とりわけ感覚〔というものの捉え方〕の誤りを論証しようと思う。

以下のようなことが考えうるだろう、すなわち、われわれの諸感覚〔それ自体〕は持続する、あるいは、ひとつの次に他のひとつというように〔次々に〕後続するとしても、それでも、われわれの表象がそれ自体においては時間的な規定性をもっていないために、われわれはそのことをまったく知らないままでいる、ということである。たとえば、継起〔＝ひとつの次に他のひとつというように後続する〕の場合を考え、感覚がそれの原因となる刺激といっしょに消え去ると想定してみれば、その場合には、われわれは諸感覚の継起をもつが、時間的な経過に気づくことはないだろう。新たな感覚が登場すると、それとともに、もはや、われわれはそれ以前の諸感覚があったということの記憶をもつこともないだろう。それぞれの瞬間にわれわれがもつのは、まさに産出されているその感覚についての意識だけであって、それ以上はなにもないだろう。すでに産出された諸感覚が持続しつづけたとしても、そのことも、われわれが継起を表象するための助けにはならない。[3]〔しかしまた〕もろもろの音の継起の場合に、以前の音たちが、それらがあったとおりに保持されつづけている――そのあいだに同時に（zugleich）[4]、新たな音、さらに新たな音[5]が次々に鳴り始める――とすれば、われわれは音たちの同時的な（gleichzeitig）総和をもつことにはなるだろうが、しかし、われわれの表象のなかで音たちの継起をもつことはなかろう。これらすべての音が同時に（zugleich）鳴り始めるという場合に比べても、違いがなかろう。あるいは、もうひとつ別の例もある。すなわち、〔たとえば位置A→位置B→位置Cというように移動する〕動きの場合に、その動いている物体がそれのそのつどの位置〔AやBやC〕において変化せずに意識のうちに保持されているとすれば、その場合、〔その物体が〕通り抜けてきた〔A→B→Cで示される軌跡の〕空間は連続的に充実されたままわれわれに現出しているだろうが、しかし、われわれは動きの表象をもつことはなかろう。以前の感覚が変化せずに意識のなかに存続するのではなくて、むしろ特有の仕方で変様し、しかも瞬間ごとに恒常不断に[6]変様することによってはじめて、継起の表象が生じるにいたるのだ。以前の感覚は、空想[7]へ移行する際に、たえず変化していく時間的性格を得て、そういうぐあいに瞬間ごとにその内容はますます後退していくものとして現出する。けれども、この変様〔それ自体〕は、もはや感覚に関わる事柄ではないし、〔感覚のように〕刺激によって生じることもない。刺激が産出するのは現在的な感覚内容〔だけ〕である。刺激が消えれば、感覚も消える。しかし他方で、感覚は、それ自体、創造的になる。すなわち、感覚は、内容的に等しい、あるいはほとんど等しい、しかも時間的性格によって豊かにされた[8]、空想表象[9]を産出するのである。この表象は、またもや、それに恒常不断に編入される新たな表象[10]を呼び起こし、そして、そういうことがつづく。このように、所与の表象に〈時間的に変様された表象〉が恒常不断に接続していくことを、ブレンターノは「根源的連合」と呼んだ。この理論の帰結において、ブレンターノは継起や変化の知覚を拒絶するに至る[11]。われわれは、〈もろもろの音が継起する〉メロディを〔知覚的に〕聞いていると信じており、それゆえ、まさに過ぎ去ったもの〔＝まさに過ぎ去った音〕もなお〔知覚的に〕聞いていると信じている[12]、けれども、これは〔じつはすでに空想なのだから〕、根源的連合が生々しさをもつことから起因する仮象にすぎない。

第四節　未来の獲得と無限の時間

根源的連合によって成立する時間直観は、まだ無限の時間の直観ではない。時間直観は、さらなる仕上げの形成を受けるのであり、しかも、ただ単に過去に関してだけではない。時間直観は、未来が付け加わることによって、まったく新たな枝をもつのである。瞬間的記憶

（Momentangedächtnis）の現出に支えられて、空想は、あるプロセスのなかで未来の表象を形成する。そのプロセスとは、われわれは既知の関係や形式にならうことで新たな種類の色や音の表象を手に入れるという場合があるが、そのプロセスと似たプロセスである。ひとつのメロディを、ある特定の調性において、またまったく特定の音の種類[13]にもとづいて聞いたとすると、そのメロディをわれわれは空想のなかで別のもろもろの音域に移す。その場合、既知の音から出発しつつ、まだ聞いたことのない音にまで辿り着くということも、十分にありうる。これに似た仕方で、空想は、過去にもとづいて未来の表象を形成するのであり、すなわち、予期においてそうするのである。空想は新たなものを提示することができないとか、空想は、すでに知覚において与えられた諸契機を繰り返すにすぎない、というのは、誤った見解である。最後に、完全な時間表象、無限な時間の表象はどうかといえば、それは、無限な数系列や、無限の空間などなどとまったく同様に、概念的な表象作用の形成体である。

第五節　時間性格による表象の変化

ブレンターノによれば、時間表象の内部で、もうひとつ格別に重要な特有性に留意されねばならない。過去および未来という〈時間の種別〉（Zeitspezies）は、以下のような特質をもっている。その特質とは、そうした時間の種別は、それが結びつく感性的表象がもつ契機を――他の付随的な諸様態がそうするように――〈決定規定する〉（determinieren）[14]のではなく、〈規定変更する〉（alterieren）ということである。すなわち、大きなcの音はやはりcの音であるし[15]、弱いcの音もcの音であるが、これに反して、〔時間表象における過去的な〕あったcの音は、〔現在的に〕cの音であるのでないし、あった赤も、赤であるのでない。時間的な規定は〈決定規定する〉のではなく、本質的に〈規定変更する〉のであり、その仕方は、「表象される」とか「願望される」とか、その他の規定がそうするのとよく似ている。〔すなわち〕表象された一ターラー銀貨や、可能な一ターラー銀貨は、一ターラー銀貨であるのでない[16]。「今」という規定だけは例外である。今あるAは、たしかに、現実的なAである。現在〔＝今〕は規定変更しないのである。ところが他方で、現在〔＝今〕は決定規定する〔のかと言われると、そういう〕わけでもない。人間という表象に私が〈今〉を付け加えると、そのことによって、その人間が新たなメルクマールを獲得するわけではない、あるいは、その人間に関してなんらかのメルクマールが〔新たに〕表示されるわけではない。知覚の場合には、知覚はなにものかを今的なものとして表象するが、そのことによって、性質、強度、場所的規定性に、なにも付け加えはしない。〔過去形で示されるような、知覚を〕変様させる時間的述語は、ブレンターノによれば、非実在的（irreal）であって、実在的なのはただ〈今〉の規定だけである。この場合には奇妙なことがあって、それは、非実在的な時間規定が、唯一のほんとうに実在的な規定性といっしょになって、ひとつの連続的な系列に属することができるということ、この唯一のほんとうに実在的な規定性に、非実在的な時間規定は、無限小の差異[17]においてつながるということ、である。ところで、実在的な今は、〔次々に新たに登場しても〕いつでもまたもや（immer wieder）[18]非実在的になる。〔では、知覚を〕変様させる時間規定が付け加わることによって〔今という〕実在的なものが非実在的になることができるのは、どのようにしてか、と問うならば、以下の答え以外にはありえない、すなわち、現在において起こるそれぞれの成立や消失にはみな、あらゆる種類の時間的な規定が、必然的な順序系列（Folge）として一定の仕方で結びつけられている、という答えである。それというのも、〈〔現在的に〕あるもの〉はすべて――完全に明証的かつ自明的であるように――、〈それがある〉ということの順序系列＝帰結（Folge）において、〈あった〉（*gewesen sein*）になるのであり、そして、〈それがある〉ということの順序系列＝帰結において、〈未来的には、あったもの〉（ein zukünftig Gewesenes）であるのだから。[19]

第六節　批判

さて、先述の〔ブレンターノの〕理論を批判する段に移るならば、まずもって、以下のように問わざるをえない。すなわち、先述の理論は何を成し遂げているのか、そして成し遂げようとしているのか。先述の理論は、われわれが時間意識の現象学的分析のために必要だと認識したあの地盤のうえを動いていない[20]、このことは明白である。先述の理論は、超越的な諸前提[21]をたずさえたまま働いており、〔より細かくいえば〕〈現実存在する時間客観〉、すなわち「刺激」を行使してわれわれのうちに感覚を「引き起こす」などといったことをする〈現実存在する時間客観〉をたずさえたまま働いている。[22]それゆえ、それは、心理学的な〈時間表象の根源〉に関する理論として提出されているわけである。とはいっても、それは、同時に、[23]客観的時間性についての意識――しかも、この意識は、これ自体、時間的なものとして現出するし、また現出しうるはずだが[24]――の可能性の諸条件に関する認識論的な考量をいくつか含んでいる。この点には、時間的述語のもついくつかの特有性についての議論が関わってくる。また、その時間的述語は心理学的な述語と現象学的な述語と〔の両方〕に関係しているのだが、しかし、この関係については、これ以上、追究しないでおく。

ブレンターノは根源的連合のひとつの法則について語っているが、その法則によれば、そのつどの知覚には瞬間的な記憶（Gedächtnis）[25]の表象が結びついている。このことで考えられているのは、明らかに、ひとつの心理学的な法則であって、それは、所与の心的体験にもとづく新たな心的体験の形成に関する法則である。この体験は、心的な体験であり、客観化されてあり〔＝客観化されて存在し〕、それ自体、それの時間をもつ。そして、それの生成や産出が論じられている。こうしたたぐいの事柄は心理学の領分に属しており、ここでわれわれの関心をひくことはない。とはいっても、これらの考察のなかにひとつの現象学的な核心部分が含まれており、その核心部分だけに以下の詳論は準拠するようにしたい。〔すなわち、〕持続、継起、変化は、〔あくまでも現象学的な意味での意識のなかで〕現出するのである。では、この〈現出する〉ということのうちに何が含まれているのか。たとえば継起のなかで、ひとつの「今」が現出し、そして、この今との統一性のうちで、「過ぎ去った」(ein „Vergangen")が現出する。〔さらに〕現在的なものと過ぎ去ったもの〔=過去的なもの〕とを志向的に包括する意識〔それ自体〕の統一性は〔どうかといえば、これもやはり、現出するところの〕現象学的与件なのである。〔さてしかし、〕ここで問われるのは、この意識のなかの〈過ぎ去ったもの〉が空想という仕方で現出するというのは、ほんとうか、そして、ブレンターノがそう主張するのは、どのようにしてか、ということである。

ブレンターノは、未来の獲得について語っている箇所で、〈原本的な時間直観〉と〈拡張された時間直観〉[26]とを区別しており、前者は、彼によれば、根源的連合の被造物であり、後者は、これまた空想[2]に由来するが、しかし根源的連合には由来しない。〔さらに加えて、〕われわれは以下のことも言うことができる、すなわち、時間直観には、非本来的な時間表象、無限の時間の表象、〈直観的に実在化されて〉(realisiert)あるのでない諸時間[27]および時間関係〉の表象が、対立する、と。さて、〔こうした議論において〕最も目を引くのは、ブレンターノが、ここでおのずと湧き上がってくる区別、〈時間知覚〉と〈時間空想〉との区別――これを彼が見過ごしたままにしておくことなどありえないのだが――を、自身の〈時間直観の理論〉のなかでまったく顧みていないということである。たとえ彼が〈時間的なものの知覚〉という言い方を〈過去と未来のあいだの境界=限界(Grenze)としての今点は例外として）拒否するとしても、〈継起を知覚する〉という言い方と〈かつて知覚された継起を記憶＝想起する〉（あるいは〈かつて知覚された継起の単なる空想〉）という言い方との基礎にある区別は、なんといってもやはり退けられえないし、なんとかして解明されねばならない。〔しかるに、〕原本的な時間直観がすでにして空想の被造物であるというのであれば、その場合、この〈時間的なものの空想〉を、〈以前に過ぎ去った時間的なもの——それゆえ、根源的連合の領野に属してはおらず、瞬間知覚とともにひとつの意識のなかにいっしょに含まれてはおらず、むしろ、過ぎ去った知覚とともにかつてあったところのもの——がそれのなかで意識されるところのそれ〔＝記憶＝想起〕〉から区別するのは、〔いったい〕何であるのか[28]。昨日体験された継起の準現在化〔＝思い浮かべる〕[29]が、昨日原本的に体験された〈時間の場〉の準現在化〔＝思い浮かべる〕を意味するのだとすれば、かつまた、この〔原本的に体験される〕〈時間の場〉それ自体がすでに〈根源的に連合される諸空想の連続体〉として提示されるのだとすれば、われわれが今〔記憶＝想起という、あるいはブレンターノ的には空想という、準現在化において〕関わっているのは、空想の空想だということになってしまうだろう[30]。ここでわれわれはブレンターノの理論の未解決の諸困難に突き当たるのであり、その諸困難が、原本的な時間意識をめぐる彼の分析の正当性を疑問にさらすことになる[3]。彼はそれらの諸困難を掌握することができなかったのであり、このことは上述の諸困難以外にさらに他の諸困難にも関わる。

ブレンターノは、〈作用〉と〈内容〉とを、ないしは〈作用〉と〈統握内容〉と〈統握される対象〉[31]とを、区別しない。〔このことが次第に問題になっていく〕けれども、〔さしあたって〕われわれが明らかにしなくてはならないのは、どういうわけで〈時間契機〉なるものが措定されることになるのか、である。〔また、〕根源的連合がそのつどの知覚に諸表象の恒常不断の順序系列（Folge）を結びつけ、また、そのことによって時間契機が産出されるというのであれば、そういった時間契機はどのような契機[32]なのか、と問わねばならない。たとえば色や音をそれらの時間的な存在[33]という点で考察する場合、その時間契機は作用性格[34]に――本質的に作用性格に固有な差異項[35]として――属するのだろうか、それとも、統握内容に、たとえば感性的内容に属するのだろうか[36]。〔ところが、〕作用性格に関わる〕表象作用そのものは〔時間に関して〕差異化[37]を許容しないし[38]、また、表象そのものたち[39]のあいだには――それらの第一次内容を除けば――なんら区別がない、というのがブレンターノ〔自身〕の学説[40]であって、これにしたがえば、残る可能性は、知覚の第一次内容に連続的にファンタスマがつながり、さらにまたもやファンタスマがつながるのだが、この諸ファンタスマは〈性質においては等し[41]いが、ただ強度や充実といったものに関してのみ減衰していく内容〉をもつものだ、ということになるだろう[42]。〔そして〕この減衰と平行する仕方で、空想が新たな契機すなわち時間的契機を付け加えていく〔ということになるだろう〕[43]。〔だが、〕こうした説明はさまざまな点で不満足なものである。時間性格、継起、持続を、われわれは、ただ単に

〈第一次内容〉にのみ見出すわけではなく、〈統握される客観〉にも〈統握する作用〉にも見いだすのである。(44)〔そうであれば、第一次内容という〕ひとつの層だけに限定された時間分析は十分でなく、時間分析は、むしろ、構成のすべての層を追究するのでなければならない。しかし、超越化的な解釈(45)はすべて無視しよう、そして〔そのうえで〕、内在的な内容に関して以下のような捉え方(46)をしてみよう。すなわち、時間的変様は、時間契機と呼ばれるひとつの契機――この契機は、他の内容全体（Inhaltsbelauf）〔すなわち〕性質や強度などと絡み合っているのだが――が付け加わってくるということによって理解されうるという捉え方である。体験される音Aが今まさに鳴り始めたが、根源的連合によって更新されることで、それの内容に関して連続的に確保されているとしよう。しかし、このことは、Aは〔おそらく強度が衰弱するまでは〕まったく過ぎ去らず、現在的でありつづける、ということを意味するだろう。〔そうすると、時間に関する〕区別は、全面的に、以下のことにあることになるだろう、すなわち、その〔根源的〕連合は〔単に保存的だというのではなく〕創造的でもあって、〔すなわち〕「過ぎ去った」と呼ばれる新たな契機を付け加えるはずだ、と。この契機は〔それ自体が〕減衰していき、連続的に変化していく、そして、それに応じて、Aは、より多くあるいはより少なく過ぎ去ったという〔時間的規定をもつ〕ことになる、と。(48)〔しかし〕そうだとすると、過去は、原本的な時間直観の領野のなかに属していることになるのだから、同時に（zugleich）現在であらねばならないことになるだろう。「過ぎ去った」という時間契機は、この意味で、われわれが現下に〔＝顕在的に[49]〕体験している赤という〔性質的な〕契機と同様に、ひとつの現在的な体験契機であらざるをえないだろう――これは、しかし、あからさまな矛盾（Widersinn）[50]である。

〔右のように批判すると〕おそらく、こう抗弁されるだろう。〈Aそれ自体は〔あったが〕過ぎ去った〉（A selbst sei vergangen）〔この文章は〈Aそれ自体は過去的にある〉とも訳せる〕、しかし、意識のなかには、根源的連合のおかげで、新たな内容がある、すなわち、「過ぎ去った〔＝過去的〕」（vergangen）という性格をともなったAがあるのだ[51]、と。しかしながら、等しい内容Aがいつも意識のなかにあるならば、たとえそれが〔「過ぎ去った＝過去的」という〕新たな契機をともなっているとしても、まさにAは過ぎ去っておらず、持続しているのだ。したがって、Aは、今、現在的にあり、また、いつも〔＝ずっと〕現在的にある。しかも、「過ぎ去った〔＝過去的〕」という新たな契機をともなって〔そのようにある、要するに〕、一体的に〈過去的〉かつ〈現在的〉〔にあるのだ、と〕。――だが〔そうだとすると、逆に、Aは現在的にあるのだから〕、〈Aが以前に〔まさに〕あった[52]〉ということ、〈この現在的なAが現にあるより前にすでにAが〔まさに〕あった〉ということを、われわれは[53]いったいどこから知るのか。過去〔＝過ぎ去った〕（Vergangenheit）という観念[54]をわれわれはどこから手に入れるのか。〈Aが意識のなかに――新たな契機が結びつくことによって――現在的にある〉ということからは、この新たな契機を〈過ぎ去った〔＝過去的〕〉

〈Vergangen〉の契機と名づけることはできるとしても、〈〔「現在」の「意識のなかに」を〕超越化する意識[55]〉を説明することができない、すなわち〈Aは〔（まさに）あったが[57]〕過ぎ去った〉(es sei A vergangen)[56] ということを説明することができない。そのことからは、〈私が、今、意識のなかのAとして——それの新たな性格をともなって——もっているとされる当のもの〉が、〈今、意識のなかにあるのではなく、むしろ〔以前にまさに〕あったもの〉と同一であるということについて、つゆほどの表象も与えられない。——〔これら以外にも問題があり、すなわち、〕根源的連合の〈今、体験されている諸契機〉とは、いったい何であるのか。それらの諸契機は、それ自体、時間といえるようなものなのか。そうだとすると、われわれは矛盾に突き当たる。そうした契機はすべて、今、現にあり、同じ対象意識のなかに含まれており、それゆえ同時的に(gleichzeitig)ある。[58]けれども、時間の〈ひとつの後に他のひとつ〉〔という順序系列〕は、〈同時的〉(das Zugleich)[59]を排除する。〔それならば、〕それらの諸契機は、たとえば時間的な諸契機それ自体ではなく、むしろ、時間徴験〔=時間記号〕なのだろうか。しかし、〔この時間徴験という用語を採用しても、〕それでもって、われわれは、さしあたり、ひとつの新しい言葉をもつにすぎない。つまり、時間の意識〔=意識されてあること〕はまだ分析されていないし、また、以下のいくつかのこともまだ明らかにされていない。すなわち、そのような徴験のうえに、どのようにして〈過去についての意識〉が構成されるのか。これらの体験されている〔時間的な〕諸契機は、いかなる意味で、いかなる仕方で、いかなる統握によって、もろもろの性質契機[60]とは別様の仕方で、しかも、ひとつの今であるはずの意識が非‐今に関係するというまさにこのことが生じるような仕方で、機能するのか。

〔右のことが疑わしいだけでなく、さらに、〕過ぎ去ったもの〔＝過去的なもの〕を、非‐実的なもの、非‐現実存在的なもの（ein Nichtreelles, Nichtexistierendes）[61]だと見せようとする試みも、きわめて疑わしい。〔新たに〕付け加わる心的な契機といったものは、どうがんばっても、非実在性（Irrealität）を作り出すことができないし、現在的な現実存在を運び去ってしまうこともできない。実際、〔彼の学説における〕根源的連合の領分は、その全体がひとつの現在的で実的な体験である。〔ところが〕この領分には、根源的連合によって産出されるもろもろの原本的な時間契機から成るひとつの系列全体が――時間的対象に属するその他の諸契機とともに――属しているのである。

かくして、われわれの所見では、直観的な〈時間のひろがり〉〔＝時間区間〕を、連続的に減衰していく新たな諸契機によって――〈時間的に局在化される対象的なもの〉を構成する内容的な契機に、なんらかの仕方で継ぎ足されるような、また溶け込まされるような諸契機によって――理解可能にしようとするような時間意識の分析は、使い物にならない。簡潔に言えば、時間形式はそれ自体として時間内容[62]でないし、また、時間内容になんらかの仕方でつながる新たな内容の複合体でもない。さて、たとえブレンターノが、感覚主義（Sensualismus）の流儀ですべての体験を単なる第一次内容に還元してしまうという誤謬[63]に陥っていなかったとしても、しかも〔体験が〕〈第一次内容〉と〈作用性格〉とにラディカルに分かれることを認識した最初の人だったとしても、彼の時間論が示しているのは、彼が、やはり、それにとって決定的な〈作用性格〉というものをまさに顧慮しなかったということなのである。時間意識はどのようにして可能であり、どのようにして理解されうるのか、という問いは、未解決なままである。

原註

［1］この引用はおそらくフランツ・ブレンターノの講義を筆記したノートによる。——編者註

［2］「空想」は、ここ〔＝本節〕ではつねに、準現在化する〔＝思い浮かべる〕作用のすべてを包括しており、〔存在〕措定する作用との対比において用いられてはいない。

［3］ふさわしい積極的な詳論については、第一九節、一四九頁以下参照。

訳註

（1）「再生する」（reproduzieren）の語は、フッサールでは、「再想起」などの「準現在化」と重なる意味で使われることが多いが、ここでは（すなわちブレンターノの説の要約においては）、フッサールの語法における「把持する」（retinieren）に近い語義で使われている。あるいは（心理学が言うところの短期記憶のような意味で）「記憶する」に近い語義で使われてい

る。

なお、カントもこの語を使うが、その語法も、「把持する」に近い。「しかし私が先行する表象（線の最初の部分、時間の先行する部分、あるいは順次表象された単位）をつねに忘れてしまい、次の表象へ進んでいって、先行する表象を再生産〔＝再生〕しないとすれば、一つの全体的表象は、だから前述のすべての思想のいずれも、それどころか空間と時間という最も純粋な第一根本表象すら、けっして生じえないであろう。」（『純粋理性批判』原佑訳、理想社、A102）

（2）これらの論述において重要なのは「同様」の語である。「性質」や「強度」と、「時間的なもの」は、「同様」に感覚されるとみなされている、という点が重要である。

（3）すでに産出された諸感覚が「持続」しているならば、それは「今」のものではあるかもしれないが、しかし、「ひとつの次に他のひとつが後続する」という「継起」の場合には、「ひとつ」と「他のひとつ」とに時間的な先後関係が必要である。「今」のものだけでは、この時間的な先後関係が成り立たない。だから、この場合には「継起を表象するための助けにはならない」。

（4）ここでは zugleich の語が使われている。この語は、重要な場面で、時間意識の内部での「いちどきに」を意味し、客観的時間における「同時（的）に」（gleichzeitig）と区別される。しかし、この箇所に関しては――反現実的な場面ではあるが――、音たちが「継続的に保持されている」のと「同時（的）に」を意味している。これは、客観的時間における「同時に」と解してよい。また、この節全体においても、基本的に、客観的時間における「同時

（的）に」の意味で使われている。

なお、以下、紛らわしい場合には訳註をつける。

（5）この箇所はneue und neueと記されている。このneueの格変化に対応する名詞を男性単数名詞の「音」と解するのは、文法的には無理だが、複数形の「音たち」と解することもできるかもしれない。ただ、意味的に、複数形にしても大差ないので、このように訳す。

（6）ここに「恒常不断に」（stetig）の語が登場する。ここではブレンターノの議論の紹介として登場しているが、今後展開されるフッサール自身の分析のなかでも多用される。これの語義について解釈しておきたい。

これはstet（いつも、不断の）と直接的に関わっているし、さらにständigやbeständigとも語源的に関連している。英語では、constantが比較的近い意味をもつ。これらの共通の語根はstaであり、「立つ」といった意味をもつ。

辞書的にはstetigは、「不変（不動）の、不断の、恒常的な」（『独和大辞典』小学館）というように訳されている。これらでは、「不動性」「連続性」「一定性」が示されているように思われる。

本書では、この語は、多くの場合、「流れる」と結びつけられている。この場合、「不変（不動）に」流れる、というのは、語感的に奇妙に響く。「不断に」流れる、は十分に成り立つ。「恒常的に」流れる、は（「恒常的」の語義の取り方によって）成り立つ場合と、奇妙な場合とがある。なお、立松訳では「恒常的」が採用されている。

本書では、「とどまることを知らず、中断することなく、流れつづける」ということを示すために、この語が使われているように思われる。

もうひとつの候補として、「コンスタントに」流れる、も考えられるが、ここでは右の訳語にしておく。

（7）文脈から明らかなように、この「空想」は「記憶」である。

（8）「時間的性格によって豊かにされた」というのは、（現在的な）感覚それ自体は時間的性格をもたないが、それが空想＝記憶に移行するときに、過去的な時間的性格を付与される、ということであろう。

（9）この「空想表象」は、ここまでの論述から理解されるように、通常「記憶表象」と呼ばれるようなものである。

（10）これは、おそらく、さらに新たに生じる空想表象〔＝記憶表象〕のことであろう。

（11）ここで重要なのは「知覚」の語である。継起や変化は「空想＝記憶」に依拠するのであり、それゆえ継起や変化の「知覚」はない。「知覚」は瞬間的である。

（12）「聞く／聞いている」は「知覚」の一例である。

（13）この場合の「音の種類」とは、たとえばヴァイオリンの音、ピアノの音、フルートの音、といったものであろう。なお、原語はTonspeziesであり、Speziesという言葉が入っている。「音のスペチエス」とも訳せるが、ここでの文脈では、「スペチエス」を強調する必要はないように思われる。

（14）このdeterminierenという語は、ラテン語のterminareに由来し、これは、たとえばterminalのように、「行き止まり」を含意する。「それ以上、先に進む」ことがないということになるだろう。そのような含意をもった決定的・確定的な規定が、ここで問題になっている、と考えられる。なお、「決定論」(determinism)も、これに由来する。この脈絡では、determinierenを「決定規定する」と訳してもよいだろう、というのが、この訳語の選択の理由である。

他方、「確定規定する」という訳語のほうが、いくらか語感がよい。ただ、こう訳すと、他方で、「確定記述」の概念と混同される危険があるので、右の訳語にする。

(15) この強調された「ある」は、コプラ(繋辞)の機能を示すだけでなく、現実存在も含意しているだろう。言い換えれば、「〔現実に〕ある」も含意しているだろう。

(16) この「ある」には、現実存在が強く含意されている。言い換えれば、「表象された一ターラー銀貨や、可能的な一ターラー銀貨は、〔現実存在として〕一ターラー銀貨であるのでない」ということである。

(17) 「無限小の差異」(infinitesimale Differenzen)は「微分」(Differenzierung)と関わるだろう。たとえば連続的な曲線の場合も、微分によって、それぞれの点が互いにその傾きの差異を示す。これと同様に、連続的な時間の場合も、微分的に見れば、それぞれの時間点が互いに差異を示す、というように理解することもできるだろう。

(18) この「いつでもまたもや」(immer wieder)の語は、本書では頻出する。これは、「一度・そのとき一回」だけでなく、「何度でも繰り返し」を意味する。

(19) この議論全体はわかりにくい。ひとつの解釈を示す。現在の視点から見て「あるもの」は、「順序系列」(帰結)において(たとえば「次の現在」において)、「あったもの」になる。「あるもの」は、次の現在の視点から見れば(未来的に見れば)、「あったもの」である。「あるもの」は、現在的な視点から見て「あるもの」だが、未来的な視点から見れば「あったもの」であるし、逆に過去的な視点から見れば「あるだろうもの」である。

このように考えれば、（現在形の）「あるもの」は、それが「順序系列」に従うものであるかぎり、過去としての時間規定も、未来としての時間規定も、もつ。

このような考え方は、二つの連関する前提をもつ。第一に、ほとんどタイムマシンで確認されるかのような未来・現在・過去の順序系列をもつ客観的時間を前提とする。第二に、それと相関的に、その考え方の視点それ自体が、未来・現在・過去へといわば自由に移動する。このような「自由」な視点移動は、ほとんど上空飛行的であり、超越化的である。そこには「体験されている・意識されている」時間はない。

（20）これは、要するに、現象学的な「エポケー」を遂行せず、現象学的還元を遂行していない、ということである。

（21）これは（それ自身において）「存在する」＝「ある」をそのまま前提するということである。こうした「存在する」＝「ある」をフッサールは「超越性」と呼ぶが、これが「超越的な諸前提」という言葉につながっている。なお、すぐ後に登場する「現実存在する」という言葉も、こうした「存在する」＝「ある」の意味で使われている。

（22）これは、結果的に、「超越化的な解釈」を遂行することになる。

（23）ここでは zugleich の語が使われているが、単純に「同時に」の意味である。

（24）この補足的な文章によって、「時間構成する意識」が仄めかされているが、これの解明は第一部第三章に持ち越される。

(25) ここでGedächtnisという言葉が登場する(先にはMomentangedächtnisも登場していた)。しかし、意味的にErinnerungと大きな相違はないように思われる。

(26) この「これまた」(auch)の語の意味するところは、微妙である。ブレンターノの説では、「原本的な直観」は「根源的連合」の被造物であるが、「拡張された直観」は「根源的連合」に由来する。ところが、その原本的な直観もすでに空想とは独立でありえず、空想と結びついている。原本的な直観がすでに空想に由来するのだから、拡張された直観も「これまた」空想に由来する。それにもかかわらず、拡張された直観は、根源的連合には由来しない、とされる。まさにこの点がフッサールにとって問題なのだろう。このニュアンスで「これまた」と言われているのではなかろうか。

(27) 「実在化」という語法については、多少の理解しにくさがあるかと思われる。たとえば「神」がなにかを「実在化」させると言えば、それは「創造」であろう。しかし、ここではそういう意味での「実在化」が語られているわけではない。むしろ、なにかに関して「実在すると認める」というほうが適切であろう。

とはいえ、こうした「実在すると認める」を単に「心の内部」の話だとするならば、「心の内部」でそれを認めても、「心の外部」とは無関係だと考えられてしまうだろう。そうした捉え方(「自然主義」的な捉え方であり、あるいは、「心理学主義」的な捉え方であるが)を避けるのが、超越論的還元である。ただし、ここではブレンターノの立論が扱われており、フッサールはそれを「心理学的」だとみなしている(だから、結局、矛盾してしまうと考えている)。

この「超越論的」な捉え方は、カントでも見られる(カントの超越論主義とフッサールの超越論主義は同義ではないが、それでも一定程度は重なる）。カントは、「実在性」のカテゴリーに関して「現存在」（Dasein）を時間における充実というように規定している。空虚な（「内容」をもたない）時間に対して、「内容」が直観的に与えられ充実している状態が、「現存在」に、そして「実在性」に対応する。これは、ここでの「実在化」にも（かなりの程度まで）対応するだろう。

(28) この文章の要点をまとめる。一、原本的な直観はすでに空想である。二、昨日の原本的な直観の記憶＝想起も、空想である。三、そうであるならば、この原本的な直観と、昨日の原本的な直観の記憶＝想起とは、何によって区別されるか。どちらも空想である。

(29) Vergegenwärtigung は、ドイツ語では日常的に使われる sich vergegenwärtigen という動詞の名詞化である。「思い浮かべる」ということを意味する。ここでの文脈での Vergegenwärtigung は、「記憶＝想起」と「空想」をひとまとめにして表示している。

フッサールの語法では、Vergegenwärtigung は、「想起」「予期」「空想」「像意識」（大理石を見て、ヴィーナスを「思い浮かべる」場合など）を包括的に表示する。

これをあえて（日本語としては熟さない）「準現在化」と訳すのは、以下の事情による。フッサールにとって、原本的な直観は「知覚」である。「知覚」を、その時間論的な性格においてよく示す語は Gegenwärtigung である。これは Gegenwart（現在）から造語された言葉であり、通常「現在化」と訳される。すなわち「知覚」は、時間論的には「現在化」である。そして、フッサールがこのように造語したのは、そもそも Vergegenwärtigung という語があったからである。Vergegenwärtigung の ver という前綴りは、多くの場合、或る種の派生性を指し示す。この派生性を、漢字の「準」で表すことができる。他方、そのver（準）を取り去れば、逆に、原本的なものを表すことができる。このような関係のうちにあるので、Vergegenwärtigungは「準現在化」、Gegenwärtigungは「現在化」と訳される。

(30) こうなれば、結局のところ、「原本的なもの」はなくなってしまい、すべては「空想」だということになってしまい、根本的な区別がなくなってしまう、ということであろう。

(31) 「統握内容」は「現出」に属する成分、「統握される対象」は「現出者」に、それぞれ対応する。

(32) 「時間契機」の「契機」という語については、『論研』の「契機」——「部分」と対比される——の概念が関係するだろうが、本文の以下の議論においては、「契機」は意識に「実的」に内在しているものとして捉えられているように思われる。

(33) この「時間的な存在」という文言には注意が必要であるように思われる。というのも、「存在」すなわち「ある」ということが、重要になるからである。
さしあたり、ここでは、「時間的な存在」ということで、「現在的にある」「過去的にある」＝「あった」「未来的にある」＝「あるだろう」といったことが意味されている。

(34) 「作用性格」は、「存在性格」と「時間性格」の総称である。ここでは、もちろん「時間性格」がより重要である。なお、作用性格は、「意識作用」——すぐ後では「表象作用」が論じられている——に属す、あるいは、それに由来する。

(35) この「作用性格に固有な差異項」とは、作用性格に本質的に備わっていて、その作用性格のもろもろの差異を形作るものであろう。もう少し具体的には、たとえば、措定的な「存在性格」(「ある」)に対して、それを差異化する時間契機として、未来的な時間性格、現在的な時間性格、過去的な時間性格といったものを考えることができるだろう。そうすると、未来的な「あるだろう」、現在的な「ある」、過去的な「あった」が細分化・差異化される。こうしたものが「差異項」であろう。したがって、「差異項」は「細分項」と訳してもよいだろう。

なお、存在性格に関しても、措定的な存在性格と、非措定的な(中立的な)存在性格とを差異化・細分化することができる。

(36) 時間契機が感性的内容(統握内容)に属するならば、たとえば「机」の感性的内容そのものに、未来的な時間契機や現在的な時間契機や過去的な時間契機が備わっていることになる。これは、フッサールからすれば、否定されるべき捉え方であろう。

(37) この「差異化」は右の訳注(35)での説明と同様に、「細分化」と考えてよいだろう。

(38) この文章の意味するところは、表象作用それ自体には時間的成分が含まれない、ということであろう。

(39) この「表象そのものたち」は、第一次内容から構成される表象を、それだけで捉えたものであろう。そうすると、ひとつの「机」についての、現在的な「表象そのもの」と過去的な「表象そのもの」とのあいだには区別がない、ということになる。

(40) 「ファンタスマ」は、「感覚」(「知覚の第一次内容」)に類似・対応するものである。ファンタスマと空想との関係は、感覚と知覚との関係に平行的である。それゆえ、ファンタスマは、空想の第一次内容ということになるだろう(ただし、この場合の空想は、通常の語法では、記憶=想起であるが)。

Phantasma（ファンタスマ）というドイツ語は Phantasie（空想）と関係しているが、日本語ではこうした関係を適切に表示できない。あえて「ファンタスマ」を和訳すれば『空想感覚』といったことになるかもしれないが、この訳はこの訳で、また誤解を招くだろう。

（41）フッサールの「性質」の語には二義性がある。この場合の「性質」は、作用の性質ではなく、たとえば「赤い」のような性質であろう。

（42）これが「時間契機はどのような契機なのか」の第一の答えであろう（次の段落で第二の答えが登場する）。

（43）これが「時間契機はどういうわけで措定されることになるのか」の答えであろう。ただし、これは、あくまでもブレンターノ的に考えた場合の答えである。

（44）この「第一次内容」「統握される客観」「統握する作用」の三項図式は、『イデーンI』以前のフッサールの基本的な捉え方を示している。

なお、「統握される客観」については、本書第二章で分析される。また、「統握する作用」それ自体も時間的に現出するということについては、本書第三章で主題的に分析され、ここでは示唆されるだけにとどまっている。

（45）「超越化的な解釈」とは、意識の領分の「外」に抜け出て（超越して）そこになにものかが（それ自体で）「ある」（存在する）とみなすような「解釈」である。また、ほぼ同義の概念として「超越化的な思考作用」もある。これらの「超越化」という概念は、「ある」（存在する）ということが「超越性」として捉えられていることとも大きく重なっている。

しかし、これは「解釈」とはいっても、われわれにとってあまりに自明的な解釈であるので、われわれは、ほとんどの場合、それが「解釈」だということすら気づいていない。

しかし、一度このように「解釈」すると、逆に、（超越論的な）意識それ自体も、その「外部」（通常、「世界」と呼ばれる）に属する一部分とみなされる。この「解釈」では、意識の「内部」（の「ある」）と「外部」（の「ある」）の二重存在という問題が生じてしまう。

ブレンターノの理論・学説が「心理学的」とみなされるのは、このような「超越化的な解釈」にあらかじめ依拠しているからである。しかし、彼の理論・学説のなかには、「認識論的」（あるいは現象学的）なものも含まれている。そこで、それを（「超越化的な解釈」を排除して）考察してみよう、ということになる。この作業をつうじて、それが「認識論的」（現象学的）に使用可能かどうか、が明らかにされる。

（46）「捉え方」と訳したのはAuffassungである。この語は、術語としては「統握」と訳されるが、この箇所では、通常の語義で使われているので、「捉え方」とする。

（47）ここでは「他の内容全体」の詳述が「性質や強度など」だと解する。この場合、「他の内容全体」の「内容」は、「第一次内容」よりも射程が広いことになる。他方、「性質」の語は二義性をもつが、ここでは「赤い」のような性質を指しているだろう。

（48）これが「時間契機はどのような契機なのか」の第二の（すなわち超越化的な解釈を排除した後の）答えであろう。

（49）「現下に」はaktuellの訳である。このドイツ語は、辞書的には「現在〈現下〉の、当面の、目下焦眉の、時宜〈時局〉にかなった、話題の、最新流行の」といった意味をもつ（『独和大辞典』小学館）。

しかし、この語は、Akt（作用・行為・活動）とも関係する。さらにAktualitätは「現実性」といった意味ももつ（補遺Ⅱも参照）。そもそも語義射程が広いのである。そういった広い語義を包括する日本語（漢字表現）を探して、この語は、たとえば「顕在的」と訳されることもある。これはこれで有効である。ただ、漢字表現だけで見ると「顕在的」は、その対語として、「潜在的」（potentiell, potenziell）を思い浮かばせる。しかし、ここでのaktuellは、「潜在的」を対語としていない。その意味では「顕在的」でないのである。ここでは、むしろ、「私が現にいま経験している」といったことを言い表している。そして、この場面こそが、現象学の基本的場面であり、現象学はここで（あえて言えば現業的に）「活動」する。

私が現にいま経験している場面は「知覚」である。そして、この「知覚」において与えられている対象は、「現実的」である。この意味では、「現下に」は「現実に」でもある。カタカナ表記の「アクチュアル」を使えば、これらの含意を示唆できるかもしれないが、訳者としては、こうした語の連関を「現」の語に込めたいと思う。

こうした意味を担ったこの語は本書のキーワードのひとつでもある。

（50） Widersinnの語は、『論理学研究』では、「意味」の一種である「反意味」を表すが、ここでは、単純に「矛盾」と解してよい。

（51） この「抗弁」は、ドイツ語の事情のためわかりにくいが、一読してそう思われるよりも、はるかに重要である。とりわけ、ここで示される「ある」（あるいは「存在する」）と「時間」との関係の捉え方に関してそうである。しかし、抗弁の出発点をなす文章からして、その含意を効かせて正確に訳すのはきわめて難しい。本文の訳文だけで理解できる読者にはそのまま進んでいただけばよいが、そうでない読者のために、以下、順を追って説明していきたい。

まず、この文章のドイツ語原文を示す。A selbst sei vergangen, im Bewußtsein aber sei vermöge der ursprünglichen Assoziation ein neuer Inhalt, A mit dem Charakter des „vergangen“.

この原文の短い前半部と長い後半部で、それぞれ sei が登場する。これは、動詞 sein（「ある」）の接続法一式の活用形である。接続法一式（いくつかの用法をもつ）は伝聞などを示すこともできる――この抗弁はもちろんフッサール自身の主張ではない。

しかし、ここで考慮すべきなのは、sei（sein）の語法と含意である（以下の説明では、無用の混乱を減らすために、sei と sein を同義に扱う）。

一般的な事柄として、動詞としての sein（「ある」）は、おおよそ日本語の、①「がある」と、②「である」とに重なる。①については、哲学的伝統では、Existenz（「現実存在」・「実存」）という用語で術語化される。②については、ここでは哲学的伝統の術語よりも文法的な術語で「コプラ」（連辞・繫辞）と呼ばれる（この両者の関係については――ドイツ語においても、日本語においても――さらに考察すべきことがあるが、ここでは触れない）。さらに、sein は、一部の動詞の過去分詞と結びついて、③「完了」の時制をつくる（ただし、この「完了」は「過去」と考えてよい）。さらにまた、sein は、動詞の過去分詞と結びついて、状態受身とも呼ばれる一種の、④「受動態」をつくる。もうひとつ、⑤ sei に関しては、当該の文章が接続法一式の文章であることを明示するためにわざわざ用いられることがある。

さて、以上のことを念頭に置いたうえで、ここでのseinに関して重要なのは、①「現実存在」（「がある」）と②「コプラ」（「である」）と③「完了・過去」である（④と⑤はここでは登場しない）。

もうひとつのキーワードとして、原文にはvergangenが二度登場する。このvergangenは、動詞vergehen（「過ぎ去る」）の（α）過去分詞（「過ぎ去った」）、あるいは、それが（β）形容詞化したもの（「過去的」）である。

（α）過去分詞のvergangenは、seinと結びついて、完了の時制をつくる。それゆえ、原文のsei vergangenは「過ぎ去る」の完了時制であるが、完了時制は過去時制と基本的に同義なので、単純に和訳すれば「過ぎ去る」「過ぎ去った」ということになる。そして、原文の前半部全体は「Aそれ自体は過ぎ去った」ということになる。だが、この和訳では、時制すなわち「時間」的契機は明示されるが、しかし、①も②も訳語として登場しないので、ここで「存在」（「ある」）が問題になっているということが明示されない。

他方、vergangenを（β）形容詞と解することも可能である。この場合、vergangenは「過去的」を意味する形容詞だということになる。「過去的」は、語義において「時間」的である。しかも、形容詞は（述語的用法の場合）、基本的にseinと結びつく。その場合、sei（sein）は、それが②「コプラ」（「である」）の機能を果たすかぎりは、sei vergangenは「過去的である」と訳される。しかしまた、①「現実存在」（「がある」）を明示するように、「過去的にある」と訳すこともできる。本文のこの箇所では、この「過去的にある」というニュアンスが活かされている。だから、「Aそれ自体は過去的にある」ということになる。これは、Aが「過去的」

という形容詞的性質をもって「ある」を意味する（これは、本文後半部の「「過ぎ去った〔＝過去的〕」という性格をともなったAがある」によって言い表されるだろう）。

さて、以上のことから、まず、前半のA selbst sei vergangenは、さしあたり「Aそれ自体は過ぎ去った」を意味し、後半のim Bewußtsein aber sei [...] A mit dem Charakter des „vergangen“は「意識のなかには、……すなわち、「過ぎ去った〔＝過去的〕」という性格をともなったAがある」ということになる。ただし、前半の「Aそれ自体は過ぎ去った」には、sei によって①「現実存在」（「がある」）が含意されているが、「過ぎ去った」によって、この①が否定されている、ということが重要である。これに対して、後半の「意識のなかには、……「過ぎ去った〔＝過去的〕」という性格をともなったAがある」と言われて、――あくまでも「意識のなかには」という限定が加えられてのことであるが――①「現実存在」（「がある」）が明示される。この両者が対比されている。要するに、「時間」的契機を軸にした、①「現実存在」（「がある」）の「否定」と（限定的な）「肯定」との対比が重要なのである。

とりわけ前半部の「Aそれ自体は過ぎ去った」に、①「現実存在」（「がある」）のニュアンスを明示する必要があると思われるので、「Aそれ自体は〔あったが〕過ぎ去った」と補った次第である。

だが、ここでの議論は、もうひとつの問題にも関わる。すなわち、ここでの議論は、「意識のなかには」という限定によって、①「現実存在」（「がある」）を、「意識の内部」と「意識の外部」とに分割して割り振っている。これは、意識の内外におけるいわば「二重存在説」である。これをフッサールは批判し、自身の考え方としては「現象学的還元」を提示することになる。この還元によって「ある」＝「存在」の意味が変わる。

フッサールは、このような内容をもった「抗弁」を提出することによって、この抗弁それ自体の問題点をあぶり出している。このことが、現象学の考え方につながる。

(52) この箇所も、右の訳注と同様に、正確に訳すのは難しい。原文は daß A früher gewesen [...] ist である。ここでは（語順を変えて単純化するが）、A ist [...] gewesen という文章が示されている。この場合、gewesen は動詞 sein の過去分詞形であり、これは（それ自体が）sein（ここでは直説法の ist）と結びついて完了時制をつくるが、文型的に先述の A [selbst] sei vergangen（A〔それ自体〕は過ぎ去った）と同じである。しかし、ここでは、「がある」がいっそう強調されている、と言えるだろう。なにしろ、sein（「ある」）が、ist と gewesen という形で二度登場するのだから。この強調された「がある」は、「意識のなかに」という限定付きの「がある」ではなく、まさに「がある」であろう。そして、ここでは、この「がある」（現実存在）が時間的に「完了」したというところに重点が置かれているだろう。

蛇足だが、この gewesen を——vergangen がそうでもあるような——一種の形容詞とみなして、いわば「存在完了的」とでも訳すこともできないことはない（ハイデガーの語法で「既在的」などという訳もあるが）。そうすると、「Aは〔以前に〕存在完了的である」あるいは「Aは〔以前に〕存在完了的にある」という訳文ができるが、これらは、ここでの本文の文脈では不適切であろう。

(53) この「われわれ」は、「意識のなかに」と大きく重なる。

(54) 文脈から理解されるように、この「過去」は、以前は「ある」（「存在する」）と認められていたものが、（時間の経過によって）そのように認められなくなった、ということが含意されているだろう。

（55）「超越化する意識」という語には説明がないが、たとえばオカルト的に「現世を離脱する意識」などではない。現在の意識の「内」にあるAが、現在の意識の「外」にもある、とみなすような意識、「内」の「ある」を「外」に「ある」に超出させるような意識であろう。だから、「〔「現在」の「意識のなかに」を〕超越化する意識」ということになる（しかし、フッサールにとって真に批判されるべきなのは、「内」と「外」の二重存在であることは忘れるべきでない）。

なお、「超越化する意識」と「超越化的な解釈」あるいは「超越化的な思考作用」とは、どう関わるのか。少なくともここでの語法では、「超越化する意識」は、「内」と「外」とを前提として、機能している。これに対して、フッサールが「超越化的な解釈」ないし「超越化的な思考作用」を問題にするときには、それを停止しなければならない、ということが含意されており、その意図は、右のような「内」と「外」の分割設定にもとづかない、むしろそれに先立つ、別の「意識」（超越論的な意識）に立ち戻ることにある。

（56）このes sei A vergangenというドイツ語表現は、A selbst sei vergangenと基本的に同義であるが、しかし、es seiという表現によって「がある」（現実存在）を際立たせているように思われる。これは「意識のなかに」という限定を越え出ており、超越化している。

そして同時に、その「がある」（現実存在）が「過ぎ去った」のである。それゆえ、Aそれ自体が、形容詞的性質をもって「過去的にある」というのではない。

（57）「そのこと」とは「Aは意識のなかに――新たな契機が結びつくことによって――ある」ということである。

（58）この文章の最後の部分の原文は sie sind also gleichzeitig である。この和訳も「同時的である」よりも「同時的にある」のほうが、より適切である。

（59）この名詞化された Zugleich は「同時的」と解してよい。

（60）この「もろもろの性質契機」は、たとえば（形容詞で表現される）「赤い」に対応するような「性質契機」などであろう。「赤い」（rot）という性質契機については、ドイツ語ではA ist rot というように示すことが可能である。このドイツ語文を「Aは赤くある」あるいは「Aは赤色的にある」と訳せば、A ist vergangen（「Aは過去的にある」）と文型上は同じになる。このことから、時間契機は性質契機と同様だという捉え方が出てくる可能性があるが、しかし、ここでのフッサールはそのような捉え方を批判している。

（61）この Nichtreelles の reell（「実的」あるいは「実有的」などと訳されることが多い）は、フッサールでは、意識の「内在的」成分のひとつを示す。フッサールは――時期によって相違が見られるが――「内在的」を二種類に区別する。すなわち、reell なものと、intentional（志向的）なものに、である。後者は、志向性によってはじめて構成される。これに対して、たとえば感覚与件のように、それ自体は志向性をもたずに意識に内在する（意識されてある）ところのものは、reell である。

ここでの議論においては、reell にある（実的にある）ところのものに、なんらかの契機を貼り付けることによって、それを nichtreell（実的にあらぬ）に変えることは不可能だ、ということが主張されている。

なお、ここでnichtexistierendという語が使われている。ブレンターノのInexistenz（これは「内存在」などと訳されるが、「内部現実存在」とか「内部実存」といった訳語でもよかろう）という概念が念頭に置かれている可能性がある。通常、existierenの語は、ex＋sistereに由来するので、「外に立つ」といったニュアンスで用いられることが多いが、Inexistenzは、inによって「内」を意味する。この意味での「内存在するもの」になんらかの契機を貼り付けることで、それを非存在的にすることは不可能だ、とここで言われている可能性がある。

しかし、この解釈が成り立つとすれば、同時にまた、ブレンターノが内存在を帰した当のものを、フッサールは「実的」だとみなしていたとも解釈される。

(62)　文脈からわかるように、フッサールは「契機」という言葉を、ここでは「内容」に関わるものとして使っている。「内容」は、ノエマの「何」の成分とほぼ対応する（ただし「第一次内容」はむしろ感覚与件・ヒュレーに対応する）。

(63)　ここでの批判においては「単なる第一次内容」という語が重要である。「感覚主義」は、無時間的な「単なる第一次内容」しか認めない。フッサールも「第一次内容」は認めるが、しかし、それはすでに時間的性格をもつ、とおそらく考えていた（第二節原註［6］参照）。しかも、その後、彼は、「第一次内容」に対して「意識作用」が関与することによって「ノエマ」が構成され、それを媒介・突破して、「端的な対象」が志向される、と見る。この発想は、ブレンターノの考え方を発展させた「志向性」によって可能になっている。この点で、ブレンターノも「感覚主義」に陥っていたわけではないが、しかし、その展開が不十分だというのが、フッサールの批判である。この意味で、フッサールは、ブレンターノを師と認めつつ、なお彼を「ひっかかったまま」であったと批判してもいる。

第二章　時間意識の分析

第七節　時間客観の把捉を、瞬間把捉とする解釈と、持続する作用とする解釈

ブレンターノの学説のなかには、それを駆動させる動機として、ひとつの思想が働いている。それは、ヘルバルトに由来し、ロッツェに継承され、以後の時代すべてにおいて重要な役割を果たしてきた思想である。その思想とは、複数表象（たとえばaとb）の順序系列を(1)把捉するためには、複数の表象が、〔それらを〕関係づける〈知る〔作用〕〉の——〔さらに詳しく言えば、〕ただひとつの分割されない作用(2)のなかで複数の表象をまったく分割されない仕方で取り集める〈知る〔作用〕〉の——最初から最後まで同時的な客観たちであることが必要だ、[1]というものである。(3)ひとつの〔時間的な〕道程〔を形作るところ〕の諸表象すべて、ひとつの〔時間的な〕移行〔を形作るところ〕の諸表象すべて、ひとつの〔時間的な〕距離〔を形作るところ〕の諸表象すべて、要するに、諸契機の比較を含み、それらの〔時間的な〕対比関係（Verhältnis）を表現している諸表象すべては、〔それらを〕無時間的に取(4)り集める〈知る〔作用〕〉の産物としてしか考えられない。これらの表象すべては、仮に〈表象する〔作用〕〉それ自体が時間的に継起して〔そのつど〕すっかり消失してしまうとしたら、不可能だったことだろう[2]〔というのである〕(5)。この捉え方（Auffassung）(6)にとっては、

〈ひとつの時間区間の直観は、ひとつの今において、ひとつの時点において、生じる〉といったことが、明証的でまったく避けようのない想定に見える。かつまた総じて、〈なんらかのひとまとまりの全体に向かう意識〔作用〕や、なんらかの区別された〔＝分割された〕諸契機の多数性に向かう意識〔作用〕は、どんなものもすべて（それゆえ関係意識や複合意識もすべて）、ひとつの分割されない時点において、おのれの対象を包摂する〉といったことが、自明なことに見える。そして、〈それの諸部分が継起的であるような《ひとまとまりの全体》に意識が向かう場合にはいつでも、それらの諸部分が《〔まさに諸部分でありながら、それぞれに全体を〕代表するもの》という形式において瞬間直観の統一性に共同で参入する場合にのみ、その意識はこの《ひとまとまりの全体》の直観的な意識であることができる〉といったことが、自明なことに見える。〔さて、〕W・シュテルンはこの「意識全体の瞬間性のドグマ」（彼はそう呼ぶ）に対して反論を提起した。[3]〔彼によれば、〕〔瞬間的でなく〕時間的に延長した意識内容にもとづいてはじめて統握（Auffassung）[7]が生じ、[4]この統握が時間区間（いわゆる「現前時間」（„Präsenzzeit“））へと広がる、という実例がある。それで、たとえば不連続な継起も、その各項が同時的でないにもかかわらず、意識による結合によって、すなわち統一的な統握作用によって、とりまとめられることができるのである。[5][8]ひとつの次に他のひとつが後続するような音たちがひとつの〔まとまった全体としての〕メロディを生じさせることができるのは、ひとえに、もろもろの心的な出来事[9]の〈ひとつの次に他のひとつという順序系列〉が「ただちに」ひとつの全体形成体へ統一されるということによって、である。[6]それらの音は、意識のなかでは〈ひとつの次に他のひとつ〉というようにある、がしかし、〔それでも〕ひとつの同じ全体作用の内部に属すのだ。われわれはそれらの音を一挙にもつわけではない。また、われわれがメロディを聞くのは、最後の音のときまでそれ以前の音たちが〔そのまま〕ずっと持続しているという事情のおかげなのでもない。音たちは、ひとつの共通の作用力でもって、統握形式でもって、ひとつの継起的な統一性を形作るのである。[7]もちろん、この統一性は、最後の音〔の登場〕とともにはじめて完成される。こうしたことに対応して〔意識作用の側には〕、時間的に継起する統一性の知覚〔作用〕や、〔同時的に〕共存する統一性の知覚〔作用〕があり、さらに加えれば、同一性や同等性や類似性や差異性の直接的な統握〔作用〕がある。「比較はいつも、第二の音と並んで第一の音の記憶像が成り立っていることによって生じる、などといった不自然な想定は不要である。むしろ、現前時間の内部で展開する意識内容全体が、ひとしく、結果として生じる同等性統握や差異性統握の基盤になるのである。[8]」

〔さて〕右の論述およびそれに結びついた議論全体のなかでは、[9]論議されている諸問題が明らかになってこないが、その原因は、われわれがすでにブレンターノのもとで確認した区別、片時も手放せないあの区別、[10]これが欠落していることにある。[11]〔あの区別を念頭に置くならば、〕問われるべく残っているのは以下のことである。すなわち、超越的な時間客観は、ひとつの持続へと延び広がるとともに、〔変化しない事物〔の場合〕のように〕連続的な同等性のなかで、あるいは〔たとえば事物に関わる出来事、[12]運動、変化など〔の場合のように〕〕たえまなき（ständig）変転のなかで、おのれの持続を充実化するわけだが、[13]こうした超越的な時間客観の統握〔作用〕はどのように理解されるべきか、である。このたぐいの客観は内在的な与件と統握〔作用〕の多様性のなかで構成されるが、しかるに、そうした内在的な与件と統握〔作用〕[14]は、それら自体が一種の〈ひとつの後に他のひとつ〉として〔時間的に〕経過し去るのである。[15]〔とすると、〔諸与件を合一するはずの〕統握作用それ自体も時間的に経過し去ってしまうのだから、〕〈ひとつの後に他のひとつ〉というように〔時間的に〕経過し去っていくこれらの〔客観の〕代表象的な諸与件を、ひとつの今という瞬間において合一させる〔などといった〕ことは、およそ可能なのだろうか？　こうなると、またまったく新たな問いが浮かび上がってくる。それは、「時間客観」すなわち内在的な時間客観と超越的な時間客観だけでなく、それらと並んで、時間それ自体は、〔あるいは〕客観の持続と継起は、どのように構成されるのか、という問いである。分析に際しては、これらのさまざまな記述方向（これらは、ここでは暫定的に暗示されているだけであり、さらに細分化されることが必要である）が、しかと眼中にとらえられていなければならない——これらの問いはすべて緊密に一体をなしており、単独で解決されることはありえないのだが。時間的な客観の知覚〔作用〕はそれ自体が時間性をもつということ、持続の知覚〔作用〕はそれ自体が知覚〔作用〕の持続を前提するということ、任意の時間形態の知覚〔作用〕はそれ自体がおのれの時間形態をもつ[16]ということ、こうしたことは、まさしく明証的である。そして、超越性をすべて無視すると[17]、知覚〔作用〕から、それの現象学的構成成分すべてに関して、それの現象学的時間性がなくなってしまうなどといったことはなく、そうした時間性は知覚〔作用〕の取り去り不可能な本質に属しているのである。〔その他方で、時間客観の〕客観的な時間性は、そのつど現象学的に構成され、かつまた、この構成〔作用〕によってのみわれわれにとって客観性としてあるいは客観性の契機として現出して現にそこに立つ[18]のだから、現象学的な時間分析は、〔現にそこに立つ〕時間客観の構成を考慮せずに時間の構成を解明することができない。〔この場合、〕われわれが特有の意味での時間客観〔という概念〕でもって理解するのは、単に時間のなかの統一性であるだけでなく、それ自身において時間的延び広がりをもってもいる客観である[19]。ひとつの音が鳴り始めれば、私の〔通常の〕客観化する統握〔作用〕は、現にそこに持続しそして鳴り終える音を対象にすることができるが、けれども、音の持続〔それ自体〕や、あるいは、その持続のなかでの音〔そのもの〕を対象にすることはできない[20]。〔とはいえ、〕その持続のなかでの音そのものは[21]、〔そのように対象化されないとしても〕ひとつの時間客観なのである。同じことは、メロディについても言えるし、〔さらに〕それぞれの変化についても言えるが、ただし、それは、そのたびごとの〔メロディや変化が〕〈存続する[22]〉ということそれ自体も考慮されるならば、の話である。ひとつのメロディを、あるいは、メロディのなかのひとまとまりの一部を、例に取ろう。さしあたり事柄は単純に見える。すなわち、われわれはメロディを聞く、言い換えれば、われわれはメロディを知覚する。というのも、〈聞く〉とは、まぎれもなく、〈知覚する〉ということであるから。けれども、第一の音が鳴り始め、それから第二の音が到来し、それから第三の音が到来する、以下同様である。〔この場合〕われわれは、以下のように言うべきではないのか？　すなわち、第二の音が鳴り始めるときに、私は〔まさに〕それを聞いているのであり、しかし、第一の音はもはや聞いていない、以下同様である。それゆえ、〔真に受け取る作用としての〕知覚においては、[23]私はメロディを聞いておらず、ただ個々の現在的な音を聞いているだけである。メロディの経過し去った部分が私にとって対象的であるのは、〔知覚のおかげではなく〕記憶のおかげである――と言いたくなるだろう――し、また、私が、そのつどの音が到来したときに、それですべてだ〔＝もう終わりだ〕と前提しないのは、先を見越す予期のおかげである、と。しかし、われわれとしては、この説明で一件落着とはいかない。というのも、ここで言われたことはすべて、個々の音にも移されるからである。それぞれの音は〔瞬間的でなく〕、それ自体、ひとつの時間的な延び広がりをもつ。鳴り出したとき、私はその音を今として聞く。鳴り続けるときには、その音は、いつも〔次々と〕新たな今をもつ。そして、そのつど先行する今は、〈過ぎ去った〔＝過去〕〉に変転する。かくして、私はそのつどその音の現下の位相だけを聞くのであり、そして、持続する音の全体の客観性は

〔といえば、それは〕、ひとつの作用連続体――すなわち、その一部分が記憶であり、極小の点的な一部分が知覚であり、残りが予期であるような――のなかで構成される〔ということになる〕。〔しかし、〕これではブレンターノの学説に逆戻りしているように思われる。となると、ここで、いっそう深い分析が導入されねばならない。

第八節　内在的な時間客観とその現出様式[10]

さて、われわれは、超越的な解釈と措定のすべてを遮断し、音を純粋に〈ヒュレー的な与件(24)〉として受け取ることにする。その音は始まり、そして終わる。そして、それの全体的な持続の統一性、すなわち、それが始まって終わる出来事過程全体の統一性は、それが終わったのちには、ますます遠くなっていく過去に「退いていく」。このように沈降していくなかで、〔しかし〕私はその音をなおしっかりと「保持して」おり、それを「把持」(Retention)のなかでもっている。そして、把持が続くかぎり、その音はそれ自身の時間性をもち、その音は同じ音であり、それの持続も同じ持続である。私は〔その音それ自体から〕その音の〈与えられてある(Gegebensein)(25)〉の様式＝仕方(Weise)に注意(26)を向ける。その音と、その音が充実化している持続は、〔その音の〈与えられてある〉の〕「もろもろの様式＝仕方」の連続性のなかで、すなわち「途切れなき(beständig)流れのなかで」、意識されてある。そして、この流れ〔のなか〕のひとつの点、ひとつの位相は、「〔鳴り〕始まる音についての意識（Bewußtsein〔＝〈鳴り始まる音それ自体が〔その現出のひとつの様式＝様態＝仕方において〕意識されてある〉ということ〕〕を意味する。そして、その〔流れの〕なかで、その音の持続の最初の時間点が、今という様式＝仕方で意識されてある。その音は〔現在的に〕与えられてある、すなわち、その音は今として意識されてある。しかし、その音が今として意識されてあるのは、それの諸位相のいずれかひとつが〔現下の〕今として意識されてある「かぎりで」のことである。しかし、いずれかひとつの時間位相（音－持続のひとつの時間点に対応する）が現下の今（始まりの位相は除いて）[27]であるならば、それの諸位相の連続性は「先ほど」として意識されてある。そして、始まりの点から今点までの時間持続の区間全体は、経過し去った持続として意識されてある。持続の残りの区間は、しかし、まだ意識されてあるのでない[28]。終わりの点においては、この点それ自体が今点として意識されてある。そして、持続の全体は〈経過し去った〉（abgelaufen）として意識されてある（あるいは、もう音－区間ではない新たな時間区間[29]の始まりの点においても、事情は同様である）。この意識流〔＝右のことがそれのなかで意識されてあるところのその意識作用それ自体の流れ〕の全体の「その間」（„während“）には、ひとつの同じ音が、〈持続している音〉として、〈今、持続している音〉として、意識されてある。「その前」（Vorher）には（その音が予期された音でなかったような場合）、その音は意識されてあるのでなかった。「その後」（Nach-her）には、その音は、「しばらく」、「把持」のなかで、〈あった音〉として「なお」意識されてある。その音は、しっかりと保持されてあることができ、また、〈固定するまなざし〉のなかに立ちとどまって、あるいは残ってあることができるのである。音の持続区間全体は、あるいは、その延び広がりのなかでの「その当の」音は、いわば死んだものとして、もはや生き生きと産出されていないものとして、現にそこに立っている。それは、今の産出点によって生化されていない形成物であるが、それは恒常不断に（stetig）変様し、「空虚」のなかに沈降していく。その区間全体の変様は、このとき、以下のような変様――すなわち、現下の時間帯のあいだのこととして、意識がいつも新たな産出へ移行していくときに〈持続の経過し去った一部〉が被るその変様――と、類比的で本質的に同一な変様である。

ここでわれわれが記述したのは、内在的‐時間的な客観が途切れなき（beständig）流れのなかでどの様に「現出する」か、その様式＝仕方であり、それがどの様に「与えられて」あるか、その様式＝仕方である。[30] この様式＝仕方を記述するということは、現出する時間持続それ自体を記述するということではない。[31]〔わざわざこのように言うのは、客観としての〕同じ音――それに属する〔時間〕持続をもつ同じ音――が、たしかに〔右で〕記述されたわけではないが、しかし〔そうした同じ音はその意識的な与えられ方・現出の様式＝仕方とつねに相関関係のうちにあるので〕、記述のなかで前提されていたからである。〔このことを踏まえれば、〕同じ〔時間〕持続は、〔その意識的な与えられ方・現出の様式＝仕方に関しては、まず〕今的な持続、現下において築き上げられる持続であり、そして、それから、過ぎ去った〔持続〕、「経過し去った」持続であり、〔とはいえ把持において〕なお意識されてある〔持続〕、あるいは再想起において「いわば」新たに産出される持続である。〔以上のことに対応して、同じ時間持続をもっところの〕今鳴り始めるその同じ〔客観としての〕音は、「以後」の意識流のなかでそれについて〈その音はあった、それの持続は経過し去った〉と言われるところのものである。〔このことを空間と比べて言うと、〕空間のなかで静止している対象の点たちは、私が「私自身を」その対象から遠ざけていくときに、私の意識にとって遠ざかっていくが、これと同様に、時間持続の点たちは私の意識にとって遠ざかっていく。〔しかし、空間的な〕対象はその位置を保っている。同様に、〔客観としての〕音はその時間を保っている。それぞれの時間点は動かない。しかし、意識の遠さにおいては、それは遠くへ逃げ去っていき、産出する今からの隔たりはますます大きくなる。〔客観としての〕音それ自体は同じであるが、「どの様に」現出するかという「様式＝仕方における」音は、いつも〔ますます〕他のものになっていく音である。

第九節　内在的な客観の現出の意識

もっとよく見ると、ここでなおも、異なった記述方向を区別することができる。[32]一、内在的な客観それそのもの[33]に関して、われわれは〔以下のような〕明証的な言表を述べることができる。すなわち、〈それは今持続している〉とか、〈それの持続の一部分は〔あったが〕流れ去った〉[34]とか、〈今において把捉されている《音の持続点》は〔もちろんそれの音‐内容とともに〕恒常不断に《過ぎ去った〔＝過去〕》に沈降していく〉とか、〈その持続のいつも新たな点が今に入ってくる〉とか、〈それは今ある〉とか、である。あるいはまた、〈〔それの〕経過し去った持続は、現下の今点――これはいつでもなんらかの仕方で充実化されている点である――から遠ざかり、ますます「遠い」過去に退く〉などなど、である。[35]二、しかし、われわれは、内在的な音とそれの持続内容が〈現出する〉ということ（„Erscheinen"〔＝現出作用〕）がもつ右のような〔時間的な〕区別すべてが「意識されて」あるその様式＝仕方についても、述べることができる。〔その様式＝仕方のなかで〕現下の今に入り込んでくる音‐持続に関して〔こそ〕、われわれは〈知覚〉ということを言う[36]のであり、そして、〈音が、〔すなわち現下の今において〕持続している音が、知覚されてある〉と言い、また、〈音の持続の延び広がりのなかで、ただその持続の《今として性格づけられている点》だけがそのつど知覚されてある〉と言う。〔他方、〕経過し去った区間については、われわれは〈その区間は、諸把持のなかで意識されてあり、もっと詳しくいえば、持続ないし持続の諸位相の鋭く分断されない諸部分――これらは、現下の今点に直近的に接している――は、〔次第に〕減衰していく明晰性をもって意識されてある〉と言う。〈さらに遠い、さらに隔たった以前に位置する過去位相たちは、まったく不明晰に（unklar）空虚に意識されてある〉と言う。また、その持続の全体が経過し去った後でも、同様である。現下の今になおごく近いところに位置するものは、その現下の今からの遠さに応じて、場合によってわずかにだとしても、明晰性をもつ。全体が、闇〔＝曖昧さ〕のなかに、〔その内容の充実が失せた〕空虚な把持的意識のなかに、消えていき、そして、最後に、把持が働かなくなればただちにまったく（そう言ってよければ）消える。[11]

その際、われわれは、明晰な領野のなかに、より大きな判明性と分別性とを（しかも、その領野が現下の今に近ければ近いほど、それに応じて）見いだす。しかし、われわれが今から遠ざかれば遠ざかるほど、より大きな流れ去りと細部溶解が示される。区分をもつひとつの出来事過程の統一性(38)〔の場合を取り上げると、それ〕に反省的に沈潜することによって、われわれは以下のことを観察することができる。すなわち、その出来事過程の分節化された一断片は、(39)沈降するときに、〔いわば縮まりながら〕過去に「吸い込まれる」(40)――〔これは〕つまり、空間的なパースペクティヴの類比態としての、一種の時間的なパースペクティヴ（原本的な時間的現出の内部でのそれ）である。時間的な客観は、過去に移動しながら、〔縮まりながら過去に〕吸い込まれ、そしてその際、同時に（zugleich）曖昧になっていく。

さて、時間的な規定性をもった時間的な諸対象は〈時間を構成する意識〉のなかで構成されるのであるが、肝要なのは、この〈時間を構成する意識〉〔のなか〕の現象(41)としてわれわれがここで見出しまた記述することができるところのものを、いっそう詳しく研究することである。〔そこで、〕〈持続する内在的な客観(42)〉と、〈《〔時間的な〕どの様に》における客観(43)〉、

〔すなわち〕《現下において現在的》としてとか《過ぎ去った〔=過去的〕》として意識される客観〉とを、われわれは区別する[44]。時間的な〈存在〔=ある[45]〕〉はいずれもみな、なんらかの〔時間〕様態、そしてなんらかの連続的に変転する〔時間的な〕経過様態のなかで「現出する[46]」。そして、「〔時間的な〕経過様態における客観」は、その〔時間的な〕変転のなかで〔同一なものではなく〕いつでもまたもや（immer wieder）[47]他のものであるのだが、その他方でそれでもわれわれは、〈その客観〉と〈それの時間点それぞれ〉と〈この時間それ自体〉は〔それぞれ、変化しない〕同じひとつのものである、と言う。〔さてしかし、〕この現出としての「〔時間的な〕経過様態における客観」を、われわれは、〔時間を構成する〕意識〔それ自体〕と呼ぶことはできないであろう〔同様に、われわれは、空間現象を、〔すなわち〕あれやこれやの側面の現出〔として〕の、近くや遠くの現出〔として〕の、《どの様に》における物体〉を、〔空間を構成する〕意識〔それ自体〕と呼ぶこともできない〕。「意識」、「体験」は、〔時間的に変転する〕〈現出〉――この〈現出〉のなかで「〈どの様に〉における客観」が現にそこに立つ[48]――を媒介にして（vermittelst）、それの〔同一な〕〈客観〉に関わるのである[49]。〔この場合、〕〈現出〉が〈現出者〉へ関わるその関わりに注目するか[50]、それとも、意識が一方で〈《どの様に》における現出者[51]〉に関わり、他方で〈端的な現出者[52]〉に関わる、その関わりに注目するかに応じて、「志向性」という言い方が二義的であることを認識しなければならないということは、明らかである[53]。

第一〇節　経過現象の連続体　時間図表

さて、内在的な時間客観を構成する現象[54]については、「現出」という言い方を避けることにする、それというのも、この現象は、それ自体、内在的な客観であるとともに、また、まったく別の意味での「現出」であるからである[55]。ここでは、われわれは〔右のものについては語らず、それ以外の内在的な客観の与えられ方に関して〕「経過現象」あるいはむしろ「時間的な方位設定の諸様態[56]」について語り、そしてまた、内在的な客観それ自身に関して、それの「経過性格」（たとえば〈今〉、〈過ぎ去った〔＝過去〕〉）について語ることにする。経過現象については、われわれは以下のことを知っている、すなわち、その経過現象は、ひとつの不可分な統一性を形作るような〈不断の（stet）変転の連続性〉であって、この連続性は、それだけで存在しうるような諸区間に分けることができず、また、それだけで存在しうるような諸位相に、すなわち連続性〔の独立的部分として〕の諸点に、分割されることもできないのである。抽象的に〔それの諸断片を〕われわれが切り出す〔としても〕そのような諸断片は、経過全体のなかでしか存在しえないし、また、経過連続性の〔なかに含まれる〕諸位相、諸点も同様である。この連続性について、ある見方では、それはそれの形式に関しては変転しえないということを、明証的なこととして言うこともできる。〔また〕その諸位相の連続性が、同じ位相様態を二度もつような連続性であるとか、同じ位相様態をひとつの部分区間の全体にまで広げる形でもつような連続性であるとかといったことは、考えられない。〔さらには、〕いずれの時間点も（そしていずれの時間区間もそうだが）互いにいわば「個体的に」異なっていて、いずれの時間点も二度生じることができないが、これと同様に、いずれの経過様態も二度生じることができない。だがしかし、ここで〔右の洞察を〕さらに切り分け、さらに判明に規定する必要があるだろう。はじめにわれわれは強調するのであるが、内在的な時間客観の経過様態たちは、ひとつの始まりを、いわば源泉点を、もつ。〔つまり、〕内在的な客観があり始める〔＝存在し始める〕ときの経過様態がある。この経過様態は〈今〉として性格づけられる。それから、もろもろの経過様態が恒常不断に進行していくが、その進行のなかでわれわれは目を引く事柄を見出す、すなわち、以後の経過位相はいずれもみな、それ自体ひとつの連続性であり、また〈恒常不断に広がっていく連続性〉、〈過去たち（Vergangenheiten）の連続性〉である。[58]〔さて、以上のような〕〈客観の持続〉の経過様態たちの連続性に、その持続〔を形作るところ〕のそれぞれの点の経過様態たちの連続性を対置して〔比較して〕みると、後者は、もちろん、あの最初の〔＝〈客観の持続〉の〕経過様態たちの連続性のなかに含まれている。[59]それゆえにこそ、〈ひとつの持続する客観〉の経過連続性はひとつの連続体なのであり、〔また、〕それのもろもろの位相が〈客観の持続〉のさまざまな時間点の経過様態たち〔を形作るところ〕のもろもろの連続体であるような、そうしたひとつの連続体なのである。[60]具体的な連続性に沿って行くと、われわれは、恒常不断の変転のなかで〔いっしょに〕前進しつづけて行く。そして、その変転のなかで、その経過様態〔それ自体〕が、すなわち当該の時間点たちの経過連続性が、恒常不断に変転する。(61)新たな今がいつも登場することで、〈今〉は〈過ぎ去った〔＝過去〕〉に変化し、その場合、先行する点のもつ過去たちの経過連続性は全体として「下方に」移動し、ひとしなみに過去の深みに入っていく。われわれの図〔＝時間図表〕では、〔複数の〕縦軸の恒常不断の系列(62)は、持続する客観のもろもろの経過様態を描いている。これらの経過様態は、Ａ〔ひとつの点〕から発して、最後の今〔Ｅ〕を終点としてもつ一定の区間まで(63)、成長してゆく。(64)それから、〔この持続の〕今をもはやもたないもろもろの経過系列が始まる。(65)〔これが始まれば、それまでの〕持続はもはや現下の持続ではなく、過ぎ去った、恒常不断にさらに深く過去に沈んでいく持続である。この図〔＝時間図表〕は、それゆえ、経過様態の二重の連続性を表す完全な図像である。

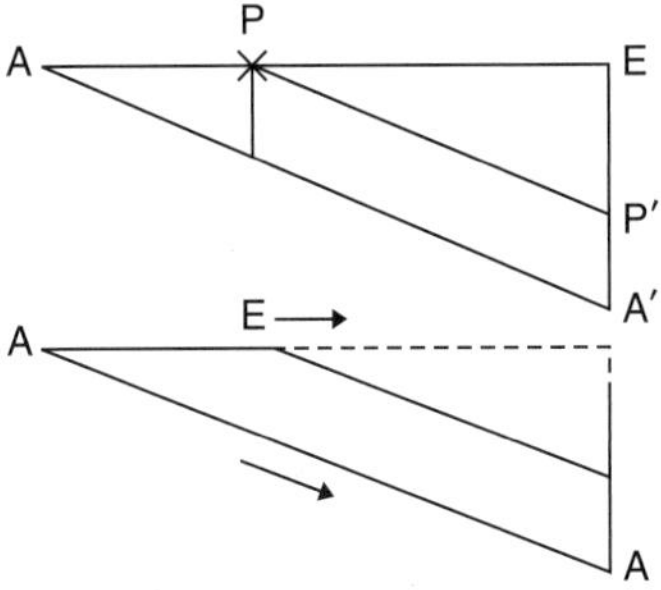

ＡＥ ――今点たちの系列(66)
ＡＡ′――沈下する
ＥＡ′――位相連続体（過去地平をともなった今点）
Ｅ→――他の諸客観でもって充実化されることもある今の系列

第一一節　原印象と把持的変様[12]

持続する客観の「産出」は「源泉点」で始まるが、その源泉点は原印象（Urimpression）[67]である。この〔原印象の〕意識は、途切れなき（beständig）変転のなかに含まれている。〈有体的な音－今〉[68]は（すなわち[69]意識的な仕方で、意識の「なか」で）、〈あった〔＝過去的存在〕〉に恒常不断に（stetig）変転する。[70]〔言い換えれば、〕〈いつも新たな音－今〉は〈変様に移行した音－今〉に恒常不断に交代する。ところが、音－今についての意識すなわち原印象が把持に移行するときにも、この把持それ自体がまたもや〈ひとつの今〉、〈ひとつの現下的に現にあるもの〉[71]なのである。[72]〔この意味で〕把持は、それ自体、現下的（aktuell）である（しかし、現下の音でない）[73]が、[74]その一方で、それは、〈あった音〉についての把持である。思念の光線は、今に、すなわち把持に向かうことができる。しかし、それは、〈把持的に意識されているもの〉[75]にも、すなわち〈過ぎ去った音〉[76]にも向かうことができる。けれども、意識の現下的な今はいずれもみな、変様の法則に服する。それは〈把持の把持〉に変転する、しかも恒常不断に〔である〕。そのことによって、把持の恒常不断の連続体が生じ、〔しかも〕以後の〔時間〕[77]点それぞれが以前の〔時間〕点それぞれに対する把持であるというようなぐあいに生じる。そして〔細かく見れば〕、把持のそれぞれがみなもうすでに連続体である。[78]音は始まり、そして、「その音」[79]は恒常不断に継続する。〔しかし、この同一な音それ自体の継続のあいだに、〈どの様に〉において捉えられた〕音－今は音－過去〔＝音－過ぎ去った〕に変転する。印象的意識は、恒常不断に流れつつ、いつも新たな把持的意識に移行する。流れに沿って〔進んで行くとき〕、あるいは、流れに同行するとき、[80] われわれは、〈始点〉に恒常不断に属している〈諸把持の系列〉をもつ。だが、それだけでなくさらに、この系列の〈以前の点〉はそれぞれみな、またしても（*wiederum*）把持の意味でひとつの今として射映するのである。[81] これらの諸把持それぞれにはみな、把持的な諸変転の連続性が結びつき、[82] そして、この連続性は、それ自体がまたもや、ひとつの把持的に射映する〈現下性の点〉である。[83]〔しかし、〕このことは単純な無限退行につながらない、それというのも、把持はそれぞれみな、おのれ自身のうちで、連続的な変様であるから、すなわち射映系列という形式においていわば過去の遺産をおのれ自身のうちで担っている連続的な変様であるから、である。[84]〔さてまた、〕単に、流れの縦方向で以前の把持それぞれが〔いわば一回ごとに〕新たな把持によって置き換えられているにすぎない――たとえ恒常不断に〔置き換えられるの〕だとしても――というようになってはいない。むしろ、以後の把持それぞれ〔も〕、単に、〔それぞれ〕連続的な変様――原印象から発出した〔変様という意味での変様〕――にすぎないのではなくて、その同じ始点の〈以前の恒常不断の諸変様〉すべての連続的な変様なのである。[85]

ここまで、われわれは、主に〈知覚〉ないし〈もろもろの時間客観の原本的構成〉を考察してきた。そしてまた、それらのなかで与えられる時間意識[86]を分析的に理解しようと試みてきた。しかし、時間性についての意識は、ただこの形式〔＝知覚の今〕において遂行されるだけではない。時間客観が経過し去ると、すなわち、その現下の持続が終わると、そのことでもって、いま過ぎ去った[87]客観についての意識が死滅してしまうわけではないのであり、たとえその意識が、もはや知覚意識としては、あるいはもっと適切におそらくこう言えるが、印象的な意識としては[88]機能していないとしても、である。（この場合、われわれは、これまで〔の印象的な意識の場合〕と同様に、内在的な客観を見るのであるが、〔しかし〕本来「知覚[89]」において構成されるのでない内在的な客観[90]を見るのである。）「印象」には、第一次記憶が、あるいは先述の〔言い方の〕ように把持が、連続的に結びつく。根本的な部分では、われわれはこの意識様式をすでに、これまでに考察された事例において、いっしょに分析してきた。というのも、そのつどの「今」に結びついていた〈諸位相の連続性〉とは、まさに、そのような把持に、ないしは諸把持の連続性にほかならなかったからである。時間客観の知覚の事例では（今なされている考察にとっては、内在的な時間客観を取り上げるか、超越的な時間客観を取り上げるかは、どうでもよい[91]）、その知覚は、いつでも、今の統握において、すなわち〈今としての措定〉の意味での知覚[92]において、終わる。ひとつの運動が知覚されているそのあいだ、瞬間ごとに〈今として把握する〉という作用が生じる。このなかで、運動それ自体の〈今、現下的な位相〉が構成される。しかしながら、この〈今統握〉は——運動の〈以前の今点たち〉に関係づけられているかぎり――いわば諸把持の彗星の尾にとっての核なのである。しかし、知覚がもはや生じなければ、われわれはもはや運動を見ることがない、あるいは――メロディが扱われているならば――メロディが演奏されず、静寂が登場したならば、その最後の位相には知覚の新たな位相が結びつかず、新鮮な記憶の位相が結びつくだけであり、しかしまた、この新鮮な記憶の位相にはまたもや新鮮な記憶の位相が結びつく、以下同様である。(93) この際、過去への退行が継続的に起こる。そして、同じ連続的複合体は継続的に変様を被りつづけ、最後には消滅するに至る。それというのも、変様と手に手を取って衰弱が進行し、この衰弱は最後に、〔もうそれ以上〕気づかれないという状態にいたって終わるからである。原本的な〈時間野〔＝時間の場〕〉は、まさに知覚の場合にそうであるように、明らかに制限されている。たしかに、大きな全体的な観点においてであれば、おそらくあえて次のように主張することも許されるだろう、すなわち、〈時間野〉はいつも同じ広がりをもっている、と。〔しかし詳細に見ると、〕(94)〈時間野〉は、いわば〈知覚されて、かつ新鮮に記憶されている運動〉と〈それの客観的な時間〉とに広がっていくのであり、これは、〈視覚野〔＝視覚の場〕〉が客観的な空間に広がっていくのと似ている。[13][14]

第一二節　独特の志向性としての把持[15]

より詳しく論究すべく、なお残っているのが、われわれが〈把持的〉と言い表した変様はどのようなものか、という点である。

本来的な知覚が把持に移行するときには、〈感覚内容が〔減衰して〕鳴り止む〉とか〈色あせる〉などと言われる。さて、しかし、これまでの議論ですでに明らかなように、把持的な〔＝把持されている〕「諸内容」は、根源的な意味での諸内容[95]ではない。音が〔減衰して〕鳴り止むならば、その音それ自体は、まずもって、〔もはや〕特別な充実（強度）をもって感覚されているのではない、そして、そのことに結びついているのが、強度の速やかな低減である。[96]〔この場合、〕音はなお現にあり、なお感覚されてある、ただしかし、単なる残響（Nachhall）において、そうである〔と言われるかもしれない〕。〔しかし、〕この〔残響という〕純正な音－感覚は、把持のなかの音的な契機から区別されるべきである。把持的な音は、現在的な音ではなく、まさに、今において「第一次的に記憶されている音」である。把持的な音は、把持的意識のなかに実的に〔前に〕あるというのではない（nicht reell vorhanden）[97]。この意識には音的な契機が属しているが、しかし、この契機は、実的に〔前に〕ある（vorhanden）他の音でもないし、性質的には等しいがきわめて弱まった（残響としての）音でもない。現在的な音は、なるほど、過ぎ去った音「に」想いを到らせ〔＝それを想起させ[98]〕、その音を〔一種の対象であるかのように〕描出＝提示し、心像化させる[99]ことができる。けれども、そうしたことはすでに、もうひとつ別の、過去表象を前提しているのである。〔この過去表象にかかわる把持的な〕過去直観それ自体は、〔右の意味での〕心像化ではありえない。〔把持的な〕過去直観はひとつの原本的な意識なのである。もろもろの〔物理的な〕残響（Nachklänge）が〔総じて〕存在するといったことは、もちろん否定されるべきでない。しかし、それらを認識したり区別したりする場合には、われわれはただちに、それらは把持そのものに属しているのではまったくなくて知覚に属しているのだ、と確言することができる。ヴァイオリンの音の残響は、まさしく、弱まった現在的なヴァイオリンの音であって、〈今しがた[100]あった大きな音そのもの〉の把持とは異なる。残響するということそれ自体は、〔あるいは、通常〕より強い感覚所与性の後に残る残像一般は、把持の本質とはまったく関係がないし、いわんや、それらが必然的に把持の本質に数え入れられるべきだなどということも、まったくない。

しかしながら、以下のことは、たしかに時間直観の本質に属している。すなわち、時間直観は、それの持続（この持続をわれわれは反省的に対象にすることができる）のいずれの〔時間〕点においても、〈たった今あったもの〔全体〕〉についての意識であって、単に、〈持続している〉として現出している対象的なものの今点〔だけ〕についての意識にすぎないのではない、ということである。そして、この意識のなかでは、〈たった今あったもの〉が、それに帰属する連続性のなかで意識されてあり、かつまた、それぞれの位相においては、「内容」と「統握」の区別をもちつつ特定の「現出様式」において〔意識されてある〕。今しがた鳴り始めた汽笛に留意してみよう。それぞれの〔時間〕点において、〔時間的な〕延び広がりが現にそこに立っている。そして、延び広がりのなかで、「現出」が現にそこに立っている、すなわちこの延び広がりのそれぞれの位相のなかでそれぞれの性質契機とそれぞれの統握契機とをもつ「現出」が現にそこに立っている。他方で、〔過去直観の〕性質契機は実的な契機でない。性質契機は、今、実的であるような音ではないし、今ある音――内在的な音－内容にせよ――と見なされうるような音ではない。今意識の実的な内実は、場合によって、[101]感覚される音を含み、この感覚される音は、それから、客観化する統握〔作用〕のなかで必然的に、〈知覚される音〉として、〈現在的な音〉として表示されることになるが、しかし、〈過去〔的な音〕〉として表示されることはけっしてない。把持的意識が実的に含んでいるのは、音についての過去意識であり、第一次的な音－記憶である。そして、把持的意識は、〈感覚される音〉と〈記憶としての統握〉とに分解されることができない。空想－音は音でなく、音の空想であるし、あるいは、音－空想と音－感覚は原理からして異なったものであって、〈〔両者は〕同じものだが、ただ異なった仕方で解釈され統握されているだけだ〉などというのではけっしてないのであり、これらと同様に、第一次的に直観的に記憶された音は、知覚される音とは、原理からして異なったものであり、ないしは、音の第一次記憶（把持）は、音の感覚とは、原理からして異なったものである。

第一三節　どんな把持にも印象が先行することが必要であること　把持の明証性

さて、第一次記憶は、先行する感覚ないし知覚に連続的に結びつくことでのみ可能である、という法則は成り立つのだろうか？　また、いかなる把持的位相も、位相としてしか考えられない、[102]すなわち、諸位相すべてのなかで同一であるような区間〔＝広がり〕に拡張されることはできない、という法則は成り立つのだろうか？　それはまったく明証的である、と人は〔＝われわれは〕断固として言うだろう。〔しかし、〕心的なもののすべてを単なる事実性として扱うのに慣れた経験的な心理学者は、もちろん、それを否定するだろう。新鮮な記憶で始まり、それの前に知覚をもたないような開始的意識が、なぜ考えられるはずがないというのか、〔そういう意識があってもかまわないはずだ〕とその心理学者は言うだろう。事実的には、新鮮な記憶を産出するために知覚が必要かもしれない。人間の意識は、それが知覚をもった後にはじめて記憶を――第一次記憶も――もつことができるというのは、事実的には、そうであるかもしれない、が、その反対も考えられるのだ、と。これに対してわれわれが教示するのは、把持には〔それに〕対応する知覚ないし原印象が先行するということのアプリオリな必然性、これである。まずもって人は以下のことをけっして手放してはならないだろう、すなわち、ひとつの位相は、位相としてしか考えられず、延び広がりの可能性けない、ということである。また、今位相は、諸把持の連続性の限界としてしか考えられず、それと同様に、いかなる把持的位相それ自体といったものもそのような連続体の〔限界的な〕点としてしか考えられないし、しかも、時間意識のそれぞれの今に関してそうである。さてしかし、〔そうであれば、〕諸把持の完結した帯状系列（Serie）[103]全体さえも、〔それに〕対応する先行的な知覚なしには考えられないはずである。このことにうちには、ひとつの今に属する諸把持の帯状系列さえ、それ自体、ひとつの限界であり、また〔そうしたものとして〕必然的に変転する、ということが含まれる。[104]〔それゆえ、〕記憶されたものは、〔一回かぎりで過去に沈むのではなく、この恒常不断の変転のなかで〕「いつでもさらに遠く過去に沈み込む」[105]が、しかし、それだけではない――記憶されたものは、〔この変転のなかで〕必然的に〈沈み込んだもの〉であり、〔しかも〕その〈沈み込んだもの〉を〈再現された今〉に引き戻す明証的な再想起[106]を必然的に保証するもの、なのである。

　さてしかし、人は言うだろう。Aが真にはまったく生じなかったのに、私がAについての記憶を――第一次記憶も――もつことができるのだろうか？　そのとおり、できるのである。それ以上のことさえも言える。Aが真にはまったく生じなかったのに、私はAについての知覚をもつこともできるのである。この議論でもって、われわれは、われわれがAについての把持をもつならば（Aは超越的な対象だと前提されているが）、Aが先行してあったのでなければならない、ということを明証性だとして主張しているのでは全然ないが、しかし、たしかに、Aは知覚されてあったのでなければならないのである。[107]さて〔この場合〕、Aが、当初、留意されていたか、留意されていなかったかはどちらでもよい、だが、それは、意識的な仕方で[108]――たとえ注目されていないような仕方で、あるいは付帯的に注目されている

〔だけの〕仕方であれ——有体的に現にそこに立っていたのである。しかし、〔超越的な客観ではなく〕内在的な客観が問題にされているのであれば、以下のことが成り立つ。すなわち、内在的な諸与件の、ひとつの順序系列、ひとつの変転、ひとつの変化が「現出する」ならば、それは絶対的に確実にありもする[109]、ということである。また同様に、超越的な知覚[110]の内部でも、その知覚〔それ自体〕の建築構造（Aufbau）に本質的に属している内在的な順序系列は、絶対的に確実にある。[16]〔このように述べると、〕私は、なんといっても今はもうあらぬ非-今を、今（すなわち今において〔前に〕ある（vorhanden）記憶像）と比較することができないのだから、私は今においてどのようにして非-今について知るのか、といった議論〔が提出されるだろうが、これ〕は根本的に倒錯している。それでは、まるで、今において〔前に〕ある（vorhanden）〔記憶〕像がそれに似た他の〔いわば外的な〕事象に対応することが想定されるなどといったこと、かつまた、像的な表象の場合のように、私が〔両者を〕比較することができ、また比較せざるをえないなどといったことが、記憶の本質に属しているかのようである。[111]記憶ないし把持は、像意識ではなく、まったくの別物である。記憶されたものは、もちろん、今ある（*ist*）のではない——さもなければ、〔つまり、それが今あるならば、〕記憶されたものは〈あったもの〉ではなく、〈現在的なもの〉だということになってしまう。そして、記憶（把持）のなかでは、それは今として与えられているのではない[112]、さもなければ、記憶ないし把持はまさに記憶でなく、知覚（ないし原-印象）だということになってしまう。もはや知覚されておらず、単に把持的に意識されているだけのものを、〔狭義の〕〔像のように〕それの外のものと比較するというのは、まったく無意味である。私は〔狭義の〕知覚において〈今ある（Jetztsein）〉ということを見て取り、拡張された知覚――それが〔実際〕そう〔拡張的におのれを〕構成するような――において[113]〈持続する《ある》〉を見て取るが、これと同様に、私は記憶において〈過ぎ去ったもの〉――それが第一次記憶であるかぎり――〈過ぎ去ったもの[114]〉を見て取るのである。〈過ぎ去ったもの〉は記憶のなかに与えられてあるのであり、〈過ぎ去ったもの〉の所与性〔＝与えられ方[115]〕は記憶である。

印象的意識の継続でないような把持的意識は考えうるのか、という問いを、今またもや取り上げるならば、われわれはこう言わねばならない。それは不可能だ、なぜならば、いかなる把持もそれ自身において印象を遡り示す[116]のだから、と。「過ぎ去った〔＝過去的〕」と「今」は、互いに排除しあう。同一的に同じものが今的かつ過去的にあるということは、たしかに可能だが、しかし、その当のものが〈今〉と〈過ぎ去った〔＝過去的〕〉とのあいだで持続していたことによってのみ、である。

第一四節[17]　時間客観の再生（第二次記憶＝想起）

われわれは第一次記憶ないし把持を、そのつどの知覚に結びつく〈彗星の尾〉だと言い表した。これからきっぱり切り離されるべきなのは、第二次記憶＝想起、再想起である。第一次記憶が去ってしまった後に、かのメロディの、かのメロディの、新たな記憶＝想起が登場することができる。〔そこで、〕すでに暗示されていたこの両者〔＝第一次記憶と第二次記憶＝想起〕の区別を、いまや、より詳細に明らかにする必要がある。現下の知覚――それが知覚として流れるあいだに、であれ、それ全体が経過した後の連続的な統合（Einigung）[117]のなかで、であれ――に把持が結びつくならば、さしあたり（ブレンターノがそうしたように）以下のように言いたくなるのは当然である、つまり、現下の知覚は現前呈示（Präsentation）としての感覚にもとづいて、また第一次記憶は再現前呈示＝代表象（Repräsentation）としての、準現在化〔＝思い浮かべ〕としての空想にもとづいて、〔それぞれ〕構成される、と。さて、準現在化が知覚に直接結びつくとすれば、それと同じくらいに、知覚に結びつかずに、独立的に準現在化が発動することもあり、これが第二次記憶＝想起である。しかし、これに対して（ブレンターノの理論への批判において詳述したように[18]）、深刻な疑念が湧き上がってくる。第二次記憶＝想起の場合を考察しよう。すなわち、われわれは、たとえば、最近コンサートで聞いたメロディを想起する。そうすると、その記憶＝想起現象の全体が、適宜変更こそあれ、メロディの知覚とまったく同じ構成をもっている、ということは明白である。第二次記憶＝想起は、知覚〔の場合〕と同様に[118]、ひとつの優先的な点をもつ。すなわち〔優先的な点として、〕知覚の今点に[119]、記憶＝想起の今点が対応するのである。〔それを始点として、そこから〕われわれは空想のなかのメロディを駆け抜けていく[120]。すなわち、われわれは「いわば」（„gleichsam“[121]）、最初に第一の音を聞き、次に第二の音を聞き、これがつづくのである。〔この駆け抜けの際、〕そのつど、いつもひとつの音が（ないしは、ひとつの音位相が）今点にある。しかし、先行した音たちは意識から抹消されている、というわけではない。今現出している、いわば今聞かれている音の統握と、たった今いわば聞かれた音の第一次記憶、ならびに、まだ到来していない音の予期（予持）とは、溶け合っている。今点は、意識にとってはやはりまたもや〈時間の庭〉をもつのであり、この時間の庭は、もろもろの想起統握の連続性のなかで〔その構成が遂行されて〕生じてくる[122]。そして、メロディの想起全体は、そのような〈時間の庭の連続体たち〉の、あるいは、ここまで記述されてきたたぐいの〈統握連続体たち〉の、ひとつの連続体のなかで成り立つのである。しかし最後に、準現在化される〔＝思い浮かべられる〕メロディが経過し終えたときには、この〈いわば－聞く〔作用〕〉に把持が結びつく。〈いわば－聞かれたもの〉は、しばらく、なお残響する[123]。統握連続性は、なお現にあるが、しかし、もはや〈〔〈いわば〉において準現在化された今において〕聞かれているもの〉として、ではない。かくして、〔第二次記憶＝想起ないし再想起の〕すべては、知覚および第一次記憶と〔〈いわば〉（Gleichsam）という言い方が成り立つような意味で〕等しい（*gleich*）[124]のであるが、それでも、そのすべてはそれ自体、知覚および第一次記憶でない。われわれは、記憶＝想起あるいは空想のなかでメロディを一音一音〈上演させている〉かぎり、なんといっても現実に聞いていないし、また、現実に聞いてもっているのでもない[125]。以前の場合〔＝知覚の場合〕には、こうである、すなわち、われわれは現実に聞く、また、その時間客観は、それ自体、知覚されてある、また、そのメロディは、それ自体、知覚の対象である。そして同様に、もろもろの時間、もろもろの時間規定、もろもろの時間関係が、それ自体与えられてあり、知覚されてある。そして、またもや、こうである、すなわち、メロディが鳴り終えた後、われわれはそれを、現在的なメロディとして、知覚してもっているのではないが、しかし、われわれはそれをなお意識のなかでもっている。それは今的なメロディではないが、しかし、たった今過ぎ去ったメロディである。それの〈〔あったが〕今しがた過ぎ去った（Ebenvergangensein[126]）〉は、単なる思念ではなく、与えられた事実であり、それ自体与えられた事実、それゆえ「知覚された」事実である。これに対立して、再想起においては、時間的な現在は、想起され、準現在化された現在である。そして同様に、過去は、想起され、準現在化された過去であるが、しかし、現実に現在的な過去でも、知覚された過去でも、第一次的に与えられ、直観された過去でもない。

他方で[19]、再想起〔作用〕それ自体は現在的であり、原本的に構成されている再想起であり、そして、その後には、先ほどあった再想起〔となるの〕である。再想起は、それ自体、原与件および把持の連続体[127]のなかでおのれを組み立て、構成し（あるいはむしろ再‐構成し）、また、それと一体になって、内在的あるいは超越的な（それが内在的な方向に向かうか、あるいは超越的な方向に向かうかに応じてだが）持続対象性を構成する。これに対して、把持は、持続対象性を〈原本的にも、再生産的にも〉産出せず、〈産出されたもの〉をただ意識のなかでもちつづけ、かつ、それに「たった今過ぎ去った」という性格を刻印するのである。[20]

第一五節　再生の遂行様態

さて、再想起は異なった〔次の二つのどちらかの〕遂行形式[129]のなかで登場することができる。一方で、記憶が「浮かび上がって」きて、その〈記憶されているもの〉を一条の視線で〔ちらっと〕見やるといった場合のように、〈ただざっとつかむ[130]〉〔という遂行形式〕のなかでわれわれは再想起を遂行する。この場合、その〈記憶＝想起されているもの〉は、漠然としていて、優先的な瞬間位相を直観的に示すことはあるが、しかし、繰り返す想起[131]ではない[132]。もう一方で、われわれは、事後的に産出する想起、繰り返す想起を遂行する。この想起のなかでは、時間対象がもろもろの準現在化〔＝思い浮かべ〕のひとつの連続体のうちでおのれをまたもや完全に組み立て、われわれは時間客観をいわばまたもや知覚するのであるが、しかし、それは、まさに〈いわば〉のことなのである。この〔想起の〕プロセス全体は、知覚プロセスの――すなわち〈諸把持のなかに入っていく諸位相と〔変様の〕諸段階とのすべて〉をもつ知覚プロセスの――準現在化変様である。しかし、〔この場合には、〕すべてが再生的な変様[133]という指標[134]をもつ。

〔さらに〕〈ただ見やる、ひっつかんで把捉する[135]〉〔という前者の遂行形式の作用[136]〕を、われわれは、直接に把持にもとづく仕方でも見いだす。[137]〔すなわち、〕把持の統一性の内部にあるひとつのメロディ[138]が経過し去って、われわれが〔そのメロディの〕一部に――それを〔第二の仕方で〕またもや産出することなく――〔直接に〕遡って〔=振り返って〕留意する[139]（反省する）[140]といった場合に、そうである。これは、〔前段落で示したような再想起の事例に対して可能であるだけでなく、〕継起的な歩みのなかで生成してきたもののすべてに対して、〔それゆえ〕自発性の歩みのなかで――たとえば思考の自発性の〔歩みの〕なかでも――生成してきたもののすべてに対して〔も〕、可能であるような作用である。思考対象性[141]も、たしかに継起的に構成されてある〔=存在する〕。それゆえ、こう言うことができるように思われる、すなわち、時間プロセスのなかで項ごとないし位相ごとに構成するような仕方で〈連続的かつ多形的につながりながら統一的である諸作用の相関項として〉おのれを原本的に築き上げる思考対象性は、〈遡って〔=振り返って〕見る（zurückschauen）〉〔という作用〕のなかでは、あたかもその思考対象性がひとつの時点において〈〔すでに〕できあがっている対象〉であるかのように把握されることができるのだ[142]、と。けれども、そのとき、この所与性は〔じつは〕まさに、他の「根源的な」所与性[143]を遡り示している（zurückweisen）のである。

さて、把持的に与えられるもの――そして把持それ自体――を〈見やる〉あるいは〈振り返って見る〉〔という作用〕は、本来的な再準現在化[144]〔=再度の思い浮かべ=再想起〕のなかで充実化される。〔このことで、〕〈たった今あったとして与えられているもの〉は〈再想起されたもの〉と同一として示されるのである。[145]

　第一次記憶と第二次想起とのさらなる区別は、それらを知覚と関係づけるときに判明するだろう。

第一六節　把持および再想起との区別のもとでの、現在化としての知覚[21]

「知覚」（„*Wahrnehmung*“）という言い方については、もちろん、ここでもう少し説明する必要がある。「メロディの知覚」の場合、われわれは、〈今、与えられている音〉と〈通り過ぎた音たち〉とを区別し、前者を「知覚されている」[146]と呼び、後者を「知覚されていない」と呼ぶ。その他方で、われわれは、メロディ全体を――ただその今点だけが〔右の意味で〕知覚されている点であるにもかかわらず――知覚されているそれ、と呼ぶ。われわれがそのように呼ぶのは、単に、メロディの延び広がり（Extension）が、〈知覚する〉〔という作用それ自体〕の延び広がりのなかで、〔その知覚作用の延び広がりと〕一点一点対応するように与えられているからというだけでなく、把持的な意識の統一性が、〔一方で〕経過し去った音たちをなおそれ自体〔として〕意識のなかで「しっかりと保持して」おり、しかも〔他方で〕継続的に〈統一的な時間客観すなわちメロディに関係づけられている意識〔それ自体〕〉の統一性を産み出しているからである。[147]〔一方の〕メロディのような客観性は、「知覚される」というこの形式以外においては、原本的にそれ自体〔として〕与えられてあることができない。〔他方の〕構成される作用、〔この場合は〕今意識および把持的意識からつくられる作用は[22]、〔おのれ自身という〕時間客観の十全な知覚である[148]。この時間客観は、もちろん、時間的な諸区別を含まずにはいられないし、そして、時間的な諸区別はまさにそのような諸作用[149]、すなわち、原意識（Urbewußtsein）[150]、把持、予持のなかで構成される[151]。思念する志向がメロディに、すなわち客観の全体に向かう場合、われわれがもつのは知覚にほかならない。けれども、思念する志向が個々の音それだけに、あるいはひとつの拍[152]それだけに向かうならば、まさにこの〈思念されているもの〉が知覚されてあるかぎりで、われわれは知覚[153]をもち、また、その〈思念されているもの〉が〔あったが〕過ぎ去ったならば、われわれは単なる把持をもつ[154]。〔この事情から、〕客観側の観点では、その〔把持に対応する〕拍が現出するのは、もはや「現在的」としてではなく、「過ぎ去った〔＝過去的〕」〔として〕、である。しかしながら、メロディ全体がなお鳴っているかぎり、また、メロディ全体に属している音たち、ひとつの統握連関〔＝統握の繋がり〕のなかで思念されている音たちが、なお鳴っているかぎり、そのメロディ全体は現在的として現出している。それは、最後の音が消え去った後にはじめて過ぎ去った〔ということになる〕のである。

　このような〔知覚およびその時間性格の、全体と個別とにおける〕相対化は——右の論述の後にはこう言わねばならないが——個々の音にも移される。それぞれの音は、〔さらに細かく見れば〕もろもろの音‐与件の連続性のなかで構成されており、そして、ただひとつの点的な位相のみがそのつど今、現在的[155]にあり、それに対して、他の位相たちは把持的な尾としてつながっている。しかし〔その他方で、それぞれの位相ではなく、その音全体という〕ひとつの時間客観が——恒常不断に新たに登場してくるもろもろの原印象のなかでなお産出されているかぎり——知覚されて（ないしは印象的に意識されて）ある、とわれわれは言うことができる。

それゆえ、われわれは、過去それ自体を〈知覚される〉として言い表したのである。[156] 実際、〈過ぎ去る〉ということをわれわれは知覚しないだろうか？ 先述のいくつかの事例で、〈今しがたあった〉ということ、〈たった今過ぎ去った〉ということを、それの〈それ自体としての所与性〉において、〈それ自体〔として〕与えられてある〉という様式＝仕方において、われわれは直接に意識していないだろうか？ ここに見られる「知覚」の意味が以前の〔原印象に限定された〕意味と重ならないのは、明らかである。〔さて、〕さらに区分けすることが必要である。時間客観の把握のなかで知覚的意識と記憶的（把持的）意識とを区別するならば、知覚と第一次記憶の対立には、客観の側で、「今、現在的」と「過ぎ去った〔＝過去的〕」の対立が対応する。時間客観は——これはその本質に属していることだが——おのれの質料を時間区間に繰り広げるのであり、また、そのような客観は、まさに時間の諸区別〔＝〈今、現在的〉、〈過ぎ去った〉など〕を構成する作用のなかでのみおのれを構成することができる。しかし、時間構成する作用は、現在や過去を構成する作用であり——しかも本質的に〔そうであり〕――、そうした作用は、それの注目すべき統握構成について詳細に記述されてきたような、あの「時間客観―知覚〔作用〕」という〔相関関係の〕類型をもつ。時間客観はそのように〔相関的に〕おのれを構成せざるをえないのである。このことは以下のことを意味する、すなわち、時間客観それ自体を与えるという要求を掲げる作用〔＝知覚〕は、それ自身のうちに「今統握〔作用〕」、「過去統握〔作用〕」などを含んでおり、しかも、根源的に構成する作用という様式で、それらを含んでいる[157]、ということである。〈知覚〉という言い方を〈〔時間的な〕所与性の諸区別[158]〉――時間客観はこうした諸区別をもって登場するのだが――に関係づけるならば、そのときに知覚に対立するのは、ここで登場する第一次記憶および第一次予期（把持および予持）であり、この場合、知覚と非‐知覚〔＝把持および予持〕は連続的に〈ひとつの内に他のひとつ〉というように移行する。〔このことをさらに「時間客観」と「意識」（統握作用）との相関関係のなかで捉え直すならば、〕時間客観たとえばメロディを直接的に直観する把握の意識のなかでは、今〔その時間客観に〕属している拍や音や音の一部分〔だけ〕が知覚されてあり、そして、その瞬間に〈過ぎ去った〉として直観されるものは、知覚されてあるのではない。この場合、統握〔作用〕は連続的に〈ひとつの内に他のひとつ〉というように移行するが、それは末端をもつのであり[159]、すなわち、今を構成する統握〔作用〕において、しかし理念的な限界にすぎない統握[160]〔作用〕において、末端をもつのである。〔ここには〕理念的な限界にまで向かう上昇連続体がある。それは、赤‐スペチエスの連続体が理念的な〈純粋な赤〉に収斂するのと同様である。しかし〔同様だとはいっても〕、われわれの〔時間論の〕場合に、われわれが手にしているのは、たしかにそれだけで与えられることのできる個々の〈赤のニュアンス〉に対応するような、個々の統握ではない。われわれが〔時間論において〕いつも手にしているのはもっぱら、かつまた、われわれが〔時間的な〕事象の本質に応じて手にしているのはもっぱら、諸統握の〔時間的な〕連続性だけであり、あるいはむしろ、恒常不断に変様する唯一の連続体だけである。この連続体を〈境を接する二つの部分〉になんらかの仕方で分けるならば、〔まずもって、〕今を含む部分、ないしは、今を構成する能力をもつ部分が特筆され、その部分は「大雑把な」今を構成するのだが、この「大雑把な」今は、ただちにまたもや、〈より微細な今〉と〈過ぎ去った〔＝過去〕〉とに分かれ、そして、この〈より微細な今〉はさらに同様に分かれるのである。

それゆえ、ここでは、知覚は、もろもろの〔時間的な〕作用性格の連続性をとりまとめているひとつの作用性格、かつまた、あの〔今という〕理念的な限界をもつことで特筆されるひとつの作用性格なのである。〔他方、〕このような理念的な限界をもたない、〔しかし、〕まさにそのような〔もろもろの時間的な作用性格をとりまとめている〕連続性は、〔知覚でなく〕単なる記憶＝想起である。この場合、理念的な意味では、知覚（印象）は、純粋な今を構成する意識位相であり、記憶＝想起は、連続性の他の〔＝知覚以外の〕それぞれの位相であるということになるだろう。しかし、それ〔＝純粋な今〕は、まさに理念的な限界であり、それだけではなにものでもありえない抽象的なものである。この場合さらに言い残されていることがあり、それは、この理念的な今さえも、非‐今とまったく異なったもの[161]ではなく、連続的に非‐今と媒介しあっているということ、これである。そして、このことには、知覚から第一次記憶への連続的な移行が対応しているのである。

第一七節　再生との対立のもとでの〈自体を与える作用〉としての知覚[162]

現在の〈知覚〉ないし〈自体としての付与〉(Selbstgebung)[163]はその相関項〔＝対立項〕を既述の〈過ぎ去ったもの〉のうちにもつが、そうした〈知覚〉ないし〈自体としての付与〉に対して、いま、もうひとつ別の対立が登場してくる。それは、〈知覚〉と、〈再想起〉ないし〈第二次想起〉との対立である。再想起のなかで〔も〕今がわれわれに「現出する」が、しかし、知覚のなかで今が現出するのとはまったく別の意味において、である[23]。この〔再想起のなかでの〕今は、「知覚されて」あるのではなく、すなわち、自体として与えられて(selbst gegeben)あるのではなく、準現在化されて〔＝思い浮かべられて〕あるのである。それは、〈与えられてあるのでない今〉を表象する〔≒思い浮かばせる〕。まったく同様に、再想起のなかでのメロディの経過は、〈たった今過ぎ去った〉を表象するが、それを〔自体として〕与えるわけではない。単なる空想においても、個体的なものはそれぞれみな、ひとつの〈時間的になんらかの様式で延び広がったもの〉であり、それの今、それの以前、それの以後をもつが、しかし、それの今、それの以前、それの以後は、ただ想像されるだけの今[164]、ただ想像されるだけの以前、ただ想像されるだけの以後であり、これはその客観の全体についても同様である。それゆえここで問われているのは、〔前節での知覚とは〕まったく別の知覚概念なのである。知覚は、ここでは、なにものかをそれ自体として[165]眼前に〔表象的に〕立てる作用であり[166]、客観を根源的に構成する作用である。その反対が、準現在化〔＝思い浮かべ〕であり、再－現前呈示[167]であり、すなわち、客観をそれ自体として眼前に立てはせず、まさに準現在化させ、いわば〔心〕像において――たとえまさに、本来的な像意識[168]の様式においてではないとしても――眼前に立てる作用としての、それらである。ここでは、知覚をそれの反対項〔＝非－知覚〕と連続的に媒介するといったことが[169]語られているのではない。先ほど〔の議論〕では、過去意識〔＝把持〕、すなわち第一次的な過去意識は知覚でなかったが、それは、知覚が、今を根源的に構成する作用とみなされていたからである。しかし〔その場合〕、過去意識は今を構成せず、むしろ、〈たった今あった〉を、すなわち、〈直観的に今に先行したもの〉を構成する。けれども、〈すべての「根源」をおのれのうちに含む作用〉、〈原本的に構成する作用〉を知覚と呼ぶのであれば、第一次記憶〔＝把持〕は知覚である[170]。それというのも、ただ第一次記憶のなかでのみ、われわれは〈過ぎ去った〉を見るのであり、ただ第一次記憶のなかでのみ、過去は構成され、しかも再現前呈示的[171]にではなく現前呈示的[172]に構成されるからである。〈たった今あった〉、〈今と対立する《以前》〉は、ただ第一次記憶のなかでのみ直接に見て取られることができる。この新たな本来的なものを[173]第一次的な直接的な直観にもたらすことは、第一次記憶の本質であり、それは、ちょうど、今を直接的に直観にもたらすことが今知覚〔＝原印象〕の本質であるのと同様のことである。これに対して、再想起は、空想と同様に、われわれに単に準現在化〔＝思い浮かべ〕を提供するだけであり、再想起は、時間創造する〈今作用〔＝原印象〕および過去作用〔＝把持〕〉といわば[174]同じ意識であって、すなわち、いわば同じだが、しかし変様されている、のである。空想される今は、今を表象するが、しかし、今をそれ自体として与えるのではない。空想される以前や以後は、以前や以後をただ表象するだけである、などなど。

第一八節　持続および順序系列についての意識の構成にとっての、再想起の意義[24]

持続する対象性の所与性ではなく、持続それ自体および順序系列それ自体の所与件を眼中に収める場合には、第一次記憶と第二次想起[175]の構成上の意義[176]は〔持続する対象性の場合とは〕いささか異なった仕方で描き出されることになる。

次のように想定してみよう。Aが原印象として登場し、しばらくのあいだ持続しつづけ、そして、一定の展開段階のAの把持といっしょにBが登場し、そしてBが〈持続するB〉として構成される、と。この場合、この「プロセス」全体のあいだ、意識は〈「過去へ退いていく」同じA〉の意識である。〈同じ〉とは、これらの複数の与えられ方の〔時間的な〕存在形式[177]流れのなかで〈同じ〉、「持続」という――それの存在内実に属する――〈時間的な〉に関して〈同じ〉、この持続のもろもろの〔時間〕点すべてに関して〈同じ〉、ということである。これと同じことは、Bについても、そして、両者の持続どうしの隔たりあるいはそれらの時間点どうしの隔たりについても、妥当する。けれども、ここには新たなものが加わっている、すなわち、BはAに後続するのである[178]。二つの〔それぞれ〕持続する与件〔AとB〕の順序系列が、〔継起という〕特定の時間形式をもって、〔あるいは〕〈ひとつの後に他のひとつ〉ということを含む時間区間をもって、与えられてあるのである。継起の意識はひとつの〈原本的に与える意識[179]〉であり、この〈ひとつの後に他のひとつ〉の「知覚」である。

さて、〔ここで〕われわれが考察するのは、この知覚の再生的な変様、さらに詳しくいえば再想起である。〔再想起において、〕私はこの継起の意識を「繰り返す」[180]、私はこの継起を想起することで準現在化する。それを私は「できる」[181]のであり、しかも「任意の回数」できる。体験の準現在化はアプリオリに私の「自由」の領分内にある。（この「私はできる」[182]は実践的な「私はできる」であって、「単なる表象」[183]ではない。）さて、体験の順序系列の準現在化はどの様な外観を呈するのか、そして、それの本質には何が属するのか？　さしあたりは、こう言われるだろう。すなわち、私は最初にAを、それからBを準現在化する。すなわち、私が根源的に〔＝最初に、知覚的に〕A―B〔という順序系列〕をもっていたならば、私は今（ダッシュ記号が想起を意味するならば）A′—B′をもつ。しかし、これでは不十分である。というのも、これは、私は〔現下の〕今にひとつの想起A′をもち、そして「その後に」[184]ひとつの想起B′をもち、しかも、それらを、それら〔二つの〕想起〔作用〕の順序系列の意識のなかでもつ、ということを意味するかもしれないからである。しかし、そうなると、私は、これら〔二つの〕想起〔作用〕の順序系列の「知覚」をもつことになってしまい、それ〔＝二つの想起作用の順序系列〕の想起意識をもたないことになってしまうだろう。それゆえ〔そうならないように〕、私はそれを（A—B）′で示す。この意識は実際、〔想起〕A′と〔想起〕B′を含むが、しかしまた〔順序系列〕—′も含むのである。〔ただし〕もちろん、あたかも〔三つの〕記号の〈ひとつの後に他のひとつ〉という書き方が〔それ自体で〕順序系列を表示するかのように、順序系列〔それ自体〕が〔AとBと同類の〕第三の成分であるのではない。お望みならば、私は次のように法則を記述してもかまわない。

（A—B）′＝A′—′B′

これは、AとBの記憶＝想起の意識があるが、しかし、「AにはBが後続する」という〈順序系列の、記憶＝想起的に〉変様された意識[185]もある、という意味で〔記述されている〕。

さて、持続する諸対象性の——そしてすでに持続それ自体の——順序系列に対応する〈原本的に与える意識〉に問いを向けると[186]、その〈原本的に与える意識〉には把持と再想起とが必然的に属しているということを、われわれは見いだす。把持は今の生き生きした地平を構成しており、私は把持のなかで「たった今過ぎ去った」の意識をもつのだが、しかし、その〔把持の〕際、原本的に構成されるのは――〔ということは、〕たとえばたった今過ぎ去った音を〈しっかりと保持する〔作用〕〉のなかでは〔ということだが〕――今位相の退きだけであり、あるいは、その構成ができあがった持続の退き、そのできあがり状態においてもはや構成されておらず、もはや知覚されていない持続の退きだけである。しかし、この退いていく「結果」[187]との「合致」のなかで、私は再産出〔＝再想起〕に着手することができる。それをするとき、私には、持続の過去が与えられてあり、まさに〈端的な持続[188]の「再所与性」〉として与えられてあるのである。そして、よく留意されるべきことがある[189]。すなわち〔再産出＝再想起の場合に〕、私が、繰り返す諸作用のなかで「原本的に[190]」直観し、現実に直観し、同一化し、そして、多くの作用の同一的な客観として対象的にもつことができるのは、過ぎ去った持続のみである。私は〔たしかに現下の〕現在をその後も生きつづけること[191]はできるが、しかしその現在は再現されて〔＝再度与えられて〕あることができない[192]〔のに対して〕、私がいつでもできるように、〔再産出＝再想起によって〕ひとつの同じ継起に〔何度か〕立ち戻って、それを同じ時間客観として同一化する場合には、私はひとつの越境的な継起意識の統一性のなかで、再想起する諸体験の継起を遂行するのである[193]。それゆえ、

(A―B)―(A―B)′―(A―B)″…である[194]。

この〈同一化する〔作用〕〉はどの様な外観を呈するのか、という問いが生じる。さしあ

たり、その順序系列は諸体験の順序系列である。すなわち、〔その諸体験の〕最初のものは、A—Bの順序系列の原本的な〔知覚的な〕構成である。第二のものは、この順序系列の想起である、そしてそれから、もう一度、〔第三のものは〕この順序系列の想起である、などなど。この想起系列の全体は、〔現下の〕現前態[195]として原本的に与えられてある。〔しかし、〕この順序系列の全体についても、私はまたまた想起をもつことができるし、そうした再想起についても、またまたそうした想起をもつことができ、無限につづく。本質法則的にみて、想起はいずれもみな、任意の高次段階が可能であるという意味で、反復可能（iterierbar）[196]であるというばかりでなく、そうしたことは「私はできる」の活動範囲をなしてもいる。原理的に、どの段階もみな自由の活動（これはその障害を排除するものではないが）なのである。

右の継起の最初の〔高次段階の〕再想起はどの様な外観を呈するだろうか？

[(A—B)—(A—B)′]′である[197]。

それから、私は以前の法則にしたがって以下のことを導き出す。すなわち、右の定式化〔は、以前の法則によって、(A—B)′—′[(A—B)—(A—B)′]′、ということになり、これ〕のなかには(A—B)′と、[(A—B)′]′、つまり第二段階の想起、が含まれており、しかも〔両者は〕〈ひとつの後に他のひとつ〉において含まれているし、もちろん、順序系列（—′）も含まれているということを、導き出す[198]。もう一度繰り返す場合には、私はもう一段階高い想起変様をもち、同時に（zugleich）[199]、おのれが幾度も、一回の後にもう一回〔＝ひとつの後に他のひとつ〕という仕方で、繰り返す準現在化を遂行してもっているという意識をもつ。このようなことはまったくふつうに起きる。私は机を二度たたく、私はその〔行為の〕〈ひとつの後に他のひとつ〉を準現在化する〔＝思い浮かべる〕。それから私は以下のことに留意する、すなわち、最初に順序系列を〈知覚的に与えられた〉という仕方でもった、それからその順序系列を想起してもっている、ということである。〔さらに〕それから私は、私がまさにこの〈留意する〉ということを遂行してもったということ〔それ自体〕に、詳しくいえば、あるこの〔段階の〕系列の第三項として遂行してもったということ〔それ自体〕に留意するのであり、〔段階の〕系列を私は〔さらに〕繰り返すことができる。こうしたことすべては、とりわけ現象学的な研究方法のなかでは、ごくふつうのことである。

さて、等しい（内容が同一の）[200]諸客観――継起においてのみ与えられ、共存[201]において与えられてあるのでない諸客観――の順序系列のなかでは、われわれはひとつの意識の統一性のなかでの特有の合致をもつ。すなわち継起的合致である。これはもちろん非本来的に語られた言い方である。というのも、それらの諸客観は、たしかに分離してあるのであり、〔ひとまとまりの〕順序系列として意識されてありながらも、ある時間区間によって切り離されてあるからである。

しかし、そうであるにせよ、われわれが、等しい際立った諸契機をもつが等しくない諸客観を〈ひとつの後に他のひとつ〉のなかでもつ場合にも、いわば「同等性の諸直線〔＝等しさの諸直線〕」が〈ひとつから他のひとつへ〉走るのであり、また、類似性の場合には類似性の諸直線が走るのである。ここでわれわれは〈〔そうした直線によって〕ひとつが他のひとつに関係づけられるという関係性[202]〉をもつ。これは〔それらを〕関係づける考察のなかで〔はじめて〕構成されてあるのではない。これは、〈同等性の直観〔＝等しさの直観〕〉および〈差異性の直観〉の前提として、すべての「比較」やすべての「思考」に先立っているのである。本来的に「比較可能」であるのはただ類似したものだけであり、また、「区別」は「合致」を前提にする、言い換えれば、移行のなかで（あるいは共存のなかで）結びつけられる等しいもの〔どうし〕の、右の本来的な合一化を前提にするのである。

第一九節　把持と再生の区別（第一次記憶と第二次想起ないし空想）[25][203]

時間統握の根源は空想の領分にある、というブレンターノの学説に対するわれわれの態度は、いまではもうすでに最終確定の形で決定されている。空想は〔時間統握の根源ではなく、むしろ〕、準現在化（再生）として特徴づけられる意識である。さて、なるほど準現在化される時間があるが、しかし、この時間は、必然的に、根源的に与えられる時間、空想される時間ではなく現前呈示される時間を遡り示す[204]のである。準現在化は、根源的に与える作用の反対項であり、準現在化から表象が「発源する」ことはありえない[205]。言い換えれば、空想とは、なんらかの客観性を、あるいは客観性のうちにある本質的および可能的な特徴を、〈それ自体として与えられる〉として打ち立てる意識ではない。〈それ自体として与えることがない〉というのは、まぎれもなく空想の本質である。〔しかし、〕空想という概念でさえ、空想から発現するのではない。というのも、空想とは何であるか、それ〔＝空想の概念〕を〈原本的に与えられる〉〔という様態〕でもとうとするならば、たしかにわれわれは空想を形成しなければならないが、しかし、この〔空想を形成しなければならないという〕ことは、そのこと自体ではまだ〈〔空想がそれ自体として〕与えられてある〉ということを意味しないからである。〔空想の〈〔それ自体として〕与えられてある〉を得るためには、〕いうまでもなく、われわれは〈空想する〉ということを観察しなければならず[206]、〈空想する〉ということを知覚しなければ〔＝真に受け取らねば〕ならない[207]。すなわち、〔単なる空想ではなく〕空想の知覚〔＝空想の真の受け取り〕こそが、空想という概念を形成するための〈根源的に与える意識〉であり、この知覚のなかでわれわれは、空想とは何であるかを観て取り[208]、空想を〈それ自体として与えられてあるという所与性〉の意識のなかで把捉するのである。

再準現在化する想起と、今意識〔の幅〕を広げる第一次記憶とのあいだには[209]、とてつもなく大きな現象学的相違が成り立っているのだが、このことは、両方の体験を注意深く比較することで示される。われわれは、たとえば二つないし三つの音を聞く。そして、〔聞くという〕作用が時間的に延び広がっている（Extension）あいだ、われわれは、〈まさに聞かれているその〔当該の〕音〉についての意識をもつ。〔それらの音がまとまって〕ひとつの時間客観の統一性を形成する〈音の形態〉〔の場合に、そのなか〕のひとつの項がなお現実に〈今〉として知覚されているか、[210]それとも、そうしたことはもはや起こっておらず、形成体が〔全体として〕ただ把持的に意識されているにすぎないのか、にかかわらず、この意識〔それ自体〕が本質において〈同じ〔ひとつの〕意識〉であるということは明証的である。

さて、〈まさに聞かれているその音ないし音の経過〉に向かう連続的な〔意識の〕志向が生き生きしているあいだに、この同じ音ないし音の経過がもう一度再生されるというような場合を想定してみよう。私がまさになお聞いているその拍、私の注意がなお向かっているその拍を、私は、内的にもう一度追遂行することで準現在化する〔＝思い浮かべる〕。〔そうすると〕相違が目に飛び込んでくる。さて〔このとき〕準現在化のなかで、われわれは音ないし音の形態をそれらの時間的な延び広がり全体とともにもう一度もつ。その準現在化する作用は、以前の知覚作用と正確に同じように時間的に延び広がってある。〔また、〕その〔準現在化する〕作用は、〔以前の知覚作用と同様に〕音の位相から音の位相へ一歩ずつ経過させ、無音区間から無音区間へ一歩ずつ経過させる。その際、その〔準現在化する〕作用は、第一次記憶——われわれが比較のために選んだそれ——の位相も再生するのである。〔しかし〕この場合、その作用は単なる繰り返しではない。そして、その相違は、単に、われわれが一方で端的な再生[211]をもち、他方で再生の再生をもつということにある、というのではない。むしろ、われわれは内実においていくつかのラディカルな相違をもつのである。それらの相違が浮かび上がってくるのは、たとえば、準現在化のなかでの音の〈鳴り始める〉と、〔その〈鳴り始める〉の第一次記憶的な〕残存意識――〈鳴り始める〉の残存意識をわれわれは空想のなかでもやはり保持しつづける――との相違を作り上げているのは何か、と問う場合である。[212] 再生される音、すなわち再生される「鳴り始める」のあいだの音は、〈鳴り始める〉の再生である。〔これに対して〕その再生された〈鳴り始める〉の後の残存意識は、もはや〈鳴り始める〉の再生ではなく、むしろ、〔知覚の際に〕まさにあった、まさになお〔第一次記憶的に〕聞かれていた〈鳴り始める〉の再生なのである。そして、この〔後者の〕〈鳴り始める〉は、〈鳴り始める〉それ自体とはまったく別の仕方で描出＝提示される。〔このとき、〕音たちを描出＝提示するファンタスマたちがたとえば意識のなかに〔そのまま〕立ちとどまっている、というわけではない。すなわち、あたかも今、準現在化のなかで音のそれぞれがみな〈ひとつの同一的に存続する与件〉として構成されてあるかのように、立ちとどまっているのではない。仮にそうであったら〔その与件は立ちとどまって与えられているのだから〕、その与件が、直観的な時間表象になること、準現在化のなかでの時間客観の表象になることはできなかっただろう。〔かくして、〕再生された音は〔やはり〕過ぎ去るのであり、それのファンタスマが同一的に立ちとどまっていて、継続的に統握をうけつづけるというのではない。そうではなく、再生された音は〔やはり〕特有の仕方でおのれを変様するのであり、そして、持続や変化〔や〕〈ひとつの後に他のひとつという順序系列〉などについての〈準現在化する意識〉を根拠づけるのである。

原本的な今を〈再生される今〉に変転させる〈意識の〔準現在化的な〕変様〉は、原本的な今であれ、再生される今であれ、そうした今を〈過ぎ去った今〉に変転させる〔把持的＝第一次記憶的な〕変様とはまったく別のものである。この後者の変様は、恒常不断に射映していくという性格をもっている。すなわち、今が恒常不断に〈過ぎ去った〉へそして〈さらに過ぎ去った〉へと下降していくのと同様に、直観的な[213]時間意識〔それ自体〕も恒常不断に下降していく。これに対して、知覚から空想への恒常不断の移行とか、印象から再生への恒常不断の移行といったことは、〔そもそも〕問題にもならない。後者[214]の相違は、不連続な相違なのである。それゆえ、こう言わねばならない。すなわち、われわれが原本的な意識、印象、あるいは知覚とも呼んでいるものは、恒常不断に下降していく作用なのである。具体的な知覚はいずれもみな、そのような下降の全体的な連続体を内含している。しかしながら、再生も、空想意識も、まったく同じ下降を要求するのであり、ただし、まさに再生的に変様された仕方でそれを要求するのである。両者がこういう様式〔＝仕方〕で〔時間的に〕延び広がってあらざるをえないということ、点的な位相などはけっしてそれ単独で存在することができないということ、こうしたことは〔一方の側だけでなく〕両方の側で体験の本質に属している[215]。

もちろん、原本的に与えられるものがこのように下降するということも、再生的に与えられるものがこのように下降するということも、（すでに以前に見たように）統握内容にすでに当てはまる。[216] 知覚は感覚のうえに築かれる。〔知覚〕対象に対応するように現前呈示的に機能する感覚はひとつの恒常不断の〔下降〕連続体を形成するし、またそれとまったく同様に、空想客観の再現前呈示[217]に対応するファンタスマもひとつの〔下降〕連続体を形成する。[218]〔とはいえ〕感覚とファンタスマとのあいだの本質的な相違[219]を受け入れる者は、もちろん、〔知覚的に〕まさに過ぎ去ったばかりの時間位相たちに対応する統握内容たちを、ファンタスマたちだとみなしてはならないのであり、それというのも、これら〔の感覚たち[220]〕は、なんといっても〔空想的ではない、知覚的な〕今という契機をもった〔把持的な〕統握内容に連続的に移行する[221]からである。

第二〇節　再生の「自由」[26]

「退きながら沈んでいく[222]」の原本的な経過と、その再生的な経過とのなかで、注目すべき相違が登場する。原本的な〈現出する〉と、その〈現出する〉のもろもろの経過様態の〈流れ去る〉は、〔私の自由意志で変化させられない〕堅固なことであり、〔私が触発されてしまうという意味での〕「触発[223]」によって意識されることであって、こうしたものに対して私ができるのはただ目をやること〔そもそも私が〈傍観する[224]〉の自発性を遂行する場合のことだが）だけである。これに対して、〈準現在化する〉というのは自由なことである。それは、自由に〈閲歴する〔＝駆け抜ける〕〉ということである。われわれは、「より速く」でも「より遅く」でも、〈より判明かつ明示的に〉でも〈雑然と〉でも、〈一気に閃光のごとく〉でも〈細かく分節化された歩みのなかで〉でも、などなどのように準現在化を遂行することができる。この場合、準現在化〔作用〕はそれ自体、内的意識のひとつの出来事[226]であり、そうしたものとしてそれの現下の今をもち、それのもろもろの経過様態などをもつ。そして、準現在化〔作用〕が〔ある内在的な時間区間のなかで〕現実に生じてくる〔場合には〕その同じ内在的な時間区間のなかで、われわれは、準現在化される出来事過程のより大きな部分やより小さな部分（Stücke）をそのもろもろの経過様態ともども「自由のなかに」投宿させることができ[227]、またそれとともに、より速くもより遅くも閲歴する〔＝駆け抜ける〕ことができるのである。その際、その時間区間〔のなか〕のもろもろの準現在化された〔時間〕点どうしの相対的な経過様態[228]は、〔継続的に同一化する合致〔が生じている〕という前提のもとでは〕不変のままにとどまる。〔それゆえ〕私は、つねに同じものを、いつも同じ〔その時間区間のもろもろの経過様態の連続性〉を、いつもその連続性それ自体を〔それの同じ〕〈どの様に〉において、準現在化するのである。けれども、たとえ私がいつでもまたもや、同じ開始点に帰り、またもろもろの時間点の同じ順序系列に帰るとしても、それでも、その同じ開始点それ自体はいつもますます遠くに、そして恒常不断に退きながら沈んでいく。

第二一節　再生の明晰性の諸段階[27]

その〔準現在化の〕際、〈準現在化されるもの〉は、多かれ少なかれ明晰な仕方で眼前に漂うのであり、そして、この不明晰性[229]のさまざまな様態は、準現在化されてあるひとまとまりの全体と、それのもろもろの意識様態[230]とに関わる。時間客観が原本的に与えられる場合〔＝知覚の場合〕にも、それ〔＝時間客観[231]〕が最初に生き生きと明断に現出し、それから徐々に明晰性を減じつつ空虚へ移行していくということを、われわれは見いだす。このような変様は〔時間的な〕流れに属す。流れを準現在化するときにも同じ変様が登場するが、しかしその他方で、準現在化の場合には、さらに別の「不明晰性」がわれわれの眼前に登場するのであり、すなわち、〔最初の意味での〕「明晰なもの」がもうすでに、まるでベールをとおして見られているかのように、不明晰に現にそこに立っており[232]、しかも程度はさまざまでも不明晰に〔現にそこに立っているのである〕。かくして、一方の不明晰性と他方の不明晰性とは混同されてはならない。準現在化〔の場合〕の〈生き生きしていること〉と〈生き生きしていないこと〉の特有の諸様態、明晰性と不明晰性の特有の諸様態は、〈準現在化されるもの[233]〉に属しているのではないし、あるいは、もっぱら準現在化の〈どの様に〉だけのおかげで[234]〈準現在化されるもの〉に属しているわけではない。それらの諸様態は、現下の〈準現在化する体験〉に属しているのである[235]。

第二二節　再生の明証性[28]

第一次記憶と第二次想起の明証性に関しても、注目すべき相違が成り立っている。[29]私が把持によって意識的にもっているものは、(236)すでに見たように、(237)絶対に確実にある。では、〔把持の射程を越えた〕より遠い過去についてはどうであろうか？　私が昨日経験したものを想起するならば、私は昨日経験された出来事過程を――場合によってはその継起の歩みすべてに関して――再生する。それをおこなっているあいだ、私は順序系列の意識をもつ。すなわち、最初にひとつのことが再生され、それから既定の順序系列で第二のことが再生される、などなどである。この順序系列が現在的な体験過程(238)としての再生〔作用の側〕に帰せられるということは明証的であるが、しかし、このようなものとしての順序系列を無視しても、再生は、ひとつの過ぎ去った時間的な過程を描出＝提示にもたらす。そして〔その際〕、想起のなかで現在的である出来事過程の個々の歩みが、過ぎ去った出来事過程の個々の歩みからずれる（過ぎ去った出来事過程は、今準現在化されているそのとおりに、生じたのではなかった）というだけでなく、また、〔過ぎ去った〕現実の系列の順番(239)〔それ自体〕が、記憶にある(240)系列の順番がまさに思念しているのとは別のものであったということも、十分にありうる。それゆえ、ここでは誤謬が可能であり、しかも、その誤謬は再生そのものから発するのであり、そして〔それゆえ、その誤謬は、次のような誤謬、すなわち〕時間客観についての

（超越的な時間客観についての、ということだが）知覚もそれに支配されるような誤謬と混同されるべきではない。これが実状であるということについては、そしていかなる意味で実状であるのかということについては、先にも言及されていた。すなわち、私がひとつの時間的な順序系列を原本的に意識的にもつならば、時間的な順序系列が生じたということとそのこと、そして〔今において〕生じているということとそのことは、疑いえない[241]。けれども〔そのことによって〕、ひとつの——客観的な——出来事が、私がそれを統握する〔まさに〕その意味において現実に生じたということが[242]言われているわけではない。個々の統握は、誤ったものでありうるし、現実が対応しないものでありうる[243]。さて、そして、〔このことを〕時間的に遡らせて捉える場合には、〔過去に〕統握されたものへの対象的な志向が〔それを構成する内実に関して、また、他の諸対象とそれとの関係に関して〕〔今も〕保持されたままであるならば、現出している出来事過程の時間的な統握全体を、誤謬が貫いていることになる。けれども、〔超越的なものを意識のなかで〕描出＝提示する「諸内容」の順序系列、あるいはまた「諸現出」の順序系列でもよいが、これに限定するならば、疑わしさのない真理が成り立っていることに変わりはない。すなわち、ひとつの出来事過程が〔意識的な〕所与性に到ったのであり、そして、たとえ、そこで私に現出するもろもろの出来事[244]〔それ自体〕の順序系列ではないとしても、諸現出のこの順序系列が生じたのである。

さて、時間意識のこの明証性は再生においても保持されることができるのか、が問われる。

これができるのは、ただ、再生的な進行と把持的な進行との合致に媒介されることによってのみ、である。二つの音cとdの順序系列をもつ場合、私は、まだ新鮮な記憶〔＝把持〕が成り立っているあいだに、この順序系列を〔再生的に〕繰り返すことができ、しかも、〔両者の〕確実な関係のなかで十全に繰り返すことができる。私は、最初にcが生じ、それからdが生じたという意識をもって、cとdを内的に〔再生的に〕繰り返す。そして、このことが「なお生き生きして」いるあいだに、私はまたもやそうしたことをおこなう、などなど。確かに、私は、こういう仕方で明証性の根源的領分〔＝知覚〕を越え出て行くことができるのである。同時に（zugleich）私はここで、再想起がどの様に充実化されるのか、その仕方を〔も〕見ることになる。〔すなわち、〕私がc、dを繰り返す場合、この〔c、dの〕継起の再生的表象は、おのれの充実化を〔把持によって〕なおまさに生き生きしている以前の継起のうちに見いだすのである。[30]

第二三節　再生された今と過去との合致　空想と再想起の区別[31]

過ぎ去ったものについての再生的意識を、原本的意識に対比して際立たせた後に、さらにひとつの問題が生じてくる。聞かれたメロディを私が再生するとき、再想起の現象的な今[245]は〔今とはいっても〕ひとつの〈過ぎ去った〔＝過去〕〉（Vergangen）[246]を準現在化する[247]。すなわち、空想において〔あるいは〕再想起において、今、ひとつの音が鳴り始める。この〔空想起されたあるいは再想起された〕音は、たとえば、〔かつて〕あったメロディであるそのメロディの最初の音を再生する。〔ところが、その空想あるいは再想起のなかの〕第二の音とともに与えられる過去意識[248]は、それ以前に原本的〔＝知覚的〕に与えられてあった「たった今過ぎ去った」を再現前呈示するのであり、それゆえ、過ぎ去った「たった今過ぎ去った[249]」を再現前呈示する[250]わけである。さてそれでは〔詳しく見ると、空想的ないし再想起的に〕再生された今は、いかにしてひとつの〈過ぎ去った〔＝過去〕〉を再現前呈示するに到るのだろうか？〔なにしろ〕再生された今がまさに直接的に表象するのは、なんといってもやはり、まさにひとつの〈今〉である。〔とすると、このひとつの〈今〉と対比される〕ひとつの〈過ぎ去ったもの〉、すなわち、〔そもそも〕原本的〔＝知覚的〕になんといっても「たった今過ぎ去った」という〔把持的な〕形式〔＝様態〕で与えられてあることしかできない〈過ぎ去ったもの[251]〉への関係は、どの様に登場してくるのだろうか？

この問いに対しては、これまで〔軽く〕触れられただけの区別、すなわち時間的に延び広がった客観の単なる空想とそれの再想起との区別、これに着手することが必要になる。単なる空想のなかでは、再生される今の措定も、また、再生される今と〔措定される〕過ぎ去った今との合致も、与えられない。これに対して、再想起は〈再生されるもの〉を措定し[252]、そしてまた、この措定のなかで、その〈再生されるもの〉に現下の今に対する位置づけと、原本的な〈時間の場〔＝時間野〕〉——再想起〔作用〕それ自体もこれに属する——の領野

〔全体〕に対する位置づけを与える。[32]〔ただし、〕再生される今と〔措定される〕過去との関係づけが遂行されるのは、〔あくまでも〕原本的な時間意識のなかでのみ、である。(253)〔さて、〕準現在化〔作用それ自体〕の流れは、時間構成する流れがいずれもみなそのように築き上げられてあるように、もろもろの体験位相〔それ自体〕の流れであり、それゆえそれ自体、ひとつの時間構成する流れである。時間形式を構成する諸射映すべて、諸変様すべてが、ここ〔＝この時間構成する流れのなか〕に見いだされるのであり、また、内在的な音が音のもろもろの位相の流れのなかでおのれを構成するのとまったく同様に、音－準現在化〔作用それ自体〕(254)の統一性は音－準現在化〔作用それ自体〕のもろもろの位相の流れのなかでおのれを構成するのである。(255)〔このことからして、〕以下のことがまさに普遍的に妥当する。すなわち、われわれは、現象学的反省において、最広義での現出するもの、表象されるもの、思考されるものなどすべてから、構成する諸位相の流れへと連れ戻されるのであるが、そうした構成する諸位相は、〔おのれ自身が〕内在的な客観化を被ることで、まさに、内的意識の〔作用という〕統一性としての、知覚現出（もろもろの外的知覚）へ、記憶＝想起へ、予期へ、願望などへ〔客観化されるものなのである〕。かくして、準現在化は、どんな種類のものであれ、時間構成する普遍的な形成活動(256)〔それ自体〕の体験経過流であるかぎり、〔おのれ自身を客観化して〕内在的な客観を構成する。その内在的な客観とは、「持続し、かくかくに流れ去る〈準現在化〔作用それ自体〕という出来事過程(257)〉」である。

しかし他方で、準現在化はそれ固有なものをもっている。すなわち、準現在化は、それ自体においてかつまたそれのもろもろの体験位相すべてに関して、ある別の意味において〈……についての〉準現在化なのであり[258]、ある別の意味においてとは、準現在化は、第二の、別種の志向性——準現在化だけに固有であって諸体験すべてに固有であるのではない志向性——をもつという意味においてである。さてしかし、この新たな志向性がもつ固有性とは、その形式[259]に関していえば、それは、〈〔現在化的に〕時間構成する志向性〉の対蹠像[260]であるということである。かつまた〔その内容に関していえば〕、この新たな志向性は、それがその契機それぞれにおいては現在化〔作用〕の流れ[261]のひとつの契機[262]を再生し、またその全体においては現在化〔作用〕の流れ全体を再生するのと同様に、準現在化される内在的客観[263]についての再生的意識を産み出す。かくして、この新たな志向性は二重のものを構成する。すなわち、この新たな志向性は、一方で、おのれの〈体験流の形式[264]〉によって準現在化〔作用それ自体〕を内在的統一性として構成する[265]。それに加えて〔他方で〕、この〔準現在化作用の〕流れのもろもろの体験契機がひとつの平行する〔現在化作用の〕流れ[266]の諸契機の再生的諸変様である（この平行する流れは、通常の場合[267]、再生的でない〔原本的な〕諸契機から成り立つ）ということ、かつまた、これらの再生的諸変様がひとつの〔〈……についての〉〕志向性[268]を意味するということによって、その流れは、ひとつの〔準現在化的に〕構成する全体[269]——これのなかに、ひとつの志向的統一性、すなわち〔再〕想起されるものの統一性[270]が、意識さ

れてある――にいっしょに属するのである。(271)

第二四節　再想起のなかでの予持

さて、「記憶＝想起」という、この構成された体験統一性が統一的な体験流のなかに組み入れられている〔とは、いかなることか〕を理解するためには、以下のことを考慮に入れねばならない。すなわち、記憶＝想起はすべて、〔それ自体が〕もろもろの予期志向をもっており、こうしたもろもろの予期志向は、〔順々に〕充実化されていけば〔現下の〕現在に到達する、ということを、である。根源的に構成する〔意識の〕プロセスはすべて、もろもろの予持（Protentionen）――予持は、〈到来するものそのもの(272)〉を空虚に構成し、捕捉し(273)、充実にもたらすのだが――によって生化されている。しかし、再想起する〔意識の〕プロセスは、これらの予持を、ただ記憶にしたがってもう一度更新するというだけではない。これらの予持は、〔これから到来するものを〕ただ捕捉するという仕方で、現にあったというだけではない。これらの予持は〔再想起された場合には、すでに一度到来したものを〕捕捉してもいっていもいるのであり、つまり、これらの予持は〔すでに一度〕充実されたのであって、しかも、われわれは、再想起するときに、そうしたことを意識しているのである。再想起する意識のなかでの充実化は、再‐充実化〔まさに〔再〕想起措定の〔もたらす〕変様のなかでの〕であり、かつまた、たとえ出来事知覚(274)の根源的な予持が〔内容的に〕未規定だったとしても、そして、〔その後に規定されるべき〕〈別様にある〉(Anderssein) とか〈あらぬ〉(Nichtsein) が未定のままだったとしても、再想起するときには、われわれは、そうしたことすべてを未定のままにしていない〈事前に設定された予期〉をもつのである——ただし「不完全な」再想起という形態は別であり、これは、未規定な根源的予持とは別の構造をもつ。とはいえ、この未規定な根源的予持も、再想起のうちに含まれているのである。それゆえ、ここには志向的分析の困難が生じている、〔すなわち〕個々に考察される出来事に関してすでに生じているし、それからまた、現在にまで到る出来事たちの順序系列にかかわるもろもろの予期に関して新たな仕方で生じている。〔というのも〕再想起は予期でない〔という意味では単純である〕が、しかし、再想起は〔それ自体が〕、未来へと向かう地平、もっと正確にいえば、再想起されたもの〔にとって〕の未来へと向かう地平——〔しかも〕措定された地平である地平——をもつ〔からである〕。この地平は、再想起するプロセスが進行していくなかで、いつも新たに開かれ、より生き生きとし、より豊かになる。そしてその際、この地平は、いつも新たに再想起される出来事によって〔次々に〕充実化されていく。かつては先行的に指示されていただけだった出来事が、〔このプロセスのなかで〕いまや準-現在的にあるが、この〈準〉とは、〈準現在化する現在〉という様態での〈準〉である。(275)

第二五節　再想起の二重の志向性

それゆえ、時間客観の場合、内容ならびにそれの持続――この両者は「唯一の」[276]時間の繋がりのなかで〔可能性としては〕別の位置を持つことも可能である――を、それの時間的な位置づけ（Zeitstellung）〔それ自体〕から区別するならば、われわれは、持続する存在〔＝ある〕を再生するときに、〔内容によって〕充実化された持続の再生とならんで、〔時間的な〕位置づけ〔それ自体〕にかかわる諸志向をもつのであり、しかも必然的にもつのである。[277]持続というものは、それがひとつの時間的な繋がりのなかで措定されることなしには、〔それゆえまた〕その時間的な繋がり〔それ自体〕にかかわる諸志向が現にあることなしには、表象されることができないし、もっと適切にいえば、措定されることができない。この〔再生の〕場合、これらの諸志向が過去志向という形式か未来志向という形式かのいずれかをもつということは、必然的である。志向は、〔一方では内容によって〕充実化された持続に向かい、〔他方では形式的な〕それの時間位置に向かうのであり、こうした志向の二重性には、二重の充実化が対応する。[278]〔一方で、〕過ぎ去った〈〔ひとまとまりの〕持続する客観〉の現出を形作る〈諸志向の全体的複合体〉は、その同じ持続するもの〔＝客観〕に帰属する諸現出の体系のなかで、その可能的な充実化をもつ。〔他方で、〕時間のなかでの繋がりにかかわる諸志向は、現下の現在にまで至る〈充実化された繋がり〉が産出されることによって充実化される。[279]こうしたことからして、いかなる準現在化においても、二つのものが区別されるべきである。すなわち、〔一方で〕過ぎ去った〈持続する客観〉がそれのなかで与えられて、つまり知覚されて、あるいは総じて根源的に構成されてあったところのその意識の再生と、〔他方で〕「過去的」あるいは「現在的」（現下の今に同時的（gleichzeitig））[280]あるいは「未来的」という意識にとって構成的〔な成分〕としてこの再生に付着しているところのもの、である。[281]

さて、後者も再生〔と呼ばれるもの〕なのだろうか。これは、人を誤った方向に導きやすい問いである。もちろん、全体が再生されるのである、すなわち、単にかつての意識現在がその流れとともに再生されるというだけでなく、〔かつての意識現在から現下の〕生き生きした現在にまでいたる意識の流れの全体が「暗黙に内に含まれた仕方で」（*implicite*）再生されるのである。このことは、アプリオリな - 現象学的な発生[282]の主要部分をなしており、そうしたものとして、以下のことを意味する。それは、記憶 = 想起は途切れなき（beständig）流れのうちにあるということであって、それというのも〔そもそも、それらを含む全体としての〕意識生が不断の流れのうちにあり、単に一項が一項に〔いわば不動のまま〕連鎖状につながっているというだけではないからである。むしろ、〔意識生の流れのなかでは、登場してくる〕新しいものは古いものに遡及的に作用するのであり、すなわち、古いものがもっていた〔未来方向へ〕前進する志向が充実化され、かつその際に規定されるのであり、このことが再生に、ある特定の色合いを与える。それゆえ、ここで示されているのはアプリオリに必然的な遡及的影響作用である。その新しいものはまたもや新しいものを指し示し、この後者の新しいものは、登場するとおのれを規定するとともに、かつまた、古いものに対してはその再生の諸可能性を変様させる[283]のであり、これが続く。その際、遡及的に作用していく力は、連鎖にしたがって遡及していくのであり、なぜならば、再生された〈過ぎ去った〔＝過去〕〉は、まさに〈過ぎ去った〉という性格をもつとともに、〔現下の〕今にかかわる一定の時間状況[284]に向かう無規定な志向[285]ももっているからである。かくして、ひとつが他のひとつを〔それぞれに[286]〕想起させ、このものが直近の〈流れるもの〉を〔それぞれに〕想起させるといったような具合に「連合された」諸志向の単純な連鎖をわれわれがもつというような事情にはなっておらず、むしろ、われわれがもつのは〔全体として〕ひとつ〔だけ〕の志向[287]――〔ただし〕それ自身において〈もろもろの可能な充実化〉の系列[288]に向かう志向――である。

　しかし、この志向は〔内容に関して〕非直観的な志向[289]すなわち「空虚な」志向であり、それが向かう〈対象的なもの[290]〉はもろもろの出来事の客観的な時間系列であり、そして、この時間系列とは〈現下に再想起されているもの〉の暗い不明瞭な周辺なのである。そもそも「周辺」というものを特徴づけているのは、次のような、ひとつの統一的な志向ではなかろうか、すなわち、繋がりのなかにある多数の対象性に関係づけられていて、そうした対象性が多種多様な仕方で徐々に与えられてくるなかで充実化に到るような、そうしたひとつの統一的な志向ではなかろうか？　空間的な背景の場合でも事情は同じである。知覚のなかの事物はいずれもみな、背景として、それの裏面をもつ（それというのも、ここで論じられているのは、注意の背景ではなく統握の背景だからである）。超越的な知覚のいずれにもみなその本質的な〔＝不可欠な〕存立成分として属する〔裏面の知覚のような〕「非本来的な知覚」[291]という構成要素は、ひとつの「複合的な」志向なのであり、この志向は、特定の仕方の〔時間的〕繋がりのなかで、〔そして〕もろもろの所与性の〔時間的〕繋がりのなかで、充実化可能である。前景は背景なしにはありえない。現出する面は現出しない面なしにありえない。〔こうしたことは〕時間意識の統一においてもまったく同様である。再生される持続は前景であり、そして、それを〔地平的な繋がりのなかに〕組み込んでいる諸志向が、背景を、すなわち時間的な背景を意識させるのである。そして、こうしたことが、その〈今〉や〈その前〉（Vorher）や〈その後〉（Nachher）をともなった〈持続するもの〉それ自体の時間性の構成のなかで、ある一定の仕方で続いていく。〔かくして、〕われわれは〔空間的なものと時間的なものとのあいだで〕類比関係をもっている。空間事物に関しては、包括的な空間と空間世界とへの組み込みをもち、他方では、空間事物それ自体をその前景と背景とともにもつ。時間事物に関しては、時間形式と時間世界とへの組み込みをもち、他方では、時間事物それ自体と、〔現下の〕生き生きした今に向かう時間事物の変転しつづける方位設定をもつのである。

第二六節　想起と予期のいくつかの相違

さらに探究されるべきは、想起と予期が互いに等置されるかどうか、である。〔方で〕直観的な想起は、ひとつの出来事の経過していく持続の生き生きした再生を私に提供するが、〔その際にも、〕〈その前〉（Vorher）を遡って指し示す〔過去方向への時間〕志向と、〔現下の〕生き生きした今に到るまで〔の諸志向の繋がりを〕あらかじめ指し示す〔未来方向への時間〕志向とは、ただ非直観的なままにとどまる。〔他方、〕未来の出来事の直観的表象のなかで、私は、再生的に経過していくひとつの出来事過程の再生的な「像」を、今、直観的にもつ。この像には、無規定な未来志向と、過去志向——これはすなわち、その出来事過程の始まりから、〈〔現下の〕生き生きした今に末端をもつ時間的周辺〉に関わる志向である——とが、結びついている。そうであるかぎり〔＝両者が現下の生き生きした今に末端をもちながら逆方向に展開していくかぎり〕、予期直観は、逆立ちした想起直観なのであり、それ〔＝逆立ちした〕というのは、想起直観の場合には、〔現下の〕今志向は〔想起のなかの〕出来事過程に対して〔より過去方向に〕「先」行せず、〔より未来方向に〕後続する〔のに対して、〕予期直観の場合には、現下の今志向が予期直観のなかでの出来事過程に対して後続せず、先行する〕からである。空虚な〔＝形式的な〕周辺志向としてみれば、想起直観は〔予期直観に対して〕「逆方向」にある。では、〔両者において、〕空虚な周辺志向の与えられ方ではなく、〕出来事過程それ自体の与えられ方〔＝所与様式〉はどういうふうになっているのか？　想起のなかでは出来事過程の内実は規定された内実である〔のに対して、予期のなかではそれが規定された内実でない〕ということは、本質的な相違をなしているのだろうか？　しかし、想起も、直観的ではあっても、やはりそれほど規定されていないということがありうるのであって、いくつかの直観的な構成成分が現実としての想起性格をまったくもたない場合には、そうでありうる。「完全な」想起の場合には、もちろん、すべては個々の箇所にいたるまで明晰であろうし、〔そのことでまさに現実としての〕想起として性格づけられているということにもなるであろう。けれども、理念的には（*idealiter*）、そうしたことは予期の場合にも可能なのである。〔なるほど〕一般的にいえば、予期は多くを未定のままにし、そして、この〈未定のままにする〉ということが〔逆に〕、またもや当該のもろもろの構成成分の性格である。しかしながら、原理的には、予言的な意識（おのれ自身を予言的と称する意識）といったもの——それにとっては、〈あるだろうもの〉の予期の性格がいずれもみな〔すでに現に〕眼前に立つ——も考えうる。たとえば、われわれが、正確に規定された計画をもち、そして〈計画されたもの〉を直観的に表象しつつ、それをいわば〔ただ骨格だけでなく〕肌や髪までも具備した未来の現実として受け取るというような場合である。そうはいっても、その場合にもやはり、未来の直観的な予料（Antizipation）[299]のなかには、多くの重要視されていないものがあって、そうしたものは、具体的な像〔＝イメージ・心像〕が埋め草として満たすのだろうが、しかしまた、像が提供するのとは大きく異なった仕方であることができるようなものであろう。そうしたものは、もともと未定性として性格づけられているのである。[300]

しかし、〔右とは別次元の事柄として〕原理的な相違〔を問題にすれば、それ〕は充実化の仕方〔＝様式〕にある。〔一方で、〕過去志向は、直観的な再生たちの繋がりを際立たせることによって必然的に充実化される。過ぎ去った出来事の再生は、それの妥当性（内的意識のなかでの妥当性だが）に関して、想起の無規定部分を確証することと、[301]〔それを〕次のような再生――そのなかでは構成成分に関するいっさいが再生的として性格づけられてあるような再生――に変化させることによって完全化することだけを許容する。ここ〔＝想起〕で重要なのは、次のような問いである。すなわち、私はそれを、現実に見たことで、知覚したことで、もっているのか、私はこの現出を、現実に――正確にその内容で――もったことで、もっているのか、という問いである。それはすべて、いちどきに（zugleich）[302]、今に到るまでのまさにそのような諸直観の繋がりに組み込まれているのでなければならない。もちろん、他の問いもある、すなわち、その現出者は現実にあったのか、という問いである。以上に対して〔他方で〕、予期はおのれの充実化を知覚のうちに見いだす。〈予期されるもの〉の本質には、それが〈知覚されて－ある－だろうもの〉であるということが属している。この場合に明証的なのは、〈予期されるもの〉が〔現に〕登場するときには、すなわち〈現在的なもの〉になったときには、予期状態それ自体は過ぎ去った、ということである。そして、〈未来的なもの〉が〈現在的なもの〉になったならば、〈現在的なもの〉は〈相対的に過ぎ去ったもの〉になっている。[33] 周辺志向に関しても事情はまったく同様である。〔未来に関わる〕周辺志向も、印象的な〈体験する〉の現下性によって充実化されるのである。

これらの相違を除けば、予期直観は、過去直観と正確に同じように根源的かつ独特なものである。

第二七節 〈知覚されて－あった〉についての意識としての想起[303]

〔ここまで〕分析されてきたいくつかの〈措定する再生〉[304]を性格づけるものとして、最大の意義をもつのは、以下のことである、すなわち、〈措定する再生〉の本質には、ただ単に時間的な存在〔＝ある〕の再生的な措定[305]が属するだけでなく、内的意識[306]への或る関係が属している、ということである。想起の本質には、まずもって、想起は〈知覚されて－あった〉(Wahrgenommen-gewesen-sein)[307]についての意識[308]であるということが属している。〔音のような〕外的な出来事過程を直観的に想起する場合、私はそれについての再生的な直観をもつ。そして、それは〈措定する再生〉である。この外的な〔措定する〕再生は、しかしながら、必然的に、内的な再生によって意識されてある。[34]〔言い換えれば、〕〈外的に現出する〔ということ＝作用[309]〕〉は、〔当該の〕外的な出来事過程が特定の現出の仕方で与えられてあることによって、再生されてあるのでなければならない。〔しかるに〕体験としての〈外的に現出する〔ということ＝作用〕〉は〔まさに「体験」としてそれ自体〕内的意識の統一性なのであって[310]、そして、この内的意識に対応するのが内的再生である[311]。さてしかし、出来事過程の再生に関しては、二つの可能性がある。すなわち〔ひとつは〕、内的再生が〈措定する再生〉であり、したがって、〔内的な〕出来事過程の現出〔作用それ自体〕が内在的時間の統一性のなかで措定されてあることができる〔という可能性である〕。もうひとつは、外的再生も〈措定する再生〉であることができる〔という可能性であり〕、この〈措定する再生〉は、当該の〔外的な〕時間的な出来事過程を客観的時間のうちで措定するが、しかし、〔内的な〕現出〔作用〕それ自体を内的時間の出来事過程として措定しはせず、そしてそれとともにさらに、時間構成する流れを生の流れ全体のなかで措定することもしない〔という可能性である〕。

想起は、したがって〔後者の可能性があるのだから〕、ただちに、以前の知覚〔作用それ自体〕の〔内的な〕想起であるというわけではない。しかしながら、以前の〔外的な〕出来事過程の想起は、その出来事過程がそれらのなかで所与性に到ったところのその諸現出〔作用〕の〔内的な〕再生を含むのだから、その出来事過程の以前の知覚〔作用〕の〔内的な〕想起の可能性もいつでも成り立っているのである〔あるいは、以前の知覚〔作用〕を所与性にもたらす〈想起のなかでの反省[312]〉の可能性もいつでも成り立っている〕。〔かくして、再生においては〕以前の〔外的および内的な〕意識の全体が再生されるのであり、そして、再生されるものは再生という〔非知覚的な〕性格と過去という〔時間的な〕性格とをもつのである。

〔作用に関して外的と内的とを区別しないと、混乱を招くので、〕これらの関係をひとつの事例で明確にしよう。私は、照明された劇場を想起する――これは、私は、劇場を知覚したこと〔そのこと〕を〔対象的に〕想起する[313]、ということを意味しない。仮にもそれを意味したならば、後者〔＝私は、劇場を知覚したことそのことを対象的に想起する、ということ〕は以下のことを意味することになっただろう。すなわち、私が劇場を知覚したこと〔そのこと〕を知覚したことを私は想起する、そして、これがさらに続くということを、である[314]〔がしかし、これは不条理である〕。〔むしろ〕私が照明された劇場を想起する（ich erinnere mich）ということは、私は照明された劇場を「私の内的な〔体験のなかの想起作用〕のうちで」（„im meinem Inneren“）〈〔かつて〕あった劇場〉として観る、ということを意味するのである[315]。今〔の体験のなかの想起作用のなかで〕、私は非－今を観るのである。〔そもそも〕知覚というものは現在を構成する。今そのものが私にとって眼前に立つためには、私は知覚するのでなければならない。〔しかるに、想起のなかで〕今を直観的に表象するためには、私は、再表象的〔＝代表象的〕に変様された仕方で「像のなかで」（„im Bilde“[316]）知覚を遂行するのでなければならない。とはいっても、〔想起のなかで〕私は知覚〔作用それ自体〕を〔対象的に〕表象するわけではない[317]。私が〔想起のなかで対象的に〕表象するのは、〔知覚作用ではなく〕〈〔かつて〕知覚されたもの〉[318]であり、〈想起のなかで現在的に現出するもの〉である。かくして、想起が以前の知覚〔作用〕の再生を内含するというのは、そのとおりだが、しかし、想起は、本来的な意味では、以前の知覚〔作用〕の表象ではない。想起のなかで〔対象として〕思念され措定されているのは、知覚〔作用〕ではない。思念され措定されているのは、知覚の対象であり、それの今であるが、しかし、この今は現下の今との関係のうちに置かれている。[319]私は、昨日の照明された劇場を想起する、すなわち劇場の知覚〔作用〕の「再生」を遂行して[320]、そのことによって表象のなかで劇場がひとつの現在的なものとして私の眼前に浮かんでくるのであり、この劇場を私は〔対象として〕思念するのだが、しかし、その際、この〔劇場の〕現在を、今の現下的な諸知覚の現下的な現在との関係のなかで〈以前のこと〉[321]として統握するのである。劇場の知覚があった、私は劇場を知覚した[322]、ということは、もちろん、今、明証的である。〔すなわち、〕想起されるもの〔それ自体[323]〕は、〈〔かつて〕現在的にあった〉(gegenwärtig gewesen)として現出し、しかも直接的に直観的に、現出するのである。そして、それがそのように現出するのは、ひとつの現在が、すなわち現下的な今の現在から距離をもつひとつの現在[324]が、直観的に現出することによって、である。前者の現在〔＝現下的な今の現在〕は、現実の知覚のなかでおのれを構成する。後者の直観的に現出する現在〔＝現下的な今の現在から距離をもつひとつの現在〕、非－今の直観的な表象は、〈知覚の対蹠像〉のなかで[325]、〈以前の知覚の準現在化〉のなかで、おのれを構成するのであり、この〈以前の知覚の準現在化〉のなかでは、この劇場は〔「今」という時間様態においてではなく〕「いわば今」所与性に到るのである。(326) それゆえ、劇場の知覚のこうした準現在化は、私が、その〔準現在化作用の〕なかで生きながら、〈知覚する〔作用それ自体〕〉を〔対象として〕思念することだというように理解されるべきではない。むしろ、私が思念するのは、〈知覚された客観が現在的にある〉ということである。(327)

第二八節　想起と像意識　措定する再生としての想起

ここで扱われているのはどのような種類の準現在化であるか、もう少し考量しておくことが必要である。ここでは、〔まさに像として〕意識される像性（絵画、胸像など）の場合のような、類似した客観による代表象〔＝再表象〕(328) は問われていない。こうした像意識に対比していえば、再生は〈自体としての準現在化〉という性格をもつ。再生は、またしても、それが〈措定しない再生〉（「単なる」空想）であるか、〈措定する再生〉であるかによって、区分される。そして〔このように区分されるもろもろの措定性格に対して〕、いまや、そこにもろもろの時間性格が加わってくる。想起は、〈過ぎ去った〉という意味〔＝時間様態〕での〈自体としての準現在化〉である。現在想起は、知覚とまったく類比的な現象であって、それは、それに対応する知覚と共通な仕方で対象の現出をもつが、ただし、その現出は、変様された性格をもつ、すなわち、それのおかげで対象が〈現在的〉としてではなく、〈現在的にあった〉（gegenwärtig gewesen）として現にそこに立つという変様された性格をもつ。

想起[35]および予期と呼ばれる種類の再生がもつ本質特徴は、〔それによって〕再生される現出を、内的時間の〈存在の繫がり〉〔＝存在連関〕のうちに、すなわち私の諸体験の流れ去る系列の〈存在の繫がり〉〔＝存在連関〕のうちに[329]、組み込むということにある。この〔存在の繫がりへの組み込み、すなわち〕措定は、通常の場合、外的な現出の対象的なものにまでも拡張される（sich erstreckt）[330]が、しかし、この措定は廃棄されることがありうるし、この措定に反旗が翻されることがありうるのだが、この場合、それでもなお、想起ないし予期は残るのであって、すなわち、われわれは、以前ないし未来の知覚を単に「思念上の[331]」それらとして特徴づける場合でも、それらを想起および予期と呼ぶことをやめないだろう。そもそも、超越的な客観ではなく、内在的な客観[332]が問題になっているならば、〔右で〕示された〈再生的諸直観の〔構成の〕段階構造〉〔＝措定の拡張〕は考慮されないし、また、再生されるものの措定は、諸体験の系列〔＝存在の繫がり〕のうちへの、すなわち内在的時間への、それの組み込みと合致するのである。

第二九節　現在想起

外的な時間と外的な対象性とについての直観の領野に関しては、なお、時間的諸対象の直接的な再生的直観（われわれの〔これまでの〕詳論はすべて、時間的諸対象の直接的な直観だけに制限されていたし、また〔いまも〕間接的あるいは非直観的な予期や想起には手がつけられていない〕の、もうひとつの類型が考慮されるべきである。

私は、ひとつの現在的なものを、眼前に有体的に今もつことなく、〈今ある〉として表象することができる。[333] 以前の諸知覚にもとづくにせよ、〔言語的な〕記述にしたがってにせよ、あるいはそれらに類するものによってにせよ、私はそれができる。最初の場合、私は、たしかにひとつの想起〔＝記憶〕をもつが、しかし、私は、〈想起されるもの〉[334]に現下の今にまで到る持続を与えているにもかかわらず、この持続に対応して、内的に想起される「諸現出」[335]をもつわけではない。〔この場合、〕「記憶〔心〕像」[336]は私にとって〔右の「ひとつの現在的なもの」の構成に〕役立ちはするが、しかし、私は〈想起されるものそのもの〉[337]、〈内的想起の対象的なもの〉[338]を、それが属すべき〔かつての〕持続のなかでは措定しない。〔それでも、〕〈持続するもの＝持続者〉が、〈この現出[339]のなかでおのれを描出＝提示する〉としてまさしく措定されてある。しかもまた、われわれは、〔それの〕現出する今を措定し、そして、いつも新たな今、などなどを措定するが、しかし、それを〈過ぎ去った〉として[340]措定はしないのである。

〔現在想起も「想起」であるかぎり、それの〈過ぎ去った〉ということが問われるだろうが、そもそも、〕想起の場合の〈過ぎ去った〉ということでも、われわれは〈今想起する〉なかで〈以前のもの〉の――そしてほかにも同じような構築構造をなすもの[341]の――〔心〕像[342]を作り出す、ということを言っているわけではない[343]、このことをわれわれは〔すでに〕知っている。むしろ、われわれは〔そうした心像を作り出さなくても、〕〈現出するもの＝現出者〉をただ措定し、〈直観されるもの〉――これは、もちろんただその時間性に応じてその諸時間様態のなかでのみ直観可能である――を、ただ措定するのである。そして、〈その際に現出するもの＝現出者〉に対して、われわれは、想起という仕方で、〔ただしそれの現出の直接的な志向によってではなく〕現出の周辺志向[344]によって、〈現下の今に対する位置づけ〉を与えるのである。そうすると、われわれは、〈現前していない現在的なもの[345]〉を準現在化する場合にも、直観の周辺志向を問わざるをえない。そして、こうした〔現前していない現在的なものの場合の〕直観の周辺志向は、ここではもちろん、〔現前している現在的なものの知覚の場合とは〕まったく別の種類のものである。すなわち、それらは、内的な諸現出――これらは全体として措定されたものであろうが――の恒常不断の系列によって現下の今に関係づけられている、というわけではないのである。もちろん、〔その系列への〕繫がりなしには、この再生的現出はない。〔とすれば、〕現に現出するところの〈持続するもの〉、あったところの、あるところの、あるだろうところの〈持続するもの〉が、あるはずである。とすれば、私は、なんらかの道をとおって、そこへ行って見ることで、その事物をなお見いだすことが「できる」、そして、そこからふたたび逆戻りして、反復される「可能的な[346]」もろもろの現出系列のなかで直観を産み出すことも「できる」のである。仮に私がもっと先に出発し、そこに行ったとすれば〔そして、それは、予描された可能性であり、これには可能的な現出諸系列が対応する〕、私は今その直観を知覚直観としてもったことだろう、などなどである。かくして、私の眼前に再生的に浮かんでいる現出〔＝現在想起の現出〕は、なるほど〈内的に印象的にあった〉として性格づけられてあるのでないし、また、現出者は〈その時間持続のなかで知覚されてあった〉として性格づけられてあるのでもない。けれども、ここでも〈今とここ〉への関係づけは〔それなりに〕成り立っているし、その現出は特定の措定性格を担ってもいる。すなわち、その現出は特定の〈現出の繋がり〉に属している（そして、その〔現出の繋がりを形作る〕諸現出は、最初から最後まで一貫して「措定する」諸現出であり、すなわち〔存在するか、存在しないかの〕態度決定[347]に関わる諸現出であろう）のであり、そして、この〈現出の繋がり〉と関係することで、そうした現出は、〔措定を〕動機づける性格をもつのである。周辺志向は、「可能的な」諸現出それ自体に対して、それぞれ、諸志向のひとつの庭を与える。それを以前に知覚したことがなく、今想起してもいないが、私が今知覚しており、〈以前あった〉として措定しているような、そして、私が〈今後あるだろう〉として措定するような、そうした持続的存在の直観についても、事情は同様である。

第三〇節　把持的変転のなかでの対象志向の維持

たった今過ぎ去ったものの把持がなお生き生きしているあいだに、それの再生的な〔心〕

像[348]が現れるといったことが、しばしば起こる。しかし、もちろん、その再生的な〔心〕像は、〔先ほどの〕今の〔時間〕点において与えられてあったのと同じ〔心〕像である。〔この場合〕われわれは、〈たった今体験されたもの〉をいわば要約的に反復するわけである。こうした、準現在化することによる内的な〔体験の〕更新は、再生される今を、新鮮な記憶のうちになお生きているものに関係づけるのだが、この場合には、一方と他方[349]の同一性を際立たせるような同一性意識が働いている。〔同時に、この現象は以下のことを示している。すなわち、第一次記憶の領野には、直観的な〔＝内容的に充実された〕部分とならんで、空虚な〔＝内容的に充実されていない〕部分[350]も属しており、しかも、この空虚な部分はきわめて広範囲に及んでいるということを、である。〈あったもの〉を、われわれが、たとえ空虚であるにせよ新鮮な記憶のうちになお保持しているあいだに、いちどきに（zugleich）[351]、それの「〔心〕像」が現れることがありうる）。それぞれの今が、過去へと沈み込んでいくあいだも、その厳密な同一性を堅持しているということは[352]、普遍的で根本本質的な事実である。現象学的に言うならば、質料Aにもとづいて構成される今意識が恒常不断に過去意識に変転していくあいだに、同時に（gleichzeitig）、いつも新たな今意識がおのれを築き上げる〔＝築き上げられる〕。この変転の際に、〔時間的に〕変様していく意識は、その対象志向〔＝対象それ自体へ向かう志向〕を維持しつづけるのである（そして、このことは時間意識の本質に属している）。

この連続的な〔時間的〕変様は、根源的な〈時間の場〉それぞれをみな、〈それを構成する作用性格たち〉[353]に関しては〔変様させず〕保持しつづけるのであるが、そうした連続的な〔時間的〕変様は、以下のように理解されるべきではない。すなわち、あたかも、ある客観位相に属する諸統握の系列のなかで——これは、今措定としてその位相の登場から始まって、到達可能な最後の現象的な〈過ぎ去った〉〔の位相〕にまで沈降していくのだが——対象的な志向〔＝対象それ自体へ向かう志向〕における〈恒常不断の変様〉が生じるかのように、理解されるべきではない。逆である。すなわち、対象的な志向は、絶対的に同じかつ同一な志向として、そのままでありつづけるのである。[354]それにもかかわらず、現象的な側面での〈衰退していく〉ということが成り立つのであり、しかも、それは、もろもろの統握内容——これらは、それらが〈減衰する〉、すなわち、今における最高の感覚強度から気づかなくなるところにまでいたるある種の〈低下する〉〔という変様〕をもつのであるが[355]——に関してのみ、成り立つのではない。なによりもまず、今という契機は〈新たなもの〉として性格づけられている。〔しかるに、〕まさに沈下しつつある今は、もはや新たな今ではなく、むしろ、新たなものによって押しのけられた今である。この押しのけのうちに、ひとつの変化が含まれている。しかし、押しのけられた今は、その〔現下の〕今という性格を失うのに対して、その対象志向においては絶対的に不変のままであって、それはひとつの〔同じ〕個体的な対象性への志向でありつづけ、しかも、〔それへの〕直観的な志向でありつづける。したがって、この点ではまったく変化がない。とはいえ、ここで熟考されるべきは、「対象志向の保持」ということが何を意味しているか、である。対象の統握全体は、二つの成分を含んでいる。一方は、対象を、時間と無関係な諸規定という点で構成し、他方は、時間位置を、すなわち、〈今ある〉とか〈〔かつて〕あった〉などを作り出すのである。〈時間性をもつ質料〉としての客観、すなわち、時間位置およびその時間幅（Ausbreitung）をもつものとしての客観、持続あるいは変化するものとしての客観、今あるもの、〔かつて〕あったものとしての客観は、もっぱら統握内容が〔時間意識のなかで、時間位置によって〕客観化されることから[356]生じてくるのであって、それゆえ、感覚的な客観の場合には、感覚的な内容が〔時間意識のなかで、時間位置によって〕客観化されることから生じてくるわけである。こうした〔それ自体では時間と無関係な〕内容がそれにもかかわらず時間客観となるということ、そうした内容がその〈ひとつの後に他のひとつ〉〔という時間的関係〕のなかで原印象たちと把持たちとの連続体として産出されてくるということ、そして、〔それ自体では時間と無関係な〕感覚与件がこのように時間的に射映してくるということがその意義〔＝役割〕をもつのは、そうした感覚与件の媒介によって構成される客観の時間規定に関してのことだということ、こうしたことを見失ってはならない。けれども、感覚与件の[357]〔質料的な〕固有性——事物の諸性質をその純粋な「何」に関して代表象するものとしての——という点では、それの時間性格はなんの役割も果たさない。非時間的に捉えられた統握与件は、客観をそれのスペチエス的な存立成分に関して構成するのであり、そして、この成分さえ維持されていればもうすでに、われわれは〔質料の面あるいは「何」の面での〕同一性を語ることができる。しかしながら、先に語られていたのが対象への関係の維持だったとすれば、そのことは以下のことを意味していた。すなわち、ただ単に、それのスペチエス的な存立成分において対象が維持されつづけているというだけでなく、個体的な、それゆえ時間的に規定された対象、すなわち、〔内在的な〕時間のなかでのその時間的〔位置の〕規定をもったまま退きながら沈んでいく対象が維持されつづけているということ、であった。このように〈退きながら沈んでいく〉ということは意識〔＝意識されてあるということ〕の固有な現象学的変様であって、この変様をつうじてこそ、いつも新たに構成されてくる現下の今との相対関係のなかで、この今にまで繋がっている恒常不断の変化系列にもとづいて〈ますます増大する隔たり〉が形成されるのである。

第三二節　原印象と客観的な個体的時間点

ここでわれわれは二律背反に行きつきそうに見える。というのも、客観は、退きながら沈んでいく[358]なかで、その時間位置をたえず（ständig）変えていくが、そのように退きながら沈んでいくなかでもなお、それの時間位置を〔変えずに〕保っていなければならないからである。真には（in Wahrheit）、恒常不断に退きながら沈んでいく第一次記憶の客観〔それ自体〕は、それの時間位置をまったく変えておらず、むしろ、現下の今からの隔たりを変えているだけであって、しかも、そうであるのは、現下の今が[359]いつも新たな客観的時間点として妥当するのに対して、過ぎ去った時間的なもの〔＝客観それ自体〕は、まさにそれでありつづけるからである。けれども、そうすると、〔一方で〕時間意識がたえず変化するという現象に対して、〔他方で、それによって構成される〕客観的な時間についての意識[360]が、また当面の問題としては〔客観それ自体の〕同一な時間位置についての意識[361]が生じるのは、いかにしてか、これがいまや問題となる。このことと最も緊密に関わりあっているのが、個体的な時間的対象や出来事過程の〈客観性〉の構成をめぐる問いである。〔というのも、〕〈客観化〉はすべて時間意識のなかで遂行されるのだし、また、時間のなかでの客観の同一性の解明は、時間位置の同一性の解明なくしては与えられない〔からである〕。

もっと詳しくいえば、問題は以下のとおりである。すなわち、知覚の今位相は恒常不断に変様を被るのであり、言い換えれば、その位相は、単純に、それがその様にある様態のまま[362]保持されるのではなくて、流れるのである。このことのうちで、〈時間のなかに退きながら沈んでいく〉とわれわれが言い表すそのことが、構成されてくる。音は今鳴り始め、そしてただちに過去へと沈んでいく。〔ただし、〕[364]その音は〔それ自体としては〕同じ音なのである。[363]このことは、その音に――その諸位相のいずれに関してもみな――当てはまるし、それゆえまた、その音全体[365]にも当てはまる。さて、〈〔音が〕沈下していく[366]〉ということについては、ここまでの考察によって、いまでは一定程度、理解可能になっているように思われる。しかしながら、音がそのように沈下していくのに、それでもわれわれは以下のことも語る。すなわち、その音には時間のなかでの堅固な位置づけがなされているということ、また、再生的意識をめぐる分析が証示したように、もろもろの時間点や時間持続が、〔何度でも〕反復される諸作用のなかで同一化されるということ、こうしたことについてもわれわれは語るのであるが、しかしそれでは、いかにしてそういうことになるのだろうか？〔第一の問題として、音のような時間客観に注目すると、〕音は、そして、持続する音の統一性のなかで考える場合には、その持続する音の〔もつ〕時間点それぞれは、たしかに、「客観的な」〔内在的であっても〕時間のなかでそれの絶対的に固定された位置を有している。〔第二の問題として、時間に注目すると、〕時間は堅固であるが、それでも流れる。〔つまり〕時間流のなかで、そして過去に恒常不断に沈下していくなかで、流れない、絶対的に固定された、同一な、客観的な時間が構成されてくる。このことが問題なのである[367]。

まずもって〔第一の時間客観の問題として、〕同じ音が沈下していくときの状況をもう少し詳しく考察してみよう。沈下していく〔のにそれでも〕同じ音、とわれわれが言うのは、なぜだろうか。その同じ音は、時間流のなかで、それの諸位相をつうじておのれを築く〔＝築かれる[368]〕。それぞれの位相、たとえば現下の今の位相については、以下のことが知られている。すなわち、そうした位相は、恒常不断の〔過去への〕変様の法則にしたがいながら、それでも、〈対象的なものとしては同じもの〉として、いわば同じ音‐点として、現出せざるをえないのであり、その理由というのは、ここに、次のような〈統握の連続性〉が現に成り立っているからである、すなわち、〔その音という対象の〕〈意味〉の同一性によって一貫して支配されており、〔そのことで〕また連続的な合致のうちにある、そうした〈統握の連続性〉が現に成り立っているからである。この合致は、〔音という対象の〕時間外的な質料に、すなわち、まさに流れのなかにありながら対象的な〈意味〉の同一性を維持しつづける質料[369]に、関わっている。このことは、それぞれの今位相すべてについて妥当する。けれども、〔その他方で、〕それぞれの新たな今は、まさにひとつの新たな今であり、また、現象学的に、そう性格づけられる。音がまったく不変のまま持続するとしても、また、極端に小さな変化〔が生じているの〕にわれわれが気づかないとしても、[370]あるいはまた、それぞれの新たな今がその性質的な契機や強度の契機などに関して〔以前と〕まさに等しい統握[371]をもつとしても――それでも、ある根源的な異なり（Verschiedenheit）が、すなわち、ある新たな次元〔＝時間位置という次元〕に属する異なりが、生じるのである。この異なりは恒常不断〔に生じるところ〕の異なりである。〔かくして、〕現象学的にみて〔時間位置に関して〕以下のことが現に成り立っている。すなわち、今点だけが、現下の今として、しかも新たな今として性格づけられていて、先ほどの今点は変様を被り、もっと先ほどの今点はさらなる変様を被る、そしてこれがつづく、ということである。このような変様は、統握内容に関わる変様であるとともに、その統握内容のうえに築かれる〔対象〕統握に関わる変様であり、こうした変様の〈連続体〉が、音の〔時間的な〕延び広がりの意識を——すでに延び広がった部分が途切れなく（beständig）過去に沈下していくということをともなって——産み出すのである。

さてしかし、〔第二の問題だが、〕時間意識が恒常不断に変化しつづけるという現象に対して、〔変化しない〕客観的時間の意識が生じるのは、いかにしてか、そして当面の問題として、同一な時間位置と時間延長（Zeitausdehnung）[372]との意識が生じるのは、いかにしてか？　答えは以下のとおりである。時間的な後ずさりの流れに対して、すなわち意識変様の流れに対して、客観——後ずさりさせられながら現出している客観だが——のほうは、いやもっと細かくいえば、今点において被る〈「これ」としての措定[373]〉と一体である客観のほうは、まさに絶対的な同一性において統覚的に[374]維持されつづける。〔しかるに、〕こうした恒常不断の流れのなかでの統握の恒常不断の変様〔それ自体〕は、統握の「何として」には関わらない、すなわち、〔客観の〕〈意味〉には関わらない。〔とはいえ〕それは、新たな〔＝他の〕客観を思念するのでもなく、新たな〔＝他の〕客観位相を思念するのでもない。それは、新たな〔＝他の〕時間位置を生じさせるのではなくて、〈それ〔固有〕の同じ時間点たちをもってずっと同じままの客観[375]〉を生じさせるのである。〔いかにしてか。〕現下の今はそれぞれみな新たな時間点を作り出すのであり、なぜならば、それが、新たな客観を、いやむしろ

〔客観的時間のなかの〕新たな客観位置を――変様の流れのなかでも〈〔それ固有の〕ひとつの同じ個体的な客観位置〉として堅持される客観点を――作り出すからである。そして、新たな今が恒常不断に（stetig）いつでもまたもやおのれを構成する〔＝構成されてくる〕のであり、この恒常不断性（Stetigkeit）は、〔ここでは〕以下のことをわれわれに示している。すなわち、〔この新たな今の恒常不断性に関して〕重要なのは、「新しさ」[376]ではなくて、むしろ、恒常不断の〈個体化の契機〉である――時間位置はおのれの根源を〈個体化の契機〉にもつのだ――ということである。変様していく流れの本質には、この時間位置が同一のまま残る、しかも必然的に同一として同一のままそこに残る、ということが含まれる。現下の今としての今は、この時間位置の現在的所与性である。その〔現下の今の〕現象が過去に退いていくときに、その今は〈過ぎ去った今〉という〔時間〕性格を得ることになるが、けれども、それは〔個体化の契機によって個体化されたものとしては〕〈同じ今[377]〉でありつづけるのであって、ただし、そのつどの現下の今、そして時間的に新たな今との相対関係のなかでみれば、〈過ぎ去った〉として現にそこに立つのである。

　かくして、時間客観の客観化は以下のような諸契機にもとづく。すなわち[378]〔第一の契機としての〕、その客観のさまざまな現下の今点に含まれる感覚内容は、性質的に絶対的に不変のままでありつづけるが、しかし、そうした感覚内容は、〈内容上の同一性〉――これ自体はこれ以後も同一性でありつづけるが――のもとにありながらも、それでも〔それだけで〕

真の同一性をもつわけではない。つまり、今の感覚と、別の今の感覚とは、〔内容上は〕同じ感覚であっても、ある異なりを、もっと正確にいえば、絶対的な時間位置に対応する現象学的な異なりを、もってしまうのである。この異なりこそが、〔第二の契機としての〕「これ」の同一性の、したがってまた絶対的な時間位置の同一性[379]の源泉なのである。[380] 変様の各位相は「その本質において」、等しい性質的内実〔＝内容〕と等しい時間契機とを〔たとえ変様されるとしても〕もつ〔＝失わない〕。しかも、各位相は、右のこと〔＝等しい質的内実と等しい時間契機をもつこと〕によってまさにその後の同一性統握が可能にされるような仕方で、右の両者をおのれのうちにもつのである。これは、〈感覚[381]〉ないし〈統握の基盤〉の側で〔のことである[382]〕。〔この〕二つの異なる契機を〔作用の側で〕担うのは、統握の異なる二側面、本来的な客観化の異なる二側面である。この客観化の第一の側面は、ひとえに感覚素材の性質的内実におのれの手がかりをもつ。これが、〈時間質料〉たとえば〈音〉を生じさせる。時間質料は、過去への変様の流れのなかでも、同一のまま堅持される。客観化の第二の側面は、時間位置を代表象するものたち[383]の統握に対応する。この〔時間位置の〕統握も、変様の流れのなかで恒常不断に堅持される[384]。

要約しよう。絶対的な個体性をもつ音－点は、質料と時間位置の両面に関して〔同一のまま〕堅持されるが、個体性をはじめて構成するのは時間位置である。そして、最後にそこに関与してくるのが、変様に本質的に属する統握であり、すなわち、〔時間的に〕延び広がる対象性をそれの内在的な絶対的時間(385)とともに堅持したまま、過去への恒常不断の退行を現出させる統握である。音の例でいえば、いつも新たな〈鳴り始めて消えていく〉ということの〔起こる〕今点はいずれもみな、それゆえ、その感覚質料とその客観化する統握とをもつのである。音は、〔感覚質料の客観化によって、〕こすられたヴァイオリンの弦の音として、現にそこに立つ。ここでまたもや、客観化する統握を無視して、感覚質料的な契機だけに目を向けるならば、質料に関しては、たとえばcの音、音質、音色はずっと不変のままであり、強度はおそらく弱まっていく、などなどである。〔とはいえ、〕この内容、すなわち純粋に感覚内容——客観化する統握の基礎にあるような——としての内容が〔それ自体すでに時間的に〕延び広がってある。〔時間的な〕それぞれの今は、それの感覚内容をもち、他のそれぞれの今は、たとえ質料の面では厳密に同じであろうとも、〔時間位置にもとづく〕個体としては他の感覚内容をもつ。絶対的に同じc〔の音〕が今と後で与えられるならば、それは、感覚〔内容〕としては等しいが、個体としては他のものである。

ここで「個体的」と呼ばれている当のものは、感覚の根源的な時間形式のことであり、あるいはこうも言えるが、根源的な感覚の時間形式のことであり、ここでの文脈でいえば、そのつどの今点がもつ時間形式、しかも、ただそのつどの今点だけがもつ時間形式のことである。とはいっても、本来的には、今点それ自体のほうが根源的な感覚によって定義されるべきであり、そのことからして、右に記された文章は、ただ何が問題にされているのかについての〈指示〉としてのみその妥当性が認められるべきである。〔さて、この今点、あるいはむしろ根源的な感覚に対応する〕印象をファンタスマから区別するのは、〔根源的なものがもつ〕原本性（Originalität）という性格である。[36]そこで、その印象の内部で原印象を——原印象との対比で〔こそ〕第一次記憶のなかでの諸変様の連続体が現にそこに立つのだ(386)——際立たせねばならない。原印象は、絶対的に変様されていないものであり、それ以外の意識〔＝意識されてある〕と存在〔＝ある〕すべて(387)の源泉である。原印象は、厳密に受け取られるかぎりでの「今」という言葉が語るところのものを、その内容としてもつ。新たな今はいずれもみな、新たな原印象の内容である。〔それゆえ、〕新たな、しかもいつも新たな印象は、その質料が等しいにせよ変化するにせよ、いつも新たな質料をもって恒常不断に輝くのである。〔しかし他方で、〕ひとつの原印象を他の原印象から区別するのは、根源的な時間位置としての印象がもつ〈個体化する契機〉であって、この根源的な時間位置としての印象は、感覚内容の性質(388)やその他の質料的な諸契機とは、その根本的本質において異なったものである。根源的な時間位置という契機は、もちろん、それ自体ではなにものでもないし、〔時間位置にもとづく〕個体化は、それをもつ当のものと横並びになるようななにものかではない。さて〔しかし、個体化する契機として時間位置の起源である〕今点まるごとが、あるいは原本的な印象まるごとが(389)、過去への変様を被るのであり、またその変様によってこそ、われわれは〈今〉という概念全体を——それがひとつの相対的な〔概念〕であり、「過ぎ去った〔＝

過去〕」を指し示し、同様に、「過ぎ去った〔＝過去〕」が「今」を指し示すかぎり――その全幅において獲得するのである[390]。この変様もさしあたり〔志向的な対象にではなく〕感覚に関わるが、〔しかし、〕この変様は、感覚のもつ普遍的な印象的性格[391]を廃棄してしまうことはない。この変様は原印象の全体的内実を、その質料に関してもその[392]時間位置に関しても[393]変様させるのであるが、しかし、空想変様が変様させるというようなまさにその意味で変様させるのであって、すなわち、徹底的に変様させはするが、それでも、その志向的な本質〔全体的内実〕は変化させない[394]のである。

かくして、〔志向的な本質に関しては〕質料は同じ質料のままであり、〔個体化された〕時間位置は同じ時間位置のままであり、ただ所与性の様式〔＝与えられ方〕だけが変化したのである[395]。すなわち、ここにあるのは過去の所与性である。さて、この感覚質料的なもののうえに、〈客観化する統覚〉が築き上げられる。〔とはいえ、〕たとえ〔客観化する統握ではなく〕純粋に感覚内容だけに目を向けても〔すなわち〕感覚質料のうえに、場合によって〔＝必ずというわけではないが〕築き上げられる超越的な統覚を無視しても〕、われわれは〔それでもすでに〕ひとつの統覚〔＝時間的な統覚〕を遂行している。〔すなわち、〕そのとき〔すでに〕、「時間流」あるいは持続が、一種の〔統覚された〕対象性[396]としてわれわれの眼前に立っているのである。対象性というものは〔総じてすでに、それを構成する〕統一性意識、同一性意識を前提する。〔しかし〕ここで〔すなわち感覚の次元ですでに〕、われわれはそれぞれの原感覚[397]の内容を〔現出者へと構成する以前に〕〈それ自体〉(Selbst)として統握する。[398]その原感覚は音-点という個体を与える。そして、この個体は、過去変様の流れのなかで、同一的に同じ個体でありつづける。この〔音-〕点に関わる統覚は、過去変様のなかで、恒常不断の合致〔の枠〕から出てしまうことはない。そして、個体の同一性は、もちろん時間位置の同一性である。〈いつも新たなもろもろの原印象が恒常不断に湧出してくる〉ということが——それらの原印象がもろもろの個体的な〔音-〕点として統握されていくなかで——いつでもまたもや新たな異なった時間位置を与えるのであり、そして、〔このことの〕恒常不断性がもろもろの時間位置の恒常〔不断〕性を与え、かくして、過去変様の流れのなかに、恒常〔不断〕の、音によって〔内容的に〕充実化される時間断片が現にそこに立つといったことになるわけだが、[399]しかしながら、それらの〔音-〕点のうちのただひとつの点だけが原印象によって与えられ、かつまた、そこを起点として、もろもろの時間位置が、恒常不断に、変様を被る衰退化のなかで、現出しては過去に退いていく、といった具合になるのである。

知覚される時間はいずれもみな、現在を末端とする過去として知覚されてある。[400]そして、〔その末端としての〕現在は限界点〔=極限点〕である。統握はいずれもみな——その統握がいかに超越的[401]であろうと——右の法則性に結びつけられている。鳥の飛翔や、疾走する騎兵などを知覚する場合、われわれは、基礎としての感覚のうちに、先に記述された区別——

すなわち、いつも新たな原感覚と、それの個体化を生じさせるその時間位置性格――が随伴しているのを見いだすとともに、他方では、その同じ〔二つの〕様態を〔超越的な〕統握のなかに〔も〕見いだす。まさにこのことによって、客観的なものそれ自体が[402]、すなわち鳥の飛翔が、今点における原所与性として現出しながら、しかしまた、今を末端とする〈諸過去の連続体〉のなかでの〈〔ひとまとまりの〕まったき所与性〉としても現出するのであり、また、そうしたものが〈いつでもまたもや新たな今〉において現出しながら、それに恒常不断に先行しているものがいつでもますます遠い〈諸過去の連続体〉に後退させられるのである。〔しかしまた、〕現出する出来事過程はずっと、同一な絶対的な〈時間値〉をもちつづける。そうした出来事過程は、それの経過した部分がますます過去へ退行していくことによって、それの絶対的な時間位置をもったまま、そして、それとともにそれの時間区間全体をもったまま、過去へ移動していく。言い換えれば、同じ絶対的な時間幅（Zeitausbreitung）をもった同じ出来事過程が、ずっと（それがそもそも現出するかぎり）同じものとして同一的に現出するのであり、ただその所与性の形式〔＝与えられ方〕は、異なった形式になっていくのである。他方で、同時に、存在〔＝ある〕の生き生きとした源泉点においては、つまり今においては、いつも新たな原存在（Ursein）〔＝根源的な・最初の「ある」[403]〕が湧出するのであり、この原存在との相対関係においてみれば、その出来事過程が属する〈そのつどの今の時間点〉との距離は、恒常不断に増大し、そのことによって、〈退きながら沈んでいく〉

ということの現出、〈遠ざかっていく〉ということの現出が成長していくのである。

第三二節　再生が関与することによって唯一の客観的時間が構成される[37]

過去へ退きながら沈んでいく際にも時間点の個体性は維持される。しかし、このことだけで、統一的、均質的な客観的時間〔それ自体〕の意識〔＝意識されてあるということ〕が得られるというわけではない。この意識が生じるためには、再生的な想起が〈直観的な想起としてのそれも、空虚な志向という形式での想起としてのそれも〉重要な役割を果たす。〔過去に〕退いた時間点はいずれもみな、再生的な想起のおかげで〔ふたたび〕時間直観のゼロ点(404)とされることができるのであり、しかも、繰り返し（wiederholt）そうされることができる。〈現在では退いてしまったもの〉は以前の〈時間の場〉〔＝時間野〕のなかで〈今〉であったわけだが、そうした以前の〈時間の場〉が再生されるのである。そして、〔そのように〕再生された今は、〔たった今の〕新鮮な記憶のうちでまだ生き生きしている時間点と同一化される。つまり、この場合、個体への志向は同じである。[38]しかるに、再生された〈時間の場〉のほうは、現下の現在的な〈時間の場〉よりも遠くに広がっている。その〈時間の場〉のなかでひとつの過去点を取り上げるならば、再生は、〔この過去点を〕この点が〔かつて〕今であったところのその〈時間の場〉と〈押し被せる〉（Überschiebung）ことによって、過去に向かうさらなる遡行を生じさせることになり、そして、これがさらに続く。(405)このプロセスは、明証的に、限度なしにつづけられると考えられるし、たとえ、現下になされている想起が実際にはすぐに終わってしまうとしても、そうである。また、以下のことも明証的である。すなわち、それぞれの時間点は、〈その前〉と〈その後〉をもっているということ、また、以前のもろもろの〔時間〕点やもろもろの〔時間〕区間が、数学的な限界〔＝極限〕に接近するような仕方で――たとえば集中性[406]の限界〔＝極限〕がそうであるように――〔いわば間隔が縮まって〕濃密化することはありえないということ、である。仮に限界点〔＝極限点〕といったものがあったならば、この限界点〔はまさに数学的な点のようなものになるのだから、それ〕には、先行するものをもたない今が対応することになってしまうが、そういったものが不可能だということも、明証的である[39]。今というものは、いつもそして本質的に、〈ある時間区間の限界点（Randpunkt）〉なのである。そして、この〔時間〕区間全体が退きながら沈んでいかざるをえないが、その際、それの大きさ〔＝時間的広がり〕全体、それの個体性全体が、維持されるということ、このことも明証的である。言うまでもないことだが、空想と再生が時間直観の広がりを可能にするのではないのであって、すなわち、あたかも、実的に与えられる〔過去的方向への〕時間的衰退の範囲が〔非実的な空想と再生による〕〈同時意識〉（Simultanbewußtsein）のなかで押し広げられるかのような意味で、それを可能にするのではない[407]。このことと関連して、おそらく以下のように問われるだろう。すなわち、もろもろの〈時間の場〉がこのように継起的につながって系列をなしていく際に、唯一の堅固な順序をもった唯一の客観的時間〔の構成〕にまで到達するのは、いかにしてか？　この答えを与えるのは、もろもろの〈時間の場〉の連続的な〈押し被せ〉である。ただし、この〈押し被せ〉は、じつのところ、もろもろの〈時間の場〉がただ単に時間的に〈ひとつに接して他のひとつというように系列をなす〉というだけのことではない。むしろ、互いに押し被さる諸部分は、直観的に‐恒常不断に過去へと遡っていく過程のなかで、個体として同一化されるのである。〔このとき、さらに以下の問いが生じる、〕われわれは、そのようにして、実際に体験される時間点それぞれから、すなわち、知覚的な〈時間の場〉において原本的に与えられる時間点それぞれから、あるいはまた、遠い過去を再生するいずれかの時間点それぞれから、〈〔互いに〕繋がり、いつでもまたもや同一化可能なもろもろの客観性〉の堅固な連鎖にいわば沿っていく仕方で、過去へと遡っていくわけだが、そうだとすれば、そこで、その〈直線的な秩序〉――いかなる任意の時間区間も、現下の今にまで連続的に繋がっていく唯一の連鎖の一部であらねばならないし、また、現下の〈時間の場〉との連続性をもたずに再生される時間区間さえも、やはりこの直線的な秩序にしたがうかぎりは、そうなのだが――は、いかにして根拠づけられるのか？　気の向くままに空想された時間でさえもすべて、仮にもそれが現実的な時間として〔すなわち、なんらかの時間客観の時間として〕考えうるはずだとすれば[408]、それは、ひとつの、唯一の客観的時間の内部の区間として成り立つのでなければならないという要求に服するのである。

第三三節　いくつかのアプリオリな時間法則[40]

右のアプリオリな要求は明らかに〔単なる理論的要請のようなものではなく、それについて〕直接に把握されることのできる基礎的な時間的明証性が成り立っているということのうちに根拠をもっており、すなわち、もろもろの時間位置の所与性〔＝時間位置の与えられ方〕の直観にもとづいて明証的となるような時間的明証性が成り立っているということのうちに根拠をもっている[409]。

〔さて、〕さしあたり、二つの原感覚を比較する場合、あるいはむしろ、それらと相関的なものとしての二つの原所与性[410]――ひとつの意識のうちで、原所与性として、今として実際に現出している二つの原所与性――を比較する場合、それらは、それらの質料によって互いに区別されるが、しかし同時的（gleichzeitig）[411]である。すなわち、それらは同一的に同じ絶対的時間位置をもち、両方とも今ある。そして、それらは、同じ今において、必然的に同じ時間位置の値[412]をもっている[41]。それらは〔互いに内容は異なっても〕、同じ個体化の形式〔＝同じ時間位置〕をもっており、また、それらは両方とも印象において――これらの両方の印象は、印象という同じ〔時間の〕段階に属している――構成される[413]。この〔互いの時間位置の〕同一性のもとで、それらは〔過去的に〕変様し、また、その過去変様のなかでその同一性をずっと保持しつづける[414]。あるひとつの原所与性と、それの変様された所与性――それらが異なった内容をもつにせよ、等しい内容をもつにせよ――とは、必然的に異なった時間位置をもつ。また、二つの変様された所与性は、同じ時間位置をもつか、さもなければ、異なった時間位置をもつ。同じ時間位置をもつのは、両者が〔もともと〕同じ時間位置から由来する場合であり、異なった時間位置をもつのは、両者が〔もともと〕異なった時間位置から由来する場合である。現下の今は、それのなかでどれほど多くの客観性が別々のものとして構成されようとも、ひとつの今であり、ひとつの時間位置を構成する。〔現下の今においては〕それら多くの客観性はすべて同じ時間的現在をもち、かつまた、経過し去った流れのなかでもそれらの同時性を保持しつづける[415]。もろもろの時間位置は〔互いのあいだに〕距離をもつということ、こうした距離は大きさ〔=量〕であるということ、などなど[416]、こうしたことも、ここで明証的に観て取ることができる。さらにまた、推移法則[417]あるいは〈aがb以前ならば、bはa以後である〉という法則のような真理についても、同様である[418]。また、時間のアプリオリな本質には、〈時間とは、〔形式的な〕時間位置の連続性であって、しかも、そうした時間位置を充実化する、同一な客観性あるいは変化する客観性を〔質料として〕ともなっている〉ということが属しており、そして、〔形式的側面において、〕〈過去変様の流れのなかで、そして、今が、創造的な時間点が、時間位置一般の源泉点が、恒常不断に湧出するなかで、絶対的な時間の同質性〔=均質性[419]〕が恒常不断に構成されてくる〉ということが属している[420]。

さらに、〔時間に関する〕状況[421]のアプリオリな本質には、〈感覚、統握、態度決定などがすべて、同じ時間流にともに関与している〉ということ、そして、〈客観化された絶対的な時間は、感覚および統握が属する時間と、必然的に、同一的に同じ時間である[422]〉ということが属している[423]。客観化される以前の、感覚に属する時間こそが、必然的に、〈時間位置の客観化〉の唯一の可能性を基づけるのであるが、この時間位置の客観化は、感覚の〔時間的〕変様に対応し、かつまた、この変様の度[424]にも対応する。客観化された時間点、たとえば鐘の音が始まる時間点には、それに対応する〔客観化以前の〕感覚の時間点が対応する。この感覚は、その始まりの位相において、〔客観化された鐘の音と〕同じ時間をもつのである。すなわち〔もっと厳密にいえば〕、この感覚が事後的に[425]〔客観化されて〕対象にされると、この感覚は、必然的に、〔客観化された〕鐘の音の対応する時間位置と一体をなす時間位置を獲得するのである。同様にして、知覚〔作用〕の時間と、知覚されるものの時間も、同一的に同じになる[42]。その知覚作用も〔やはり〕時間のなかに退きながら沈んでいくのであって、これは、〈知覚されるもの〉が現出のなかで退きながら沈んでいくのとまったく同様である。そして、反省においては、〔反省される〕知覚位相のそれぞれに同一的に同じ時間位置が必然的に与えられるのであって、これは、〈知覚されるもの〉にそうした時間位置が与えられるのと同様のことである。

原註

[1] ヘルマン・ロッツェ『形而上学――存在論、宇宙論、心理学についての三巻――』(Hermann Lotze, *Metaphysik. Drei Bücher der Ontologie, Kosmologie und Psychologie*, Leipzig 1879, S. 294)。「以後のｂの表象が以前のａの表象に実際に後続するならば、なるほど表象の変転はあるだろうが、しかし、〔それだけでは〕なお、この変転の表象があることにはならないだろう。すなわち、時間経過は現にあるだろうが、しかし〔それだけでは〕なお、誰かにとって時間経過の現れ(Schein)があることにはならないだろう。ｂが以後のものとして意識されるのは〔ａと〕比較されることにおいてであり、その比較が生じるためには、やはりまたもや、ａとｂという二つの表象が、〔それらを〕関係づけるひとつの〈知る〈作用〉〉の――唯一の分割されない作用のなかでそれらをまったく分割されない仕方で取り集める〈知る〈作用〉〉の――最初から最後まで同時的な客観であるということが必要なのである。」――編者註

[2] ロッツェ前掲書、二九五頁。「ひとつの〔時間的な〕道程〔を形作るところ〕の諸表象すべて、ひとつの〔時間的な〕距離〔を形作るところ〕の諸表象すべて、ひとつの〔時間的な〕移行〔を形作るところ〕の諸表象すべて、要するに、いくつかの契機の比較を含み、そしてそれらの対比関係を表現する諸表象すべては、〔それらを〕無時間的に取り集めるひとつの〈知る〈作用〉〉の産物としてしか考えられない。これらの表象すべては、仮に〈表象する〈作用〉〉それ自体が時間的に継起して〔そのつど〕すっかり消失してしまうとしたら、不可能だったことだろう。……」――編者註

[3] ヴィリアム・シュテルン「心的な現前時間」『感覚器官の心理学と生理学年報』一三号

（一八九七年、三二五―三四九頁）（William Stern, „Psychische Präsenzzeit", *Zeitschrift für Psychologie und Physiologie der Sinnesorgane*, XIII (1897), S. 325-349）。「意識全体の瞬間性のドグマないし諸項の必然的同時性のドグマ」という表現については、同三三〇頁以下参照。――ヴィリアム・シュテルン『変化解釈の心理学』ブレスラウ、一八九八年（William Stern, *Psychologie der Veränderungsauffassung*, Breslau 1989）も参照。――編者補註

[4] シュテルン「心的な現前時間」同三二六頁。「統握（Auffassung）が、時間的に延長した意識内容にもとづいてはじめて生じる、いくつかの場合。」――編者註

[5] シュテルン、同三二七頁。「そのような心的作用がそれへと延び広がることのできる時間区間を、私はその〔心的作用の〕現前時間（*Präsenzzeit*）と呼ぶ。」――編者註

[6] シュテルン、同三二九頁。「だが、継起的なもろもろの部分契機が抽象によってはじめてつくられねばならないというのではなく、そもそも存在しているような場合にさえも（われわれは、すでに先ほど、多くの音節からなる語の解釈に言及した）、それらの部分契機は、それらが不連続に継起するにもかかわらず、統一的な〈意識による結合〉によってとりまとめられることができる。この意識による結合は、結果的に生じてくる統握作用である。」――編者註

[7] シュテルン、同三二九頁以下。「ひとつの次に他のひとつが後続するような四つの響きが……ひとつの特定のメロディとして提出される（sich darbieten）ということが可能なのは、ひとえに、四つの心的な出来事が、それらの異なった時間性にもかかわらず、ただちにひとつの全体像に統一されることによって、である。四つの項は、なるほど意識のなかでは〈ひとつに並んで他のひとつ〉というようにあるが、それでもひとつの同じ統握作用のなかに、ひとつ

の現前時間のなかにある。われわれは四つの音を一度にもつわけではないし、第四の音の〔聞こえている〕あいだに、まだ第一、第二、第三〔の音〕がそのまま持続していることによって、〔音の〕グループ全体を意識のなかでもつのでもなく、四つが、ひとつの共同的な作用力でもって、その統握形式でもって、まさにひとつの継起的な統一性を形作るのである。」――編者註

〔8〕シュテルン、同三三七頁以下。「もろもろの継起体も――もろもろの同時体とまったく同様に――現前時間の内部でひとつの統一的な意識作用を形成することができるということによって、両者の鋭い区別がかなり緩和されるし、また、時間的にひとつの後に他のひとつというように〔継起的に〕秩序づけられた一定の意識内容たちは、〔ひとつと〕並んで〔他のひとつというように同時的に〕秩序づけられた意識内容たちとまったく等しい統握結果を生じさせることができる。目の動きによってのみ〈継起的に〉引き起こされることができる〈まなざしの領野（Blickfeld）〔のなか〕の諸現出〉は、同時的な諸印象によって成立することができる〈視野（Sehfeld）〔のなか〕の諸現出〉と、まったく同質的である。同様のことは、触覚の領野で確かめられている。

さて、一連の高次の統握形態たちも存在しており、それらが成立するためには、ただ、〔それらを〕構成する諸要素がひとつの統一的な意識作用の諸部分でありさえすれば、継起的な諸内容が眼前に横たわっていても、同時的な諸内容が眼前に横たわっていても、どちらでもかまわない。こうしたことに属するのが、同一性、同等性〔＝等しさ〕、類似性、相違性の、統握である。それゆえ、われわれは、ひとつの次に他のひとつが後続する二つの音の一致や差異を、

〔ひとつの横に他のひとつが〕並び置かれた二つの有色の表面の一致や差異とまったく同様に直接に知覚することができるのである。この場合でも、比較は、第二の音と並んで第　の音の記憶像が成り立っていることによってのみ生じる、などといった不自然な想定は不要である。むしろ、現前時間の内部で展開する意識内容全体が、ひとしく、結果として生じる同等性統握や差異性統握の基盤になるのである。」——編者註

〔9〕　これ以下の第七節の結論部分の段落は、部分的に、一九〇五年の講義草稿のなかの、「52」および「53」と記された紙片にもとづく。——編者註

〔10〕　第八節から第一〇節のテクストは、一九一一年一一月一〇日から一三日までの記録帳のなかのテクストにもとづく。この記録帳は、以下〔＝底本〕の補足テクスト53に、それのもともとの形で完全に再現されている。とくに〔底本の〕三五九頁二二行目から三六七頁一二行目までを参照。——編者註

〔11〕　時間客観のこの現出様式と意識様式を、変化する方位設定のもとでひとつの空間事物がそのなかで現出し意識されてあるところの様式との平行関係に置いてみるというのは、すぐに思いつくことである。さらにいえば、空間事物（これはたしかに同時に（zugleich）時間客観なのだが）がそのなかで現出するところの「時間的な方位設定」を追究してみるというのは、すぐに思いつくことである。けれども、われわれは暫定的に、内在的な〔時間の〕領分のなかにとどまる。

〔12〕　第一一節の最初の段落のテクストは、一九〇八年から一九〇九年のあいだに成立した手記にもとづいている。この手記は、以下〔＝底本〕の補足テクスト50に、それのもともとの形で

完全に再現されている。とくに〔底本の〕三二六頁九行から三二七頁二一行目参照。――第一一節の第二段落のテクストは、一九〇五年の講義草稿の紙片「35」にもとづいている。――編者註

[13] 時間野〔＝時間の場〕が制限されているということについては、〔時間〕図表では考慮されていない。そこでは、把持が終わるということは、あらかじめ見込まれていない。また、観念的には、おそらく、そのなかにすべてが把持的に残存するような意識も、可能である。

[14] この第一一節については、補遺Ⅰ「原印象とその〈諸変様の連続体〉」、四〇七頁以下参照。

[15] 第一二節から第一三節のテクストは、フッサールの記憶によれば「ジルヴァプラナあるいはその後」〔*Husserl-Chronik* によると、フッサールは一九〇九年八月から九月はじめにスイスのジルヴァプラナ（Silvaplana）に滞在した〕、すなわち一九〇九年あるいはそれ以後に書かれた、しかし実際にはおそらく遅くとも一九〇八年秋に書かれた記録帳の五枚にもとづいている。この記録帳は、以下〔＝底本〕の補足テクスト47に、それのもともとの形で完全に再現されている。とりわけ〔底本の〕三一一頁九行目から三一四頁六行目まで、そして三一六頁五行目から二六行目まで参照。――編者註

[16] 第四四節の内的知覚と外的知覚の区別、三四一頁以下も参照。

[17] 第一四節の第一段落のテクストは、一九〇五年の講義草稿の紙片「37」と「38」にもとづいている。――編者註

[18] 第六節、七四頁以下参照。

[19] 第一四節のこの結論部分のテクストは、第一五節のテクストと同様に、おそらく――フッ

サールの指示にしたがっては見つからなかった――「一九一七年の、記憶＝想起のアプリオリないし継起の意識のアプリオリについて」という記録帳にもとづく。――編者註

[20] 把持と再生とのさらなる区別については、第一九節、一四九頁以下参照。

[21] 第一六節から第一七節のテクストは、一九〇五年の講義草稿の紙片「38」から「40」にもとづく。――編者註

[22] 根源的な時間意識のなかの、構成される統一性としての作用については、第三七節、三〇五頁以下参照。

[23] 補遺Ⅱ「準現在化と空想――印象と想像」、四一六頁以下参照。

[24] 第一八節のテクストは――第一四節と第一五節の結論部分のテクストと同様に――おそらく「一九一七年の、記憶＝想起のアプリオリないし継起の意識のアプリオリについて」という記録帳にもとづいている。――編者註

[25] 第一九節のテクストは、一九〇五年の講義草稿「42」―「44」の紙片にもとづいている。――編者註

[26] 第二〇節のテクストは、一九一一年一一月一〇日から一三日までの記録帳の最後の頁にもとづいている。この記録帳は、第八節から第一〇節までのテクストの由来となっており、また、以下〔＝底本〕で、いくつかの補足テクストにおいて、〔すなわち〕53において、それのもともとの形で完全に再現されている。とくに〔底本の〕三六八頁、六行目から二九行目参照。――編者註

[27] 第二一節のテクストは――第一四節（結論部分）、第一五節、第一八節のテクストと同様

に——十中八九、「一九一七年の、記憶＝想起のアプリオリないし継起の意識のアプリオリについて」という記録帳のテクストにもとづいている。

[28] 第二二節のテクストは、一九〇一年以前に書かれたと推測される紙片のテクストにもとづいており、その記録帳は以下〔＝底本〕の補足テクスト2に、それのもともとの形で完全に再現されている。〔底本の〕一五二頁一九行目から一五四頁一〇行目まで参照。——編者註

[29] 第一三節、一二六頁以下参照。

[30] 単に把持的に意識されているにすぎない順序系列を再生が直観的にするかぎり、右のことを逆にすることもできる。

[31] 第二三節の前半部のテクスト（一六一頁二行目まで）は、一九〇五年の講義草稿の紙片「44」にもとづく。この段落の後半部分のテクストは、一九〇七年と一九〇九年のあいだに成立したと推測される記録帳の紙片のテクストにもとづく。この記録帳は、〔底本の〕補足テクスト45に、それのもともとの形で完全に再現されている。とくに〔＝底本の〕二九九頁二四行目から三〇〇頁二七行目まで参照。——編者註

[32] 補遺Ⅲ「知覚と想起との繋がり志向——時間意識の諸様態」、四三八頁以下参照。

[33] ここでの文章〔「この場合……なっている」〕は、一九〇一年以前の時期に由来する記録帳から取り出されており、これは、以下〔＝底本〕の補足テクスト4に、それのもともとの形で、完全に再現されている。とくに〔底本の〕一五五頁三四行目から一五六頁一行目まで参照。——編者註

[34] 補遺Ⅻ、五八四頁以下参照。

〔35〕　ここに続く、第二八節の第二段落のテクストと、第二九節のテクストは――すでに〔示された〕第二三節の後半部のテクスト、第二五節から第二六節のテクスト、さらに第二七節の前半部のテクストと同様に――一九〇七年から一九〇九年のあいだの時期に由来する記録帳にもとづき、これは、補足テクストに再現されている。とくに〔底本の〕三〇七頁三三行目から三一〇頁一〇行目まで参照。――編者註

〔36〕　印象とファンタスマについては、補遺Ⅱ、四一六頁以下参照。

〔37〕　第三二節のテクストは、第三三節の最初の二行〔四行の誤りと思われるが、最初の段落に相当する――訳者〕のテクストと同様に、一九〇五年の講義草稿の紙片「46」―「47」にもとづく。――編者註

〔38〕　補遺Ⅳ「再想起と、時間客観および客観的時間の構成」、四六五頁以下参照。

〔39〕　第一七節、一四一頁以下参照。

〔40〕　最初の二行〔四行の誤りかと思われる――訳者〕を除いて、第三三節のテクストは、一九〇五年の講義草稿の紙片「61」―「62」にもとづく。――編者註

〔41〕　同時性の構成については、第三八節、三〇七頁以下、補遺Ⅶ、五〇六頁以下参照。

〔42〕　補遺Ⅴ「知覚と知覚されるものとの同時性」、四七六頁以下参照。

訳註

（1）　この「順序系列」（Folge）の語は、本書全体で頻出するので、この訳語に統一する。ただし、この箇所に関しては、ただ「順序」と解してよい。すなわち、ここでは、二つの表象aと

bが（同時的でなく、時間的な）「順序」（Folge）をもつことを把捉できる、ということが問題にされている。

（2）「分割されない作用」というのは、「バラバラでない作用」と言い換えることもできる。

これは、極端化して、多重人格の場合を考えるとわかりやすいだろう。完全に分割された作用としての、他人の「知る〔作用〕」は、私の「知る〔作用〕」のなかに統合されない。統合されるためには、ひとつの分割されない・バラバラでない「知る〔作用〕」が、諸表象を、分割されない仕方で・バラバラでない仕方で取り集めるのでなければならない。ひとつの人格のなかで、（時間的に）分割が生じてしまうと、時間の構成が不可能になる。

（3）補足すると、諸表象a、b、c、dが順序系列において捉えられるためには、それらすべてが、それを知る作用にとっての同時的な客観でなければならない、ということである。「最初から最後まで同時的」というのは、知る作用が、最初のaから最後のdまでをおのれ自身と同時的なものとして射程に収めるということである。知る作用が、たとえば最後のdにおいて消失していたら、知る作用とdは、最後まで同時的だということにならない。

しかし、知る作用それ自体が時間のなかにあるか、無時間的であるか、がすぐ次に問題にされる。

（4）この「無時間的に」（zeitlos）の語義は明確でない。

ひとつの解釈は次のようなものである。もろもろの「表象」（表象aと表象bとしよう）の時間的関係を知る「作用」は、それ自体、時間的に過ぎ去り、消失してしまうことがない（はずだ）。その意味で「無時間的」だ。こういう議論ではないか、と推測される。

(5) この箇所、とりわけ「〈表象する〔作用〕〉それ自体が……すっかり消失する」という箇所は、説明不足であろう。「表象する〔作用〕」は、「知る〔作用〕」と同じものか、別のものか、がよくわからない。

両者が別のものだとすると、以下のように補足することになるだろう。「これらの表象すべては、〔表象に対応する〕〈表象する作用〉それ自体が時間的に継起して〔そのつど〕すっかり消失するとしたら、不可能だっただろう。」

両者が同義であれば、以下のように補足される。「これらの表象すべては、〔〈知る〔作用〕〉である〕〈表象する〔作用〕〉それ自体が時間的に継起して〔そのつど〕すっかり消失するとしたら、不可能だっただろう。」この後者のほうが整合的であるように思われる。

なお、この場合の「継起する」は、「連続する」を含意せず、「次々に交代する」(新たなものが登場すると、それ以前のものは消失する)という意味で使われていると解される。

(6) この「捉え方」の原語は、フッサールの術語の「統握」と同じ Auffassung である。この箇所では、この語の通常の語義に近い「捉え方」という訳語でよいと思われるが、以下の議論では、むしろ、フッサールの術語「統握」に近い意味で使われている。もちろん、厳密にフッサールの術語と同義ではないが(ひょっとすると、フッサールの術語はシュテルンに由来するのかもしれないが)、以下では、それに近い語義の場合には「統握」と訳す。

(7) ここ以下では、Auffassung は、フッサールの術語「統握」に近い意味に使われる。

(8) この議論では、「意識内容」それ自体がすでに時間的な広がりをもつのか、それとも、「意識内容」は意識作用によって時間的な広がりをもつのか、不明確であるが、まさにこの点をフッサールはすぐ後の段落で批判するのだろう。

(9) この「出来事」はVorgängeであり、「出来事過程」と訳すほうが適切な場合が多いが、ここでは単純に「出来事」でよいだろう。

(10) これは、おそらく「作用」「統握内容」と「統握される対象」との区別であろう。

(11) ここまでの議論では、意識される内容が(それ自体ですでに)時間的な広がりや順序をもつのか、内容を統握する意識作用が時間的な広がりや順序を可能にするのか、が不明確であり、言い換えれば、内容と意識作用との区別が不明確なままである、ということが批判されているように思われる。

(12) この「事物に関わる出来事」(dingliche Vorgänge)は、おそらく、事物が生じて消えるといったことを意味しているだろう。なお、Vorgäng(複数形のVorgänge)は、本書ではほとんどの場合「出来事過程」と訳されているが、ここでは「出来事」でよいと思われる。

(13) 「持続を充実化する」という表現は、以下のことを意味する。「持続」は、「形式」的にみれば、ある時間点から別の時間点までの時間区間に対応する。この時間区間には、そこに「何」と言えるものがいわば詰まっている場合もあるし、逆に、そうしたものが欠けている、すなわち空虚である場合もある。この本文では、当該の時間区間に、「何」を埋めるものが認められる(これが「充実化」である)ということを意味している。

「変化しない事物」の場合には、「何」の成分(あるいは「何」を支える諸成分)が同一のままである。変化するものの場合には、空間的に変化したり、時間的に変化したり、さらにはその「何」が変化することもあるが、しかし、空虚にはならない。それなりの「充実化」が生じている。

なお、「同一である」も、「変化する」も、ここでは「超越的な時間客観」について言われている。

(14) 「経過し去る」はablaufenの訳であるが、文脈によって「経過し終える」とも訳す。あるいはただ「経過する」とも訳す。

(15) ここでは、「内在的な与件」「時間客観」「統握作用」という三項図式で議論が進められている。

なお、フッサールは『イデーンI』で「ノエマ」という概念を導入する。「ノエマ」は、それを媒介・突破して「対象」が志向されるものである。「ノエマ」はおそらくすぐ後の「内在的な時間客観」に対応する。「対象」はおそらく「超越的な時間客観」に対応する。

(16) 「時間形態」という語は、補遺XIIIでは「判断」にも使われているが、ここではたとえば「持続的」とか「継起的」とか「同時的」などの「形態」を指しているだろう。

(17) この「超越性をすべて無視すると」は、「超越性をすべて無視しても」と解してもよいように思われる。

(18) 本書では、「現にそこに立つ」(dastehen)という表現が頻出する。これは、主題的に〈目立って〉現出する、ということを含意する。また、「対象」(Gegenstand)という語は文脈によって多義的に用いられるが、しかし、多くの場合、この「現にそこに立つ」という表現と強く結びついている。言い換えれば、多くの場合、「対象」は主題的である。

(19) この文言は、〈時間のなかの統一性であるが、しかし、それ自身において時間的延長をも、たないもの〉を想定させる。こうしたものが具体的にどういうものか、説明がない。瞬間直観にとっての客観であろうか。理念的な客観であろうか。事態であろうか。あるいは、別のニュアンスでこのように語られているのかもしれない。

(20) この文章は理解しにくいかもしれない。「客観化する統握」は、内在的な時間客観(ノエマと考えてよい)およびその諸成分を媒介・突破して、時間客観(端的な対象)に向かう。この「媒介・突破」のおかげで、後者の時間客観しか、「対象」にならない。このように解釈されるだろう。しかし、本文で問題にされるのは、(ノエマの諸成分のうちの)とりわけ「持続」に関わるものである。そして、それが、構成する作用との関連で問われる(そのために、後者の時間客観をエポケーして、それを構成する諸成分に目を向ける現象学的分析が必要になる)。ただし、この議論は、ここでは直進しない。この節では、いったん、ブレンターノの理論・学説に逆戻りしたかのように論じられて、いっそう深い分析が必要だとされる。

(21) この「その持続のなかでの音そのもの」は、原文の dieser als solcher に対応する。この dieser は、直前の男性名詞を指すと考えられるので、「その持続のなかでの音」と解される。しかし、その前にある Gegenstand(対象)を指している可能性もあるかもしれない。この場合は「対象そのものは」ということになり、さらに訳者が補った「〔とはいえ〕」および「〔そのように対象化されないとしても〕」は不適切な挿入ということになる。むしろ、「対象そのものは〔もともと〕ひとつの時間客観なのである」というニュアンスになるだろう。

(22) ここでは Verharren という語が使われているが、「持続する」(Dauern)と同義と見てよいだろう。

(23) この「知覚においては」という訳だけでは、ニュアンスが十分に伝わらないだろう。「知覚」の原語のWahrnehmungは（いくつかの意味で使われるが）、「真に（wahr）受け取る（nehmen）」という語から成り立っている。これは、前の文章の「〔まさに〕それを聞いている」という文言と関連しており、「〔まさに〕それを聞いている」というのは、「それを真に受け取っている」という意味で記されている。それゆえ、現下において鳴っていない（与えられていない）音を、私はこの意味で知覚していない、聞いていないということになる。

(24) 「ヒュレー的な与件」の「ヒュレー」は、『イデーンI』では、志向される対象の、とりわけ「何」に関する構成の素材を意味する。本書のここまでに登場した概念で言えば、「第一次内容」にほぼ重なる。

ただし、本節での論述では、その志向される「対象」の「何」という点においてヒュレーが問われるのかと言えば、そうではなく、むしろ、時間の「どの様に」が問われる。この意味では、ここでの「ヒュレー的な与件」という言葉は、（志向される「対象」に関わる）「超越的な解釈と措定」を排除したかぎりでの、「体験」の無時間的成分を指し示しているように思われる。しかも、「体験」のなかに含まれる「統握する作用」が志向される「対象」に関与する以前の、把持によるその素材の時間的な与えられ方が、分析の中心になる。

それゆえ結果的に、ここでの分析は、志向される「対象」の同一性（あるいは「ある」）と、時間的に「どの様に」現出するかのなかでの変化との関係（これは次節で主題化される）に関わる。

(25) このGegebenseinの語・概念は、フッサール現象学の基本を形成するもののひとつであろう。だが、その語法は文脈に依存しもする。この語は、この節の冒頭の「超越的な……措定」の遮断の後に登場している。ところが、このGegebenseinの語はsein（ある・存在する）を含んでいる。どういうことか。

「超越的な……措定」は、（それ自体で）「ある・存在する」とみなされる「世界」に関わっている。しかし、「世界」が（それ自体で）「ある・存在する」とみなされると、「心」は、その「世界」のなかの一部分とみなされる（あるいは「意識」も同様にみなされる）。これを遮断するのである。そうすると、何もなくなって、無になってしまう、というわけではない。その場合、Gegebensein（与えられてある・与えられて存在する）という語が表現する事態が残る。というよりも、その事態がはじめて「開示」されるのである。この事態は、それまで、「忘却・隠蔽」されていた。「超越的な……措定」の遮断によって、「世界」と「心」の二重存在が避けられ、いわば一元的な事態が開示される。

Gegebenseinは、またBewußtseinという語・概念とも重なる。後者の語は「意識」を意味し、また「意識作用」を意味するが、しかしまた、「意識されてある」・「意識されて存在する」を意味する。しかし、このときのsein（ある）は、超越的な存在措定の意味での「ある」・「存在する」とは異なる。すなわち、これらのsein（ある）は、「世界」の「ある」・「存在する」を、いわばそのまま「心」に移しかえたような「ある」・「存在する」とは異なる。

（右のことと関連するのが、Bewußtsein（意識作用）の基本形態であるWahrnehmenである。これは直訳すれば「知覚する」（＝知覚作用）であるが、しかし、wahrは「真に」、nehmenは「受け取る」を意味する。右の意味での「与えられてある」と「真に受け取る」＝「知覚する」は、対応関係にある。）

　さて、Gegebensein（「与えられてある」）とBewußtsein（「意識されてある」）は、さらにErscheinen（「現れる」ないし「現出する」）とも重なる。これの基本形態も、もちろんWahrnehmen（知覚する）である。この場合のErscheinenは、主題的に現れる・現出するとはかぎらない。非主題的に現れる、ということも可能である。

　右のことといくらか関係するが、もうひとつ別のこととして、gegebenという受動態の過去分詞に対して、能動的にgebenする主語を設定して理解するのは、誤解になるだろう。このことは、ドイツ語の「ある」・「存在する」を意味する語法es gibtとも関連する。これにはgeben（という動詞の三人称単数形のgibt）が含まれている。このesは能動的な主語・主体ではない――esはたとえば神だとするような説もないわけではないが。そして、この語法は、Gegebenheit（「所与性」とか「与えられること」などと訳される）という語にも関連する。

　いずれにしても、これらの語・概念は完全に重なるわけではない。それらの振幅のなかで、現象学そのものが展開する。
(26)「注意」はAufmerksamkeitである。これについては補遺XIIを参照されたい。
(27)「始まりの位相は除いて」と記されているのは、まさに始まりの位相はまだ「諸位相の連続性」をもっていないので、本文の以下の文章が意味をなさなくなるからであろう。
(28)「持続の残りの区間」は、把持されていない区間、おそらく予持されている区間であろうが、ここでは「まだ意識されてあるのでない」と述べられている。もし予持されているのであれば、その区間は「すでに意識されてある」と記されてもよさそうである。ただし、ここでの

「意識されてある」は、充実化されてある、を含意していると解釈される。予持されている区間は、まだ充実化されてあるのでない。

(29) これは、たとえば音の持続の知覚の後に、色の持続の知覚が生じるような場合だろう。

(30) ここでは、「現出する」と、「「与えられて」ある」が、ほぼ同義に使われている。

(31) この文章では、「内在的‐時間的な客観」の現出様式＝仕方と時間持続（「現出する時間持続それ自体」）とが対比されている。

(32) フッサールは、「現出者」と「与えられ方」とを区別する。この「一」で扱われているのは、「現出者」である。これがここでの「客観」の基本的語義である。

(33) この「内在的な客観それそのもの」(das immanente Objekt in sich selbst) については、以下の本文で、「それは今持続している」、「それの持続の一部分は〔あったが〕流れ去った」というように語られる。

しかし、この「内在的な客観それそのもの」とは何であるか、解釈の余地がある。ひとつの解釈として、本節第三段落の「持続する内在的客観」や「端的な現出者」と同義だ、と考えられる。

なお、時間的成分に関わるものは、この段落では、「二」の「現出」の様式＝仕方・「与えられ方」として語られる。これをうけて、本節第三段落では、この様式＝仕方のなかで捉えられている「〈時間的な〉どの様に〉における客観」が登場する。

(34) この文章の「流れ去った」の部分の原文は sei verflossen である。第六節で類似した文章 sei vergangen が登場したときには、「〔あったが〕過ぎ去った」と補足付きで訳した。これは、

「ある〔＝存在する〕」に対する現象学的なエポケーの問題と関係していた。これに対して、この文章では、「あったが」はそれほど重要でないが、同様に補足しておく。

(35) この「二」は、「客観」と「与えられ方」との区別で言えば、（時間的な）「与えられ方」を扱っているだろう。しかし、「客観」と「与えられ方」とは（「相関関係」のなかで）不可分であり、完全に切り分けることはできない。「与えられ方」だけの「与えられ方」はない。そつどの（時間的な）「与えられ方」のなかで「客観」が現出する。そこで、時間的な「与えられ方」としての「どの様に」という点に注目した「〈どの様に〉における客観」が扱われる。

(36) 「知覚」は、多様な語義で用いられる術語であるが、それの「真に受け取る」の語義のなかで、ここではとくに「今」の作用として捉えられている。今、真に受け取るのでない作用は、たとえば想起である。

(37) この「把持が働かなくなれば」という言い方は、「把持が（なんらかの原因で）機能停止すれば」というように読めてしまうが、むしろ（時間的な距離が開きすぎて）「把持が把持しきれなくなれば」というニュアンスではないか、と思われる。

(38) 「区分をもつひとつの出来事過程」の事例としては、メロディがわかりやすいだろう。「ド・ミ・ソ」といった区分をもつ、ひとつのメロディである。

(39) この「一断片」は、右の例でいえば、「ド」に対応するだろう。

(40) この「吸い込まれる」という表現は、（空間的な）遠近法絵画の「消失点」（ドイツ語ではFluchtpunkt だが）を念頭に置いた表現ではないか、と推測される。

(41) この「時間を構成する意識」は、「これのなかで」時間的な規定性をもった時間的な諸対象が構成されるので、この後者の諸対象を「含む」と言えるだろう。この意味での「時間を構成する意識」のなかに含まれる「現象」がここで語られているだろう。

ただし、本文の以下の論述において、この「時間を構成する意識」それ自体については、「意識〔それ自体〕」、「体験」という語で語られるが、それだけであり、それの解明は本書第一部第三章に委ねられる。

他方、「時間を構成する意識」が含む成分については、大きく分けて、一方で「持続する内在的な客観」と、他方で「〈時間的な〉どの様に〉における客観」とが分析される。後者は、たとえば「今」と「過去」では異なる（その時間規定が異なるのだから）。しかし、前者は、同一である（持続している）ことができる。さらに、前者は本文では「〈同一な〉客観」、「端的な現出者」とも呼ばれる。後者は「〈どの様に〉における現出者」などとも呼ばれる。

(42) この「持続する内在的な客観」は、おそらく本節冒頭の「内在的な客観それそのもの」、本節末尾の「端的な現出者」に対応するであろう。

(43) 「〈〈時間的な〉どの様に〉における客観」というのは、わかりにくい表現かもしれない。だが、フッサール自身は、むしろ、できるだけ日常語で事象を語ろうとしている。「どの様に」の原語は wie であり、疑問詞などとして使われる。「様態」「状態」「方法」などを尋ねる疑問詞である。ここで問題なのは、当該の対象が「どの様に」現出しているか、である。言い換えれば、「どの様に」与えられているか（つまり「与えられ方」）である。

「〈どの様に〉における客観」とは、「どの様に」という点に着目して捉えられた客観である。本書では時間が問われているので、「どの様に」は「時間的な様態」としての「どの様に」である。具体的には、「現在的に」「過去的に」「未来的に」などがそれに対応する。さらに細かく見れば、「今」「たった今」などが対応する。したがって、「〈〔時間的な〕どの様に〉における客観」は、たとえば「〈たった今〉における客観」である。

本書では時間が問われているので、「どの様に」は基本的に時間的な様態を指しているが、しかし、この語は空間的な様態を指すこともできる。

和訳する場合、ほかにも「〈いかに〉における客観」といった訳も可能である。あるいは、この訳のほうが多いかもしれない。それでも、本書で「〈どの様に〉における客観」と訳した理由は、以下の点にある。原語の wie は Weise（「様式」＝「仕方」）と結びついている。そして、時間的な wie は時間的な Modus（「様態」）と結びついている。漢字の「様」は「様式」、「様態」と結びついているので、「どの様に」（「どの様式で」「どの様態で」）との関係を連想しやすいという理由から、「〈どの様に〉における客観」と訳す。

なお、この「〈〔時間的な〕どの様に〉における客観」（以下では「〈どの様に〉における現出者」という語も登場する）は、『イデーンI』の「ノエマ」に重なると思われる。

(44) 本節冒頭では、「内在的な客観それそのもの」と「「意識されて」あるその様式＝仕方」そのものとが区別された。それをうけて、ここでは、「内在的な客観」それ自体と、〔「〈〔時間的な〕どの様に〉における客観」〕とが区別されている。

(45) この「時間的な〈存在〔＝ある〕〉」は das zeitliche Sein の訳である。この Sein を、〔存在者と存在をことさらに区別せずに〕「存在者」と解することができる。そうすると、ここでの「時間的な存在」は「時間的な存在者」の意味で理解され、さらに「存在者」と「客観」とが重なるので、結局、「時間的な存在」は「持続している内在的な客観」と同義となる。

このように、この箇所でのSeinは「存在者」(客観)の意味で理解してよいように思われるが、Seinが、「存在者」(客観)ではなく、「存在」(ある)の意味で理解される箇所もある。そうした箇所のために、こうした訳の仕方で記しておく。

(46) この「現出する」について、少し註記しておく。直前の「時間的な〈存在〔=ある〕〉」は「持続する時間的な客観」だと解されるが、そうすると、この客観はさまざまな時間様態において「現出する」ということになる。
これは現象学的には周知のことであるが、しかし、プラトン以来の伝統では、「存在〔=ある〕」と「現象」(現出する)とは(強く)対比されてきた。そして、多くの場合、「ある」には「同一性」や「不変化性」や「持続」が帰され、「現れる」には「変化」や「差異性」(や「他性」)が帰されてきた。おそらく、この箇所でフッサールは、この伝統を念頭に置いて、Sein(「存在〔=ある〕」)もまたErscheinen(「現出する」)と述べている。

(47) 時間様態は恒常不断に変化するので、その観点で見られた客観は、それを見るたびにいつでもまたもや、別物になっている。この「それを見るたびにいつでもまたもや」という箇所が「いつでもまたもや」の含意である。

(48) フッサールは「現にそこに立つ」(dastehen)の語を「対象」(Gegenstand)に関して使うことが多いが、ここでは「〈どの様に〉における客観」に使っている。

(49) この文章が述べていることを解釈してみたい。ここでは「〈どの様に〉における客観」と「〔同一な〕客観」とが対比されている。

まず、後者の「客観」は何を指しているか、であるが、これは本節冒頭の「内在的な客観それそのもの」と同義であるように思われる。

次に、「〈どの様に〉における客観」は、時間的に変化する様式＝仕方という面で捉えられた「時間客観」であろう。

なお、ここで登場する「媒介にして」という概念は、フッサールの（ノエマ論を含めて）最も重要な発想であることを確認すべきであろう。

(50) この場合の「〈現出者〉」は、直前の「〈客観〉」と同義であろう。

(51) この「〈《どの様に》における現出者〉」は、直前の「〈どの様に〉における客観」と同義であろう。

(52) この「〈端的な現出者〉」は、直前の「〈現出者〉」と同義であろう。

(53) この二義性について、立松弘孝氏は、本書第三九節における（おそらく）「縦の志向性」と「横の志向性」の二義性、あるいは、第三七節における（おそらく）「意識」と「現出（内在的な客観）」と「超越的な対象」の区別と第四三節における同様の区別との関連を指摘しつつ、「はっきりした解釈を決めかねている」（邦訳二一二頁訳註）と述べている。

(54) これは、意識作用そのものの「現出」である。別の言い方をすれば、意識作用そのものの意識である。さらに言い換えれば、意識作用そのものが意識される、ということである。構成されるものとしての「内在的な時間客観」が「現出する」（意識される）のに対して、構成する意識作用それ自体が「現出する」（意識される）のである。しかし、まさに、意識作用そのものの現出に対して、フッサールは「現出」という言い方を避けることにしよう、と言う。それは、構成されるものが「現出する」という場合と、同じでないからである。だからといって、構成する意識作用そのものはまったく現出しないわけではない。構成されるものとは「まったく別の意味で」現出するのである。

（55）　たとえば本書第三九節では、「自己現出」という言葉が登場するが、これは、時間を構成する意識作用そのものの「現出」――そしてそれ以外のものの現出とはまったく別の意味での「現出」である（あるいは、まったく別の意味での「客観」である）。

なお、この自己現出については、本節では扱われず、第三章で扱われる。とはいえ、第三章以外でも、本節のように示唆はされている。

（56）　この「時間的な方位設定の諸様態」は、おそらく「今」「たった今」「たった今のたった今」というように、一方向的に変様していく諸様態を意味するだろう。

（57）　「今」「たった今」「たった今のたった今」といった諸様態をもつ連続性に関して、その「たった今」を二度もつ連続性（すなわち、「今」「たった今」「たった今」といった諸様態をもつ連続性）、あるいはまた、「たった今」が大きく拡張して、「たった今のたった今」とか「たった今のたった今のたった今」といった部分区間の全体までも占領してしまうような（奇妙な）連続性を想定すれば、ここに記されていることが理解できる。

（58）　この文章は解釈が必要であろう。

内在的な時間客観として、（しばらく鳴り続ける）〈ド〉の音を例に取る。この音は、「始まりの点」を「今」という様態においてもつ。これは経過する。「今」という様態は、「たった今」「たった今のたった今」……という（過去的な）経過様態に変様していく。しかし、これらの経過様態は、切れ目をもたない、間断がない、途切れない。これらは連続性を形作る。こうしたことが述べられているように思われる。

(59) この文章では、内在的な時間客観それ自体と、それの経過様態それ自体とが、対比されつつ、関係づけられている。

(60) この文章は何を言っているのか。右と同様にひとつの解釈を示す。
わかりやすくするために、四分音符の持続が、十六分音符四つの連続性から成り立っているとする。四分音符の持続が連続性をなしているのは、十六分音符四つがそれぞれみな連続性をなしているからである。(音符は、あくまでも「経過様態」の代理である。)

しかし他方で、こうした経過様態の連続性が、客観の持続を形作っている。

(61) この文章は何を言っているのか。右と同様にひとつの解釈を示す。
四分音符のなかの最初の十六分音符が始まりの点であり、「今」という経過様態をもつ。次の十六分音符が新たな「今」として登場したときには、第一の十六分音符の経過様態は「たった今」に変様する。第三の十六分音符が「今」として登場したときには、第二の十六分音符の経過様態は「たった今」に変様し、第一の十六分音符は「たった今のたった今」に変様する。以下同様である。このように、経過様態(「今」、「たった今」……)そのものが、不断に連続的に変様していく。

(62) 図表で言えば、上の図表のE―P′―A′の縦軸と、Pから真下に向かう縦軸であろう。
なお、すぐ後の「持続する客観のもろもろの経過様態」は「(持続する客観の)もろもろの経過様態」というように、「経過様態」に重点を置いて読むのが適当だろう。

(63) 図表で言えば、上の図表のA—Eの区間、そして、下の図表の（やはり）A—Eの区間に対応するだろう。
(64) 「これらの経過様態」は、図表で言えば、E—P′—A′の縦軸（そしてPから真下に向かう縦軸）を指すだろう。「これらの経過様態」は、図表の水平方向においてAがEに至るまで、下方に増殖してゆく。
(65) 下の図表で言えば、水平方向のEから始まって右へ向かう破線部分に対応するだろう。
(66) これらのA、E、Pといった記号は何を示しているのか。底本には、ほかに似た図表が掲載されている。A、B、C、Xの類の記号を用いた図表や、記号のない図表がある。しかし、本文の図表に関しては、AはAnfang（始まり）、EはEnde（終わり）、PはPunkt（〔時〕点）を示しているように思われる。
(67) 「原印象」は、フッサールの基本用語のひとつである。「印象」（impression）は、現在的である。この語は、哲学の基本用語としては、イギリス経験論に由来するが、イギリス経験論には心の内部と外部の二元論がある。（外部から）内部（in）への押しつけ（press）ということが含意される。しかし、フッサールはそうした二元論を拒絶する。
原印象は、意識あるいは体験の現在的位相である。しかし、「現在」は、他の時間構成（「過去」と「未来」の構成）の「根源」である。そのかぎりで、「現在」は、単純に「過去」と「未来」と「横並び」にはならない。時間直線のうえでの「過去」—「現在」—「未来」というように並ばない。そもそも、そうした時間直線の構成を可能にするのが「現在」である。「現在」は、「過去」にも「未来」にも先立つ。「現在」は、時間それ自体の根源であり、時間のなかの一点ではない。それゆえ、比喩的な言い方になるが、「現在」は、「過去」と「未来」より深い。この根源的な現在を分析するときに、「把持」と「予持」との対比のなかで「原印象」が語られる。この意味で、「原印象」は最も深い。これをフッサールは、時間客観の構成から始めて、発掘していく。

しかし他方で、別の文脈では、原印象は「感覚」と結びつけられることもある。

（68）「音－今」という表現は、「今としての音」あるいは「音の今」という意味に理解される。

（69）この「すなわち」（scil.）は、語の位置から考えると、「有体的な音－今」に関して「すなわち」と言われているだろう。おそらく「有体的」という概念（次の訳註（70）参照）が「現出」に属する概念であり、「現出」は「意識の「なか」で」の概念、この意味で「意識的な仕方で」に関わる概念だから、「すなわち」と記されているのだろう。

なお、「意識の「なか」で」は、また「意識されてある「なか」で」でもあろう。このなかではたえまなき変転が生じている。

（70）この文章は、その含意の射程を示すために、解釈を要する。

まず、「有体的」（leibhaft）という言葉は、「知覚」において客観（「音」）が、文字どおり「体を具えた」具体的な姿で現出することを言い表す。「知覚」は、時間的には「今」に対応するので、当該の客観（「音」）は「今」という時間様態をもつ。

その後すぐに、「意識的な仕方で、意識の「なか」で」と（言い換え的に）補足される。さらに、「〈あった〔＝過去的存在〕（Gewesen）〉」に変転すると言われる。どういうことか。

現象学的なエポケーと還元を遂行しない場合には、「意識の「なか」」は、それの「外」（いわゆる「外界」）から切り離されて理解される。そして、「外」には、「事物」という実体が（それ自身で）あり・存在し、意識の「内」には、いわゆる「観念」（「表象」）がある・存在する、とみなされる。いわゆる「観念」や「表象」は、「単なる観念」や「単なる表象」であって（あるいは「単なる現象」であって）、「外」の実体ではない、とみなされる。しかし、このような捉え方は、「内」と「外」の二元論であり、あるいは二重存在論である。しかるに、このような捉え方それ自体が、「現象学」的に排除される。そうすると、意識の「外」、そしてまた現象の「外」は、無意味になる。すべては「意識」の「なか」での現象になる。それゆえに「意識の「なか」で」というように、引用符で示されている――「なか」という言葉の意味が日常的な語法と大きく異なってしまうので――と解釈される。

しかし、この場合、「ある（＝存在する）」も排除されてしまうのだろうか。二重存在的なそれは排除されるが、しかし逆に、現象と不可分な「ある」が開示され、確保される。この「ある」は、「意識」（Bewußtsein）という言葉によって暗示されている。この語は bewußt（「意識的・意識されて」）と sein（「ある」）から成り立っている。だから、「意識」（Bewußtsein）の語は、「意識されてある」＝「意識されて存在する」を意味する（このような「意識」を開示する作業が、現象学的なエポケーと還元である）。

しかし、語の構造はそうだとしても、この「意識」の実際の働き方には区別がある。「原本的」なのは「知覚」である。そのような「知覚」の場合には、「意識」には客観の「現出」（あるいは「現象」）と「ある・存在する」とが、右の二元論・二重存在を排除した仕方で含まれる――さらによく見ると、現出と存在は、それでもほとんどの場合、完全には重ならないが、だからといって、両者が不可分であることに変わりはない。

さて、「知覚」は、存在性格において（右のように）「ある」に対応し、時間性格において「今」＝「現在」に対応する。「有体的な音－今」から言えば、それは、「知覚」という「意識」に対応する。知覚意識の「なか」での「ある」は、しかし、時間的な変様を被る。この変様が「あった」（Gewesen）と表現されている。この語は、通常の読み方をすれば、ある意味で不自然である。すなわち、時間的な変転・変様だけを考えるならば、「あった」（Gewesen）よりも「過ぎ去った＝過去的」（Vergangen）のほうが適切であるように思われる。それにもかかわらず、「あった」（Gewesen）と記されているのは、右のような含意があるからだ、と解釈される。

（71）この箇所の原語は ein aktuell Daseiendes である。「ひとつの顕在的に現存するもの」などと訳してもよいが、抽象的な語彙が並ぶことで原意（右の訳註（70）で述べた「ある・存在する」の含意）が失われないことが重要である。

（72）ここでは、一方で「原印象」が「把持」に移行すると言われる。この場合には、「把持」は「原印象」と区別されている。しかし他方で、「把持」は「今」的でもある。この場合には「今」という概念の射程が広くなっている。この「今」は、「原印象」と「把持」を含む幅のある概念である。

（73）把持は「現下の音でない」と言われている。把持は「今」に属する（もっと正確には「現下的」である）が、しかし、それ自体、「音」ではない、むしろ「意識」それ自体の構造である。

把持によって、「今」は（原印象だけの）「瞬間」的なもの、時間幅のないものではなくなり、時間的な広がりをもつ。

(74) いかなる意味で把持は「現下的」なのか。時間図表で考えると、水平方向では、「今」は一点だけである。しかし、垂直方向を考えると、その一点の下方に把持がいわば広がっている。把持は、この垂直方向において「今」に属し、「現下的」である、こう解釈される。

(75)「把持的に意識されているもの」は、「〈どの様に〉における客観」と重なるように思われる。これは、時間図表では、垂直方向に広がるだろう。しかし、これを媒介・突破して、「客観」が時間図表の水平方向に志向されるだろう。

なお、「意識されている」の語は、『論研』における「体験（されている）」の語と大きく重なるが、ただし、『論研』では、時間意識は基本的に扱われていない。把持は一種の志向性であるので、時間意識においては、体験のなかでも志向性が働いていることになる。

(76) この「過ぎ去った音」（これは「把持的に意識されているもの」と同義であり、その具体化である）は、さしあたり「客観」としての「音」ではなく、「〈どの様に〉における客観」に対応するものとしての「音」であろう。しかし、右の訳註（75）の説明と同様に、これを媒介・突破して、水平方向の「客観」としての「音」が志向される。

(77) ここで「時間」の語を補うが、これはやや不適切である。

把持は、時間図表の垂直方向で示される。この垂直方向の直線に含まれるものたちは、「いちどきに」(zugleich) という性格をもつ。フッサールは、この「いちどきに」を「同時的」(gleichzeitig) ——これは「時間」(Zeit) の語を含む——と区別することがある。この意味での「時間」は、時間図表の水平方向を指す。この区別を念頭に置くと、（垂直方向の）把持に関わる「点」に「時間」の語を補うのは不適切である。ただ、このほうがわかりやすいという理由で、この語を補う。また、以後も同様である。

(78) この文章は、重要である。「原印象」、「把持」、と言うと、それぞれの位相は、それだけで存在することのできる位相のように思われてしまうが、その「把持」はそれ（ひとつ）がもうすでに連続性なのである（ここでは「ひとつ」という言葉は不適切であることが理解されるだろう）。

(79) この「その音」は、引用符付きで „er“ と記されている。この引用符によって、「音それ自体」を指していると解釈される。

(80) 「流れに同行するとき」というのは、〈原印象から把持の方向に進むとき〉ということであろう。

(81) 「把持の意味でひとつの今として」というのは、時間図表の垂直方向に把持が広がることに対応しているだろう。一点としての「今」の下方に把持が広がるため、その下方の位相も、「今」に属しており、それゆえ「ひとつの今」である。

しかし、それだけではない。「射映する」は、「客観」の現出の様式＝仕方、意識される様式＝仕方である。これに対応して、当該の客観は、もろもろの射映を媒介・突破して（「介して」）志向される。このことからして、本文の文脈では、当該の今点は、原印象的、把持的、把持の把持的……といったもろもろの射映を介して、志向される。その当該の今点は、時間図表の水平方向に位置する。

(82) 始点には（その直後に）把持 R_1 が結びつき、さらに（その直後に）把持 R_2 が結びつき、そのようにして把持的な諸変転の連続性が結びつく、ということだろう。

(83) この文章をいかに解釈するか。意識される現象においては、たとえばメロディはひとつの連続性である。しかし、メロディのひとつひとつの音も、やはりひとつの連続性である。要するに、大きく見ても、小さく見ても、連続性である。

では、現下の今点はどうだろうか。これもやはり同様であろう。現下の今点もひとつの連続性であり、そこには諸把持の連続性が含まれている。このように解釈できるのではなかろうか。

(84) 「無限退行」は、フッサールの場合、「意識されるもの」を構成する「意識作用」という関係のなかで使われる。この「意識作用」それ自体が「意識されるもの」(「意識されるもの」になるならば)、それを構成する、背後の(あるいは外部の)「意識される」ならば(「意識作用」が必要であろう、そしてまた、この背後の「意識作用」それ自体が「意識される」ならば……というように、無限につづくのではないか。しかし、フッサールの見るところでは、意識作用はおのれ自身で自己現出する。言い換えれば、意識作用はおのれ自身で意識されてある。それゆえ、その背後はない。

このことは、意識作用としての「把持」についても言える。把持は、その背後の意識作用によって現出する(意識される)のではなく、おのれ自身のうちで時間的に変様しつつ、その時間的な自己変様態を(いわば遺産として)おのれ自身のうちで担いつつ現出する(意識される)のである。

したがって、本文の文章では、「おのれ自身のうちで」という箇所が重要である。この問題は、さらに「「内的」把持」(補遺Ⅷ)という概念――これは第三九節の「縦の志向性」と大きく重なる――で展開される。

しかし、そうすると、原印象はどうか、という問いが生じるだろう。これに対して、フッサールは「原意識」（補遺Ⅸ）という概念を導入して、解明する。

（85）「〔さてまた、〕単に、流れの縦方向で……」から「……連続的な変様なのである」の二文が何を述べているのか、明確でない。解釈してみよう。

まず前提として、この二文は、おそらくその直前の議論（把持において「無限退行」が起きない）とは、切り離されていると解する。

そして、この二文では、三つの事柄が語られている。①「単に、流れの縦方向で以前の把持それぞれが〔いわば一回ごとに〕新たな把持によって置き換えられているにすぎない……というようになってはいない」、②「以後の把持それぞれ〔も〕、単に、〔それぞれ〕連続的な変様――原印象から発出した〔変様という意味での変様〕――にすぎないのではなくて」、③「その同じ始点の〈以前の恒常不断の諸変様〉すべての連続的な変様なのである」。

①と②と③は、ともに「流れの縦方向」――この「縦」は第一〇節の時間図表での垂直方向であろう――に関する記述であろう。

①と②は、「以前の把持それぞれ」と「以後の把持それぞれ」によって対比されているだろう。しかし、③は、文章構造上は②だけに掛かっているとはいえ、内容上は、①と②の両方に掛かっているように思われる。すなわち、「以前の把持それぞれ」も「以後の把持それぞれ」も、どちらも「その同じ始点の〈以前の恒常不断の諸変様〉すべての連続的な変様なのである」ということである。

(86) この「それらのなかで与えられる時間意識」の「それら」(複数形)は何を指しているのか。複数形の名詞は、直前の「もろもろの時間客観」しかない。この線で読むと、「……時間客観のなかで与えられる時間意識」ということになる。「時間意識のなかで与えられる……時間客観」というのであればよく理解できるのに対して、「……時間客観のなかで与えられる時間意識」という表現はいささか奇妙である。これを解釈して、「……時間客観のなかで〈その相関項として間接的に〉与えられる時間意識」と読めば、理解可能になる。

他方、「それら」が「知覚」と「時間客観の原本的構成」の両方(複数)をうけているとみなす解釈が可能かもしれない。そうすると、右の表現は「〈知覚〉および〈時間客観の原本的構成〉のなかで与えられている時間意識」というように書き換えられ、それはそれで理解可能になる。ただし、「知覚」と「時間客観の原本的構成」はここでは単なる言い換え(「ないし」)なので、この二つを複数として見るこの解釈は、文法的には、あまり適切でないように思われる。

(87) ここでの「いま」は nun に対応する。多くの場合 nun は、文脈を切り替える「さて」の意味で使われるが、ここでは、時間的な意味で使われている。

(88) このように言われるのは、「知覚」の語は、広義においても狭義においても用いられるのに対して、「印象」の語は、「現在」(あるいは「今」)の位相だけについて用いられるからであろう。

(89) この引用符付きの「知覚」は、「印象的位相」であろう。

(90) これは、第一次記憶＝把持に対応して構成される客観、であろう。

(91) 「内在的な時間客観」は「ノエマ」に対応し、「超越的な時間客観」は「端的な対象」に対応するように思われる。後者は、前者を媒介・突破して志向されるのだが、ここでは、この方向での志向性は考慮されていない。

(92) フッサールにとって「知覚」(Wahrnehmung)は、「原本的構成」である。知覚以外の構成は派生的である。知覚は、ふたつの「措定」を含む。一方は「存在」(「ある」)の措定である。他方は「時間」の措定であるが、これは「今」としての措定と言い換えるべきである。簡単に言えば、知覚においては、その客観に「今・ある」が措定される。この両者の措定は、ノエマの「存在性格」および「時間性格」に対応する。

本文の「今としての措定」は、もちろん、この時間の措定である。

(93) 知覚W_1が把持R_1に変様すると、その把持R_1には新たな知覚W_2が後続する。時間図表でいえば、把持R_1の上方に新たな知覚W_2がいわば乗る。しかし、メロディが終われば、メロディの知覚という意味での知覚W_2は把持R_1の上に乗らないことになる。しかし、把持的変様は、それでいわば停まってしまうわけではなく、恒常不断に起こる。そのため、把持R_1の上には新たな(メロディの知覚としては充実されていない空虚な)把持R_2が乗る。こうしたことが連続する、ということであろう。

(94) 「知覚されて、かつ新鮮に記憶されている運動」は、ノエマ的なものであろう。「それの客観的な時間」は、そのノエマ的なものが属する時間であろう。

なお、この節では、「内在的な時間客観」と「超越的な時間客観」とが区別されておらず、このことに対応して、この「客観的な時間」はどちらの時間客観が属する時間なのか、明確でない。

(95)「根源的な意味での諸内容」は、「感覚される」諸内容である。

(96)「残響」は、物理的な振動としての音である。なお、ここではNachhallの語が使われ、十行ほど後ではNachklang(単数形)あるいはNachklänge(複数形)の語が使われるが、同義であると思われる(なお、いつも同義ではない)。

(97)「実的」(reell)は、「体験」に(志向的にではなく、むしろ志向性なしに)含まれていることを意味する。この意味では「実含的」でもよいかと思う。他の訳として「実有的」もある。これは「実在的」(real)とはまったく異なる。

また、「[前に]ある」(vorhanden ist)のvorhandenは、ハイデガーのようにzuhandenと区別された概念ではない。むしろ、それは、「内在的」と、さらにまた、「志向的に内在的」とも重なる。しかしまた、「構成されてある」とは対立する。そのような語義で使われているように思われる。そうであれば、このvor(前に)とHand(手)を含むvorhandenは、まずもってそのvorの語義で理解される。すなわち「[前に]ある」である。これは、広義で空間的および時間的な両義において「[前に]ある」である。

しかしまた、この箇所に限っていえば、vorhandenは、fassen(手で捉える)を含むAuffassung(統握・捉え方)の「前に(以前に)」ある、すでに手中にある、というようにも解釈できるだろう。簡単に言えば、まだ超越化的な「統握」以前の状態にあるのが、vorhandenだということである。

(98)この「「に」想いを到らせ[=それを想起させ]」の箇所の原文は„an" [...] erinnernであり、

これの解釈はドイツ語の語法に関係する。動詞のerinnernは、意味的には日本語の「想起させる」にかなり対応するが、(日本語で言って)「何を」想起させるかについては、目的語によってではなく、前置詞an(四格の用法)を添えて示す。この語法それ自体は、ごく日常的なものであり、そのかぎりでは特筆すべきことはない。ところが、このanに引用符が付けられている。フッサールはどういう意図でこの前置詞に引用符を付けたのか。以下にひとつの解釈を示す。

本文では、「現在的な音」と「過ぎ去った音」との「関係」が扱われている。すぐ後には、darstellen、verbildlichenという動詞が、ほぼ同義のものとして続く。Verbildlichenは「像(Bild)的にする」というような意味であり、「現物」とそれの「像」との「関係」を示しているだろう。Darstellenは「表現する」とも訳せるような意味をもっており、そして、「表現する」は、「現物」そのものが直接に現れることではなく、間接的にそれ「として」現れるような「関係」を示している(それゆえに、この語の和訳「描出=提示する」では、直接性を強く示す「呈示する」ではなく、間接性を含意しうる「提示する」を使う)。「現物」と「像」においては、その「何」に関しては同じであるが、ある種の距離において異なる。そして、ここで問題になるのは、時間的な距離である。

さて、「現在的な音」が直接性をもって現れるのに対して、それが想起させる「過ぎ去った音」は、より大きな間接性、より大きな距離をもっている。「想起させる」という動詞は、そうした間接的なものへの接近運動を含む。フッサールは、この間接的なものへの接近運動を、前置詞anに引用符を付すことによって示した、と解釈される。

このニュアンスを示すために、和訳では、「「を」想起させせ」ではなく、「「に」想いを到らせ」というように、日本語の助詞「に」に引用符を付けた。

なお、このような語法に「間接性・距離」（時間的な場合は「過去」）が前提されているとすれば、すぐ後に続く文章「けれども、そうしたことはすでに、もうひとつ別の、過去表象を前提しているのである」も、より容易に理解されるだろう。「現在的な音は……過ぎ去った音「に」想いを到らせ……」は派生的なことにすぎないのである。

(99) この「心像化」(verbildlichen) は、「像」(Bild) を含意する。「像」は、像客体と像主題の区別を含む。「像」（像客体）は、それがいわば現物ではないことを本質とする。しかし、ここではやや緩い意味でこの語が使われているようである。

(100) 「今しがた」は eben の訳語である。

(101) この「場合によって」の「場合」は、「メロディ」の場合や「絵画」の場合などの「場合」であるであろう。前者の場合には、「感覚される音」が含まれるが、後者の場合には、それは含まれず、「感覚される色」が含まれる。

(102) いささかわかりにくい文章である。たとえば物理的な「残響」は、クロノメーターで何秒間持続したというように計測されるだろう。そのような客観的時間のなかでの「広がり・区間」を、意識現象としての「把持」はもっていないということだろう。しかし、「把持」は、客観的時間の構成を可能にする。

(103) 本書では、「系列」を示す語として、少なくとも Serie, Reihe, Folge が登場する。これらのなかで、明確に「順序」的性格を示しているのは、Folge であるので、これを「順序系列」

〈序列〉と訳す。Reiheも頻出する。これを「系列」と訳す。Serieについては、「帯状系列」と訳す。しかし、これらのあいだに、決定的な語義の違いはないように思われる。

(104) フッサールは、ここで「位相」の独立存在可能性といったものを否定している。原印象はそれだけで〈切り分けられるような仕方で〉存在しうるものではないし、把持もそれだけで〈切り分けられるような仕方で〉存在しうるものではない。それらは、連続性のなかのいわば限界表象である。さらには、その連続性も独立存在不可能であり、やはり限界表象である。恒常不断の変転運動が問題であり、それを「部分」に切り分けることはできない。

このように考えれば、先行する原印象をもたない把持というのは、一種の切り分けによる表象だということになるだろう。そうしたものは、右の意味で存在しうるものではない。

(105) この表現はニュアンスがとりにくいかもしれない。記憶されたものは、一回かぎりで過去に沈むのではなく、恒常不断にますます過去に沈み込んでいく。この「恒常不断にますます」のような意味で「いつでもまたもや」を理解するほうがよいだろう。ただ、「いつでもまたもや」(immer wieder)は本書のキーワードなので、それがわかるように訳しておく。

(106) この「その〈沈み込んだもの〉を〈再現された今〉に引き戻す明証的な再想起」という箇所は、一方で解釈を要するとともに、他方で注目に値するように思われる。

そこで「引き戻す」と訳したのは、zurückführenである。この語の意味が問題になる。二つの英訳は、これをtrace backと訳している。この英語を日本語にすれば、「その元を辿る」といった意味になるだろう。そうすると、右の箇所は「その〈沈み込んだもの〉の元を〈再現された今〉にまで辿る明証的な再想起」といった意味になる。これは、要するに、「沈み込んう。

他方、立松訳は「連れもどす」と訳している。これは（本書の）「引き戻す」と同義である。この場合は、「沈み込んだもの」を「再現された今」に「引き戻す」明証的な再想起、ということになる。この場合の「再現された今」は、準現在化された今であり、根源的な今——これから「沈み込んだもの」が発出した——ではない。しかし、そうすると、この解釈での「引き戻す」の語義がやはり問題になる。

この場合、フッサールのいわば視点はあくまでも現在・今にあると考えられる。「沈み込んだもの」を「今」に「引き戻す」のである。ところが、フッサールは、多くの場合、（再）想起を、現在・今から外に（過去に）出ることとして言い表す。まさにそれゆえに、ここでの「引き戻す」が興味深くなる。すなわち、フッサールは、再想起を、「外に出る」と「引き戻す」といういわば二重動向において捉えていた、という解釈が成り立つのである。この意味で、この箇所は注目に値する。

もちろん、この場合でも、引き戻されるところは、最初の今ではなく、あくまでも「再現された今」（準現在化された今）であるので、これらは厳密に同じ今ではない。とはいえ、フッサールが、再想起を、やはり「現在」（今）に関わる「準現在化」——これはそれ自体、内的に知覚される今的な作用でもある——として捉えているということも、この解釈では有効に働く。

（107）この「知覚されてあった」は、「〔意識のなかで〕知覚されてあった」を含意している。

(108) この「意識的な仕方で」(in bewußter [...] Weise) は、「留意された仕方で」を含意しない。言い換えれば、「主題的な仕方で」を含意しない。それゆえ、「非主題的なままに意識的な仕方で」を含意することができる。

通常の語法では、「意識的」は「主題的に意識的」を強く示唆してしまうので、このことを記しておく。フッサールの語法は、通常の語法よりも、射程が広いのである。

(109) ここでの場合(「内在的な客観」の場合)には、「現出する」ということが「ある」ということと重なる、ということである。「現出する」ならば、「ありもする」(=存在しもする)ということである。ここでは、「現出する」(現れる)ということから、「存在する」(ある)ということを考える可能性が示されている。しかし、これは「超越的な客観」の場合には、かならずしも成り立たない。

(110) 「超越的な知覚」は、「超越的に(外部から)捉えられた知覚」ではなく、「超越的なものに関わる知覚」であろう。とはいえ、超越的なものはエポケーされているので、この言い方は訝しく思われるかもしれない。しかし、エポケーによって拓かれる次元は、(後の語法を用いれば)「超越論的」である。そこには、超越的なものが構成されるその「内部」の条件——と言ってよかろう——が含まれる。あるいは、超越的なものをエポケーしないと、この超越論的な条件が見いだされない。これを見いだせば、そこで超越的なものの「構成」(この場合は「知覚」)を解明する可能性も拓かれる。

(111) 像的な表象の事例としては、たとえば写真でもよいだろう。写真の像と、その現物を見比べるといったことが、ここでは考えられている。しかし、記憶は、そうしたものではない。

(112) 文脈から明らかなように、この場合の「今」は、「原印象」だけに対応する「今」である。また、「知覚」も、ここではこの狭義の「今」に対応するものとして捉えられている。

(113) 「拡張された知覚」とは何か。狭い意味での「知覚」は（観念的に言えば、あるいは分析上の概念としては）「点」的だとみなされうるが、しかし、「拡張された知覚」は、「点」的でなく、「幅」をもつことになるだろう。しかし、そうすると、この「拡張された知覚」には、把持が含まれているのではないかという疑問が生じる。おそらく、この疑問に対しては、知覚（原印象）と把持は実際には連続的だという答えが出されるだろう（フッサール自身、原印象を「極限概念」だと考えていたと思われる）。この意味で、この知覚には把持が含まれるだろう。

(114) この「過ぎ去ったもの」は、文脈からすると、「過ぎ去った〈ある〉」と解するほうが、より適切であるかもしれない。

(115) 「所与性」（Gegebenheit）は、「与えられるということ」あるいは「与えられるもの」である。この語は、厳密には「与えられ方」と同義ではない。「与えられ方」に対応するのは、Gegebenheitsweise である。この語は「仕方＝様式」（Weise）を明示的に含む。とはいえ、いくつかの場合、Gegebenheit の語で Gegebenheitsweise の意味が示されている。「所与性」の訳語ではそれがわかりにくいので、場合によって「与えられ方」の語を補う。

(116) この「遡り示す」という概念も、フッサールの基本概念の一つである。ここでは把持が原印象を遡り示す、ということが問題になっている。しかし、原印象と把持は連続的である。とすれば、この「遡り示す」も「連続的に遡り示す」ということではなかろうか。

(117) この言い方は、それの意味するところがもうひとつ明確でない。たとえばひとつのメロディの知覚が経過し終えると、(コンサートホールの照明が明るくなって)色彩の知覚が前面に出てくる。この後者の知覚もまた把持(の連続性)に移行する。しかし、両者は、ばらばらにならずに、連続的に統合されている(すなわち、メロディ知覚の連続性に、色彩知覚の連続性が、連続的につながる)。こういうことであろうか。

(118) この箇所は、wie der Wahrnehmung と記されているが、wie bei der Wahrnehmung と読んでよいだろう。

(119) この「空想」は、「想起」と同義に用いられているだろう。

(120) この「駆け抜ける」(durchlaufen)はさまざまな場面で使われる。視覚的な場面では、「閲歴する」、最初から最後まで思い出していく、ということを意味する。ここでは、メロディを「通覧する」などとも訳されるが、「メロディ」という聴覚的な事例では、「通覧する」という語は適切でないかもしれない。

(121) この「いわば」(„gleichsam“)は、gleich(等しい・相似的)を含む。このニュアンスが活かされている。この語はすぐ後の gleich と連関している。

(122) 「〔その構成が遂行されて〕生じてくる」は sich vollziehen の訳である。「遂行」は、ノエシス的な(動詞的)側面を示す。

(123) この「残響する」は nachklingen である。(先には物理的な「残響」が語られたが、)ここでは把持のことが語られているので、物理的な残響が語られているわけではない。同じ語が使われてはいるが、語義の相違は文脈から明らかだろう。

（124）ここでは「いわば」（gleichsam）の「等しい」（gleich）が問題にされている。ドイツ語では、両者は重なっている。日本語でも、「いわば」を「なぞらえれば」とか「疑似的に」と言い換えると、なんらかの等しさが問題になっていることが、わかりやすくなるだろう。すなわち、「いわば」と言えるためには、二つのものが、なんらかの点で「等しい」ことが条件になるからである。

（125）この箇所は Wir hören ja nicht wirklich und haben nicht wirklich gehört と記されている。後半部分は、「われわれは……現実に聞いたわけではない」とも訳せるが、「記憶＝想起されたもの」は、原則的に言って、「現実に聞いたもの」であろう。このことが否定されているわけではない。むしろ、この箇所では再想起のなかでの把持のことが記述されていると解される。把持の「もっている」というニュアンスを使った訳文にする。

（126）この Ebenvergangensein という表現は、sein（ある・存在する）を含んでいる。しかし、時間的な「過ぎ去った」を含んでいる。「過去的にある」と訳すことも可能ではあるが、そうすると「今しがた過去的にある」ということになる。この場合、（時間的成分として）「今しがた過去的」――すなわち、いくつかの「過去的」のなかでも、「今しがた」という「過去的」――と読まねばならない。ここで重要なのは、「ある・存在する」という存在性格的な成分と、「今しがた過ぎ去った」という時間性格的な成分が、この表現のなかに含まれているということである。これらの成分を明示するために、先の例における「〔あったが〕過ぎ去った」にならって、「〔あったが、〕今しがた過ぎ去った」と訳しておく。

（127）「原与件および把持の連続体」とは何を指しているか。広義の現在的な「体験」あるいは

「意識」の全体ではなかろうか。しかし「原与件および把持の連続体」が、体験あるいは意識の作用的側面だけを指しているという可能性も残る。
(128) 以下の二つは、おそらく「知覚」(もっと単純化して「見る」)の場合と平行的に捉えられているだろう。すなわち、「さっと見る」(瞥見する)と「よく見る」(熟視する・観察する)の二つである。前者に対応するのが、「ただざっとつかむ」であり、後者に対応するのが、「繰り返す想起」である。
(129) この「遂行形式」は、この節の表題における「遂行様態」と同義であろう。
(130) 「ただざっとつかむ」は ein schlichtes Zugreifen の訳である。この節では、「つかむ」に関連するいくつかの語彙で、相互の連関が示されている。
(131) この「繰り返す想起」は wiederholende Erinnerung の訳である。この wiederholen は(分離動詞としては)「取り戻す」を意味し、(非分離動詞としては)「繰り返す」を意味する。フッサールはたとえば第一八節のように非分離動詞で用いることが多いので、「繰り返す」と訳すが、しかし、意味的には(過ぎ去ったものを)「取り戻す」が含意されているように思われる(この含意が日本語の「繰り返す」にはない)。これはまた、「再想起」でもある。
なお、wiederholen の holen も「つかむ」に連なるだろう。
(132) これは、ふと思い出して、しかしそれ以上は注意を向けないような場合であろう。
(133) 「再生的」は reproduktiv の訳である。この節では、「再生的」の語は、「(再)想起」とほぼ同義に使われている。しかし、「知覚」でないもの(「予期」も「現在想起」も「空想」も)は再生的である。

なお、補遺Ⅻでは、(「内的意識」の問題が考慮に入れられて)再生と再想起とは区別される。

(134) この「指標」(Index)という表現は比喩的であるが、しかし、次の段落で登場する「遡り示す」(zurückweisen)という表現と連関しているだろう。総じて、派生的なものは、原本的・根源的なものを遡り示す指標をもつ(あるいは、そうした指標をもつからこそ、それは派生的なものである)。

(135)「ただ見やる、ひっつかんで把捉する」と訳したのは das schlichte Hinsehen, Hinfassen である。これも「つかむ」に関連する。なお、これは前段落の「ただざっとつかむ」の言い換えである。

(136) この「作用」は、基本的に、前段落の二つの異なった遂行形式の作用のうちの、前者に対応するだろう(「ただ見やる、ひっつかんで把捉する」は、前段落の「一条の視線で〔ちらっと〕見やる」および「ただざっとつかむ」に対応するだろう)。ただし、この段落では、それが、「反省する」という作用として展開されている。「反省する」は、しかし、前者のみならず、後者の遂行形式とも関連しており、このことが、結局、次の段落の「同一として示される」という文言に現れるだろう。

なお、「反省する」という作用は、現象学そのものの方法概念でもあるので、さらに展開されることになる。本書の補遺Ⅸや、『イデーンⅠ』第七七節、第一〇一節などを参照。

(137) もう少し敷衍すれば、第一の遂行形式の再想起も、第二の遂行形式の再想起も、把持にもとづく。再想起に対して、把持は原本的・根源的である。

(138)「把持の統一性の内部にあるひとつのメロディ」とは、把持の射程を超えるほど長大でなく、把持の射程内に収まっているメロディのことであろう。
(139) この「遡って〔＝振り返って〕留意する」は zurückachten である。日本語としていくらか不自然な言い方になる。とりわけ「留意する」(achten) は、「注意する」(aufmerken) と大きく重なるが、どちらも「注意様態」という問題形に属する語彙なので、achten を用いた語は術語的に訳しておく。
(140) ここで「反省する」という表現が登場することに注意。
(141) 「思考対象性」の「思考」はおそらく「悟性」、それゆえ「言語」ないし(言語的・「判断」に関わり、それの「対象性」はおそらく「事態」を指すだろう。
(142) 「思考対象性」は最初からできあがっているのではなく、段階的に構成される〔＝おのれを築き上げる〕。ところが、「振り返って見る」作用は、そうした段階的構成をいわば無視して、その対象性が最初からできあがっているかのように捉える。こういうことであろう。
(143) これは知覚的な所与性であろう。言語的な思考対象性は、その「根源」として知覚的な所与性を遡り示す、ということであろう。
(144) 「本来的」は、フッサールでは多くの場合「直観的」を意味する。これは、単に言語的・記号的なものが、直観なしでも機能するということと対比される。しかし、直観は、基本的には、「内容」(充実化する内容) を与える。おそらく、この意味で、ここでの「本来的」の語は、「充実化」と呼応する。
(145) これが、本節冒頭の「繰り返す想起」〔＝再想起〕に対応するだろう。
(146) ドイツ語の wahrgenommen は「知覚され(てい)る」と訳されるが、しかし、wahr(真に）とgenommen（受け取られる）から成り立っているので、「真に受け取られ（てい）る」という意味をもつ。そして、「真に受け取られ（てい）る」のは、「現在的」ないし「今的」なものだけである。かつてあったものは、この意味では真に受け取られていない（それゆえ、知覚されていない）。このことを考えると、この箇所の議論はわかりやすい。

(147) ここでも「把持」が、（「『外的』把持」として）メロディのような客観性の統一性を構成するだけでなく、（「『内的』把持」として）意識それ自体の統一性を構成することが、ごく簡略に述べられている。

(148) 「十全な」（adäquat）は、伝統的に「事物と知性との一致（adaequatio）」というような言い方のなかで使われてきた概念を、フッサールが現象学に持ち込んだものである。この語には「一致」といった意味があることが理解されるが、フッサールは、基本的に「志向」と「充実化」との関係でこの語を使うことが多い。たとえば、言語的な意味志向が、直観によって完全に充実化されるとき、両者の「十全性」が生じる。知覚的な志向の場合には、時間性が重要になる。

本文のこの箇所では、「時間客観」とそれに対応する「意識作用」とのあいだで、たとえば時間客観の延長に、意識作用の延長が一致しない場合には、不十全的だということになり、両者が一致する場合には十全的だということになる。ここでは、意識作用それ自体が時間客観となっており（一言でいえば意識作用の「自己意識」あるいは「自己知覚」である）、両者の関係は十全的だと言われている。

(149) この「そのような諸作用」の「そのような」は、〈時間的区別を含むような〉を意味するだろう。

(150) この「原意識」(Urbewußtsein)は、「原印象」(Urimpression)と重なるが、その自己構成的側面が重要である。

(151) 前の文章をうけて、この文章では、意識作用それ自体が、おのれ自身の原意識、把持、予持といった作用(あるいは時間的な作用性格)の区別にもとづいて、おのれの時間性を構成する、と言われている。

(152) この「拍」(Takt)という表現はわかりにくいかもしれない。メロディを多用するフッサールだが、ここでは楽譜のイメージで考えているように思われる。音符には、四分音符、八分音符などがあるが、これらがもつ「拍」のイメージである。なお、Taktの語は「小節」の意味にも使われるが、ここでは「拍」であろう。

(153) この「知覚」は、「真に受け取る」という意味で使われている。

(154) この段落では、「知覚」という概念の時間的な射程の変動が問題にされている。言い換えれば、ここでは、それの存在性格に関わる側面については問題にされていない。その点では、「ある」の語を強調する必要はないが、これが潜在的には含意されているので、このように訳しておく。

(155) この場合の「今、現在的」の「今」は狭義の知覚に対応する。

(156) この文言そのままでは、これまでに述べられていないように思われるが、把持が「知覚」(これのいわば伸び縮みが問題にされているわけだが)に含まれるかぎり、この文言の内容はすでに語られていると言えるだろう。

(157)「時間客観それ自体」には、時間性（「今」、「たった今」）という時間的契機と、構成における「根源性」――すなわち派生的でない――という契機が含まれる、そして、これを構成する作用には、これらに対応する成分が含まれる、ということであろう。

(158)「〔時間的な〕所与性の諸区別」とは、「今」、「過ぎ去った」といった区別であろう。

(159) この「末端をもつ」(terminieren) は、場合によっては「始端をもつ」と訳すほうが、「直感的」にわかりやすいかもしれない。

(160) 文法的に、「しかし理念的な限界にすぎない」は「統握」にかかるが、しかし、文脈的には「今」にかかるほうが、より適切に思われる。

(161)「まったく異なったもの」(etwas *toto coelo* Verschiedenes) という表現は、〈別世界に属すほど異なったもの〉あるいは〈天と地ほど異なったもの〉というようなニュアンスをもつだろう。

(162) この「〈自体を与える作用〉としての知覚」の原語は、Wahrnehmung als selbstgebender Akt である。

(163) この文章は、十分に注意して読まれるべきであろう。

まず「知覚」(Wahrnehmung) は、何度も述べたように「真に受け取る」を意味する。そしてそれを言い換えた「現在の〈自体としての付与〉」(Selbstgebung der Gegenwart) は、Gebungを含み、この語は「与える」を意味するgebenの名詞化である。日本語では「与える」をそのまま名詞化することは難しいので、ここでは「付与」と訳しておく。似た言葉としてSinngebungが「意味付与」と訳されることも勘案した。（しかしまた、geben の受動形からできているGegebenheitの語が「所与性」と訳されることから、能動形のGebungが「能与」と訳されることもある。）

さて、重要なのは、「（真に）受け取る」と「（自体を）与える」の（対立関係ではない）いわば表裏一体関係である。この場合、「与える」のは何かという問いが成り立つだろう。さしあたり「知覚」が現在（自体）を与える、と解釈できるし、これはまた表題の「〈自体を与える作用〉としての知覚」とも符合する。しかし、「知覚」は「（真に）受け取る」でもある。とすれば、これに対応して、「現在」がおのれ（自体）を与える――それを知覚が（真に）受け取る――とも解釈できる。

通常の意味で、「与える」を能動的、「受け取る」を受動的（＝「与えられる」）と考えると、おそらく事象を捉え損なうだろう。事象そのものとしては、ここでは、中動的と言うべき事態が語られているように思われる。フッサール自身は、この中動態という概念を術語としなかったが、それでも彼の記述のなかからこれに近い事態を読み取ることはできる。

さらに、「自体」（selbst）という語は、「代理的なもの」や「派生的なもの」に対立する。「想起」や「空想」や「予期」は、「知覚」の代理や派生態を与える。これに対して、「知覚」は、もはや代理や派生態でないものを与える。「知覚」は机「自体」を与えるのであり、机の「像」などを与えるわけではない。

（164）　ここでの「想像される」の原語はeingebildetであり、この語はカントとの関係が深いが、ここでフッサールは空想あるいは想像の意味に用いている。

（165）　この「それ自体として」（als es selbst）という点が、ここでは重要である。

(166) この「眼前に〔表象的に〕立てる」(vor Augen stellen)というドイツ語の表現は、通常、vor den Augen Stellen という形で用いられて、「はっきり見せる」といったことを意味する。ここでは、この表現は、「表象する」(vorstellen)を連想させるように用いられていると思われる。

しかし、ここでの文脈では、知覚だけが「それ自体として」(als es selbst)眼前に立てるという点が、重要である。「自体」は、先に述べたように、「代理的なもの」や「派生的なもの」と対比される。そして、このことが「根源的」な構成に含まれている。

(167) 「再-現前呈示」と訳したのは Re-Präsentation である。この Präsentation(現前呈示)は、なにかを、現在的にある、として与えることである。これに re-(またもや・ふたたび)が付け加えられているので、「再-現前呈示」である。ただし、このようにハイフンで結びつけず、Repräsentation と一語で記された場合には、通常、「表象」(「心像」の意味での「表象」)、「再表象」「代理表象」などを意味する。

しかしまた、この Repräsentation は、ラテン語からの借用形であるが、意味上は、ドイツ語の Vergegenwärtigung(準現在化=思い浮かべ)と重なる。そして、これに対立するのが、Gegenwärtigung(現在化)であり、これが右の Präsentation(現前呈示)と重なる。「再-現前呈示」の語にはこのような含意が込められている。

なお、後年のフッサールは、関係した語として Appräsentation という語も用いる。これは「付帯現前呈示」とか「間接現前呈示」(あるいはこれに似た訳語で)と訳される。

(168) この箇所の「本来的な像意識」は、物理的像、像客体、像主題から成る構造をもつ像意識であろう。
（169）　これは、把持的変様のことであろう。
（170）　ここでは、「原本的」な構成が「知覚」と呼ばれている。先には、時間客観の一位相に相関する意識作用と、時間客観の全体（あるいはその時間的な前後も含めて）に相関する意識作用とが、「知覚」と呼ばれることが述べられていた。
「原本的」な構成は、当該の客観の「それ自体として」を構成する。それに対して、派生的な構成（ここでは「再生」）は、これを構成しない。「原本的」な構成は「現前呈示」に対応し、派生的な構成は「再現前呈示」に対応する。

また（右のことに含意されるが）、このような「自体」を表象の彼方に（外部に）設定すべきではない。
（171）　この「再現前呈示的」は repräsentativ の訳である。先の Re-Präsentation の変化形として用いられている。
（172）　この「現前呈示的」は präsentativ の訳である。先に説明した Präsentation の変化形として用いられている。
（173）　「この新たな本来的なもの」は、「〈たった今あった〉」、「〈今と対立する《以前》〉」である。こうしたものも、「本来的」である。「本来的」とは、フッサールでは、「直観的」とほぼ重なる。逆に「非本来的」は「記号的」とほぼ重なる（「記号的」は「言語的」とかなりの程度まで重なる）。
（174）　「いわば」（gleichsam）の語義については、すでに第一四節の訳註（121）などで述べた。

「いわば」を「なぞらえれば」(準えれば)、「疑似的に」と訳すこともできるが、しかし、日本語としては「いわば」のほうが自然であるので、「いわば」と訳す。

(175) Erinnerungは、日本語では「記憶」と「想起」に分かれることが多い。ここでは、「第一次記憶」と「第二次想起」と訳しておく。前者は「把持」と同義、後者は「再想起」と同義である。

(176) この場合の「意義」は、現象学的な語義での「意義」というよりも、むしろ一般的な語義でのそれであろう。おそらく「役割」といった語義で使われている。

(177) 「持続」は「充実」に関わるので、「存在内実」に関わるが、しかし、これには時間的な「存在形式」も属している。こういう意味で、「それの「持続」という——存在内実に属する——〔時間的な〕存在形式」と言われているのだろう。

なお、この「存在形式」(そして「存在内実」)は、「同じもの」が「同じ(である)」とされるための条件に関わっているように思われる。すなわち、変転する「現出」のなかで「同じもの」が(そして「同じ」が)可能になるための条件である。「現出」が変転するのに対して「持続」という「形式」が、「同じ」を可能にし、「同じである」という「存在」を可能にするだろう。この意味で「存在形式」が語られているだろう。そして、その「同じ」の内容(「何」が同じか)を与えるのが「存在内実」であろう。

(178) これは、「継起」ということである。また、すぐ後の「ひとつの後に他のひとつ」も、継起を、より具体的に言い換えたものである。

(179) この「原本的に与える」という規定は最も重要なものである。「原本的」(「自体」と結びついている）は「変様」に対立する。「与える」は、対象が「与えられる」、「所与のもの」であるのに対応する。同時に、「与える」は、ドイツ語の「存在する」＝「ある」を意味する es gibt（直訳すれば、「それは与える」）と関連しているだろう。つまり、「原本的に与える」は、なんらかの対象をもろもろの変様に先立って「存在する」＝「ある」とする、ということである。この性格をもつのは、「知覚」である。「知覚」（Wahrnehmung）は「真に受け取る」を意味する。それゆえ、「与える」と「受け取る」がいわば両面的に成り立つことになる。さらにまた、「知覚」の時間性格は、「現在」である。これらのことがここに含意されている。

(180) この引用符付きの「繰り返す」は „wiederhole“ である。なぜ引用符付きなのか、解釈を要する。おそらく二つの含意がある。

第一に、繰り返すということは、厳密な語義では、まったく同じことを繰り返す、ということになるだろう。しかし、再想起の場合、まったく同じことを繰り返すわけではなく、変様をともなって繰り返す。このことを示す引用符ではないか、と思われる。そもそもドイツ語の wieder は wider（「反」といった意味をもつ）と同根であり、その語根は「離ればなれ」あるいは「切り離されている」ことを意味する。

第二に、ドイツ語の wiederholen は分離動詞の場合と、非分離動詞の場合があるが、後者では「取り戻す」を意味する。この語義も、フッサールはここでの „wiederhole“ に含ませようとしたので、それを示すための引用符ではないか、と思われる（おそらくこちらの含意が強く、すなわち、切り離されたものを、それでも取り戻すのである）。

なお、「再想起」（Wiedererinnerung）の「再」（wieder）にも「取り戻す」のニュアンスが含まれているだろう。また、彼は「いつでもまたもや」(immer wieder) という語も多用するが、この「またもや・ふたたび」(wieder) の場合にも、「取り戻す」のニュアンスが含まれているだろう。

(181) 「できる」は„kann“の訳である。この場合の引用符は、おそらく、すぐ後の「自由」(これも引用符付きである) との関係を示すためのものであろう。

(182) 引用符付きの「私はできる」は„ich kann“の訳である。これも先の引用符付きの「できる」および「自由」と連係しているだろう。なお、「私はできる」は、フッサールの基本用語のひとつである。

(183) この引用符付きの「単なる表象」が何を意味するのか、もうひとつ明確でない。カントあたりの語を念頭に置いているのかもしれない。第二〇節で「自由」について述べられるが、それと関連していることは確かである。

さて、もう少し具体的に考えると、たとえば、「私」は、自身がゼウスであるという空想表象をもつことができるし、それどころか、8次元世界の住人だという空想表象をもつこともできるかもしれないが、それを現実化する (すなわち実在の措定をともなって構成する) ことはできない。「私はできる」は、そのような意味での (自由変更の意味での) 単なる空想表象ではない、ということだろう。

なお、ich kann (私はできる) から「能力可能性」(Vermöglichkeit) という語が引き出される。これも実践的可能性を含意する。

(184) この「その後に」は、(現下の) 知覚における「その後に」を意味する。

(185) この「変様された意識」というのは、「知覚」が「原本的」であるのに対して、想起は「変様された」ものであり、その想起における「AにはBが後続する」という順序系列の意識を示している。言い換えれば、順序系列そのものも、想起に属しているのである。訳註(184)の「その後に」が(現下の)知覚における順序系列を示しているのと対比的である。

(186) ここでは、広義のノエマ側のもの(持続する対象性)に対応する、ノエシス側の意識(原本的に与える意識)を問う、ということが述べられている。両者は不可分だが、分析上は区別されねばならない。

(187) この「結果」は、知覚の結果としての把持を指しているだろう。この場合には、持続の把持である。また、「合致」は、この把持と再産出との合致であろう。

(188) 「端的な持続」は、知覚における持続である。

(189) ここでの「よく留意されるべき」(zu beachten)は、日常的な語義で使われている。ただし、beachten は、achten および aufmerken とともに、「注意様態」の問題として分析される。そうした分析は、しかし、もっと深く考えれば、日常的な語義での語法に関しても当てはまる。

(190) この引用符付きの「原本的に」は、解釈を要求する。「原本的」なのは、本来、「知覚」である。しかし、ここでは「再産出」、「再想起」が考察されている。おそらく、再想起の場合には、それの「原本的」(もちろん拡大された意味で「原本的」)は、すでに過ぎ去ったものだ、ということであろう。

(191) この「現在をその後も生きつづけること」は nachleben の訳だが、このドイツ語は、通常、三格の名詞をとって、「……を目標として生きる」といった意味になる。ここでは、しかし、四格の名詞「現在」をとっている。立松訳は「現在を……生きつづける」と訳している。英訳は「再び生きる」(re-live, relive) と訳している。ドイツ語の nachleben の名詞形で Nachleben がある。これは「(故人が) 記憶 (思い出) のなかに生きること」といった意味をもつ。おそらく、この意味に適宜変更を加えた意味で、すなわち「〔現下の〕現在を (把持的にもって) 生きる」という意味で、この語が用いられているのだろう。

(192) この文章は、おそらく、「たった今過ぎ去った現在」を、私は把持的になおもちつづけ、それを生きつづけていると言えるが、しかし、把持されているものは、「再生」(再想起) によって再所与性にもたらされたものではない、両者は区別される、ということを意味しているだろう。

なお「再現されて〔＝再度与えられて〕」と訳したのは wiedergegeben である。この語は「再現される」を意味するが、ここではこの語の「与えられる」のニュアンスを示すためである。

(193) 「再想起する諸体験の継起を遂行する」というのは熟さない表現だが、「再想起する諸体験を継起させる」ということである。

(194) この (A—B) は根源的な知覚、(A—B)′ は最初の再想起、(A—B)″ は二度目の再想起を意味し、これら三項をつなぐ — 記号は、これら三つがひとつの統一的な意識のなかでの継起であること (それゆえ継起意識の統一性のなかにあること) を意味している。

(195) 「現前態」は Präsenz の訳である。Gegenwart (現在) と基本的に同義と思われるが、この語は、Präsentation (現前呈示)、Re-Präsentation (再 - 現前呈示) などと連係する。

（196）この「反復可能」は、単純な反復ではなく、高次段階への上昇を含意している。

（197）この定式化は、A—Bを根源的に知覚し、その後（—）、A—Bを（最初に）再想起したこと、この経過の全体（すなわち、（A—B）と—と（A—B）′の全体）を再想起（［　］′）する、ということを意味するだろう。

（198）一四五頁の法則（A—B）′＝A′—′B′を適用すれば、［（A—B）—（A—B）′］′＝（A—B）′′—′［（A—B）′］′、ということになる。本文の議論は、この展開形態を念頭に置いて、それぞれの成分（A—B）′、［（A—B）′］′、そして、—′について述べている。

（199）このzugleichは、日常的な意味での「同時に」であろう。

（200）「等しい」＝「同等」の語義は、基本的に、ここに示されているように「内容が同一」である。「内容」とは、「何」の成分である。たとえば、音の場合であれば、ひとつの「ド」の音と、それの後に継起する「ド」の音は、（その時間位置は異なるが）「等しい」（同等である）。しかし、同じ瞬間に聞こえる「ド」の音と「ミ」の音は、「等しくない」（同等でない）。

（201）「共存」は、同じ時間点に複数の客観が与えられていることを意味する。和訳としては「共在」のほうがよいかもしれない。

（202）この「［そうした直線によって］ひとつが他のひとつに関係づけられるという関係性」は、Aufeinanderbezogenheitの訳である。

（203）ここでは「空想」が「第二次想起」と重ね合わされている。しかし、これはおそらくブレンターノに倣《なら》ったものであり、フッサール自身の本来的な語法ではない。

（204）「遡り示す」はzurückweisenの訳である。この「遡り示す」は、根源的なものと、変様されたものとの区別に関わる。たとえば「想起」は、「(過去において) 知覚された」ものとして、「(現在において) 知覚される」を遡り示す。仮にもその「想起」——という言葉自体が不適切になるが——が後者の「知覚」を遡り示さないならば、それは想起ではなく、むしろ知覚である。知覚は、他のものを遡り示さないから、根源的である。

(205) 「発源する」(entspringen) は「根源的」(ursprünglich) と呼応している。すなわち、根源的なものから非根源的なもの (変様されたもの) が「発源する」。この意味で、非根源的なものとしての準現在化から「発源する」ということはない。

(206) 「観察する」と訳した betrachten は、「観賞する」といった意味でも使われる。他方、この語は、「考察する」の意味でも使われる。日本語の「考察する」は、「思考」のニュアンスが強いが、「観察する」・「観賞する」のほうは「知覚」のニュアンスが強い。ここでは、後者のニュアンスで使われている。

(207) この「知覚する」は、直前の「観察する」をさらに強めて「真に受け取る」(あるいは、ここでは「真に観て取る」でもよい) の意味で使われている。

(208) この「観て取り」は erschauen の訳語である。原文では、似た語同士を連係させることで、分析が進められていく。

(209) この文言の背景には、「想起」と「第一次記憶」が、ドイツ語ではいずれも Erinnerung で言い表されるという事情がある。同じ言葉で言い表されるにもかかわらず、両者には大きな差異がある、ということである。

(210) これは、たとえば四分音符分の長さの音の最後の十六分音符分の音が今聞こえているような場合であろう。

(211) この場合の「端的な再生」は、おそらく第一次記憶＝把持の一度目の再想起を意味しているだろう。

(212) ここから問われるのは、あくまでも「再生」のなかでの原印象的な「鳴り始める」と、やはり「再生」のなかでの（「鳴り始める」の後の）残存意識である。後者は、言い換えれば、再生のなかでの第一次記憶＝把持である。

(213) この「直観的な」は intuitiv である。しかし、anschaulich（直観的な）と概念的な相違はないだろう。

(214) この「後者」は、知覚から空想への移行（それゆえ知覚と空想）、印象から再生への移行（それゆえ印象と再生）であろう。これに対して「前者」を想定すれば、今から過ぎ去った今への移行（それゆえ、今と過ぎ去った今）であろう。

(215) 二つの側は、以下のようにまとめられる。
知覚の側で、「今」は「過ぎ去った今」へと恒常不断に下降し、下降の連続体が延び広がる。

準現在化の側で、「再生された今」は「再生された過ぎ去った今」へと恒常不断に下降し、下降の連続体が延び広がる。

しかし、知覚と準現在化の関係は、恒常不断の連続性をもたず、不連続である。

(216) 統握内容も、感覚であれ、ファンタスマであれ、下降する、ということであろう。

(217) この「再現前呈示」(Repräsentation) は、直前の「現前呈示的」(präsentativ) と対語的に用いられている。

(218) 訳文の構造上、文意が多少不鮮明かもしれない。「感覚」は、「知覚対象」を構成するための条件である（統握の「素材」である）。この意味で、「感覚」は「知覚対象」に対応する。この場合、知覚対象は（統握によって）「現前呈示的」に現出する。

他方、「ファンタスマ」は、「想起対象」や「空想対象」（空想客観）を構成するための条件である（統握の「素材」）。この意味で、「ファンタスマ」は「空想客観」に対応する。この場合、空想客観は（統握によって）「再現前呈示的」に現出する。「感覚」と「ファンタスマ」は、ともに恒常不断の連続体をなす。

この（相違と）共通性が述べられている。

(219) この「感覚とファンタスマのあいだの本質的な相違」は、知覚と準現在化の区別にも対応する。

(220) 文法的には、「これら」は「ファンタスマたち」を指すとも考えられるが、意味内容から本文のように訳す。

(221) この箇所のテクストは、さらに次のように続いていたことがテクスト校訂上の註記で示されている。「この草稿は（最初は、おそらくE・シュタインによって付けられた鉛筆書きの括弧内で）以下のように続く。「今という契機は、それ自体すでにひとつの連続性であり、それというのも、その契機は、もちろん、数学的な点として把握されることはできないからである。」」

(222) 「退きながら沈んでいく」は„Zurücksinken“の訳である。これに引用符が付けられているのは、おそらく、ここでは、空間的な意味で「退きながら沈んでいく」を示さず、時間的な意味でのそうしたことを示すからだろう。

(223) 「目をやる」はhinsehenの訳である。この節では、ドイツ語原文で「見る」に関連する語によって連関が示されている。

(224) 「傍観する」はZusehenの訳である。これも「見る」に関連する。

(225) この語Durchlaufenは、基本的に「駆け抜ける」を意味する。たとえば、長距離走の場面を「思い浮かべる」と、スタートからゴールまでのもろもろの風景を駆け抜けていくことになるだろう。そのように理解すればよい。「閲歴する」、「通覧する」とも訳される。

(226) この「出来事」はEreignisの訳である。

(227) 多少わかりにくい言いまわしであるが、「我が家のことのように自由に扱うことができる」といったことであろう。

(228) この「相対的な経過様態」とは、おそらく「より先に」と「より後に」といったものであろう。

(229) この「不明晰性」(Unklarkeit)というのは、いささか奇妙である。「明晰性」でよいのではないかとも思われる。ただ、この節では、準現在化がそもそももつ「不明晰性」が問題にされるので、フッサールはわざわざ「不明晰性」と記したのかもしれない。

(230) この「意識様態」は、「〈どの様に〉」と呼ばれるものに対応するだろう。

(231) この「それ」はerであるが、対応する男性名詞が近辺に見あたらない。たとえば(男性名詞である)「音」(Ton)をフッサールは思い浮かべていたのかもしれない。あるいは、esの誤植だとすれば、「時間客観」であろう。後者の可能性を考えて、「時間客観」と補う。

(232) 「現にそこに立つ」(dastehen) という言い方は、「対象」(Gegenstand) に関して用いられることが多い。

(233) この「準現在化されるもの」は、知覚の場合の「端的な現出者」に対応すると思われる。

(234) この「準現在化の〈どの様に〉」は、おそらく、知覚の場合の〈どの様に〉と平行的に考えられているだろう。知覚の「端的な現出者」は、さまざまに(とりわけ時間的契機においてさまざまに)現出する。たとえば、「今」という様態で、「たった今過ぎ去った」という様態で、などである。これらがこの現出の「どの様に」である。この「どの様に」と相関的に(もう少し正確にいえば、この「どの様に」を考慮に加えた「〈どの様に〉における現出者」を媒介・突破して)「端的な現出者」が志向される。

本文では、ここでは(知覚の)「端的な現出者」が「準現在化されるもの」に対応し、(知覚の)「どの様に」が「準現在化の〈どの様に〉」に対応するだろう。そうだとすれば、「準現在化の〈どの様に〉」は、むしろ「準現在化〔されるもの〕の〈どの様に〉」というほうが、より正確であるように思われる。

(235) 右の訳註(234)で、いわば準現在化される当のものの内部構造について述べたが、しかし、それ全体をまさに準現在化する作用・体験(これは、それ自体としては、現下の作用・体験である)が、ここで述べられている。準現在化する作用・体験には、それ自体の不明晰性が備わっているということであろう。

(236) ここでは「意識的にもっている」という日本語表現を用いるが、この「意識的に」は

bewußt であり、この語は多くの場合「意識されて」と訳されている。後者を用いれば、この箇所は「意識されてもっている」ということになるが、日本語としてわかりにくくなる。ここでは「意識的にもっている」と訳したが、ただし、これは（かならずしも）「意図的にもっている」ということではない。

(237) 第二三節の議論であろう。

(238)「体験過程」は Erlebnisverlauf の訳である。

(239)「系列の順番」は Reihenfolge の訳である。Folge（順序系列）と基本的に同義であろうが、その「順番」が強調されているように思われる。

(240) この箇所の「記憶にある」(erinnernd) は、多少不明確な語法であるように思われる。

(241) この文章では、「意識的に」が重要である。

(242) この文章での「客観的な」および「現実に」は、「超越的な」、「超越的に」と言い換えられるだろう。

なお、本節では、「出来事」(Ereignis) は超越的なものを指し、「出来事過程」(Vorgang) は意識内在的なものを指している。

(243) この文章での「現実」も右の訳註と同様に理解される。そして、「誤ったもの」の語も、この「現実」に関して「誤ったもの」である。

(244) この「出来事」(Ereignis) も超越的である。

(245)「再想起の現象的な今」は、再想起されている、それゆえ準現在化されている、その今であろう。

(246) この「ひとつの〈過ぎ去った（＝過去）〉」は、再想起のなかでの原印象的な今であろう。

(247) この「準現在化する」は、広義で言われているだろう。すなわち、再想起のなかでの今において「ひとつの〈過ぎ去った（＝過去）〉」が現出するということが、言われているだろう。

(248) この「過去意識」（Vergangenheitsbewußtsein）は、再想起のなかで第二の音が鳴り響いたときに、たった今過ぎ去った第一の音をなお把持している意識である。この意味では、「〈たった今過ぎ去った〉の意識」と呼ぶほうが、より正確だろう。

(249) この「過ぎ去った「たった今過ぎ去った」」という言いまわしの最初の「過ぎ去った」は、〈再想起された〉を意味し、「「たった今過ぎ去った」」は、その再想起のなかでの〈把持されている〉を意味する。

(250) 「再現前呈示する」は repräsentiert の訳である。ここでは、（「現前呈示する」（präsentieren）と対語をなす意味での）「再現前呈示」の意味であろう。
なお、立松訳は、これを「再現する」と訳しているが、本書では、wiedergeben の語に「再現する」の訳語をあてる。

(251) これは、再生された今のなかに把持されているものである。再生された今が直接にはひとつの今（かつての原印象）を表象するのだとすれば、そこでの把持的位相はどの様に現出するのか、が問題にされている。

(252) この「措定」は、「ある」の「措定」、すなわち「存在措定」である。再想起は、再想起されるものに「存在」を措定する。他方、空想は、空想されるものに「存在」を措定しない（ただし、フッサールは後に、空想は「疑似‐存在」を措定すると考えるようになる）。

(253) フッサールのオリジナルテクストでは、この文章と、直後の文章は、時期的にずれている。そうした両者がここで編集によってつながれている。この文章では、「単なる空想」――この場合には、措定と、現下の今への関係づけとが、「原本的な時間意識」のなかで遂行されない――と、「再想起」との区別が語られている。とはいえ、(ここでの)「原本的な時間意識」と(本節末尾の)「ひとつの〔準現在化的に〕構成する全体」とが重なるとすれば、ここでの文章の意味内容と、本節末尾の文章の意味内容とは、かなりの程度まで重なるように思われる。

このことからして、編集上、この文章と直後の文章のあいだで、段落を変えてもよかったのではないか、と思われる。

(254) この「音-準現在化」という言い方は、「音を準現在化する作用」を意味する。「音」と「準現在化する作用」は不可分であるとはいえ、力点は(「音」よりも)「準現在化する作用」それ自体のほうに置かれる。

(255) このあたりでも、時間構成するもの(=作用)それ自体がおのれ自身を構成する、ということが語られている。これを中動態的に解してもよいように思われる。

(256) ここでの「普遍的」は universell である。これは六行前で「普遍的に妥当する」と言われたときの「普遍的」(allgemein)と基本的に同義だと思われる。

(257) これは、準現在化というノエシス的な作用それ自体が、「出来事過程」(Vorgang)としておのれを構成する、ということである。

(258) この「ある別の意味において〈……について〉」を、あらかじめ説明しておきたい。知覚(=現在化)は、たとえば「〈家についての〉現在化」である。再想起のような準現在化は、まずもって、「〈(家についての)現在化〉の準現在化」なのである。この側面を現在化＝知覚はもたない。準現在化だけが、この側面をもつ。この側面が、以下の「対蹠像」という言葉で示されている。

(259) この「形式」の語法は「内容」と対比的であろう。すなわち、現在化(＝知覚)と準現在化が、「同じ内容」をもつことが可能である。たとえば、ある家の現在化(＝知覚)とその家の準現在化は「同じ内容」をもつ。しかし、準現在化は、そうした「内容」とは無関係な、「現在化〈についての〉準現在化」(すなわち現在化の「対蹠像」)であるという「形式」的本性をもつ。

(260) この「対蹠像」はGegenbildの訳である。

(261) ここでは「現在化〔作用〕の流れ」(Gegenwärtigungsfluß)という語が登場している。これのGegenwärtigungは、「現在化」であり、客観を「現在的」として構成する作用を意味する。したがって、これは「知覚」と基本的に同義であるが、しかし、このドイツ語は「現Gegenwart(現在)を含むので、それの時間的含意が明確になる。それゆえまた、真には「現在的でない」として(非現在的として)構成するVergegenwärtigung(準現在化＝思い浮かべ)との対比が明確になる。

(262) この「ひとつの契機」とは、おそらく、現在化作用それ自体の原印象的位相や把持的位相などを指すだろう。

(263) これは、原本的な現在化(＝知覚)がたとえば家の現在化(＝知覚)であれば、その家であろう。

(264) これは、体験流がおのれ自身を時間的なものとして構成するという時間形式をもつということであろう。
(265) これは、「準現在化〔作用それ自体〕を内在的統一性として構成する」というように、読むべきであると思われる。
(266) この「ひとつの平行する〔現在化作用の〕流れ」は、現在化(=知覚)の流れを指す。
(267) 「通常の場合」と言われるのは、たとえば再想起をさらに再想起する場合には、この第二段階で再想起されるのは、〔第一段階の〕再想起だから(それゆえ、これはすでに「再生的」である)、であろう。
(268) この「ひとつの〔〈……についての〉〕志向性」は、たとえば、想起された家に向かうひとまとまりの志向性だろう。
(269) この「ひとつの〔準現在化的に〕構成する全体」は、もろもろの位相をもつ準現在化作用の全体を指すだろう。
(270) この「ひとつの志向的な統一性、すなわち〔再〕想起されるものの統一性」は、再想起された家のような統一性であろう。
(271) 再想起されたかぎりでの、〈現在化作用〉と〈現在化されたもの〉との統一性が、現下の原本的な時間構成する志向的体験のなかにあるかぎりで、前者の統一性が、原本的な時間構成する志向的体験のなかで時間的位置づけを得ることができる、ということにもなるだろう。
(272) この「到来するものそのもの」は、端的な現出者ではないだろう。ここでの「到来するものそのもの」は、予持されている成分——それを媒介・突破して端的な現出者が志向されるところの成分——であろう。

(273)　この「捕捉する」は auffangen だが、これはたとえば飛んでくるボールをキャッチするというように使われる。ここでは「到来するもの」をキャッチするというニュアンスであろう。

(274)　「出来事知覚」は Ereigniswahrnehmung であり、この「出来事」（Ereignis）は、「端的な現出者」に類するものを意味している可能性がある。本節の以下で登場する「出来事」も同様である。

(275)　「準‐現在的」は *quasi*-gegenwärtig の訳である。「〈準現在化する現在〉という様態での〈準〉である」という表現の「準現在化する」は vergegenwärtigend であり、「〈準〉である」の「準」は、*quasi* である。

　この場合の「準現在化する」は、（本来の意識作用としての「準現在化する」ではなく）広義で言われているだろう。すなわち、おのれを（本来の意味で）現在的として呈示せず、（過去の現在という意味で）現在的として呈示する現在、といった意味であろう。あるいは、再想起によって準現在化された現在、とする解釈も可能かもしれない。

(276)　「唯一の」は、定冠詞に引用符が付けられた箇所の訳である。これは定冠詞の絶対用法——「それ」と言えば、まさにそれ以外の可能性がないもの、たとえば die Welt（世界）を示すような語法——であろう。

　持続する対象に対して、「存在する」＝「ある」が措定されるのは、この唯一の時間——これは現下の現在につながる——のなかに位置づけられることによって、である。

念のために記しておけば、「存在する」＝「ある」は、当該の対象がいわば最初からそれ自身でもっているのではない。それは「自然的態度」における「存在」の捉え方である。現象学は、その「存在」の捉え方に判断中止（エポケー）し、超越論的還元を遂行する。その作業によって、右のことが明らかになる。

(277) ここでは、客観の「何」と、「時間位置」とが区別されている。「何」（たとえば「ロウソク」という「何」）は、一定時間「持続する」が、これはその時間区間を、その「何」が「充実化している」ということでもある。しかし、その持続＝充実化は、すでに過ぎ去ったとする（要するに、すでに燃え尽きた）。その場合、その「すでに」とか「以前」という時間的契機が問題になる。時間的契機は恒常不断に変化していくが、しかし、その客観の「何」（「ロウソク」）は変化しない。

以下の本文では、「再想起」という意識作用の場合の時間的契機に関わる成分が解明される。

(278) 本節では、この二重の志向性（とそれらの充実化）が解明されているが、重点は形式的な時間や時間位置に置かれている。

(279) ここでは、一方で時間客観への志向の充実化と、他方で時間の繫がりへの志向の充実化とが、区別されて論じられている。時間客観への志向の充実化の場合には、その時間客観の「何」を可能にする構成成分（「内容」）による充実化が決定的である。しかし、時間の繫がりへの志向の充実化の場合には、その時間の繫がりのなかにいわば「隙間」ができてしまわなければ、それで十分であろう。この意味で、「何」を可能にする構成成分（「内容」）は欠けていてもよいように思われる。そして、それゆえ、時間の繫がりは基本的に「形式的」である。

(280) これは「現在想起」と呼ばれるものであろう。この場合、現在想起される当のものは、現下の今において知覚されている当のものと、「同時的」(gleichzeitig) である。

(281) 総じて再生は、根源的な知覚の再生である。
しかし、再生のなかでも、再想起は「過去的」という時間性格を、予期は「未来的」という時間性格をもつ。再想起と予期では、たとえそれらの根源的な「時間客観」が同一だとしても、時間性格が異なる。この時間性格に関わる成分が、ここで論じられている。この時間性格は、(過去・現在・未来を貫く唯一の) 時間全体の構成に関わることになる。

(282) ここでの「発生」(Genese) は、時間の段階的構成という意味で語られているように思われる。後年に展開される「発生的現象学」との関係が問われるだろう。しかし、フッサールがいつの時点で発生的現象学を開始したのかといった点――これは諸概念の整備とも深く関わる――は、慎重に検討されるべき問題であろう。

(283) 「再生の諸可能性を変様させる」というのは、二つの解釈可能性をもつ。第一に、再生のなかで新たなものが登場するたびに、先行したものはいわば一段階古くなる。再生は、ますます古いもの (この時間様態において変様していくもの) を再生することになる。第二に、再生のなかで登場する新たなものは、先行したものにおいては充実化されていなかったその契機 (予持的な可能性) を充実化させる。この意味で、後続するものによって、先行したものの可能性が変様する。ここでの文脈では、後者の解釈のほうが、より整合的であろう。

(284) この「時間状況」は Zeitlage の訳である。この語の説明がない。ひとつの解釈としては、「今」の「時間地平」が、この語で示されているのかもしれない。

(285) この場合の「無規定な」の語義は、理解しにくい。当該の過去から現下の今に到るまで順々に充実化することで規定可能ではあるが、しかし、再生された現在においてはまだ充実化されておらず、未規定だ、ということであろうか。

（286）この「ひとつが他のひとつを」（eins an das andere）、そしてすぐ後に続く「このものが直近の（流れるもの）を」（dies an das nächste（Strömende））は、フッサールが多用する「ひとつの後に他のひとつ」（nacheinander））などと同様の表現であろう。

（287）この「ひとつ〔だけ〕の志向」は、おそらく「唯一の」時間と相関している。

（288）この「〈もろもろの可能な充実化〉の系列」は、再生（再想起）のなかで、先行する位相の予持が、後続する位相の原印象によって充実化され、それゆえ可能性が現実化されるという変様が次々に生じ、それらの諸変様が系列をなす、ということを述べているように思われる。すなわち、この系列は、時間的に前進すると、充実化によって、先行する位相が変様してしまうような、そうした系列である。そして、この系列が今にかかわる「時間状況」（時間地平）と重なるように思われる。

（289）「非直観的」は、基本的に、言語の意味志向の特徴であるが、ここではそうではなく、「内容に関して非直観的」＝「形式的」ということであろう。

（290）この「対象的なもの」は、端的な対象ではなく、あるいはノエマでもなく、むしろ、（一言でいえば）客観的な「時間」それ自体である。言い換えれば、これは拡大語法であろう。

（291）ここでの「非本来的」は、裏面への志向がさしあたり充実化されていない（「何」が規定されていない）からであろう。周辺あるいは背景は、基本的にそうした性格をもつ。

（292）この「経過していく」（ablaufend）は、「経過し去る」、「経過し終える」とも訳されてきた。

(293) ここでは、「遡って指し示す」(zurückweisen) と「あらかじめ指し示す」(vorweisen) とがいわば対概念として使われている。ただし、両者はどちらも想起のなかで働いている。

(294) この「非直観的」は、もろもろの過去志向およびもろもろの未来志向の「全体」——それゆえ結局、時間の「全体」——が、想起のなかで直観的になっているわけではない、ということだろう。そうした「全体」は地平的であろう。

(295) 「再生的」の語は、想起だけでなく、予期にも用いられる（さらに空想にも用いられる）。「原本的」（知覚）でないものが「再生的」である。予期に対して、「再生」という語は不適切に感じられるかもしれない。「二次生産的」といった訳も可能ではあろう。

(296) この論述は、説明を要するだろう。未来における出来事過程を考えてみよう。それは、ある（未来の）時点に始まり、それを起点にして、（さらなる未来に向かって）未来志向（予持）が延びていく。他方、その逆に、それは過去志向（把持）ももっており、これは、現下の生き生きした今（知覚）にまで繫がっている。この繫がりが「生き生きした今に末端をもつ時間的周辺」であり、これを与えるのがここでの過去志向である。このような繫がりが、未来的なものに「ある」（存在する）を——より厳密にいえば「あるだろう」（存在するだろう）を——可能にする。

(297) この「逆立ちした」という表現は、フッサールが、ここでの状況を、時間図表の垂直方向で考えた可能性を匂わせる。

(298) この「空虚な周辺志向」が、把持と予持において「逆方向」だということは、同時に、両者の（逆方向の）末端に、現下の生き生きした現在が位置する、ということでもある。この生き生きした現在との「繋がり」が「存在（＝ある）の繋がり」であるということは、注意されるべきであろう。この繋がりの有無が、想起・予期と空想とを分ける。空想が「中立的」であるということは、この「繋がり」をもたないということでもある。

(299) この「予料」の語はおそらくカントからの転用であろう。

(300) この規定性に関しては、想起と予期の相違について、決定的なことは述べられていないが、以下のように解釈できるだろう。すなわち、この観点では、両者に原理的な相違はないが、しかし、事実的には相違がある、というような結論になるだろう。

(301) この「想起の無規定部分を確証する」というのは、想起が無規定であることを確証するということではなく、むしろ、大雑把に想起した場合には「無規定」であった部分を、詳細に想起することによって確定することであろう。

(302) この「いちどきに」(zugleich) は、判定しにくいが、おそらく客観的時間のなかでの「同時的」(gleichzeitig) とは異なるだろう。それは、現下の今のいわば下方に延びている意識流のなかに含まれている、ということであろう。

(303) 本節での Erinnerung は、少なくとも部分的には「記憶」を含意してかまわないと思われるが、大筋では「想起」を意味する。それゆえ、本節では、「想起」という訳語だけを用いる。

(304) ここまで扱われてきた「再想起」、「予期」（そして後述される「現在想起」）は、「措定する再生」（措定的な再生）である。これに対して、「空想」も扱われてきたが、これは「措定しない再生」（非措定的な再生）である。

(305) 「時間的な存在の再生的な措定」は、時間的な〈ある〉を（原本的にではなく）再生において認めるという意味での措定、であろう。これは、再想起の場合であれば、想起されるものを、「あった」＝「存在した」という（過去的な）時間様態での存在性格をもつとして構成することである。同様に、予期されるものは、「あるだろう」＝「存在するだろう」という（未来的な）時間様態での存在性格をもつ。

(306) この「内的意識」は、意識作用それ自体の意識（この意味で意識作用の自己意識）を指す。これはまた、『論研』で「体験」と呼ばれていたものともかなり重なる。

しかし、この意識は、時間論的には、現下の今としておのれ自身を意識するだろう。「ある」の措定は、この現下の今という時間様態での知覚（これのなかでこそ原本的な「ある」が措定される）との繋がりを必要とする。

(307) この語については、（これまでにすでに記したことと重なるが）説明と解釈を要する。第一に「知覚する」（wahrnehmen）は、「真に受け取る」を意味する。それゆえ、その過去分詞形（wahrgenommen）は「真に受け取られる」を意味する。第二に、この箇所の gewesen-sein は（文法的には完了形であるが）、単純に過去形（過去時制）を示すために使われているわけではない。ここでは、sein（「ある」＝「存在する」）の過去分詞形の gewesen によって、「ある」（存在）が強調されている。そして、その過去時制・過去様態は、現下の現在の「ある」（存在）と（時間の繋がりのなかで）つながっている、ということが強く示されているだろう。

他方、第一の「真に受け取られる」の含意も重要である。ここでは、「真に」も「ある」＝

「存在する」に関わることを念頭に置いていただきたい。

(308) この箇所での「意識」の語は、おそらく「意識作用」(これは、「……についての意識」が、その「……」を現出させるということである)という意味と、「意識されてある」(これは、意識のなかに含まれているということである)という意味との両方が強く含意されている、やや大雑把にこう言えるだろう。この「意識されてある」の含意は、「内的」の語でさらに示される。

(309) 「外的に現出する」は ein äußeres Erscheinen の訳である。

(310) 「外的に現出する」というのは作用であるが、しかし、この作用がまさに「作用」という統一性として(内的に)体験される、というのがフッサールの分析である。

(311) ここでの「対応する」の語義は、少し複雑であろう。すなわち、たとえばメロディが原本的に現出する。この「現出する」は意識作用である。意識作用は、それ自体、意識されてある。それゆえ、「内的意識」と呼ばれる。この意識作用は、それが終了しても、「意識」のなかでは消滅せず、むしろ(変様されるとはいえ)「ある」。「再生」は、この意識作用をいわば「再演」する。これは、意識の内的成分に関わる。それゆえ、「内的再生」と呼ばれる。このような原本的なものと再演的なものとの関係が、「対応する」の語で示されているように思われる。

(312) 「反省」が知覚作用を所与性にもたらすという論点は重視されてよい。

(313) この「劇場を知覚したこと〔そのこと〕を〔対象的に〕想起する」というのは、「知覚作用」それ自体を一種の「対象」(構成された対象・知覚された対象)にする、ということであろう。これをフッサールは否定する。

なお、「劇場を知覚したこと」の原文は、das Theater wahrgenommen zu haben であり、これは「劇場を知覚してもつこと」とも訳せるが、この意味はここではあまり効いていない。

(314) この議論を簡単に示せば以下のようになる。私が劇場を知覚したことを想起する場合、その劇場それ自体は(知覚作用によって)知覚された。しかし、私が、「知覚した」ということそれ自体を(一種の知覚された「対象」として)想起するとすれば、この「知覚した」は、もうひとつ別の知覚作用によって知覚されたことになるのではないか。しかし、「(このもうひとつ別の知覚作用によって)知覚された」は、どうなるのか。これも、そのように言えるのだとすれば、そのこと自体が、さらにもうひとつ別の知覚作用によって知覚されたことになるのではないか。このようにして無限に知覚作用が必要になる。

フッサールは、これを不条理として退ける。これに対して、劇場を知覚する知覚作用は、別の知覚作用によって知覚されるのではない、むしろ、劇場を(外的に)知覚する知覚作用はおのれ自身によって「内的」に知覚される(これは「体験される」と大きく重なる)と言うのである。

(315) ここでは ich erinnere mich(私は想起する)の „(sich) erinnern"(想起する)が „inner"(内的)という語を含んでいるので、„in meinem Inneren"「私の内的なもののうちで」と言われている。この「内的なもの」とは、おそらく「体験のなかの想起作用」を意味するだろう。それゆえ、「私の内的な〔体験のなかの想起作用〕のうちで」と補う。「体験」の成分・契機は(まさに「体験」されているとはいえ)、まだ「対象」になっていない。それゆえ、その成分・契機は、それの構成に関して無限退行を起こさない。つまり、「想起」は、この意味で「内的に体験される作用」であり、これのなかで外的な出来事過程が（内在的客観として）現出するのである。そして、この「内的に体験される作用」それ自体は、「内的再生」とも呼ばれる。

しかし、この場合の「内的」を、心理学的に捉えるべきではないだろう。すなわち、まるでカメラの内部の話――そして、それの外部がそれ自体で存在しており、しかも、私がその外部を見ているかのように考えられている――のように、理解するべきではないだろう。むしろ、意識作用それ自体の自己意識性の「内的」と理解するべきであろう。

ちなみに、「想起」は、プラトン以来の哲学のテーマであり、有名なヘーゲルの捉え方や、さらにはハイデガーの捉え方も登場したが、フッサールのここでの語法は『論研』以来の「体験」の捉え方に強く結びついている。

(316)「像」は、たとえば彫像や画像を見る場合の「像」、実物の代理としての「像」の意味でも使われるが、そうすると、ここで言われていることは、想起の場合には「今」を「像のなかで」見るということになる。しかし、ここでは、おそらくもっと含意のある語義で使われている。
ひとつには、Bild の語は、「比喩」という意味でも使われる。これを考えると、im Bilde は「比喩的に」とも解される。すなわち、再生は「準現在化」であり、その「準」がここで「比喩的に」と言い換えられていると考えられる。

(317) この文章は、知覚作用それ自体を想起作用で対象化する、ということを言い換えているのだろう。

(318) この「知覚されたもの」は *das Wahrgenommene* である。この箇所では、これは文脈上、過去の「知覚する」(知覚作用)と対をなしている。それゆえ、「知覚されたもの」と訳す。

(319) 空想の場合の「今」は、現下の今(目下、知覚されている今)と繋がっていない。おとぎ話の「昔々」は、現下の今とつながっていない。これに対して、記憶=想起の場合の「今」は、現下の今(ここで原本的な「ある」=「存在する」が可能になる)に繋がっている。それはいわば「地続き」でなければならない。このことが、記憶=想起されたものが「あった」=「存在した」として措定される根拠になる。

(320) この文章から明らかなように、「再生」とは第一義的に知覚作用あるいは知覚過程(「知覚する」)の再遂行である。これが「内的再生」と呼ばれる。したがって、第一義的には、「再生」は、知覚対象の再表象ではない。とはいえ、知覚作用・知覚過程を再遂行すれば、知覚対象も再表象されることになる。この場合、「外的再生」と呼ばれる。

しかし、そもそも「再生」が可能であるためには、知覚作用それ自体が記憶されている必要がある。言い換えれば、知覚対象の記憶だけではなく、知覚作用の記憶が必要である。

(321) 「以前のこと」は zurückliegend の訳である。名詞的にというよりも、形容詞的に理解されたい。

(322) この「私は……知覚した」は ich [...] wahrgenommen habe であり、「私は……知覚してもっている」と訳してもよいが、ここでは、時間様態が問題になっているので、それを明示するように「私は……知覚した」と訳す。とはいえ、本書では「……してもっている」の語義が重要な場合がある。

なお、直前の「劇場の知覚があった」は die Wahrnehmung des Theater war である。この場合も、「劇場」それ自体ではなく、その「知覚」が（それゆえ「意識されてある」ことが）語られていることは――ここでは時間様態が中心的であるとはいえ――忘れられるべきではない。

(323) この「想起されるもの」は、想起作用の対象である。

(324) この「現下的な今の現在から距離をもつひとつの現在」という文言は、「〔時間的な繋がりのなかで〕現下的な今の現在から距離をもつひとつの現在」＝「過去の現在」を含意するだろう。「距離」は、完全な断絶ではなく、あくまでも繋がりのなかでの距離であろう。

(325) この箇所の原文は in einem Gegenbild von Wahrnehmung である。この場合の知覚の「対蹠像」は、想起あるいは準現在化である。

なお、訳註（316）で本節で „im Bilde" という言いまわしを説明したが、それとの関連を読み取るならば、想起あるいは準現在化は、「対象」としてではなく、あくまでも「体験のなかの作用」として知覚の「対蹠像」であろう。

(326) 補足すれば、準現在化は、それのなかで現出するものに「いわば今」（かつての今）という時間様態を与える。

(327) この「私が思念するのは、〈知覚された客観が現在的にある〉ということである」という文言は、少し理解しにくい。二つの解釈可能性があるだろう。

ひとつは、これを、「私が思念するのは、〈知覚された客観が〔いわば〕現在的にある〉ということである」と解する。

もうひとつは、「私が準現在化作用のなかで対象的に思念するのは、〈知覚された客観が現在的にある〉ということである」と解する。

(328)「代表象〔＝再表象〕」はRepräsentationの訳である。この語は、本書では基本的に「再表象」「再現前呈示」の意味で使われるが、この箇所では「代理」のニュアンスが強い。

(329)この「存在の繋がり」は、以下のことを意味する。ある現出が、「ある」〔＝存在〕として思念されるためには、原本的な「ある」〔＝存在〕を与える現下の今の知覚現出と「繋がって」いなければならない。もろもろの体験は、把持・原印象・予持の（いわば多層的な）連続体（内的時間）を形成しており、その末端が現下の今の知覚である。この繋がり（内的時間）が唯一の客観的時間を可能にする。超越的な「ある」〔＝存在〕は、第一に、内的時間のなかに当該の現出を組み込み、第二に、それを超越的に拡張する（すなわち客観的時間のなかに組み込む）ことによって可能になる。こういう意味で、諸体験の系列あるいは内的時間は「存在の繋がり」だとも言われる。

(330)この「拡張される」は、内在的時間の流れの延び広がり（拡幅）ではなく、超越的な方向、外的な方向への拡張である。この拡張によって、「対象的なもの」は「超越的な現出者」（通常は「対象」と呼ばれる）として措定される。ただし、自然的態度では、このような構成が忘却されているのだが。

(331)「単に「思念上の」」とは、以下のことを意味する。「思念する」は、現出を媒介・突破して端的な対象に関わっていくことであるが、そうした「関わり」において、対象の存在が否定されるならば、あるいは、それが棚上げされるならば、「単に「思念上の」」ということになる。

(332)「内在的な客観」は、おそらく、ノエマ的なものだけでなく、（自己構成的な）ノエシス的なもの（作用）それ自体も含むだろう。

(333) 現在的なものを、ある（＝存在する）として、眼前に有体的に今もつ、というのが知覚の基本性格である。しかし、私は、眼前に有体的に今もっていないにもかからず、現在的なものを、ある（＝存在する）として表象することができる。たとえば、富士山を、私は眼前に有体的に今もっていないが、それを、ある（＝存在する）として表象する。これは（右の基本性格に鑑みれば）知覚ではない。空想（これは、その対象を、ある（＝存在する）として措定しない）でもない。右のようなものが現在想起と呼ばれる。

しかし、第二八節では、現在想起の性格は「〈現在的にあった〉」とされていた。おそらく、この性格が現下の今にまで延長されて「〈現在的にある〉」になるのだろう。

(334) この箇所の「想起されるもの」は、「端的な対象」であろう。

(335) この「内的に想起される「諸現出」」は、「現下の今にまで到る持続」を形作るべき「諸現出」と解される。しかし、その場合、「内的に想起される」の語が、理解しにくい。なぜ「内的」なのか、である。「内在的」でよいように思われる。「内的」と「内在的」が同義に使われているのかもしれない（ほかにもそういう例が見られる）。「想起」（Erinnerung）の inner（内的）の語を強く活かした議論（第二七節）に倣って「内的」を強く解すれば、「「諸現出」」を「「諸現出〔作用〕」」あるいは「「諸体験」」と解する可能性が生まれてくる。この「内的に想起される」は、先述の「内的再生」に対応する、という解釈である。

(336) この引用符付きの「記憶〔心〕像」（„Erinnerungsbild"）は、この語が心理学では「記憶心像」などと訳されることから選んだ訳語である。ただし、想起においてわれわれはまず（「心」のなかで）「記憶心像」を対象として構成し、それからそれに対応するもの（たいていは「心」の外にあるもの）を第二の対象として構成する、という発想をフッサールは批判する。そもそもそのように考えられるときの「心」は、世界内の一対象であるし、それに対応して「心像」も世界内の対象になってしまう。

しかし、ここでは、「記憶〔心〕像」に引用符を付けて、フッサールはそれを自身のいう「現出」の意味で用いているように思われる。すなわち、「「記憶心像」〔と不適切に呼ばれているところのもの、すなわち「現出」〕」というニュアンスである。

なお、フッサールの文脈からすれば、この語は「想起像」と訳すほうが、適切だと思われる。とはいえ、引用符付きで、まさに通常の（心理学的な）語から「引用」されているので、ここでは「「記憶〔心〕像」」と訳しておく。

(337) この「想起されるものそのもの」は、想起の端的な対象ではなく、想起ノエマ、「〈どの様に〉における現出者」であろう。

(338) この「内的想起の対象的なもの」という表現は、一義的に捉えにくい。この場合の「対象的なもの」は、ノエマに対応する。したがって「想起されるものそのもの」と同義とも考えられる。

他方で、「内的想起」が、かつての作用それ自体の想起を指しているという解釈も成り立つ。そうすると、「内的想起の対象的なもの」は、かつての作用（それゆえノエシス）それ自体だということになる。

（339）「この現出」が何を指すのか、解釈がむずかしいが、「「記憶〔心〕像」」、また、この直後の文章と内容が重なるが、それを厭わず、もう少し補足すれば、「〔過去的ではなく今の〕「記憶〔心〕像」」かと考えられる。

（340）この「として」は強調されている。「現在想起」は、「過ぎ去った」（過去）の想起ではない、ということを示しているように思われる。

（341）この「同じような建築構造をなすもの」とは、より具体的には、想起の想起などであろう。

（342）この「〔心〕像」も、訳註（336）の「記憶〔心〕像」と同様に、やや不適切な表現だが、現象学的に転釈された語法として、使われているだろう。

（343）この文章の意味するところは、「現在想起」も「想起」であるが、総じて「想起」の場合に〔心理学的な〕〔心〕像がつくられるというわけではない、ということであろう。

（344）この「周辺志向」は、「地平志向性」と呼ばれるものに対応するだろう。これの時間的な繋がりが「ある」の指定を可能にする。

（345）「現前していない現在的なもの」は eines abwesenden Gegenwärtigen の訳である。「非現前的な現在的なもの」と訳してもよいだろう。これが現在想起の対象であろう。

（346）この「可能的な」は、「できる」の意味での（能力可能性の意味での）「可能的な」であろう。

（347）「態度決定」は、ここでは、存在すると認めるか、存在しないと認めるか、の決定を意味する。

（348）この「〔心〕像」も、やや不適切な表現であり、より適切には「現出」であるように思われる。

(349) この箇所は、„die Identität des einen oder anderen“となっているが、oderをundに置き換えて解釈する。英訳者Broughもそう解釈している。他の英訳者Churchillと和訳者立松は原文どおりに訳している。

(350) この場合の「空虚な」は、絶対的に空虚な、ではなく、相対的に充実性が減じた、という意味であろう。

(351) この「いちどきに」は、内在的時間の垂直方向に含まれる、という意味であろう。

(352) 「堅持している」はfesthaltenの訳である。「もつ」に関連する語が多数登場する。

(353) この「作用性格たち」の少なくともひとつは、存在性格（措定的あるいは非措定的）であろう。これ以外の作用性格については、解釈が必要になるだろう。時間性格については、変様をともなうはずである。ただし、（時間意識のなかでの時間位置ではなく）客観的な時間位置については、そのまま保持される。このことが考えられているのかもしれない。

(354) たとえば、「ド」の音が把持的に変様する場合、それの時間様態は、「今」から「たった今」へ、「たった今のたった今」へと変化するが、しかし、「ド」の音への志向（対象的な志向）が、たとえば「ミ」の音への志向に変化してしまうわけではない。

(355) この「減衰する」はAbklingenである。音のAbklingenは「音がしだいに弱まる」を意味する。しかし、ここでは、物理的な音量が下がることではないだろう。音に限らず、統握内容は、把持されているのだが、ただし、原印象的位相からの距離が遠くなる、ということであろう。この遠ざかりの意味での「減衰する」であろう。

（356）「客観化」という概念は、まずもって、諸体験の流れのなかで同一な客観が構成される、という意味に解すべきであろう。

ここで「時間意識のなかで、時間位置によって」と補足したことについては、第三節の最初の段落の「〈客観化〉はすべて時間意識のなかで遂行されるのだし、また、時間のなかでの客観の同一性の解明は、時間位置の同一性の解明なくしては与えられない」を参照し、さらに第四段落、第五段落の分析を参照した。

なお、「客観」という語がここでの語法よりも広い語義で用いられることも多々ある。

（357）「代表象するもの」は Repräsentanten の訳である。

（358）この「退きながら沈んでいく」は、訳註（222）にも登場したが、Zurücksinken の訳である。フッサールは、未来のものが到来し、登場するというイメージで考えるので、過去に関しては、「退く」あるいは「退場する」ということになるだろう。なお、「沈む」は、時間図表の垂直方向を下っていくイメージである。

（359）この「現下の今」は「（構成する）意識」に属する。

（360）この「……についての意識」は、すでに述べたことの言い換えだが、「……が（志向的に）意識されてある」ということとしても解される。「構成する時間意識」は（まず感覚を「受け取り」、それにもとづいて）おのれの構成産物を構成して、それを「意識されてある」として「受け取る」。ただし、そのことをいわば忘却して（自然的態度において）、おのれの構成産物がそれ自体で（意識とは独立に）存在すると信じる。おのれの構成産物（この場合は『客観的な時間』）を、いわば、おのれの外に放り出すのである。その点からすれば、現象学的還元とは、この自己忘却を脱して、意識が構成産物もろともにおのれのすべてを受け取り直すことだと言えるだろう。あるいは、意識は、右の意味での二重の運動方向性をもつが、この運動方向性をその根源から捉え直すことだと言えるだろう。

(361) この「……についての意識」も、「……が(志向的に)意識されてある」とも解される。以下同様である。

(362) この「それがその様にある」は wie es ist の訳である。この wie は「どの様に」(すなわち「様態」)あるいは「様式」あるいは「仕方」)を表す。ここでは、より詳細にいえば、「時間様態」を表す。たとえば「今」という時間様態は、そのままとどまるのではなく、「たった今」に変化し、さらに「たった今のたった今」に変化する。これが「その様に」に対応する。

(363) これは基本的に「何」の規定の同一性であり、この規定に関しては、変化はない。

(364) この「諸位相」は、より具体的にいえば、「現下の今」という位相、「たった今」という位相、「たった今のたった今」という位相……、などである。これは、「どの様に」に対応する。

(365) 「音全体」とは、諸位相全体から成る「音」であろう。

(366) 「沈下していく」は Herabsinken の訳である。

(367) ここでの問題は、要するに、流れとしてつねに変転する意識のなかで、いかにして、時間客観の客観性と時間それ自体の客観性が構成されるのか、である。

(368) この「おのれを築く(=築かれる)」は、ドイツ語の再帰用法に対応する訳である。しかし、これは中動態として理解されてよいだろう。以下同様である。

(369) 「時間外的な質料」とは、具体的にいえば、「c(=ド)の音」などである。これは、対象的なものの「何」（あるいは「意味」）の規定に関わる。他方で、「cの音」は、「今」という時間点において「今のcの音」であり、その後の時間点においては、「先ほどのcの音」となる。この場合、「cの音」という規定だけを純粋に取り出せば、これは「意味」において「同一」である。これは時間的な影響を受けない。これに対して、「今」とか「先ほど」は、時間的な規定であり、これは、不断に変様する。すなわち、「今」は「先ほど」に連続的に移行し、「先ほど」は「もっと前の先ほど」に移行する、などなどである。

(370) ここでは、ライプニッツの「不可識別者」を同一とする考え方が語られているのかもしれない。識別できなければ、同一ということである。神の目から見れば、識別可能だとしても、現象学的には、神の目は排除されている。

(371) この「統握」の語は、「統握内容」と解するほうが適切かもしれない。

(372) 「後ずさり」は Rückschiebung の訳である。

(373) この「これ」としての措定は、「個体化」と重なるだろう。

(374) この場合の「統覚的」は、「自我」の統一性の構成に関わる概念としてではなく、むしろ、対象の統一性の構成に関わる概念として、使われている。

(375) この「それ〔固有〕の同じ時間点たちをもってずっと同じままの客観」とは何か、が問われる。ひとつの解釈を示せば、個体化された同じ今点（あるいは今点たち）をもつ現出者であるように思われる。

(376) この引用符付きの「新しさ」は、現下の今がいつでもまたもや新たに構成されてくるという意味での「新しさ」であろう。しかし、この「新しさ」は、ここでは中心的論点ではない。

重要なのは「個体化」である。

(377) この箇所での「同じ今」については、明示的な説明がない。しかし、たとえば、t_1の「今」において「ド」が聞かれ、t_2の「今」において「ミ」の音が聞かれるから、t_1とt_2は「別の今」だというように、「内容」によって規定される「今」が語られているわけではないだろう。そうであれば、t_2の「今」でも「ド」の音が聞かれるならば、t_1とt_2の「今」が「同じ今」だということにもなりかねない。そうではなく、それぞれの新たな今は(この構成段階では)客観的時間のなかでそれ固有の時間位置を与えられて、個体化されるのであり、この(「内容」とは無関係な)個体化によって、「今」それ自体の個体性が決まる、そして、この個体性を軸にして「同じ今」だと言えるし、また「同じ今」でありつづける、ということであろう。

この個体化は、(現下の)新たな今が恒常不断にいつでもまたもや構成されてくることによって可能となる。

(378) この「性質的」(qualitativ)は「赤い」、「ド」などの意味での「質的」であり、「作用の性質」ではない。

(379) この文言から、「これ」は、(対象の内容によってではなく)時間位置によって決まる、ということが理解されるだろう。

(380) 「異なり」が「同一性の源泉」だというのは、一見すると、奇妙にひびくかもしれない。しかし、ある時間位置が他の時間位置と「異なる」ということが、つまり、ある時間位置と他の時間位置との「異なり」が、「同一性の源泉」だと言い換えれば、より明確になるだろう。

(381) 「感覚」(Empfindung) それ自体は志向的でない。そのことに対応して、基本的にこの語は「素材」的なものを示し(つまり「感覚素材」あるいは「感覚内容」)、これに対して「統握」の作用において、対象的なもの(厳密にはノエマであるが、これが、端的な対象に関わっていく)を現出させる。

(382) 「本来的」の語は、空虚でなく、充実化する/された、という意味で使われることが多い。

(383) ここでは、「時間位置を代表表象するものたち」(Zeitstellenrepräsentanten) と言われている。

しかし、「代表表象するものたち」が何を、あるいはどういうことを意味しているのか、明示されていない。それは、少なくとも「時間徴験」ではないはずである。おそらく、「たった今」とか「たった今のたった今」など——これらは、同一の客観的時間位置の「諸現出」だということになる——の時間様態たち(さらに厳密にいえば意識時間様態たち)ではなかろうか。

(384) この文章は、一義的ではないが、訳文の意味に解しうる。

(385) 「内在的な絶対的時間」は何を指しているか、明確でない。絶対的な個体性を支えるものだとすると、客観的な時間位置であろうか。延び広がる対象性が問題になっているので、「時間位置」というよりも、或る時間位置から別の時間位置までの間隔として「時間」という言い方が選ばれた、と解釈される。他の解釈も考えられるが、この解釈を示しておく。

(386) 「原印象」と「第一次記憶のなかでの諸変様の連続体」とは、前者との対比で後者が(広義で対象化されて)成り立つ、という関係にあるように思われる。しかし、逆に、後者との対比で前者が(広義で対象化されて)成り立つとも言えるように思われる。

あるいは、原印象に、すでに自己差異化（おのれを把持的位相へと差異化する）が含まれているのであれば、ここでは、そうした差異化運動の連続体のなかで、分析的に区別されるものが語られているとも考えられる。

(387) この「それ以外の意識〔＝意識されてある〕と存在〔＝ある〕すべて」とは、たとえば、「たった今」という時間様態での「意識〔＝意識されてある〕と存在〔＝ある〕」など、そうした諸変様のすべて、であろう。

(388) この「性質」は、「赤い」などの「質」であろう。

(389) この「今点まるごと」、「原本的な印象まるごと」の「まるごと」は、おそらく〈現下の今という〉「時間位置」、感覚内容の「性質」や「質料的な諸契機」の全体を指しているだろう。

(390) そもそも「今」という概念は、「非今」（「過ぎ去った〔＝過去〕」など）との対比においてこそ機能する、相対的な概念である。「今」という概念が現下の原印象的位相だけを意味するのであれば、それは、われわれが使う「今」という概念の射程の一部だけにすぎない。しかし、「今」は、その変様によって、対比項である「非今」を産み出す。この産出は、「今」のいわば自己差異化でもあろう。「今」は、この自己差異化によってこそ、おのれ自身を現れさせる、と言ってもよいだろう。このことが、ここで述べられている。

しかし、さらに考えてみると、右のことは、〈現象学する〉という一種の作用によって解明されるが、この作用それ自体が、根源的な自己差異化と無縁ではありえず、なんらかの仕方で繋がっているだろう。そう考えると、ここには、現象学の大きな問題（と可能性）が伏在している。

（391）「感覚のもつ普遍的な印象的性格」の語は解釈を要する。意識は、おのれによる他の派生的・変様的な構成に先立って、感覚を「受け取る」。この「受け取り」が「印象」に対応する。ただし、ここでは対象構成にかかわる感覚が論じられているが、意識作用それ自体の感覚も考えられているかもしれない。

（392）この点は補足を必要とするだろう。「質料」のなかでも、少なくとも感覚の「強度」は変様する。一九一頁で「質料に関しては、たとえばcの音、音質、音色はずっと不変のままであり、強度はおそらく弱まっていく」と述べられていたことに対応するだろう。

（393）これも厳密には「絶対的な時間位置」ではなく、「現下の今との相対関係」のなかでの「時間位置」であろう。一八九頁で「そのつどの現下の今、そして時間的に新たな今との相対関係のなかでみれば、〈過ぎ去った〉として現にそこに立つのである」と述べられていた。

（394）この「徹底的に変様させはするが、それでも、その志向的な本質（全体的内実）は変化させない」という箇所は、理解しにくい。ひとつの解釈としては、「志向的」と「本質」との語を強く取ることができるかもしれない。すなわち、この変様は、感覚の次元のものを変様させるが、しかし、「志向的な対象の本質それ自体」（これは感覚にもとづいて志向的に構成される）は変様させない、という解釈である。

（395）この文章も理解しにくい。前段落では、「この変様は原印象の全体的内実を、その質料に関してもその時間位置に関しても変様させる」と述べられていた。しかるに、この文章では「質料」と「時間位置」は「同じ」だとされている。「質料」の「同じ」は、前段落の『その志向的な本質（全体的内実）は変化させない」に対応するという解釈が可能なので、ここでは

「〔志向的な本質に関しては〕」を補う。「時間位置」の「同じ」には「個体化された」を補う。

(396) この「一種の〔統覚された〕対象性」の「一種の」は注意を要する。「時間流」(「持続」)それ自体は、本来の意味での「対象性」ではないが、それでもわれわれの眼前に立つものとしては一種の対象性である。

(397) ここで「原感覚」(Urempfindung) という語が登場するが、これと「感覚」(Empfindung) との関係は、「原印象」(Urimpression) と「印象」(Impression) との関係に等しいだろう。

(398) 原感覚それぞれの内容を「それ自体」(Selbst) として「統握する」(auffassen) というこの文章はさまざまな解釈を呼ぶだろう。

第一に、カント主義者は、この名詞化された「それ自体」をカント的な「物自体」(Ding an sich) と解釈するかもしれない。しかし、原感覚は感覚であるから (カント的な「物自体」は感性では捉えられないから)、この解釈は困難である。

第二に、ヘーゲル主義者は、ここでの auffassen を「統握する」の意味ではなく、「端的に受け取る」という意味に解釈する人もいるかもしれない。たとえばヘーゲルの『精神現象学』の感性的確信のところでは、auffassen はこの意味で使われている。この場合、この箇所は、「原感覚それぞれの内容を〈それ自体〉として端的に受け取る」と訳される。しかし、この語法は、フッサール的でないという困難をもつ。

第三に、この auffassen をフッサールの通常の語法で「統握する」と解して、「それ自体」を、原感覚 (感覚) それ自体ではなく、それをつうじて構成される現出者 (あるいは端的な対象) の意味での「それ自体」と解することもできる。しかし、この通常の語法だとすると、フッサールがわざわざ名詞化して「それ自体」と記したことの意図が読み取れない。

おそらく（第四の解釈として）、ここでは、現出者それ自体の（超越的な）統握ではなく、いわばその手前において、原感覚の「内容」をただ〈時間的に統一されているもの〉として捉えることが示されている。この統一的に捉えられた内容、しかしまだ現出者へと媒介・突破されない内容、あるいは現出にとどまる内容が、名詞化された「それ自体」として記されている。ここでも時間的な統一性は形成されているので、これはやはり「統握」だということになる。ただし、こう解すると、そもそも点的な現在だけでは時間的な統一性は形成されないのだから、時間的統握は、「いつもすでに」遂行されているということになるだろう。言い換えれば、時間的統握のない「純粋」な原感覚は、一種の抽象概念だということにもなるだろう
(399) この文章での「恒常不断」は二義的であるように思われる。「不変」の意味が強い語法は「恒常〔不断〕」と記す。
なお、時間区間が「充実化される」といった捉え方は、カントが『純粋理性批判』の図式論において展開している。しかし、フッサールでは、「充実（化）」は「志向」との関係でも展開されるので、両者の概念は完全には重ならない。
(400) この場合の「知覚」は、すでに時間統覚が働いているので、原印象だけの知覚ではなく、把持をともなった、時間幅をもつ知覚である。ここでは予持は考慮されていない。
(401) この「いかに超越的」（wie transzendent）は一種の強調表現であり、さしあたり超越性の程度を示しているわけではないと解釈される。しかし、後に『イデーンI』で「自我」が「内在における超越者」として規定される。さらに、他者（他我）は、ある意味で程度の大き

な超越者だと考えることもできる。この場合には、この表現が重みを増す。

(402) この「客観的なものそれ自体」は、超越的として統握される当のもの（鳥の飛翔など）であろう。

(403) この「原存在」の語は、とりわけフッサールの一九三〇年代の後期時間論では、さらに独特の意味をもつことになるが、ここでは、〈今〉において認められる最初の、それ以上遡りえない存在（＝ある）といった意味において理解される。

だが、それにしても、時間は（アプリオリな直観形式としてであれ、物理学的な世界構造としてであれ）あらかじめ存在するのではなく、逆に、「今」において始まり、そして「存在する〔＝ある〕」もまた「今」において始まるという洞察は、重要であろう。「今」は、すべてが生まれ出る根源であり、そのかぎりでそれによって派生的に生じたものとは、いわば次元的に異なっている。それは、根源的な深さという比喩によっていくらか言い表されるかもしれない。そうした「今」がここで語り出されているように思われる。

(404) 空間構成において身体の「ここ」は「方位設定のゼロ点」だとされる。これは、空間的な方位設定の起点であるが、「時間直観のゼロ点」と対応するだろう。

(405) 現下の時間の場に原印象的位相と把持的位相（と予持的位相）が含まれる。このときに、この把持的位相に関する再生的な想起を遂行する。再生的想起の時間の場の原印象的位相は、当然、現下の時間の場の把持的位相と同一化される。しかし、再生的想起の時間の場は、それの把持的位相をもつ。この把持的位相に関して、またもや再生的想起を遂行する。この再生的想起の時間の場の原印象的位相は、前回の再生的想起の時間の場の把持的位相と同一化される。

このようにして、時間の場を、いわば半分ずつずらしながら、過去に遡っていくことができる。把持のいわば有効射程には限界があるが、このようにして、射程を拡大できるわけである。これが「押し被せる」ということである。そして、この作業を繰り返して、唯一の客観的時間が構成される。この構成が（第三一節での客観的時間の構成がいわば始まりであるのに対して）客観的時間をいわば完成させる、と言えるだろう。

なお「押し被せる」と訳される Überschiebung は、ひとつの地層が褶曲して他の地層のうえにおのれを押し被せることを意味する。「押し被せ断層」などという言葉もあるらしい。このイメージを膨らませていただきたい。

(406) この「集中性」(Intensität) は、「延長性」(Extensität) の反対概念だが、しかし「強度」という意味ももつ。日本語の「集中性」と「強度」とはニュアンスがずれる。

(407) この表現は多少わかりにくいかもしれない。以下のように解説されるだろう。

この箇所に先立って、(知覚的な)「今」は点的でなく、広がりをもつ時間の場であることが述べられた。しかし、そこに、空想や再想起が介入してきて、これらが「同時」として機能することで、その時間の場が押し広げられる、というのではない。

(408) この「仮にも……だとすれば」が重要である。すなわち、空想の時間は、基本的には、唯一の客観的時間に属さない。しかし、仮にもそれが……だとすれば、唯一の客観的時間に属さなければならない、と言われているのである。

(409) この段落の議論は、第三二節末尾の問いの答えの一部ともなっているだろう。とすれば、第三二節と第三三節とがこの段落の前で切り分けられているのは、いささか不適切かもしれない。

(410) 原感覚と相関的なものとしての原所与性（Urgegebenheit）とは何か、解釈を要する。単純に原感覚と原所与性とを等置することも考えられるが、しかし、後者が前者に「相関的」だと言われるのだから、両者の単純な等置はできないだろう。「相関的」という語をいわば弱く取って、原感覚の時間的側面での「根源的な（最初の）与えられ方（所与性）」が「原所与性」として語られていると解釈できるかもしれない。「相関的」の語を強く（まさしく「志向的相関性」の意味に）取れば、たとえば、現下の今の、ヴァイオリンの音などを考えることもできる。これは、聴覚的な原感覚にもとづいて構成される所与性である。しかし、そうであれば、これは、「志向的に構成されることによって与えられる」という意味をもつことになる。なお、第三一節（一九五頁）では、（視覚的な）「鳥の飛翔」が「原所与性」とされている。

(411) この「同時的」（gleichzeitig）は、「共存的」を意味するだろう。

(412) これは、「時間値」と同義であろう。

(413) おそらく、これが第一の法則であろう。

(414) これが第二の法則であろう。

(415) これが第三の法則であろう。これは細分化可能である。

(416) これらが第四の法則だろう。

(417) 「推移法則」（Transitivitätsgesetz）とは、おそらく「現下の知覚においてaがb以前であれば、想起においてもaはb以前である」といった法則であろう。なお、「さらに推移法則：

a>b>c」という記述が見られる（底本四三一頁）が、後半部分は、「aはbより以前であり、bはcより以前である」ということであろう。このような関係が、想起に「移されても」（推移されても）、保たれるということであろう。

なお、「推移」は論理学的な訳語である。右の「>」の記号も、「より大きい」の意味で理解してもよいと思われる（あるいはこれが本義である）。

（418） これらが第五あるいは第六の法則だろう。

（419） この場合の「同質性〔＝均質性〕」（Homogenität）は、「質料」の意味での（たとえばドの音という質料の意味での）同質性〔＝均質性〕ではなく、時間の「形式」それ自体の同質性〔＝均質性〕であろう。

（420） これが第七の法則だろう。

（421） この「状況」は Sachlage の訳である。

（422） ここでは、感覚および統握の時間が、客観的時間〔＝客観化された時間〕と「同じ時間」であると述べられている。しかし、おそらく、これだけでは不十分である。これについては、第三四節以下で、より厳密に分析される。そこでは、意識作用それ自体が、それによって構成された客観的時間のなかに現れるという逆説的な事態――絶対者の自己現出――が解明される。

（423） これが第八の法則だろう。ただし、これらの法則は、その一部をひとまとめにしたり、逆に、さらに細分化したりすることが可能なので、数のうえで「八」法則だということにはならない。

（424） 「度」は Grad の訳である。「度合い」でもよい。

(425) この「事後的に」(nachträglich)の語義は、慎重に解釈されるべきであろう。というのも、「感覚」は統握によって「対象」にされるが、そうであるかぎり、「統握される以前」ということが言えるからである。この「統握される以前」と対比して、「事後的」と言われているように思われる。この「事後的」は、単純に時間的な順序関係のなかでの「以後」ではないだろう。というのも、感覚は、すでに時間統握を受けているが(それゆえ、まったく時間的でない感覚は抽象概念だが)、この時間統握は、対象化する統握と(区別はされるとしても)おそらくきわめて緊密に結びついていると考えられる。というのも、本文では、対象化する統握がなされたその「時点」(という表現自体が不適切だが)で、感覚と対象とが「同じ時間」をもつとされるからである。いくらか極端化して言えば、対象化する統握は、「事後的」(この言葉の語義も微妙だが)であるにもかかわらず、いわばその事後性をいわば補って、感覚と対象との「同時性」(この言葉の語義も微妙である)を構成してしまうのである。これは、現在の神経科学的知見とも通ずるところがあるだろう。

第三章　時間の構成と時間客観の構成

第三四節　構成段階の区別〔1〕〔2〕

これまでわれわれは、最も目につきやすい諸現象から出発して、時間意識を、いくつかの主要な方向に沿って、かつまた、さまざまな層において、研究してきたわけだが、その後のこととして、さまざまな構成段階をここで一度その本質的な組み立てという点で確認しつつ、体系的に通覧しておくのが適当であろう。

すなわち、これまでに確認されたのは、以下のものである。

一、客観的時間のなかでの経験の諸事物（この場合、経験的な存在(1)のさまざまな段階をこれまで顧慮してこなかったが、これを区別すべきであろう。すなわち、個々の主観〔にとって〕の経験事物、間主観的に同一な事物、物理学の事物(2)〔を、である〕）、

二、さまざまな段階の構成する現出多様体(3)、先経験的時間のなかでの内在的統一性(4)、

三、絶対的に時間構成する意識流(5)。

第三五節　構成される統一性と構成する流れとの区別〔3〕

さて、この絶対的な、すべての構成に先立つ意識〔＝絶対的に時間構成する意識〕につい

て、さしあたり、もう少し詳しく論究されるべきである。それの固有性は、まったく異なった段階の〈構成される統一性たち〉[6]と対照することで、際立ってくる[4]。

一、個体的な客観はいずれもみな（内在的統一性であれ、超越的統一性であれ、〔時間構成する意識の〕流れのなかで構成される統一性はいずれもみな）、持続する、しかも必然的に持続する。すなわち、そうしたものはいずれもみな、時間のなかで連続的に存在する〔＝ある〕[7]。また、そうしたものはいずれもみな、この連続的な存在〔＝ある〕のなかでの同一的なものであり、この連続的な存在〔＝ある〕は、同時に[8]、出来事過程とみなされることができる[9]。逆に、〔統一性としての〕〈時間のなかに存在するもの〔＝あるもの〕〉は、時間のなかで連続的に存在する〔＝ある〕。また、〈時間のなかに存在するもの〔＝あるもの〕〉は、出来事過程の統一性であり、この出来事過程は、それが進行しているあいだ[10]、〈持続するもの〉という統一性を引き連れている。〔たとえば、〕音の出来事過程のなかには〈その出来事過程のあいだ持続する音〉という統一性が横たわっており、かつまた逆に、音の統一性は、充実化されている持続[11]のなかでの、すなわち出来事過程のなかでの統一性である。それゆえ、なんらかのものが〈ひとつの時間点に存在する〔＝ある〕〉として規定されるならば、それは、〈ひとつの出来事過程〉の位相としてのみ考えられうるのであり、同時に[12]、ひとつの個体的な存在[13]の持続はおのれの〔時間〕点をこの〔ひとつの出来事過程の〕位相のうちにもつのである。

二、原理的に、個体的あるいは具体的な存在[14]は、不変化であるか、変化であるか、どちらかである。出来事過程は、変化の出来事過程であるか、静止であるか、どちらかである。持続する客観それ自体は、変化する客観であるか、静止している客観であるか、どちらかである。この場合、変化はいずれもみな、〈同じ持続〉との関係では、変化の速度ないし変化の加速度（比喩であるが）をもつ。原理的に、変化の位相はいずれもみな、その幅が広がって〔＝変化の速度が遅くなって〕静止になることができ、静止の位相はいずれもみな、変化に移行することができる。

さて、右と比較して、〔時間を〕構成する諸現象[15]を観察するならば、われわれは、ひとつの流れを見いだすのであり、そして、この流れの位相はすべて射映の連続性である。しかしながら、原理的に、この流れの位相が、広がって連続的な順序系列になるということはありえず、それゆえ、その流れは――この位相が広がって〔もはや他のものに変化することのない〕おのれ自身との同一性に到る[16]といった具合に――変質すると考えることもできない。まったく逆に、われわれは、原理からして必然的に、恒常不断の「変化」の流れを見いだすのであり、しかも、この変化は以下のような不条理を有している。すなわち、この変化は、それが経過するまさにそのとおりに経過するのであって、「より速く」経過することも「より遅く」経過することもできないのである。かてて加えて、ここには、どんなものであれ変化する当の客観が欠けている。そして、どんな出来事過程のなかでもみな「なにものか」が進行するかぎり、ここでは出来事過程といったことは問題にならない[17]。ここでは、変化する当のなにものかについて、有意味に語ることもできない。それゆえまた、持続のなかで変化することのないなにものかをここで見いだそうとすることも、無意味である。

第三六節　絶対的な主観性としての時間構成する流れ

かくして、〈時間構成する諸現象〉が〈時間のなかで構成される諸現象〉とは原理的に異なる諸対象性であるということは[18]、明証的である。時間構成する諸現象は、個体的な諸客観ではないし、あるいは、個体的な諸出来事過程ではない。そして、これらの諸客観や諸出来事過程がもつような諸述語を、時間構成する諸現象に対して有意味に割り振ることはできない。それゆえまた、時間構成する諸現象について、それらが今において存在する〔＝ある〕とか、以前に存在した〔＝あった〕とか、それらが〈ひとつの後に他のひとつ〉というように時間的に後続するとか、あるいは、〈ひとつと共に他のひとつ〉というように同時的に（gleichzeitig）存在する〔＝ある〕などと（〔構成される諸現象と〕同じ意味で）言うことも意味をなさない。けれども、おそらく以下のようには言うことができるし、かつまた言わねばならない。すなわち、時間構成する流れの位相である現出連続性は、今に属しており、すなわち、その現出連続性〔それ自身〕が構成しているその今に属しており、また、〈その前〉（Vorher）に属しており、すなわち、その〈その前〉にとって構成的である（「〔かつて構成的で〕あった」とは言えない〉ものとして属している[19]。しかしながら、この〔時間構成する〕流れが一個の〈ひとつの後に他のひとつ〉ではないとすれば、その流れは、やはり、今をもたず、現下の位相をもたず、そして、把持のなかで今意識されている諸過去の連続性をもたないということになるのだろうか？〔これに対して〕われわれは以下のようにしか言えない。すなわち、この流れを、われわれは構成されるものに倣って流れと呼ぶが、しかし、それは時間的に「客観的な」なにものかなのではない、と。それは絶対的な主観性である。そして、それは、〈比喩的に「流れ」と言い表されうるもの〉、〈現下性の点〉、〈源泉点〉、〈「今」において発源してくるもの〉などなどという絶対的な諸特性をもっている[20]。現下性の体験のなかで〔こそ〕、われわれは、源泉点をもち、また残響的な諸契機の連続性を〔も〕もつのである。こうしたことすべてを表すための名称を、われわれはもちあわせていない。

第三七節　構成される統一性としての〈超越的客観の現出[21]〉

もうひとつ註記すべきことがある。すなわち、「知覚作用」について、知覚作用は本来的な〈知覚する〔作用〕〉の〔時間〕点であり[22]、「諸把持」の連続的な順序系列がそれにつながっているところのその〔時間〕点である、と言ったり語ったりするとき、そのことでもって、われわれは、時間的に内在的な統一性[23]を記述したのではなく、まさに〔時間構成する〕流れの諸契機[24]について記述したのだ、ということである[25]。すなわち、現出、たとえば家の現出は、ひとつの時間的な存在[26]であり、持続する存在であり、変化する存在、などなどである。〔現出者の〕現出でない内在的な〔感覚としての〕音[27]も、同様である。けれども、家-現出は、知覚意識〔作用〕および把持的意識〔作用[28]〕ではない。〔しかるに、〕この〔知覚的および把持的な〕意識〔作用〕は、時間構成するものとしてのみ、流れの契機としてのみ、理解されることができる。同様に、想起現出（あるいは、想起される内在的なもの、場合によっては、想起される内在的な第一次内容[29]）は、想起意識〔作用〕――これはもろもろの想起把持をともなう――から区別されるべきである。一般的にいって、われわれは以下のものを区別すべきである。すなわち、意識〔作用〕（流れ）、現出（内在的客観[30]）、超越的な対象（第一次内容〔それ自体〕が内在的客観でない場合）を[31]、である。すべての意識〔作用〕が、たとえば外的知覚の意識〔作用〕がもつような、〈「客観的に」（すなわち超越的な）時間的なもの[32]〉への関係、客観的な個体性への関係、をもつ、というわけではない。〔しかし〕どんな意識〔作用〕のなかにも、われわれは「内在的内容[33]」を見いだすのであり、これは、〔なにものかの〕「現出」と呼ばれる内容の場合には、個体的なもの（外的な時間的なもの）の現出であるか、あるいは、非-時間的なものの現出である。たとえば[34]〈判断する〉という〔意識作用の〕場合、われわれは「判断」という現出[35]を、すなわち内在的な時間的統一性としてのそれをもち、そして、この現出のなかで論理学的意味での判断[36]が「現出する」のである。[5]〔しかし、〕〈判断する〔作用〕〉は、いつも、〔構成する意識作用の〕流れの性格である。したがって、われわれが『論研』で「作用」あるいは「志向的体験」と呼んだものは、どんな場合にも、〔構成する意識作用の〕流れであり、すなわち、それのなかで内在的な時間統一性〔判断、願望など〕がおのれを構成するところの流れであるが、この内在的な時間統一性〔のほう〕は、それの内在的な持続をもち、そして、場合によって、より速くあるいはあまり速くなく、進行する。これらの統一性は、絶対的な〔時間構成する意識作用の〕流れのなかでおのれを構成するのであり、また、そうした統一性は、内在的な時間――これはひとつだけである――のなかにあり、そして、この時間のなかにこそ、〈同時〉[37]や〈等しい長さの持続〉〔あるいは場合によって、〈同じ持続〉、すなわち〈同時的に持続する二つの内在的客観〉〕があり、さらには、〈その前〉と〈その後〉を軸にする特定の規定可能性があるのだ。

第三八節　意識流の統一性と、同時性および順序系列の構成〔6〕

右のような内在的客観たちの構成については、そして、それらがいつも新たな〈もろもろの原感覚と〔把持的〕諸変様〉から成長してくることについては、すでに先に扱った〔7〕。しかるにいまや、われわれは、反省によって、〔時間構成する意識作用の〕唯一の流れ[38]を見いだしている。この唯一の流れは多数の流れに区分されはするが[39]、それでもやはり、これらの多数性は統一性〔＝一性〕を有しており、この統一性〔＝一性〕が、ひとつだけの流れについて語ることを許し、かつまた要求するのである。〔たしかに〕もろもろの原感覚の多数の系列[40]が始まり、そして終わるかぎり、われわれは多数の流れを見いだす。それでも、われわれは、〔それらを〕結びつけるひとつの形式を見いだすのであって、それというのも、〈今〉が〈もう－ない〉[41]に変転し、他方で〈まだ－ない〉[42]が〈今〉に変転するという法則が、それらの多数の流れすべてに対して単に個々別々に生じているというのではなくて、むしろ、〈今〉という共通形式のようなもの、〔形式の〕同等性のようなものが、総じて流れの様態のなかに成り立っているからである。もろもろの原感覚、そして多数の原感覚が「いちどきに」[43]あり、かつまた、それぞれの原感覚が流れる場合には、その多数の原感覚は、「いちどきに」[44]、しかも完全に同等な様態において、完全に同等な衰弱化をともなって、完全に同等なテンポで流れる。ただし、ひとつの原感覚が全面的に止むのに対して、他の原感覚がなおおのれの前方に〈まだ－ない〉をもつ、すなわち新たな原感覚を――〈その原感覚のなかで意識されているもの〉の持続をなお継続する、新たな原感覚を――もつ、ということはある。あるいはもっと適切に記述すれば、多数の原感覚が流れていき、しかもそれらはもともと〈同じ経過様態〉をおのれの可能性としてもっているのだが、ただし、いくつかの原感覚系列――持続する内在的客観にとって構成的であるいくつかの原感覚系列――が、内在的客観のさまざまな持続に対応して、さまざまな仕方でさらに継続する[45]〔ということはある〕。〔つまり、〕それらの原感覚系列は、〔それらがもともともつ〕形式的な諸可能性をみな同じ仕方で使用するわけではないのである。〔ところがこれに対して、〕内在的時間〔それ自体〕は、すべての内在的な客観および出来事過程にとってただひとつの時間[46]としておのれを構成するのである。これと相関的に、その内在的な客観および出来事過程についての時間意識〔それ自体〕は、ひとつの全体統一性[47]である。〔この「全体統一性」として〕全体包括的[48]であるのは、〔第一に、〕現下の原感覚たちの「いっしょに[49]」と「いちどきに」である。そしてまた全体包括的なのは、〔第二に、〕たった今先行した原感覚たちすべての「先ほど」や「先行してあった」であり、[50]〔第三に、〕原感覚たちの〈いっしょに〉がそれぞれみなそうした「先ほど」に恒常不断に変転していくその変転である。〔しかも〕この「先ほど」はひとつの連続性であり、かつまた、この連続性の点のそれぞれは、〈いっしょに〉全体にとっての、ひとつの同型的な、同一な経過形式なのである。〔さて、〕原感覚たちの〈いっしょに〉の全体は、以下の法則に服する。すなわち、その全体が、意識の〔時間的〕諸様態の恒常不断の連続性に、〔さらには〕経過完了性[51]の諸様態の恒常不断の連続性に、変転するという法則、そして、この同じ恒常不断性のなかで原感覚のいつも新たな〈いっしょに〉が原本的に発源してきては恒常不断にまたもや経過完了性に移行していくという法則である。〈原感覚たちのいっしょに〉としての〈いっしょに〉であるところのものは、経過完了性の様態においても〈いっしょに〉であることをやめない[52]。原感覚たちは〔一方で〕、連続的な経過という意味での連続的な〈ひとつの後に他のひとつ〉をもち、かつまた、原感覚たちは〔他方で〕、それらの〈いっしょに〉、それらの「いちどきに」をもつ。〔今〕〈いちどきに〉ある原感覚たちは現実の原感覚たちであるが、しかし、〈ひとつの後に他のひとつ〉〔という順序系列〕のなかでは、ひとつの感覚ないしひとつの群としての〈いっしょに〉〔だけ〕が現実の原感覚であり、それ以外は経過し去ったそれらである。しかし、このことは何を意味するのか？　ここで言えるのは、〔事象そのものを〕「見よ」ということだけである。すなわち、ひとつの内在的な今が意識的な仕方でもつところの、ひとつの原感覚あるいはひとつの群としての原感覚〈ひとつの音－今〉、〈同じ今のなかのひとつの色〉など〉は、恒常不断に、〈先ほど－意識〉――この意識のなかで内在的客観が〈過ぎ去った〉として意識されてある――の諸様態に変転するのであり、そして、「いちどきに」、すなわち、この変転といっしょに、新たなしかもいつも新たな原感覚が登場してきて、いつも新たな今が樹立されてある。[53] そしてその際、いつも新たな〈音－今〉、〈形態－今〉などが意識されてある。ひとつの群としての原感覚のうちで、原感覚どうしはその内容によって〔互いに〕区別されはするが、ただし、その〈今〉は〔形式として〕同じである。その形式から見て原感覚意識である意識は、同一である。

　けれども、「以前の」原感覚たち、〔あるいは〕以前の今意識たち〔が形作るところ〕の〈経過様態たちの連続的な諸系列〉も、〔現下の〕原感覚意識と「いっしょに」ある。[54] この〈いっしょに〉は、形式に関して連続的に変転した意識様態たちの[55]〈いっしょに〉であるが、これに対して、原感覚たち〔だけ〕の〈いっしょに〉は、ただ形式においてのみ同一的な様態たちの[56]〈いっしょに〉である。経過様態たちの連続性のなかで、ひとつの点を取り出すことができるが、そのとき、われわれは、このひとつの点のなかでも、形式において同等な経過様態たちの〈いっしょに〉を見いだすか、あるいはむしろ、ひとつの〔形式においてのみ〕同一な経過様態を見いだす。これら双方の〈いっしょに〉は、本質的に区別されねばならない。一方〔＝後者〕は、同時性の構成のための地盤であり、他方〔＝前者〕は、時間的な順序系列の構成のための地盤であるが(57)、とはいっても、他面で、同時性は時間的な順序系列なしにはなにものでもなく、時間的な順序系列は同時性なしにはなにものでもないのであり、したがって、同時性と時間的な順序系列は相関的かつ不可分に構成されねばならないのである。〔さて、さらに〕術語のうえで、流れる〈先‐いちどきに(58)〉と、流れたち(59)の印象的な〈いちどきに(60)〉とを区別することができる。〔しかし、〕一方の〈いちどきに〉も他方の〈いちどきに〉も、〔「(客観的)時間」(Zeit)を前提とした〕同時性(Gleichzeitigkeit)と呼ぶことはできない。究極的な〔時間〕構成する意識〔それ自体〕の時間(Zeit(61))といったことは、もう語ることができないのである。同時性、たとえば色と音の同時性は、〔両者の〕原感覚たち——これらは把持的プロセスを導き入れるが——とともに根源的に構成されるのであり(62)、また〔それとともに〕「現下の今」におけるそれらの〔色と音の〕存在〔＝ある〕が構成されるのだが、しかし、それらの原感覚はそれら自体、同時的〔と呼ばれるべき〕でない(63)。そして、そうであればなおさら、流れる〈先‐いちどきに〉は同時的な意識位相たちと呼ばれはしないし、同様に、意識の〈ひとつの後に他のひとつ〉が〈時間的順序系列(64)〉と呼ばれることもできない。

この〈先－いちどきに〉がどういうものかを、われわれは以前の分析から知る。それは、原感覚に繋がる諸位相の連続性であって、しかも、その連続性の各位相がそれ以前の今の把持的な意識（以前の今の「最初の記憶」〔＝第一次記憶〕）となっている、そうした連続性である。[65]この場合、注意すべきことがある。すなわち、原感覚が〔今から〕退場して恒常不断に変様していくとき、われわれは、〈以前の体験の変様である体験〉を、総じて、ただもっているというだけではない。われわれは、まなざしをその体験のなかに振り向けてもつことで、その〈変様された体験〉のなかでいわば〈以前は変様されていなかった体験〉を「見る」ことができるのである。[66]音のあまり速すぎない順序系列が経過する場合、われわれは、最初の音の経過後に「なお現在的な」――たとえもう感覚されていないとしても――音としてその音を「見やる」ことができるし、それだけでなく、この音が〈たった今〉〔として〕もっているその意識様態が、〈原感覚の意識様態〉――この音がそれのなかで〈今〉として与えられてあったところのその〈原感覚の意識様態〉――の「記憶」だということに気づくことができるのである。[67]しかし、この場合、二つのものが鋭く区別されねばならない。すなわち〔一方で〕、内在的時間客観がそれのなかで〈先ほど〉として意識されてあるところのその過去意識（把持的な過去意識と、同様に、「再」準現在化する過去意識[68]）と、〔他方で〕以前の原感覚の〈把持〉ないしは〈再想起する「再生[69]」〉である（〔どちらが問題になるかは〕感覚変様の根源的な流れ(70)〔＝把持〕が問題にされているか、それとも、それの再準現在化〔＝「再生」〕が問題にされているかによる(71)。そして、他の流れ(72)のどれについてもみな同様である。

内在的客観の持続のいずれかひとつの位相が今位相である場合には、それゆえ、その位相が原感覚において意識されてある場合には、〈先―いちどきに〉において〈連続的にひとつに接して他のひとつというように繋がっていく諸把持〉がこの原感覚と一体化しているが(74)、こうした諸把持は、それ自体において、原感覚たちの諸変様――これらの諸変様は、〈構成された持続〉の〔原感覚以外の〕残りの時間的に経過し去った諸点全体に属しているわけだが――としての性格をもっている(75)。そうした諸把持のそれぞれはみな、今点からの時間的隔たりに対応するひとつの特定の様態(76)をもっている。そして、そうした諸把持それぞれはみな、〔それぞれに〕対応する〈以前の今点〉についての過去意識であり、また、こうした今点を、経過した持続のなかでのそれの位置づけに対応する〈先ほど〉という様態において与える。

第三九節　把持の二重の志向性と意識流の構成〔8〕

究極的な構成する意識流の統一性について知るということは、いかにして可能であるか、この難問を解決するための示唆をわれわれに与えてくれるのが、把持の志向性のなかに含まれる二重性である。ここでわれわれはたしかにひとつの〔理解〕困難な事態に出会っている。

すなわち、ひとつの完結した（ひとつの持続的な出来事過程ないし客観に相応する）〔意識作用の〕流れが経過し去った状態にある場合、それでも私はまなざしをその流れに向け戻すことができるし、そして、記憶のなかでその流れはひとつの統一性を構成している、[77] そのように思われるのである。かくして、意識流〔それ自体〕も意識のなかで統一性としておのれを構成しているのは明らかである。意識流のなかでたとえば音の持続の統一性がおのれを構成するわけだが、しかし、意識流それ自体がまたもや〈音－持続－意識〔作用〕の統一性〉[78] としておのれを構成するのである。そして、この場合、こう言わねばならないのだろうか、すなわち、この統一性は〔音の持続の統一性と〕まったく類比的な仕方でおのれを構成する、そして、この統一性はやはりまた〔音の持続の統一性と〕まったく同様にひとつの構成される時間系列である、それゆえ、やはり、時間的な〈今〉、〈先ほど〉、〈後ほど〉が語られねばならない、[79] と。

先に述べたことにしたがってわれわれが与えることができるのは、以下の答えである。すなわち、ひとつだけの意識流、唯一の意識流のなかでこそ、音の内在的な時間的統一性がおのれを構成するし、しかもまた、〔それと〕いちどきに（zugleich）意識流それ自体の統一性がおのれを構成するのだ、[80] と。意識流がおのれ自身の統一性を構成するというのは、[81] ひじょうに違和感を覚えさせるように思われる（最初は不条理とまでは思われないとしても）が、それでも事実そうなのである。そして、このことは意識流の本質構成から理解されることができる。〔すなわち、〕まなざし[82]は、一方で、音についての諸志向性としての〈流れの恒常不断の進行のなかで互いに「合致する」諸位相〉を通り抜けて、〔音に〕向かうことができる。[83]しかし、まなざしは、流れ〔それ自体〕にも、ひとつの〈流れの区間〉にも、向かうことができ、すなわち、音の始まりから音の終わりまでのあいだの〈流れる意識〔それ自体〕〉の経過にも向かうことができるのである。[84]「把持」という種類の意識射映はいずれもみな二重の志向性を有している。すなわち、一方は、〔音という〕内在的客観の構成に役立つ、すなわち音の構成に役立つ志向性であって、これは、われわれが〈たった今感覚された〉音の「第一次記憶」と呼んでいるもの、もっとはっきり言い換えれば、まさに音の把持である。[85]他方の志向性は、流れのうちにあるこの第一次記憶[86]〔それ自体〕の統一性にとって構成的な志向性である。[87]言い換えれば、把持とは――それが〔音が〕〈まだ‐意識されてある〉ということ、〈引きとどめる仕方で意識されてある〉ということ、まさに〔音を把持するという意味での〕把持であるということと一体になって――流れ去った〈音‐把持〔それ自体〕〉の把持である。[88]把持は、〔構成する意識の〕流れのなかで恒常不断におのれ自身を〔諸位相へと〕射映化していくなかで、恒常不断に先行していった〔おのれ自身の〕諸位相〔それ自体〕についての恒常不断の把持なのである。われわれが意識流のいずれかのひとつの位相〈その位相のなかで、ひとつの音の今と、〈たった今流れ去った〉という様態における音‐持続の一区間とが、現出している〉に目を向けるならば、その位相は、諸把持の――〈先‐いちどきに〉における――統一的な連続性を含んでいる。この連続性は、連続的に先行していった〈〔意識の〕流れの諸位相〉の〈瞬間連続性〉全体の把持である〔最初の項においては、それは新たな原感覚であり、そして、それにつづいて恒常不断に新たに生成する項においては、言い換えれば、最初の射映位相においては、先立った原感覚の直接的把持であり、そして、さらにそのすぐ次の瞬間位相においては、先に‐先立った原感覚の把持の把持、などどである〕。さて、〔意識の〕流れが流れつづけていくままにしておくならば、その場合、われわれは、経過し去っていく〈流れの連続体〉をもつのであり、先述された連続性〔全体〕は、この〈流れの連続体〉によって〔さらに〕把持的に変転することができる。またこの場合に、新たな〈瞬間的‐いちどきにある諸位相〉[90]の連続性はいずれもみな、〔さらにそれよりも〕先行した位相のなかの〈いちどきに〉の連続性全体に関しての把持で〔も〕ある。それゆえ、縦の志向性が[91]、すなわち、〔意識の〕流れの進行のなかでおのれ自身との恒常不断の合致統一のうちにある志向性が、〔意識それ自体の〕流れを貫いていくのである。絶対的に移行していくなかで、流れつつ、最初の〔意識それ自体の〕原感覚はその原感覚の把持へと変転し、この把持はまた、この把持の把持へと変転し、そしてこうしたことが続いていく。しかし、第一の把持といちどきに[92]、新たな「今」[93]も、すなわち新たな原感覚も、現にそこにあり、そして、第一の把持と連続的‐瞬間的に結びつけられてあり、そのような仕方で、流れの第二位相は〈新たな今の原感覚〉と〈以前の今の把持〉とから成り立ち、さらにまた、第三の位相は〈第二の原感覚の把持〉と〈第一の原感覚の把持の把持〉とから成り立ち、以下これが続いていく。この場合に、ともに考慮に入れられるべきなのは、以下のことである。すなわち、ある把持の把持は、〈直接的に把持されているもの[94]〉に関わる志向性をもつだけでなく、第二段階の〈《把持する[95]》のなかで把持されているもの〉に関わる志向性をももち、そして最後に、[96]ここで一貫して[97]客観化されてある原与件[98]に関わる志向性をもつのである。〔これは、[99]〕ある事物現出の準現在化[100]が、事物現出に関わる志向性をもつだけなく、現出する事物に関わる志向性をもつのと同様のことであり、あるいはもっとうまく言えば、Aについての想起（Erinnerung）が想起〔作用〕（Erinnerung）を意識させるだけでなく、その想起のもつ〈想起されているもの〉（Erinnertes）としてのA[101]をも意識させるのと同様〔のことである〕。

　したがって、われわれの思うところでは、〔時間構成する〕意識の流れのなかでは、把持的な諸変転の恒常不断性のおかげで、かつまた、〈そうした諸変転〔のいわば真相〕は恒常不断に《恒常不断に先行している諸把持〔それ自体〕》の諸把持である〉という事情のおかげで、〔意識の〕流れそれ自体の統一性が、一次元的な疑似‐時間的な秩序[102]としておのれを構成する[103]のである。〔これに対して、〕音のほうに〔まなざしの〕方向を取るときには、すなわち、「横の志向性[104]」のうちに〈そのつどの音‐今の感覚としての原感覚のうちに、〈経過し去った音‐点たちの系列〉の第一次記憶としての把持的諸変様のうちに、そして、〈原感覚〉

と〈すでに〔前に〕ある諸把持〉[105]との把持的な諸変様が流れていくなかで統一性[106]をずっと経験している横の志向性のうちに〉[107]入り込んで注意しつつ生きるときには[108]、〈持続する音〉が、その音の持続のなかでずっと広がりながら、現にそこに立つ。〔逆に、〕「縦の志向性」のうちに入り込み、そして、その志向性のなかでおのれを構成するもの[109]のうちに入り込むときには、私は、反省するまなざしを、音（かくかくほど長く持続した音）〔それ自体〕から、原感覚の《《先-いちどきに》》[110]のなかで一点後の新たなもの〉に、そして〈恒常不断の系列にしたがって右の新たなものと「いちどきに[111]」把持されているもの〉に、向けかえる[112]。この把持されているものとは、おのれの位相系列（さしあたりおのれの先行した位相）にしたがった〈過ぎ去った意識〔それ自体〕〉である。そして、いま、意識が恒常不断に流れつづけていくさなかに、私は、経過し去った意識〔それ自体〕の把持されている系列を、現下の原感覚という限界点とともに把捉し、また、把持たちと原感覚たちが新たに開始すると、この系列が恒常不断に後ずさりするという運動とともに把捉する[113]。

ここで以下のように問うことができる。〈先-いちどきに〉のうちに含まれた〈過ぎ去った意識経過の把持的意識[114]〉を、私は一目で見いだして捉えることができるのか？　明らかなことだが、〔一目でそうできるのではなく、〕必然的なプロセスがある。最初に私は〈先-いちどきに〉それ自体を把捉せざるをえない。そして、この〈先-いちどきに〉は恒常不断に変様する。それは、まさに流れのなかでそれであるようなもの[115]でしかないのである。さて

〔しかし〕、〔時間構成する意識それ自体の〕流れは、それこそがこの〈先‐いちどきに〉を変転させているかぎり、志向的に、おのれ自身との合致のうちにあり、流れのなかで〔おのれ自身の〕統一性を構成する。そして、この〈一にして同一なるもの〉は、後ずさりという恒常不断の様態をもっている。その前方ではいつも新たなものが開始するが、ただちにまったく同様にまたもや――それの〈瞬間的な繋がり〉のなかで――流れ去る。こういうプロセスのあいだ、まなざしは、沈下していく〈瞬間的‐いちどきに〉に固定されたままであることができるが、しかし〔そのあいだにも〕、把持的統一性の構成は、それを越え出ていき、いつも新たなものを付け加えていく。〔とはいえ、それでも〕まなざしは、まさにそのことに、このプロセスのなかで向かうことができるのであり[116]、かつまた、意識は、流れのなかでいつも〔おのれ自身にとって〕〈構成される統一性〉として存在するのである。

以上のことからして、ひとつだけの意識流、唯一の意識流のなかで、不可分な仕方で統一的な二つの――一にして同じ事象の二つの側面のように――互いを要求する志向性が、互いに絡み合っている。一方の〔横の〕志向性のおかげで、内在的な時間、すなわち、そのなかに〈持続するもの〉の持続や変化が含まれるところの客観的な時間[117]、真正な時間[118]がおのれを構成する[119]。他方の〔縦の〕志向性のなかでは、流れ〔それ自体〕の諸位相の疑似‐時間的な組み入れ〔＝配列〕が〔おのれを構成するのであり〕、この流れ〔それ自体〕は、いつもそして必然的に、流れる「今」‐点すなわち現下性の位相を有するとともに、また、〈先ほどの－現下の〉そして〈後ほどの－現下の〈まだ現下でない〉〉諸位相[120]の連鎖を有している。この先現象的な時間性[121]、先内在的な時間性[122]は、時間構成する意識〔それ自体〕の形式[123]として、しかも、この時間構成する意識それ自体のなかで、志向的におのれを〔現象的に〕構成するのである。〔かくして〕内在的な時間構成する意識の流れは、〔現出せずに・意識されずに〕ただ単に存在する〔＝ある〕のではなく、かくも奇妙ではあるがそれでも以下のように理解可能な仕方で存在する〔＝ある〕のであって、言い換えれば、その流れのなかで、必然的にその流れの自己現出[124]が成り立つのでなければならず、かつまた、そのことからして、流れそれ自体が、必然的に、〔それがまさに〕流れるさなかで把捉可能でなければならないのである[125]。流れの自己現出は、〔その流れをさらに背後で構成する〕第二の流れを必要としない。そうではなく、流れは、おのれ自身のうちでおのれを現象として構成するのである。[9]〔この場合には〕〈構成するもの〉と〈構成されるもの[126]〉とが合致するが、それでも、もちろん、両者がすべての観点で合致するということはありえない。〔時間構成する〕意識流の諸位相のなかで、まさに当の意識流〔それ自体〕の諸位相がおのれを現象的に構成するが、そうした〔前者の〕意識流の諸位相は、それらの構成される諸位相と同一的ではありえないし、そして実際にもそうでない。意識流の〈瞬間的－現下的な相面〉のなかで現出にもたらされるもの、それは、まさにその意識流〔それ自体〕の把持的な諸瞬間の系列のなかの〈意識流の過ぎ去った諸位相〉なのである[127]。

第四〇節　構成される内在的な諸内容〔10〕

さて、われわれは、内在的な「諸内容」の層——そうした諸内容を構成するのは絶対的な意識流の能作であるが(128)——に移行して、それをもう少し詳しく観察することにしよう。これらの内在的な諸内容は通常の意味での体験(129)である。すなわち、〔第一に〕感覚与件（たとえ気づかれていなくても）、たとえば赤、青などであり、さらに、〔第二に〕諸現出（家‐現出、周辺現出など）であるが、これら〔自体〕が、あるいはこれらの「対象(130)」が、気づかれていてもいなくても、変わりはない。さらに加えて、〔第三に〕〈言表する(131)〉、〈願望する〉、〈意志する〉などの「諸作用」であり、また、それらに付属する再生的な諸変様（空想、想起(132)）である。これらすべてが意識内容であり、時間対象を構成する原意識(133)の内容であるが、しかし、その原意識はそれ自体またもや右の意味での〈現象学的時間のなかの内容や対象〉であるというわけではない。

右の内在的な諸内容がまさにそうしたものであるのは(134)、ただ、それらが、「現下に」持続しているあいだに、〈到来すべきもの〉をあらかじめ指し示し、また〈過ぎ去ったもの〉を遡って指し示すかぎりにおいてのみ、のことである。このように前方および後方を指し示すという場合、しかし〔この区別だけでは不十分であり〕、なお〔互いに種類の〕異なるもの(135)が区別されねばならない。すなわち〔第一に〕、内在的な内容を根源的に構成する原位相

〔に着目すれば、それ〕のいずれにおいてもみな、われわれは、まさにこの内容の〈先行していった諸位相の諸把持〉と〈到来してくる諸位相の諸予持〉とをもっている。そして、この諸予持は、まさにその内容が持続するかぎりで、充実化される。これらの「〔内容に関して〕規定された[136]」諸把持および諸予持は、ひとつの〔内容に関して〕曖昧な地平を有している。それらの〔規定された〕諸把持および諸予持は、流れつつ、〔内容に関して〕無規定な[137]諸把持および諸予持に移行し、〔すなわち、〕流れの過去的および未来的な経過に関わる諸把持および諸予持に[138]移行するのであり、〔また、〕これらの〔時間的な経過に関わる〕諸把持と諸予持をつうじて〔こそ〕、現下の内容は〔時間的な〕流れの統一性に付け加わるのである。それから〔第二に〕、把持と予持から区別されるべきなのが、再想起と予期であって、この再想起と予期は、内在的内容を〔根源的に〕構成する位相に関与するのではなく、むしろ、過去的ないし未来的な内在的内容を準現在化する。〔さて、〕諸内容は〔右のように諸把持と諸予持をつうじて時間的な流れの統一性に付け加わることで〕持続し、おのれの時間をもつ。それらは、個体的な客観性であり、変化ないし不変化の統一性である。

第四一節　内在的な諸内容の明証性　変化と不変化〔11〕

内在的な内容の明証的な所与性ということを言う場合、自明なことではあるが、その明証性は、〈音が点的な仕方で時間的に現存在する[139]〉ということが疑いなく確実だなどといったことを意味しえない。すなわち、そのように捉えられた〔たとえばブレンターノがそのように仮定していたような〕明証性を、私は虚構だとみなしたい。知覚のなかで与えられうる内容の本質に〈その内容が時間的に〔点的な仕方で、ではなく〕延び広がって存在する〔＝ある〕〉ということが属しているならば、知覚の疑いのなさということが意味するのは、〈時間的に延び広がって現存在する〉ということの疑いのなさ以外のことではありえない。そして、このことはまた以下のことを意味する。すなわち、個体的な現実存在に向けられる問いはすべて、最も厳密な意味での個体的な現実存在をわれわれに与える知覚に還帰することによってしか、おのれの答えを見いだすことができない、ということである。〔しかしこの場合、〕知覚ではない成分がなお知覚それ自体[140]と混じり合っているかぎり、知覚のなかにはなお疑わしさが残る。さて、ここで論題となっているのが内在的な内容であって、経験的な事物性でないならば、〈持続する〉と〈変化する〉、〈共存する〉と〈ひとつの後に他のひとつが後続する〉は、知覚のなかで完全に実現されることができるし、かつまた、しばしば実際に十分に実現されている。そうしたことは、まさに純粋に見る知覚であるような知覚[141]のなかで、すなわち、持続する内容そのものあるいは変化する内容そのものを最も本来的な意味で構成する知覚であるような知覚のなかで、生じるのである。それはまた、おのれ自身のうちにもはや可能な疑わしさをもたない知覚である。そして、根源への問いが提出される場合には、われわれはそうした知覚へと連れ戻されるのであり、しかしまた、そうした知覚はそれ自体、その根源についてさらに〔背後に遡って〕問うことを排除する。〔そして〕これまで何度も語られてきた〈内的知覚の明証性〉、〈コギタティオの明証性〉は、仮にも時間的な延び広がりを明証性と真なる所与性の領野[142]から排除しようとするならば、明らかに、いっさいの意義といっさいの意味を失ってしまうだろう。

そこで、こうした持続〔＝時間的な延び広がり〕の明証性意識[143]を〔具体的に〕観察し、そして、この意識それ自体を分析することにしよう。音c（しかも、単に性質cではなく、まったく不変のままであるような音‐内容の全体[144]）が持続的に知覚されてあり、また、〔それが〕〈持続している〉として与えられてあるならば、cは直接的な〈時間の場〉〔＝時間野〕の一区間〔＝原印象的区間〕を越えて延び広がっているのであり、言い換えれば、それぞれの今〔＝原印象〕において別の音が登場するのではなく、同じ音がずっとそして連続的に登場しているのである。同じ音がずっと登場しているということ、つまり、この〈〔音の〕同一性の連続性〉は、〔音の超越的な性格ではなくて、〕意識〔＝意識されてあること〕のひとつの内的性格である。〔意識されてあるかぎりでの〕もろもろの時間位置は、自分で自分に切れ目を入れる諸作用によって互いに〔＝ひとつから他のひとつが〕切り離されてあるのではない。知覚の統一性は、ここでは、切れ目なき（bruchlos）統一性であり、すなわち、おのれを切断する内的な区別いっさいをもたない統一性[145]である。それでも他方で、やはり区別が成り立ってもいる。それは、それぞれの時間点が個体としてそれぞれ他の時間点とは異なっているかぎりにおいてのことであるが、しかし、まさに〔区別によって「準」という仕方で〕異なって（*ver*schieden）あるのであって、〔端的に〕切り離されて（*ge*schieden）あるわけではない[146]。時間質料〔＝音c〕の区別不可能な同等性[147]と、時間措定する意識の変様の恒常不断性とが、本質的に、〈まさにその当のc[148]が切れ目なき延長の統一性に融合している〉ということを基づけており[149]、かつまた、そのことによってはじめて具体的な統一性が生じるのである。時間的に延長した音であってこそはじめて、音cはひとつの具体的な個体である。〈具体的なもの〉こそが、そのつど〈それだけで与えられるもの[150]〉なのであり、また、言うまでもなく、ついさきほど試みられたような〔諸契機を区別した〕詳述を可能にするのは、知的な分析プロセスである[151]。〔このとき、〕最初に与えられるものとしての切れ目なき〈cの統一性〉は、〔「区別」ないし「分析」のプロセスによって〕部分に分割可能な統一性、また以下のような諸契機――すなわち、その統一性の内部で観念的に区別されるとともに、場合によって〔直観的に〕見いだされうるような諸契機[152]――の融合性だということが判明する。〔そうした諸契機が区別されるのは、〕たとえば同時的な継起を補助手段にすることによって、である。すなわち、同時的な継起によって、平行して経過する持続のなかでもろもろの断片区間が区別可能になるし、またそれから、同時的な継起に関連させることで、〈比較する〉とか〈同一化する〉ということも生じうるのである[153]。

ちなみに、このような記述の際にすでに、われわれは〈理念化する虚構〉をいくらか用いている。〔そもそも〕音が絶対的に不変のまま持続するなどということが、ひとつの虚構である。なんらかの契機に多かれ少なかれ揺らぎがいつも生じるし、またそうであれば、ひとつの契機に関する連続的統一性は、他の契機の——連続的統一性に間接的な区分を与えるような——区別性[154]と結びついているだろう。性質の同一性が途切れるならば、また、ひとつの時間位置において同じ性質の類の内部でのひとつの性質から他〔の性質〕への跳躍が生じるならば——これらは、〔たしかに〕新しい体験、変更[155]の体験を生じさせるが、〔しかし〕この場合でも、ひとつの時間区間のどの時間点においても〔時間的な〕非連続性は可能でない、ということは明証的である。〔時間的な〕非連続性といったものは連続性を前提とするのであって、不変な持続という形式においてであれ、あるいは恒常不断の変化という形式においてであれ、そうである。後者すなわち恒常不断の変化に関していえば、変化意識[156]〔それ自体〕の〔時間的な〕諸位相〔それ自体〕は、それでもやはり切れ目なく移行し、それゆえ統一性意識、同一性意識という仕方で〈ひとつが他のひとつへ〉移行していくのであり、このことは、不変な持続の場合と同様である。けれども、そのことから、その〔どちらの場合であれ、意識それ自体の〕統一性が区別なき統一体だということが明らかになるというわけではない。さしあたり区別なく〈ひとつが他のひとつへ〉移行するもの〔＝意識それ自体〕も、連続的な綜合の進行のなかで、ずれ、〔あるいは、〕ますます増大するずれを産み、また、そのようにして同等性と区別性が互いに混じり合う。そして、〔その場合に〕与えられてあるのは、〈増殖する〔時間的な〕延び広がり〉と手を携えた〈区別性の昂進〉の連続性である。〔このことに応じて、意識の〕根源的な今－志向は、それが〔流れのなかでもなお〕個体として維持されつづけていながら、新たな、そしていつも新たな同時意識[157]のなかで、〔すなわち、〕〈根源的な今－志向から時間的に遠くになればなるほど、ますます昂進する区別性や隔たりを登場させる諸志向〉と一体になっている同時意識のなかで、現出するのである。さしあたりは〔ぴったり〕合致し、その後おおよそ合致する、そうしたものが、次第に〈ひとつの外に他のひとつ〉というように離脱していき、古いものと新しいものは、もはや〈本質において完全に同じもの〉として現れず、むしろ、その類における共通性にもかかわらず、ますます他なるもの、ますます異他的な〔＝無縁な〕ものとして現れる。かくして、「徐々に変化した[158]」の意識、〈恒常不断の《同一化の流れ》のなかで昂進していく隔たり〉の意識が、生じるのである。

変化なき持続の場合には、われわれは恒常不断の統一性意識をもち、すなわち、その進行のなかでずっと〈同質的な統一性意識〉でありつづける統一性意識をもつ。〔この場合には〕恒常不断に進みつづける諸志向の系列全体を貫いて合致が継続し[159]、また、その一貫した統一性はずっと合致の統一性でありつづけるのであり、こうした統一性は、「別様に」（anders）の意識、〈遠ざかる〉の意識、隔たりの意識を生じさせない。〔とはいえ、変化なき持続と対比される〕変化のなかでも合致は生じるのであり、すなわち、〔変化なき持続の場合と〕同様に、ある特定の仕方で時間的な延び広がり全体を貫いていく合致は生じる。けれども、〔やはり〕〈普遍的〔＝共通〕なものに関する合致〉のなかで〈差異面に関するずれ〉が、いちどきに（zugleich）登場したり、また昂進する仕方で登場したりする。〔こうした場合には〕変化の質料が時間区間のなかで〔さまざまな仕方で〕配置されるが、その仕方が、早い変化あるいは遅い変化の意識、それらの速度や加速の意識を規定する。しかし、いずれの場合でも、そして、恒常不断に変化する場合にかぎらず、別様性の意識、区別性の意識は、統一性を前提する。[160]変更の場合でさえも、なにか持続するものが現にあるのでなければならないし、変化[161]の場合でも同様なのであって、〈変化する当のもの〉ないし〈変更を被る当のもの〉の同一性をつくりあげるなにものかが現にあるのでなければならないのである。言うまでもなく、このことは、〈相関関係としての〉〈個体的なものについての意識〉の本質形式を遡って指し示している。[162]〔すなわち〕音の性質が不変のまま保たれていて、音の強度や響きの音色が変化する場合、われわれは、「同じ音が、響きの音色を変更する、あるいは、強度の面で変化する」と言う。〔しかし、音の〕現象全体においてなにひとつ不変のままにとどまらず、「すべての規定性に関して」変化する場合に、〔それでも〕なおいつも現にあり、それだけで十分に統一性[163]を打ち立てるのは、〔意識の〕〈区別のなさ[164]〉である。すなわち、隣接する諸位相が〈区別のなさ〉をもって〔＝区別をもたずに〕ひとつから他のひとつへ移行し、そのことで統一性意識を打ち立てるのである。〔こうした場合には、意識という〕〈ひとまとまりの全体〉の種類と形式が類として同じままなのである。〔これに関連することとして、〈似ている＝類似〉と〈等しい＝同等〉を対比してみるならば、総じて〕似たものは、その〈類似多様性[166]〉のなかで、〈似たもの〉に移行していく。これについては逆も言えるのであって、すなわち、〈似たもの〉とは、〈連続的な移行の統一性に所属することができるようなもの〉あるいは〈〔その意味で〕ある隔たりをもつものすべて〉である——これは、〈等しいもの〔＝同等なもの〕〉が、〈不変な持続（静止）の統一性を基礎づけることができるもの〉あるいは〈〔その意味で〕隔たりをもたないもの〉であるのと同様のことである。〔結局、〕変化や変動が語られる場合には、それがどんな場合でも、そのようになっている。〔そして〕その基礎には統一性意識があるのでなければならない。

第四二節　印象と再生[12]

この場合、気をつけるべきことがある。それは、持続している印象的な諸内容の構成を追究するのでなく、想起の諸内容の構成を追究する場合には、〈印象的な諸内容の今点に対応するところの〔想起の〕原印象〉というものを語ることができない、ということである。この想起の場合に先頭に立つのは〔原印象ではなく〕、原記憶[167]〈絶対的な位相[168]としての〉である。これは、「外部から[169]」「意識とは無縁に」持ち込まれ、原産出されて－発源したものではなくて、〔過去に沈み込んだ状態から〕浮上したもの、再浮上したものである、と〔少なくとも想起の場合には〕言うこともできるだろう。この契機〔＝原記憶〕は、それ自体〔現下の現在的な〕印象でないとはいうものの、それでもやはり、印象と同じく、自発性の産物ではなく、[170] ある見方では、受容的なもの（ein Rezeptives）である。〔それゆえ〕ここで、〈受動的な受け入れ〉（passive Empfängnis）という言い方をすることもできよう。さらにまた、新たなもの、無縁なもの、原本的なものを受け取るような〈受動的に受け入れる〉ということと、ただふたたびもってくるだけの、準現在化するだけの〈受動的に受け入れる〉ということとを、区別することもできるだろう。

構成される体験[171]はすべて、〔現在的な〕印象であるか、〔非現在的な〕再生であるか、いずれかである。つまり、再生としての〈準現在化する〉（*Vergegenwärtigen*）[172]であるか、そうでないか、いずれかである。どちらの場合にも、構成される体験は、それ自体、ひとつの〈内在的に〉現在的なものである。しかし、現在的であるとともに現在化する意識〔＝知覚〕すべてには、それに正確に対応する〈この〔現在化する〕意識についての準現在化〉の理念的な可能性が、対応する。印象的な〈知覚する〉には、それについての準現在化の可能性が対応し、印象的な〈願望する〉には、それについての準現在化が対応する、などである。この〈準現在化する〉は〔このような作用に関与するだけでなく〕、それぞれの感性的な感覚内容にも関与する。〔すなわち、感性的な感覚内容としての〕感覚された赤には、ファンタスマ[173]の赤が、〔あるいは、現在的な〕印象的な赤についての準現在化意識が、対応する。この場合、〈感覚する〉〈すなわちヒュレー的な諸与件を[174]〈知覚する〉〉には、その〔ヒュレー的な諸与件も含めた〕〈感覚する〉〔全体〕の準現在化が対応するわけである。しかしながら、すべての〈準現在化する〉は、それ自体として、それはそれでやはりまたしても、ある印象的な意識によって現在化するのである[175]。それゆえ、ある意味で、すべての体験は印象によって〔現在的に〕意識されてあり、あるいは印象化されて（imprimiert）[176]ある。けれども、そうした体験のもとには、〔非現在的な〕再生として登場する体験、すなわち印象を準現在化する変様として登場する体験もあり、しかも、すべての意識にそのような変様が対応するのである（〔ただし〕この場合、〈準現在化する〉は同時に[177]〈注意しつつ思念する〉[178]でもあるというように理解されているわけではない）。〈知覚する〉とは、〈ある対象についての意識〔＝ある対象が〔志向的に〕意識されてある〕〉ということである。〔しかし、〕そうした〈知覚する〉は、意識〔＝意識されてある〕としては[179]、印象であり、内在的に[180]現在的なものである。この内在的に現在的なもの——これはまた〈Aを知覚する〉〔それ自体〕である——に、再生的な変様が対応する。その変様とはすなわち、〈知覚する〉の準現在化であり、〔もっと具体的には、〕空想のなかでの〈知覚する〉であり、あるいは想起のなかでの〈知覚する〉である。そのような「空想のなかでの知覚〔作用〕」は、しかし同時に[181]、知覚される客観についての空想でもある。知覚〔作用〕のうちでは、対象——事物とか事物的な出来事過程と言われる——が〈現在的〉として現にそこに立つ[182]。それゆえ、知覚〔作用〕は、それ自体、現在的にあるというだけでなく、〈〔対象を〕現在化する〉(Gegenwärtigen) でもあり、〔このことに相関して、〕その知覚〔作用〕のなかで、現在的なもの (ein Gegenwärtiges) が、〔すなわち〕事物や出来事過程が、〔対象として〕現にそこに立つのである。[184] 同様に、知覚〔作用〕の準現在化変様は、同時に、[185] 知覚される客観の準現在化である。〔これにおいては〕事物客観が空想され、想起され、予期されてある。

すべての印象は、〔すなわち、〕第一次内容たちと、〔作用としての〕「……についての意識」である体験たち〔との両方〕は、根源的な意識[186]のなかでおのれを構成する。[187] というのも、〔そもそも〕体験がこれら二つの基礎的な体験クラスに分けられるからである。[188] その一方は、作用すなわち「……についての意識」であり、「なにものかへの〔志向的な〕関わり」をもつ体験であるが、他方〔=第一次内容〕はそうでない。〔第一次内容としての〕感覚される色は、なにものかへの〔志向的な〕関わりをもっていない。[13] 空想内容——たとえば〈眼前に浮かんでいる赤〈たとえ注目されていないとしても)[189]〉としての〈ファンタスマ赤〉——も同様に〔なにものかへの志向的な関わりをもっていない〕。けれども、たしかに、赤についての空想-意識〔は、また、〕すべての原始的な準現在化[190]〔は、なにものかへの志向的な関わりをもっている〕。[191] それゆえ、われわれは、印象的な意識についての準現在化である印象を見いだす。[191] 印象的な意識が内在的なものについての意識であるのと同様に、印象的な準現在化も内在的なものについての準現在化である。[192]

印象（より狭い意味での、すなわち準現在化との対比における印象[193]）は第一次意識として捉えられるべきであり、すなわち、その背後にもはや、第一次意識がそれのなかで意識されてあるところの意識をもたないものとして、捉えられるべきである。これに対して、準現在化は、最も原始的な内在的な準現在化さえも、すでに第二次意識であって、これは、第一次意識を前提しており、第二次意識〔＝準現在化〕はこの第一次意識のなかで印象として意識されてあるのだ。

第四三節　事物現出の構成と事物の構成　構成される統握と原統握

先述のような第一次意識を観察してみよう。たとえばこの銅製の灰皿の知覚である。その灰皿は、持続している事物的な存在[194]として、現にそこに立っている。反省してみると、二つのものが区別される。一方に、〈知覚〉それ自体[195]（統握与件とひとつのものとして具体的に捉えられる知覚統握[196]、たとえば確実性という様態[197]における知覚現出）、他方に、〈知覚されるもの[198]〉（これは、知覚に基づけられた明証的な判断[199]において記述されることができる）である。その〈知覚されるもの〉は、同時に[200]、〈思念されるもの[201]〉でもある。〈知覚する〉のなかで〈思念する〉が「生きている[202]」のである。その様態における知覚統握[203]は、反省が教えるように、それ自体、〈なにか内在的－時間的に構成されるもの[204]〉であり、これは〔灰皿のような〕〈思念されるもの〉ではないが、〔それでも〕現在性の統一性[205]のなかで現にそこに立っている。[206]〔すなわち、〕それ〔＝なにか内在的‐時間的に構成されるものとしての知覚統握それ自体〕は、今位相たちおよび把持たちの多様性によって構成されてある、のである。統握内容も、確実性の様態がそれに属するところの統握志向[207]も、この仕方で構成されてある。感覚内容は感性的な印象のなかで統一性としておのれを構成する。そして、統握は、〔感性的な印象とは〕別の作用印象のなかで、〔ただし〕感性的な印象と絡み合った作用印象〔＝作用それ自体の印象〕のなかで、統一性としておのれを構成する。[208]構成される現象としての知覚は、しかし、それはそれで、事物についての知覚である。

第一次時間意識のなかで、事物現出、事物統握[209]が、〈持続していて、不変な現象〉としてあるいは〈変化する現象〉として、おのれを構成する。そして、この変化[210]の統一性のなかに、ある新たな統一性[211]が「意識されて[212]」ある。それは、不変な事物の統一性、あるいは変化する事物の統一性であって、〔すなわち、〕おのれの時間のなかで、おのれの持続のなかで、不変であるか変化するか〔によって、そうなのである〕。〔この場合、〕同じ印象的な意識――これのなかで知覚〔それ自体〕がおのれを構成する――のなかで、〈それ〔＝知覚〕によって知覚されるもの[213]〉もまた、そして、〈それ〔＝知覚〕によって知覚されるもの〉こそがまさしく、[214]おのれを構成する。そのように〔一体的に〕築き上げられている意識の本質には〔さらに〕、その意識が、内在的なたぐいの統一性意識[215]であるのと同時に、[216]超越的なたぐいの統一性意識[217]でもあるということが、属している。そしてまた、その〔意識の〕本質には、思念するまなざし[218]が、あるときには感性的な感覚に向かい、あるときには現出に向かい、あるときには対象に向かう、ということ[219]が属している。このことは、適宜変更すれば、〔右の事例にかぎらず、〕すべての「作用たち」に関して言える。どんな場合も、作用の本質には、超越的なたぐいの志向性をもつということが属しており、しかも、〔作用が〕そうした志向性をもつことができるのは、〈内在的に構成されるもの〉、「統握たち[220]」をとおしてのみ[221]、なのである。そして、どんな場合にも、このこと〔＝作用が内在的に構成されるものを『とおして』超越的なたぐいの志向性をもつことができるということ〕が、〈内在的なもの〉あるいは〈その内在的な内実をともなう統握〉を〈超越的なもの〉に関係づけるという可能性を、根拠づけている[222]。そして、この〈関係づける〉は、またもや、ひとつの「作用」、すなわち、高次段階の作用[223]であることが判明する。

この場合によく気をつけるべきことがある。それは、感覚内容たち――これら自体、根源的な時間流のなかで構成される統一性たちなのだが[224]――の複合体が、知覚のなかで統握による統一を被る[225]、ということである。しかも、その統一的な〔＝統一を遂行する〕統握それ自体が、またしても第一の意味での構成される統一性なのである。〔さてしかし、感覚内容たちの〕内在的な統一性は、それの構成においては、超越的な現出[226]のなかで〈〔超越的な〕現出者〉が意識されてあるのと同じ仕方で、〔あるいは、〕超越的な知覚のなかで〈〔超越的な〕知覚されるもの[227]〉が意識されてあるのと同じ仕方で、意識されてあるわけではない。それにもかかわらず他方で、両者は両者に本質の共通性をもっているのでなければならない。というのも、〈内在的な印象〉[228]は〈現在化する〉であり、同様に、〔超越的な〕〈知覚する〉も〈現在化する〉であるからである。言い換えれば、われわれは、一方の場合には、内在的な〈現在化する〉をもち、他の場合には、現出を「〔とおして〕[229]」の超越的な〈現在化する〉をもつのである。[230]それゆえ、一方で、超越的な現出たちは、〔すでに〕内的意識のなかで構成されて、統一性たち〔となっているの〕であるが、その他方で、これらの統一性たちの「なかで[231]」またもや別の統一性たちが構成されてあるはずであり、それがすなわち現出する客観たちである。

内在的な統一性は意識時間的な（temporal）[232]射映多様体の流れのなかでおのれを構成するということを、われわれは見た。その流れのなかで、われわれは多様な原内容[234]をもつが、その原内容は、内在的内容の体験時間点それぞれに属する〔ともに、〕縦方向の意識流にしたがう〔ように下降していく[235]〕かぎり、変様される原内容である。そうした多様な、変様される原内容は、今という性格をもつ原内容の把持的変様として特徴づけられる。そして、こうした原内容は、原統握——これが、これの流れる繋がりのなかで〈過去に後退していく内在的内容の時間統一性（Zeiteinheit）〉を構成する——の担い手である。〔超越的な〕知覚現出の場合の「内容」とは、意識時間的な（temporal）統一性としてのまさにこの現出全体[236]である。それゆえ、知覚統握〔それ自体〕もまた、そうした射映多様体のなかで構成されてあるのだが、この射映多様体は意識時間的な（temporal）統握の統一性によって統一的になるのである。ここで、われわれは統握を二重の意味で理解しなければならない。すなわち、内在的に構成されてある統握[237]と、〔他方で〕内在的な構成〔それ自体〕に属し、根源的な〔構成する意識作用の〕流れそれ自体の位相たちに属する統握、すなわち、もはやそれ以上〔他のものによって〕構成されてあるのでない原統握[238]、である。さて、現出たちの内在的な経過流のなかで、すなわち、われわれが知覚[239]と呼ぶところの、現象学的時間のなかのもろもろの統握の〈ひとつの後に他のひとつが後続する順序系列〉のなかで、ひとつの時間的な（zeitlich）統一性[240]がおのれを構成するのであり[241]、〔言い換えれば、〕統握たちの連続性がただ単に、変化する現出たちの統一性[242]を（たとえば、ひとつの事物を回転させる場合に、その同じ事物のアスペクトたちとして現出するところの、アスペクトたちの系列のように）生じさせるだけでなく、ひとつの持続する事物やひとつの変化する事物の現出たちの統一性[243]を生じさせるかぎりは〔、ひとつの時間的な統一性がおのれを構成するのである〕。

〔さてここから、事物の構成と時間の構成との関係に分析を進めるならば、〕内在的な時間は、内在的な現出たちのなかで構成される客観たち〔が属するところ〕の時間[244]へとおのれを客観化するのだが[245]、それは[14]以下のことによってである。すなわち、現象学的時間〔それ自体を形作るところ〕の統一性たちとしての感覚内容たちの射映多様性のなかで、あるいは、こうした感覚内容たち〔に対応するところ〕の統握たちの現象学的－時間的な射映多様性のなかで、ひとつの同一な事物性[246]——これは位相たちすべてにおいてずっとおのれ自身を射映多様体のなかで描出＝提示しつづける——が現出するということによって、である。事物は、現出たち——これらはこれら自体、根源的な印象たちの流れのなかで、内在的な統一性〔＝内在的時間〕として構成されてある——の経過流のなかでおのれを構成する、[247]しかも、必然的に、一方は他方とともにおのれを構成するのである。[248]すなわち、現出する事物が〔このように〕おのれを構成するのは、[249]以下のことのゆえに、である。根源的な流れのなかで〈感覚統一性たち〉と〈統一的な統握たち〉とがおのれを構成し、それゆえ、〈なにものかについての意識[250]〉、〈なにものかについての描出＝提示〉がおのれを構成し、さらには〈なにものかについての現在化〉がおのれを構成し、かつまた、連続的な順序系列のなかで〈その同じものについての描出＝提示[251]〉がずっとおのれを構成しつづけるがゆえに、である。[252]〔そして、〕〈描出＝提示の流れる形成体たち[253]〉が〔根源的な〕流れと〔連続的な〕繋がりとをもつことによって、まさにそのような、そしてまさにそのようにして〔客観的時間として〕形作られる多様性のなかで、それらの現出者が[254]描出＝提示の射映たちから〔現在的として〕分離して出てくるのであり、これは〔内在的時間として形作られる〕感覚射映たちのなかで、ひとつの感覚内容〔が現在的として分離して出てくるの〕と同様のことである。[255]まさにそれゆえに、〔ここでの〕統握多様性は、〈〔現出者を〕現在化する[256]統握多様性〉として性格づけられてあるのであり、これは、内在的な印象たちがそうであるのとまったく同様のことである。

ただちに見て取れることだが、原現前呈示的な[257]感性的与件が、原現前呈示ならびに本質的にそれと一体をなしている原把持たちと原予持たち[258]のほかに、空間事物の構成の統握性格をも連続的に受け取る場合には[259]、現象学的時間――この現象学的時間には感覚与件と事物統握とが属するわけだが――と、事物たちの空間時間とが、そのひとつひとつの点にいたるまで合致するということにならざるをえない。現象学的時間の充実化された点のそれぞれでもって、〔その〔現象学的〕時間のなかに横たわっている、感覚内容たちとそれらの統握たちのおかげで〕充実化された客観的時間の点が描出[260]＝提示されるのである。

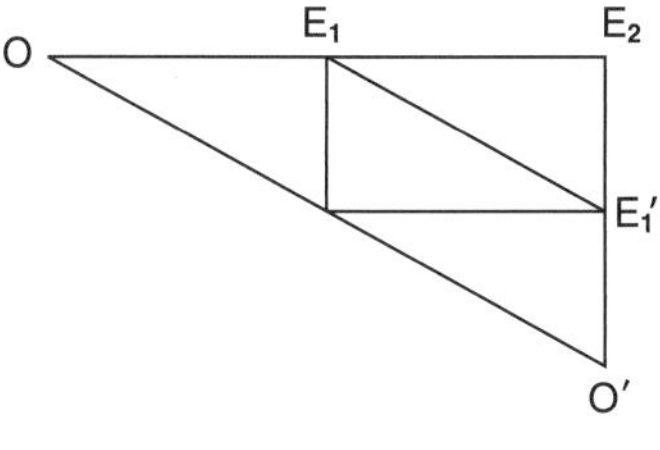

この場合、〔時間〕図表の垂直系列において、現象学的時間構成に属する〈一貫して進行する垂直的な合致〉（これが示すところによれば、ひとつの瞬間に〔＝いちどきに〕原与件E_2と把持的変様O′およびE_1'が一本化されてある[261]）をわれわれはもつのだが、それだけではなく、事物統握としての事物統握[262]の把持的な――それぞれの垂直系列に属する――射映たちも〈一貫して進行する合致〉のうちにある。[263]これは二重の合致である。〔つまり、〕事物統握の系列が合致するのは、それがひとつの連続的な順序系列をともに構成する[264]かぎりにおいてだけでなく、それが同じ事物

を構成するかぎりにおいても、である。前者は、〔本質同等的なものを次々に〕結びつける〈本質同等性〉の合致であり、後者は〔事物の〕同一性の合致であって、それというのも、順序系列が連続的に同一化されるなかで〈持続する同一なもの〉が意識されてある、からである。そしてもちろん、そのことには、もろもろの予持たち——これらはさてまた〔他方で〕客観的-空間的な意味ももつのだが——が〔次々に〕充実化されていくなかで、〔ひとつの〕垂直系列から〔他の〕垂直系列へ連続的に継起的に同一化がなされていくということも、属している。

これまですでに、内在的統一性たちと超越的統一性たち[265]の構成における類比関係が示唆されていた。すなわち、「感覚-射映」〔現象学的時間のなかの〔内在的な〕感覚統一性たちに対応する〈描出=提示の原与件たち〉は、〔それら自体で〕それらの法則をもち、それらの〈原順序系列[266]のなかの本質性格〉をもち、そして、図表に再現された変様をとおして〔内在的な〕感覚の統一性[267]を構成するのであり、こうした事情は、〔超越的な〕事物の射映たちに関しても、すなわち、その「現出たち」——これらは、さてまた〔他方で〕原順序系列の原与件として機能するのだが——に関しても、同様である。時間の根拠となる把持たちなどのおかげで、現出の瞬間たちの原順序系列は、現出〔変化した現出あるいは不変な現出〕を現象学的-時間的な統一性[268]として構成する。しかし、さらに加えて、不変な同じ事物に属する〈現出多様性にもとづく現出たち〉は、完全に同じである存在的本質〔現出者の本質[269]〕をもつのであり——、これは、ひとつの不変な赤に属するもろもろの瞬間与件たちが完全に同じ性質をもつのと同様である。さらに同様に、事物の変化の系列[270]も、赤の変化の系列と同様に、ひとつの堅固な法則に支配されている。かくして、ひとつになった二重のものが、志向的に構成されてある。すなわち、現出と現出者が[271]、そして異なった現出たちのなかには、不変な現出者か変化する現出者が、である。

さてしかし、次のような問いが残るのは当然である。すなわち、〔不変なまま持続する〕同じものの現出たちである〈事物の現出たち〉は、いかなる固有性をもっているのか。これは、空間的な事物の構成——この構成は、それゆえ〔＝右のことからして〕時間構成を前提するのだが——の問いである。

第四四節　内的知覚と外的知覚[15][272]

さてしかし、われわれは〈持続する知覚〉という言い方をする、しかも、事物知覚の場合と同様に、内在的知覚の場合にもそうする。事物知覚の場合には、恒常不断の知覚現出も、〔すなわち〕事物の〈今－現出〉の連続性も——〔ここでは〕把持的および予持的な絡み合いを無視する[274]——、その〔事物〕知覚に数え入れられる。事物現出、「その〔現出の〕方向づけにおける事物[275]」、特定の描出＝提示における事物[276]などは、〈持続するもの〉であるが、それは、〔もっぱら内在的知覚において〕現出する端的な事物が〈持続するもの〉であるのと同様である。[277] 単に現出する側面も、〔やはり〕〈持続するところのもの〉、〈この持続のなかで変化するところのもの〉である。[278]〔こうした時間的な現出の次元に属するものについて、〕私は、本来は、「その方向づけにおける事物」と言ってはならない。〔そうしたものについて〕言ってよいのは、〈事物現出の出来事過程〉ということであって、この事物現出は、方向づけが不変のままの場合には、その後も持続するのであり、また別の場合には、現出たちの恒常不断の変化経過〔にすぎないの〕ではあるが、それでも〔より大きな枠組のなかで見れば、やはり〕ひとつの持続の内部にある。

内在的客観の知覚の場合にも、われわれは、今の内在的なものをその連続性のなかで〔ひとつに〕まとめることができる。[279] しかし、この場合、〔右の〈持続〉の対応という観点からすれば、〕その今の内在的なものは、その客観それ自体の持続なのである。〔ただし、内在性という観点からすれば、この場合に、〕外的な知覚の場合のような意味で、まさに、〔外的な〕客観が現出する、というわけではない。それゆえ、「知覚」は、〔それが〕外的な客観についての意識である場合には、〔外的な客観の「現出」である〕外的現出を〔むしろ〕内在的客観[280]として言い表すことができるのであり、その場合、〈知覚〉と〈知覚されるもの〉と[281]が異なったものであるのは自明だが、これに対して、われわれが内的知覚[282]について語る場合にも、〈知覚〉と〈知覚されるもの〉[283]とがなお区別されつづけるべきであるならば、〈知覚〉ということでもって、その〈内在的なもの〉が、すなわち、まさにその〈客観そのもの〉が、理解されることはできない。〔むしろ〕われわれが内的知覚と言う場合に〔区別して〕理解されることができるのは、以下の二つだけである。すなわち、一、〈注視されなくても〔前に〕ある統一的な内在的客観[284]〉の内的意識、すなわち、時間的なものを構成する意識としての内的意識か、それとも、二、〔右の内在的客観[285]への〕注視をともなっている内的意識か、である。この場合、容易に見ることができることであるが、〈注視する〉すなわち〈把捉する〉は、〔それ自体が、〕その内在的な持続をもつひとつの内在的な出来事過程であって、その〔注視の〕持続は、注視が内在的な音に向かっているあいだは、その内在的な音の持続と合致する。

それゆえ、外的客観の場合には、われわれは以下のものをもつ。

一、〔超越的対象の「現出」としての〕外的現出、

二、構成する意識――これのなかで〈内在的なもの〉としての外的現出が構成されてくる、

三、注視――これは、現出およびその構成成分に向かう注視でもありうるし、また、現出者に向かう注視でもありうる。外的知覚が論題になっている場合には、問われるのは現出者だけである。

記憶＝想起に関しても、これと類比的な考察がなされる。ただし、記憶＝想起そのものが、それ固有の志向性を、すなわち準現在化の志向性をもっている。記憶＝想起は、内的意識のなかでの出来事過程としての統一性[286]をもち、内在的時間の統一性のなかにおのれの位置と持

続をもつ。このことは、記憶＝想起が、〈内在的なもの〉についての記憶＝想起である場合にも、〈超越的なもの〉についての記憶＝想起である場合にも、妥当する。そして、記憶＝想起はいずれもみな、〔注視〔の有無〕を無視すれば〕同時に、[287]〈内在的なもの〉についての記憶＝想起である。[288]それゆえ、原本的な内的意識としての〈内在的な音についての意識〉が〔あらかじめ〕内在的時間性をもつことができないのに[289]対して、内在的な音についての準現在化意識[290]〔これは、適宜変更された意味では、音の内的意識〔それ自体〕についての準現在化意識でもあるが〕は、内在的時間性に属するひとつの内在的客観なのである。

第四五節　非時間的な超越性の構成

さらに加えて、気をつけるべきことがある。本来的な意味での〔〈おのれ自身において〉構成される内在的統一性としての〕意識[291]はいずれもみな、必然的に同時に、[292]対象的なものについての意識統一性でもあって、この意識はこの対象的なものに「関わる」[293]。しかしながら、意識はいずれもみな、それ自体、時間意識である、というわけではない、すなわち、時間的なものについての意識、志向的な時間を構成する意識である、というわけではない。[294]そういうわけだから、数学的な事態についての判断意識は〔右の意味でおのれ自身において構成される内在的統一性＝作用としては現在的・時間的な〕印象であるが、しかしながら、それの統一性のなかで統一的に「現にそこに立っている」[295]数学的事態は、時間的なものでないし、その〈判断する〉は、〔時間的に〕〈現在化する〉（ないし〈準現在化する〉[296]）ではない。[10] このこと〔＝右の意味での時間意識と、そうでない意識とは区別があること〕に対応して、〔一方で、〕〈事物、出来事、時間的な存在が、空想のなかで表象される〉とか、〈そうしたものが、空想的、想起的、予期的、把持的に現出する〉と言うことができるのであるが[297]、それは、〈そうしたものが、現在的として現出する、知覚されてある〉と言うことができるのとまったく同様のことである。ところがこれに対して、〔他方で、〕〈数学的な事態が、現在的あるいは準現在化的として現出する〉と言うことはできない。〔右の意味での統一性＝作用としての〕〈判断する〉は、長いにせよ、短いにせよ、持続することができ、主観的時間のなかにその延び広がりをもち、現在的あるいは準現在化的であることができる。しかしながら、《判断されるもの》[298]は、〔時間的に〕長かったり短かったりすることはないし、持続的であったり、あまり持続的でなかったりすることはない[299]。しかも、同様のことは、《判断の準現在化のなかで疑似的に判断されるもの[300]》についても言える。〔その場合に〕準現在化されるのは、その判断[301]であって、《判断されるもの》ではない。〔ちなみに、〕〔右の意味での《判断されるもの》としての〕事態を「ただ単に思考する」ということが言われる場合もあるが[302]、その場合、その事態が準現在化されてあるということが言われているわけではなく、むしろ、その事態が、〈信憑する〉という性格[303]においてではなく、中立性変様という性格[304]において、現にそこに立つということが言われている。けれども、信憑の諸様相は〔存在性格に関わるものとして〕、現在的－非現在的という〔時間性格に関わる〕諸様相と一致せず、後者と十字に交差するのである。[305]〔さて、〕個体的な〔事象を含む〕事態の場合には、なお――非本来的にだが――時間の諸性格について語ることができるのだが、ただし、それは、その事象――すなわち、事態のなかで論理的－分析的に分類され、かつまた綜合的に捉えられている事象[306]――が、知覚的に現在的であることができたり、空想的に準現在化されることができたりするというかぎりにおいてである。しかし、非時間的である事態に関しては、〔すなわち〕時間的なものについてなにも語らない事態に関しては、そうしたことは意味をもたない。〈数学的な判断のなかに入り込んで空想する〉ということ〔があるとしても、それ〕は、〈数学的な事態を空想表象にもたらす〉――あたかもその事態が〈現在化あるいは準現在化によって描出＝提示されるもの〉でありうるかのように――ということを言っているわけではない。

含蓄ある意味での現前呈示[307]〔に対応するところ〕の現出は、現在化とその諸変様の領分だけに属する。[308]そして、〔その現出に相関する〕現出者の構成には、あるいはもっとうまく言えば、個体的な存在の本来的な所与性には、[309]〈現出者は、描出＝提示としての現出たちの連続性という形式のうちで与えられてある〉ということが含まれる。もちろん、事態も「ただ単に現出する」[310]ことができるし、〔また、おのれが〕本来的な所与性のうちで証示[311]〔されること〕を要求する。〔しかし〕このことも、すでに述べられたこと[312]には、すなわち、〈個体的な諸現出〈自然の諸現出〉に根拠を置く事態〔「自然の事実」〕が、その基礎にある現出所与性にもとづいて、それゆえ、〔個体的な諸現出と〕類似の仕方で「もろもろの描出＝提示」の無限性において、〔本来的な〕所与性に到る〉ということには、なんら変更を加えない。それにもかかわらず、事態の「描出＝提示」〈現出〉は、本来的な意味での描出＝提示ではなく、派生的な意味でのそれだ、と言わねばならない。事態〔それ自体〕も、本来的には、なにか時間的なものではない。それは一定の時間のあいだ成り立つが、しかし、事物や出来事過程のように、それ自体として時間のなかのなにものかであるのではない。時間意識および〈描出＝提示する〉は、事態そのものには属さず、それ〔が含むところ〕の事象に属する。

同じことは、他のすべての基づけられた作用およびそれの相関項にも、妥当する。〔たとえば、〕価値は時間位置をもたない。時間的な客観は美しかったり、適意的であったり、有用であったり、などなどでありうるし、また、一定の時間において、そうでありうる。けれども、美、適意などは、自然のなかに、そして時間のなかに、位置をもたない。それらは、〈現在化する〉や〈準現在化する〉のなかで現出するものではないのである。(313)

原註

［1］第三四節のテクストは一九〇七年から一九〇九年までの時期に由来する記録帳のテクストにつながっており、この記録帳は〔底本の〕補足テクスト40に再現されている。

［2］　本節および後続する節に関して、補遺Ⅵ「絶対的な流れの把捉――四つの意味での知覚」、四八二頁以下参照。
［3］　補遺Ⅵの後半部、四八七頁以下参照。
［4］　第三五節から第三九節のテクストは、ここから、おそらく一九一一年末以前には成立していなかった記録帳にもとづくが、この記録帳は以下で、補足テクスト54に、それのもともとの形で、完全に（保存されているかぎりで）再現されている。――編者註
［5］　ここでは「現出」〔の語〕は拡張された意味で用いられている。
［6］　補遺Ⅶ「同時性の構成」、五〇六頁以下参照。
［7］　第一一節、一二〇頁以下参照。
［8］　補遺Ⅷ「意識流の二重の志向性」、五一二頁以下参照。
［9］　補遺Ⅸ「原意識と、反省の可能性」、五二七頁以下参照。
［10］　第四〇節のテクストの草稿資料は発見できなかった。――編者註
［11］　第四一節のテクストは一九〇五年の講義草稿の紙片「47」―「49」にもとづく。――編者註
［12］　〔本書の〕第一部の結論部をなす第四二節から第四五節のテクストに該当する草稿資料は、発見することができなかった。一九一一年以降に成立した記録帳が関係しているかもしれない。――編者註
［13］　原意識を、つまり、〈内在的時間とそれに属する諸体験とを構成する流れ〉それ自体を、作用として言い表すことが正当であるかぎり、ないしは、統一性と作用とに分解することが正

当であるかぎり、おそらく以下のように言うことができるであろうし、また言わねばならないだろう。すなわち、ある原作用ないし〈原作用の繋がり〉が統一性を構成するが、この統一性はそれ自体、作用であるか作用でないか、どちらかである、と。しかし、このことが困難を生じさせる。

［14］　補遺Ⅹ「時間の客観化と、時間内の事物的なものの客観化」、五三九頁以下参照。

［15］　補遺Ⅺ「十全な知覚と不十全な知覚」、五六七頁以下および補遺Ⅻ「内的意識と、諸体験の把捉」、五八四頁以下参照。

［16］　補遺ⅩⅢ「内在的な時間客観としての自発的な統一性の構成――時間形態としての判断と絶対的な時間構成する意識」、六一三頁以下参照。

訳註

（1）　この「存在」は Sein の訳である。フッサールの Sein は「存在者」（客観）を指す場合と、そうしたものが「存在する」〔＝ある〕」ということ――これは存在性格、存在措定に対応する――を指す場合とがある。ここでは、文脈から見て、「存在者」（客観）の意味に解してよいだろう。ただし、存在者が存在者であるのは、それに「存在する」という性格が認められるからである。この意味で、存在者と存在とは切り離すことはできない。（なお、フッサールでは、「現出者」と「現出する」のいわば現出論的な区別のほうが主要に扱われる。）

さて、この箇所における「存在」は「経験的な（empirisch）存在」である。この empirisch は、「自然的態度での」と解してもよいだろう。自然的態度では、「存在」は、「（意識とは無関係に、意識作用とは無関係に、それゆえ意識されないでも、それ自体で）存在する〔＝ある〕」ということだと信憑されている（あるいは存在措定が忘却されている）。こうした「存在」は「超越的な存在」である（こうした「存在する〔＝ある〕」は、現象学的に判断中止（エポケー）される）。

この経験的な存在〔＝存在者〕に関して、フッサールは三つのものを区別する。「個別主観にとっての事物」、「間主観的に同一な事物」、「物理学の事物」である。これらの事物が、第一の構成段階に属す。

さてここで、第二、第三の構成段階についても述べておこう。フッサールの場合、重要な区別は、むしろ、右の（経験的・超越的な）存在〔＝存在者〕が、いかにして「構成」されるか、である。これが第二段階の問題である。エポケー（判断中止）を経由した還元が、この構成がなされる次元、「現出」（ないし「現象」でもよい）の次元を開示する。しかし、本書では、この次元が「時間」を軸にして解明される。この「時間」は――右の「経験的な存在」に対して――「先経験的な（präempirisch）時間」である。この「先」は、「経験的なものに先立つ」を意味するので、「先験的」でもよいだろう。しかしまた、empirisch（経験的）が「超越的」（tranzendent）と重なるならば、このpräempirischは「超越論的」（transzendental）とも重なる。そして、これはまた、「超越的」でないという点からして「内在的」でもある。

この次元では、まず内在的な現出の多様性（基本的には「感覚」）から、内在的な統一性（「先経験的な時間のなかでの内在的統一性」）が構成される。後者は『イデーンI』の用語では、ほぼ「ノエマ」に重なる。超越論的にいえば、これを媒介・突破して「端的な対象」が志向されるが、このとき、これに超越的な存在が措定される（現象学以前には、われわれは、第一の段階に属する措定された超越的・経験的な存在しか知らず、かつまた、それが措定されたということを忘却しているが、その存在の由来がここで明らかにされる）。こうした先経験的な時間のなかでの「現出」とその「統一性」が、第一の段階の事物に対しては、構成する役割を果たす。

さらに、この第二段階のものも含めて、すべてを「構成するもの」が、第三段階のものである。これは意識作用である。これから見れば、第二のものも「構成されるもの」である。ただし、構成するものに対しては、構成されるものに関わる概念が適切に適用されないという旨をフッサールは（第三六節などで）述べている。したがって、右の意味での「存在」も適切でないだろう（これは、別の意味での「存在」が問題になるということでもある）。

この第二、第三段階のものは、「経験的な存在」をもたない。しかし、それらは「存在しない〔＝あらぬ〕」というわけではない。それらは、「意識」に内在し、「意識されて存在する」あるいは「意識されてある」。要するに、右とは別種の「存在〔＝ある〕」をもつのである。「意識」（Bewußtsein）の語は「意識されて－存在する〔＝ある〕」という意味をもつが、フッサールはこの語で、この別種の「存在」を表す。そして、本書では大半の分析が、この次元の分析であるから、本書のこれまでの議論はこの存在に関わっている。しかし、この第三章では、第三段階のものが、より詳しく分析される。

さて「意識」それ自体は「構成する作用」でもあるが、この構成する作用それ自体も「意識されて－存在する〔＝ある〕」。これが、本文で分析されていく。そのときに、「自己現出」と呼ばれる事態が登場する（ただし、これについては、「反省」との関係でさらに分析が必要であり、この分析はフッサールの後年の課題になる）。

図示すると、おおよそ以下のようになるだろう。

一、「経験的な存在」（意識されなくても〔それ自体で〕超越的にある）超越的統一性
→構成する

二、「先経験的な時間」のなかの「現出」（意識されてある）内在的な多様性→統一性
→構成する

三、「時間構成する意識作用の流れ」（自己現出して意識されてある）

さて、フッサールの場合、右のような「区別」が重要であり、ハイデガーのような「存在〔＝ある〕」と「存在者〔＝あるもの〕」との区別は明確でない（とはいっても、ハイデガーにおいても、両者は、基本的には「存在者の存在」（存在者が存在する）という仕方で成り立つので、不可分でもある）。しかし、第二の次元で、現出と現出者とが構成関係のなかで区別される。構成のなかで、「現出者が現出する」。この現出者に（場合によって）超越的な「存在」が措定される（しかし、措定されない場合もある）。

こうした経緯があるので、「存在」について述べられている箇所は、慎重に読まねばならない。以下では、該当する箇所では、それを明示するために、「存在〔＝ある〕」あるいは「存在する〔＝ある〕」などのような仕方で記す。

(2) ここには、(広義の自然的態度において)「(意識されなくても、それ自体で)存在する〔＝ある〕」と思念されている事物が属する。そうした事物が、ここでは、個別主観、間主観性、学問(科学)といった三段階を軸にして、分類されている。

(3) この「構成する現出多様体」の「構成する」は、第一段階のものが「構成されるもの」であるのに対して、この現出多様体が第一段階のものを可能にするという意味で「構成する」のであろう。しかし、この第二段階のものも、最終的に第三段階のものによって「構成される」。そうであれば、この第二段階の「構成する」は、「〔相対的に〕構成する」だということになる。

(4) この「内在的統一性」は主には「現出者」に対応するが、おそらくもっと広い射程をもつ。

(5) 「絶対的に時間構成する意識流」の「絶対的」は、おそらく以下のことを含意する。すなわち、「想起」は過去的な時間を構成するし、これに対応する「予期」は未来的な時間を構成する。しかし、両者は、ともに現下の現在の「時間構成する意識流」の内部で働く。この枠内にあるからこそ、前者は、過去の時間についての現在の作用でありうるし、後者は、未来の時間についての現在の作用でありうる。この意味で、現下の現在の「時間構成する意識流」は(時間構成に関して)絶対的であろうし、逆に、その内部で働く「想起」や「予期」などは相対的であろう。

そして、なによりも「絶対的に時間構成する意識流」は自己現出する。それゆえ、その背後で構成するものをもたない。この意味で「絶対的」である。

(6) これは、第三四節の第一と第二の段階に対応するだろう。これらとの対照によって、「絶対的な、すべての構成に先立つ意識」が、大雑把に示される。しかし、第三五節の一と二は、

第三四節の一と二の「区別」と正確に重ならない。第三五節の一と二は、第三四節の一と二に共通する性格を、二つに分けて述べている。

（7）ここでは、「存在する〔＝ある〕」は、「持続する」と重ねられている。

（8）この箇所の「同時に」は zugleich である。ここでは、経験的あるいは超越的な意味での「連続的に存在する」ところのものが、「同時に」、超越論的には「出来事過程」である、と述べられている。この場合の「同時に」は、自然的態度のものと、超越論的態度においてのものとの、態度変更を挟んだ表裏一体性が語られているように思われる。この点に限って似た例を（当該の箇所でカントは「同時に」という言葉を使っていないが、以下のように述べてもよいだろう、という意味で）を出せば、カントにおいて、経験的実在性が同時に超越論的観念性だというような場合が思い出される。

（9）「出来事過程」（Vorgang）は、基本的に「意識」のなかでの現出の過程、あるいはむしろ、「意識されてある」かぎりでの現出の過程を指す。超越的な現出者としての出来事の場合には、「出来事」（Ereignis）の語が使われることが多い。ただし、どちらの語に関しても、この基本語法に該当しない語法も見られる。

（10）ここでは「出来事過程」（Vorgang）に対して、「進行する」（Vorgehen）と言われている。この両者は明らかに相互に連関している。そもそも「出来事過程」を「出来事進行」と訳してもよいように思われる。「前・先」（vor）に進んで行く（gehen）という進行が重要である。

（11）この「充実化されている持続」という捉え方は、カントの「実在性」のカテゴリーの捉え方と関連しているように思われる。

（12）この箇所の「同時に」もzugleichだが、特別な意味をもっていないように思われる。
（13）この「個体的な存在」は、より正確には、個体的な存在者を指しているように思われる。
（14）この「存在」についても、右の訳註（13）と同様に、両義性がある。
（15）これが前節での第三段階のもの（「絶対的に時間構成する意識流」）である。これは、（後に第三八節、第三九節で説明されるが）時間を構成しつつ、おのれ自身が時間のなかに自己現出する。そして、これが絶対的に存在する〔＝ある〕。
（16）時間構成する意識流は、恒常不断の流れであるが、これの位相が延び広がって、いつもおのれ自身と同一的であるような（ある意味で静止した）ものになる、ということであろう。このようなものになることが、この文章全体で否定される。
（17）ここでは、時間構成する意識流は、通常の意味での出来事過程ではない、ということが述べられている。
（18）この「諸対象性」の語が示しているように、フッサールの「対象（性）」の語義はきわめて広い。
（19）この「構成的である（「〔かつて構成的で〕あった」とは言えない）もの」という表現の「構成的である」に、「〔今〕構成的である」と補うか、あるいは「〔本質的に・いつも今〕構成的である」と補うことができるように思われる（後者のほうが、より適切であろう）。
（20）この「残響的」は、物理的な残響ではなく「把持的」の意味である。ただし、把持については、「外的」把持と「内的」把持との区別が重要になる（補遺Ⅷ参照）。
（21）日本語では不明確になるが、「構成される統一性」は、「超越的客観」にではなく、「現出」

にかかっている。この意味での「現出」は「ノエマ」とほぼ重なる。それゆえ、「構成される統一性」は「ノエマ」とほぼ重なる。そして「超越的客観」は「端的な対象」とほぼ重なる。それゆえ、「超越的客観の現出」の「の」は志向性を表す。

(22) 「本来的な〈知覚する〔作用〕〉の〔時間〕点」は、原印象的な今の位相に対応する。なお、「点」に「〔時間〕点」というように補足を入れることは、すでに述べたように、いささか問題があるが（むしろ「〔意識時間〕点」がよい）、わかりやすくするためである。

(23) 「時間的に内在的な統一性」は、「ノエマ」とほぼ重なるだろう。

(24) 「流れの諸契機」は、時間構成する意識流〔＝作用〕それ自体の諸契機であろう。

(25) この文では、「知覚作用」（＝時間構成する意識流の契機）についての記述は、ノエマについての記述と似ているので、「知覚作用」それ自体についての記述であることが、注意されている。

(26) この場合の「存在」は、「構成される」側に属する。

(27) この「現出でない内在的な〔感覚としての〕音」は、たとえば「ヴァイオリンの現出としての音」ではない「音」、すなわち、現出者としてのヴァイオリンへの志向的関係をもつ現出としての音ではない「音」、要するに、志向性をもたない感覚としての「音」であろう。

(28) 「知覚意識〔作用〕および把持的意識〔作用〕」は、位相としては、原印象的位相と把持的位相に対応する。しかし、ここでは意識作用それ自体の位相である。

(29) 「想起される内在的なもの」は想起ノエマに対応し、「想起される内在的な第一次内容」はファンタスマに対応する。

(30) 「現出(内在的客観)」はノエマに対応する。
(31) この三つは、第三四節の三、二、一に対応する。
(32) これは、ここでの文脈では「超越的な対象」であろう。すぐ後の「客観的な個体性」も同じである。
(33) この引用符付きの「内在的内容」は、ここでの文脈では「現出(内在的客観)」であろう。
(34) これは「非-時間的なもの」の実例としての「判断」を語るための「たとえば」である。
(35) この「現出」は、ノエマを言語的な判断にまで拡張したものである。
(36) 「論理学的意味での判断」は、端的な対象を拡張したものであり、フッサールが「事態」と呼ぶものである。そして、これは、それ自体としては、「非-時間的」である。
(37) この「同時」はGleichzeitigであり、gleichzeitigが名詞化されている。
(38) この「流れ」も「時間構成する意識作用の流れ」である。この流れは「唯一」である(「ひとつだけ」とも言われる)。
(39) この場合の「多数の流れ」とは、たとえば、「見る作用」の流れ、「聞く作用」の流れ、などであろう。
(40) 「系列」はReihenの訳である。「もろもろの原感覚」としては、たとえば、色の原感覚と音の原感覚を考えればよいだろう。
(41) 「もう-ない」はnicht-mehrの名詞化Nicht-mehrの訳である。
(42) 「まだ-ない」はnoch-nichtの名詞化Noch-nichtの訳である。
(43) この引用符付きの「いちどに」は„auf einmal"の訳である。これは、客観的時間のなかでのことではない。現象学的時間のなかで、多数の原感覚が同じ時間点に（この言い方それ自体が不適切であるが）共存している、ということを示しているのだろう。

(44) この「いちどきに」(zugleich) は、「いちどに」という性格をもつ原感覚たちが、個々別々に沈下するのではなく、同じように沈下するということを示している。本節では、この語は最初緩い意味で使われ、後に細分化される。

(45) たとえば、オルゴールというひとつの客観を構成する「色」の原感覚と「音」の原感覚とが一度に始まりながら、「音」の原感覚は継続せず（「音」は鳴りやみ）、「色」の原感覚だけが継続する（「色」はそのまま見えている）といった場合を考えればよいだろう。あるいは、もっと適切な具体例があるかもしれない。

(46) この「ただひとつの時間」は、*eine* [Zeit] である。カントは時間の唯一性を示すときにeinigという語を使うが、ここでのフッサールのeine [Zeit] はカントの語法とも関連しているかもしれない。

(47) この「全体統一性」はAlleinheitである。このドイツ語は、All-Einheitとも、Allein-heitとも読める。前者は「全体-統一性」であり、後者は「単独-性」である。どちらの意味を、時間構成する意識作用に当てはめても、「ただひとつの時間」に「相関的」に対応しうるが、ここでは前者の意味で使われていると思われる。

(48) この「全体包括的」(allumfassend) は直前の「全体統一性」に重なるだろう。

(49) この引用符付きの「いっしょに」は zusammen の名詞化 „Zusammen" である。「ひとまとめに」という訳も可能である。

この「いっしょに」は、本節では、一方で、「ひとつと共に他のひとつ」とおおよそ同義に使われるが、他方で、「いちどきに」とおおよそ同義に使われる。すなわち、本節の「いっしょに」は二義的である。

(50) 引用符付きの「先ほど」は „Vorhin“、「先行してあった」は „Vorangegangensein“ の訳である。「先ほど」の訳語は Vorher にも使われているが、両者に大きな差異はないと思われる。

(51) 「経過完了性」は Abgelaufenheit の訳である。「経過中」というよりも「経過し終えた」というニュアンスである。

(52) 「今」においてたとえば「色の原感覚」と「音の原感覚」とが〈いっしょに〉あるならば、それらが把持的位相（過ぎ去ったとしての「経過完了性」）に移行しても、〈いっしょに〉移行する。それらは、いつも〈いっしょに〉にある。

(53) ひとつの原感覚が把持的位相に移動すると「同時に」、別の原感覚が原印象的位相に入ってくる。これが第三の「同時に」あるいは〈いっしょに〉である。

(54) この「いっしょに」は、時間図表の垂直方向において、現下の原感覚の下方に、もろもろの把持的な様態が「いっしょに」ある、ということを意味する。

これに対応して、この文章の先頭の引用符付きの「以前の」も、「いっしょに」ある。それゆえ、客観的時間のなかの「以前の」ではない、ということを引用符が示している。

(55) この「意識様態たち」は、「たった今」や「たった今のたった今」などを表す。

(56) この「様態たち」という表現はやや不適切だと思われる。というのも、ここでは、「内容」（音か、色か、など）によって区別されるが、「形式」としては同じ「今」に属するもろもろの原感覚が語られているように思われるからである。

ただ、それらの原感覚たちはそれぞれみな「今」という「様態」を有しているので、それらをあわせて、複数形で「様態たち」と語られているのだろう。

(57)「同時性」は、「時間」のなかでの内容aと内容bの時間位置が同じことを意味する。また「時間的な順序系列」は、aとbが継起する、その順序系列を意味する。だが、ここで語られている〈いっしょに〉は、「時間」の構成に先立つ〈時間構成する意識〉における、二種類の〈いっしょに〉であり、このそれぞれが、「時間」における「同時性」と「時間的な順序系列」の構成を可能にする。

(58)「流れる〈先-いちどきに〉」はfluxionales Vor-Zugleichの訳である。「流れる」と訳したfluxionalは、経過様態たちの流れを意味するだろう。「先-いちどきに」は、「時間的な順序系列の構成のための地盤」に対応するだろう。この「先」は、先行した経過様態たちを示すだろう。

ところで、フッサールのもともとの講義原稿では、この箇所は「現象的な〈時間区間-ひときに〉」(phansisches Zeitstrecke-Zugleich)と記されていた。この文言の変更の理由として以下のことが推定される。すなわち、Zeitstrecke(時間区間、時間の広がり)という言葉は、それのうちにZeit(時間)を含む。この語を、時間を構成する意識(これは、構成される時間に先立つ)の流れに使うのは、不適切である。そこで、Vor-Zugleich(先-いちどきに)という語が導入されたのだろう。

(59) この「流れたち」はFluxionenである。右のfluxionalの語と対応させたのだろう。時間構成する意識の流れたちである。

(60) これは、「同時性の構成のための地盤」に対応するだろう。

(61) これは、時間構成する意識それ自体が属するところの時間、という意味である。時間構成する意識それ自体が、すでに存在するなんらかの時間のなかに属するならば、その時間は何によって構成されるのか、が問題になってしまう。

(62) これは、原感覚たちの「共存」が「同時性」の構成の根源だ、ということである。

(63) この「同時的〔と呼ばれるべき〕でない」は、そもそも「同時的」(という「(客観的)時間」を前提にした)言い方が不適切だ、という意味である。

(64) 「時間的順序系列」は Zeitfolge の訳である。

(65) ここで(あるいはここから)「〈先－いちどきに〉」の構造が明示される。

(66) これは、「反省」の問題と関わるだろう。

(67) この文章では、時間客観に属する音の構成の基礎——これについてはすでにこれまでに解明されていた——とともに、構成する意識それ自体をも「見やる」ことができると言われている。

(68) この側面では、「内在的時間客観」を軸にして、さらに細かく、それの把持と、それの「再」準現在化とが区別されている。

(69) この側面では、「原感覚」を軸にして、さらに細かく、それの把持と、それの再想起する「再生」とが区別されている。

また「再生」の語義に注意しなければならない。「再生」は、狭義では、意識作用それ自体の「再生」であり、これを明示するために「内的再生」という語が後に登場する（これに対立する意味での「外的再生」はノエマに関わる）。しかし、『イデーンI』では、「体験の再生」（邦訳書の訳語としては「体験の再生産」とされている）ということも言われている。この広義の「体験」には、意識作用だけでなく、「感覚」そして「原感覚」も含まれるとすれば、広義の「再生」は、この両者の再生であろう。そして、本書のこの箇所では、「原感覚」の「再生」が語られている。

（70）この「流れ」はFlußである。

（71）二つの区別が十字交差しているので、わかりにくい記述になっているように思われる。

一方で、（大きな区別での）「内在的時間客観」についての過去意識として、（小さな区別での）それの「把持的な過去意識」（＝把持）とそれの「「再」準現在化する過去意識」（＝再想起）との区別がある。

他方で、（大きな区別での）「原感覚」に関して、（小さな区別での）それの〈把持〉と、〈再想起する「再生」〉との区別がある。

全体を図示すると、次のようになる。

	感覚変様の根源的な流れ	再準現在化
内在的時間客観の	把持的な過去意識	「再」準現在化する過去意識
原感覚の	〈把持〉	〈再想起する「再生」〉

(72) この「流れ」は Fluxion である。「他の流れ」が何を指しているのか、定かでない。たとえば「予期」の流れや、「空想」の流れかもしれない。しかし、わざわざ Fluxion という言葉が使われている理由は（先に fluxional が登場したとはいえ）判然としない。

(73) この「先－いちどきに」は、もろもろの把持的位相が、時間図表の垂直方向という意味で、連続性をなしていることを意味している。

(74) この箇所では「〈先－いちどきに〉において」の諸把持と原感覚との一体性が明示されている。

(75) ここでは「〈先－いちどきに〉」の成分としての諸把持が原感覚からの連続的な変様であることが明示されている。

(76) この「ひとつの特定の様態」は、本節の言葉で言えば「先ほど」（あるいはおそらく「先ほどの先ほど」など）であろう。

(77) 少し説明すると、過ぎ去った意識流が、現在の意識流とまったく切り離され、両者がまったく統一性をもっていなかったら、そもそも後者が前者を想起することもできないだろう。というのも、「想起」は、現在の意識自身の過去として、その現在の意識との統一性をもっていないと、成り立たないからである。

(78) ここでは、「音－持続－意識〔作用〕の統一性」という言葉の「意識〔作用〕の統一性」が重要である。これが、「音の持続の統一性」と対比されている。

(79) 第三六節で、「時間構成する諸現象」については「時間」に関わる諸述語を使うことができない、という意味のことが言われていた。ここでは、結局、それについて「時間」的な諸述語を使わねばならないのか、と問われている。

（80） ここでは、「音の内在的な時間的統一性」と「意識流それ自体の統一性」とが、どちらも「おのれを構成する」（sich konstituieren）と再帰用法で表現されている。日本語訳としては、とりわけ前者に違和感が残る。このドイツ語の再帰用法は、「構成されてくる」と訳すほうが、日本語的には自然であろう。ある種の中動態的な表現だと考えられる。

この箇所を中動態的に訳せば、「ひとつだけの意識流、唯一の意識流のなかでこそ、音の内在的な時間的統一性が構成されてくるし、しかもまた〔それと〕いちどきに（zugleich）意識流それ自体の統一性が構成されてくるのだ」ということになる。

フッサールは、konstituieren（構成する）という動詞を、他動詞的に使う場合と、ここでのように（再帰用法による）中動態的に使う場合とがある。しかし、この事態を解明するために、フッサールは、以下の本文では、それの他動詞的な働き方にもとづいて分析を遂行している。それがわかるように訳すが、しかし、それの中動態的なニュアンスにも注意を払っていただきたい。

（81） この文章は他動詞的に記されているが、中動態的にパラフレーズすれば、「意識流が、それ自体、統一性として構成されてくる」といったものになるだろう。

（82） この「まなざし」は、意識作用のまなざしではあるが、しかし、その詳細については検討を要するだろう。

（83） ここでは、まなざしが、意識作用それ自体の諸位相を「通り抜けて」、音に向かうということが言われている。この「通り抜けて」（*durch*）（あるいは「とおして」でもよい）が、すなわち、「突破」が強調されていることが、重要である。

(84) ここでは、まなざしが、意識作用の流れそれ自体に、あるいは志向的体験の流れそれ自体に向かうということが言われている。つまり、この場合には、諸現出を「通り抜けて」端的な対象に向かうというのではなく、意識作用の流れそれ自体に、志向的体験の流れそれ自体に、いわば突き当たるのであって、そこからその流れを「通り抜けて」さらに先に進むというわけではない(「に」(auf)という語は、そうした「突き当たり」あるいは「終着」のニュアンスを示しているだろう)。

なお、このことは、この時期のフッサールが、「純粋自我」を認めていなかったこととも関わっているように思われる。

(85) ここでは、音という客観に関わる把持〔=第一次記憶〕が語られている。

(86) この「第一次記憶」は、ノエシスにおおよそ対応するだろう。

(87) ここでは、把持そのものの構成が語られている。

(88) この「〈音-把持〔それ自体〕〉の把持である」は、「〈音-把持〔それ自体〕〉の把持である」と読むべきであろう。

(89) この「先-いちどきに」については、第三八節の訳註(58)参照。

(90) この「瞬間的-いちどきに」(momentan-zugleich)という表現は、時間図表の水平方向の一時点を取り上げると、それは「瞬間的」ということになるが、しかし、垂直方向〔下方〕には諸把持を「いちどきに」含んでいる、ということを意味する可能性もある。

しかし、この「いちどきに」は、訳註(44)の意味での「いちどきに」とも解せる。

（91）この「縦の志向性」に関して、英訳者 Brough はそれを horizontal intentionality（地平的志向性）と訳して、以下の訳註を付けている。「*Längsintentionalität*、これを Churchill は "longitudinal intentionality" と訳している。私が "horizontal" を使うのは、その志向性を、この場合には、おのれの〈流れる〉なかで流れがおのれ自身を志向するということだと考えるからである。言い換えれば、この志向性は、流れに沿って縦方向に（lengthwise）走るのであり、これが、"horizontal" という用語が仄めかそうとしていることである。」（p.85）

彼の英訳の適否は脇におくが、ともかくも、フッサール自身の記述からして、「縦の志向性」が意識それ自体に関わることは確かである。

（92）この「いちどきに」は、いわば「後‐いちどきに」であろう。

（93）この「連続的‐瞬間的に」は、原印象が把持に移行するときには、いわば間隙がないことを意味しているだろう。

（94）ここで「直接的に把持されているもの」と言われているものが、正確には何であるか、解釈の余地がある。というのも、「把持」の志向性は二重の志向性だからである。一方（縦の志向性）は意識〔作用〕それ自体に関わり、他方（横の志向性）は（対象の）諸現出に関わる。なお、次の段落では、「把持されているものとはおのれの位相系列にしたがった〈過ぎ去った意識〉である」と記されており、この語法では、「把持されているもの」とは「意識〔作用〕」それ自体だと読める。ここでは、おそらく縦の志向性が意味されている。

（95）「把持する」に「作用」を補うとわかりやすくなるが、やや問題があるので、動詞形のままにしておく。

(96) この「そして最後に」からこの文章の末尾までの箇所は、講義草稿にはない。この文章における「原与件」に関する記述は、整合的に読むためには、意識作用それ自体である原与件ということになるだろう。しかし、この箇所の文章が追加されたものだということから、この箇所は、「音」などに関わっている「横の志向性」をめぐるもの（すなわち、音の原与件）が混入したという解釈もまったく不可能とは言えない。

(97) この「一貫して」は、第一段階の把持、第二段階の把持……を貫いて、という意味であろう。

(98) 「客観化されてある原与件」という言葉には、解釈の余地がある。「客観化」は、本書では、時間客観にする、という意味で使われている。ただし、現出に属するものも時間客観と呼びうるし、現出者も時間客観と呼びうる。ここでは、現出に属する原与件が語られているように思われる。

もうひとつの問題は、「原与件」それ自体が何を指しているか、ということである。文脈上、意識（作用）それ自体が原与件だとされていると考えられる。

さらに、すぐ後の論述は、現出者（「事物」）にまで話が及んでいる。そのことから逆に、ここでの「客観化されてある原与件」を事物的な現出者と解することも不可能ではないかもしれない。

(99) この文章は、講義の草稿では、（訳註（96）で説明した挿入がなく）前の文章とつながっている。

(100) 「準現在化」は、「思い浮かべる」ということである。この場合には、「想起」と考えてよい。

(101) この「〈想起されているもの〉としてのA」は、「事物」に対応するだろう。

なお、ここではErinnerungを「想起」と訳して、「記憶」と訳し分けたが、むしろ訳し分けないほうがよいかもしれない。

(102) 「疑似-時間的な秩序」は、意識（作用）それ自体の流れを説明したものである。これはまだ、通常の意味での時間、すなわち客観的時間ではない。「疑似-時間的」と表現されているが、むしろ、「先-時間的」のほうが適切だろう。これを「準-時間的」と訳すこともできるが、「準」の語は、派生的というニュアンスをもちうる。しかるに、ここで問題になっているのは、時間構成する意識（作用）それ自体の秩序なので、これは、派生的ではなく、むしろ、より根源的である。それゆえ、「準-時間的」の語は避けたいと思う。

他方、フッサールは、空想の時間に対して「疑似-時間」という語を使うことがあるが、両者は別物である（こちらのほうが、「準-時間」という語のニュアンスに近いかもしれない）。

なお「一次元的な」は、一方向的な、という意味であろう。

(103) この「おのれを構成する」はsich konstituierenである。これまでも多くの箇所でこのように訳されてきた。しかし、この箇所は、「構成されてくる」というように（日本語的な中動態表現で）訳されてもよいだろう。

(104) この「横の志向性」(„Querintentionalität“) について、英訳者Broughは“transverse intentionality”と訳して以下のように訳註を付けている。「Querintentionalität。ここでは私はChurchillの翻訳に従う。私〔あるいは〕流れの志向性は、この場合には、内在的時間のなかで存続するあるいは流れ去る内在的客観に向かっている（そして、内在的客観が適当な種類の作用である場合には、超越的客観に向かっている）と解釈する。私は、内在的客観は、それを志向し、構成する絶対的な流れとは異なったレヴェルにあると考える。内在的な時間的客観に向かう志向性は、それゆえ、流れの方向を横切ると言えるだろう。」(p.86)

この解釈の適否は脇におくが、ともかくも、「横の志向性」が「音」のような時間客観に関わることは確かである。

(105) この「〔前に〕ある」はvorhandenである。このvor（前に・先に）を含むvorhandenは、先行的にある、を含意している可能性がある。

(106) この「統一性」は、おそらく音の統一性であろう。ただし、内在的な客観的時間と見る解釈も可能かもしれない。

(107) ここでは、「音」に関わる「横の志向性」について、その三つの側面が語られている。第一に、その音の原感覚である。第二に、音の把持的な諸変容である。これら二つにおいては、原感覚とその諸把持が、いわば一瞬を切り取ったような仕方で記述されている。これに対して、第三に、そうした原感覚とその諸把持が、さらに流れのなかで、把持的な諸変容へと変化していくという場面で、それが〔音の〕統一性を構成していくということが記述されている。この〔音の〕統一性を構成する志向性が「横の志向性」である。

(108) 「入り込んで生きる」(einleben) は、おそらく「体験」(Erlebnis) の内部にいわば身を置くということを意味するだろう。また、「注意しつつ」はaufmerkendの訳である。「注意」(Aufmerksamkeit) については補遺XIIでも述べられる。

(109) この「縦の志向性」のなかで「おのれを構成するもの」は意識（作用）それ自体である。
(110) この「先－いちどきに」は意識（作用）それ自体の変様系列である。
(111) この引用符付きの「いちどきに」は、右の訳註（89）（90）（92）の説明にしたがって理解されるだろう。
(112) ここでは、音に関わる横の志向性と平行的に、意識それ自体に関わる縦の志向性が問題にされている。そして、この縦の志向性のなかでの、原印象と諸把持の系列という二つの側面が語られている。
(113) この文章を文法にしたがって訳すと、本文のようになる。しかし、もし誤植があるとすれば、以下のような（原文の der stetigen Zurückschiebung を die stetige Zurückschiebung へと解釈的に訂正した）訳文も可能である。「そして、いま〔実際に〕、意識が恒常不断に流れつづけていくさなかに、私は、経過し去った意識〔それ自体〕の把持されている系列を、現下の原感覚という限界点とともに把持し、また、この系列の恒常不断の後ずさりを、把持たちと原感覚たちの新たな開始とともに把捉する。」
(114) この「過ぎ去った意識経過の把持的意識」は、「過ぎ去った意識経過が把持的に意識されてあるその存在」とも訳される。
(115) この箇所は was es ist, im Fluß であるが、意訳する。
(116) このことが、本段落冒頭の問いとしての、私は〈過ぎ去った意識経過の把持的意識〉を見いだすことができるのか、に対する答えとなっているだろう。
(117) 「客観的な時間」は、ここでは、まだ、外部にそれ自体として存在する時間ではなく、音のような客観（の時間様態）に関わる時間である。

(118)「真正な時間」というのは、われわれが「時間」と言う場合に、この時間（客観に関わる時間）を語るからである。ところが、その時間を構成する意識の流れそのものに対しては、「時間」（Zeit）とか「時間的」（zeitlich）という言葉を使うことができない。これは、『疑似－時間的』などの言葉で表現される。

(119) この箇所の「おのれを構成する」も、「構成されてくる」と訳されてよいだろう。

(120) この箇所における「先ほどの－現下の」（voraktuell）は「把持」に、「後ほどの－現下の」（nachaktuell）および「まだ現下でない」は「予持」に、それぞれ対応する。

(121) ここで「先現象的」（präphänomenal）という言葉が登場する。これは現出者「の」現出という意味での「現出」に先立ちそれを可能にする意識（作用）それ自体の、右のような「現出」とは呼べない現出を指す。

(122) ここで「先内在的」と言われているのは、「内在的」時間に対して、それを構成する意識作用それ自体の時間性——この「時間性」という言葉も、「時間」を含むので、不適切かもしれない——を示しているからであろう。

(123) この「形式」という言葉は、注意されてよい。すなわち、本書では、時間の「形式的」側面の構成が問題にされているからである。

(124) この「自己現出」（Selbsterscheinung）は、意識作用（これのなかでノエマ的なものが現出する）それ自体（selbst）の現出（Erscheinung）である。意識作用自体の現出という意味では、「自体現出」でもよいし、他の概念との関係は「自体現出」のほうがよい場合もあるが、ここでは作用の自己関係が問題になっているので（あるいは自己意識が問題になっているので）、「自己現出」とする。

なお、この概念は「構成」という概念と深く関連している。

(125) かくして、「先現象的なもの」は「非現象的」ではない。むしろ「先現象的なもの」の「現出」が可能であり、流れの「自己現出」はこれに属す。

(126) この場合の「構成するもの」と「構成されるもの」は、時間構成する意識流と、それが自己を構成して現象的となった姿、である。通常のノエシスとノエマではなく、むしろノエシスと、ノエシスが自己を構成して現象的となった姿である。

(127) ここでは、時間構成する意識それ自体が、おのれ自身を構成して現出するということが言われているが、しかし、時間構成する意識と、それの現出とが、完全に一致するわけではない、ということが言われている。それの現出とは、ここでの論述からすると、把持されている位相の現出であろう。そうすると、原印象的位相は（把持されていないのだから）自己現出しないのではなかろうか（しかし、他の箇所ではフッサールは原印象的位相の自己現出も認めている）。この問題は、その後のフッサールの現象学的時間論の重要な問題であり、またデリダのフッサール解釈にも関わる。

もし原印象的位相も自己現出するとすれば、ひとつの解釈が可能になる。すなわち、原印象的位相の自己現出は、把持的位相の自己現出よりも、深いのだろう。両者の自己現出は、連続性をなしているので、切り分けはできないが、原印象に向かって連続的に深さの傾斜を形成する、という解釈も成り立つだろう。

(128)「能作」はLeistungの訳（おそらく立松弘孝氏の造語）である。この訳はほぼ定着しているように思われる。しかし、原語の、日常語に近い語義として、「作業」、「仕事」、「業績」などがある。さらには、自動車の場合など、馬力で示されるような「性能」をも意味する。

(129)「体験」は、本書でも何度も登場するが、『論研』以来の重要概念である。ここでは、「体験されるもの」という意味で理解してよい。

(130)この「対象」は、「諸現出」を媒介・突破して志向される「現出者」であろう。

(131)「言表する」はAussagenの訳である。

(132)これは、「言表する」や「願望する」といった作用の再生的変様、すなわち、それらの空想作用や想起作用である。

(133)この「原意識」に「原意識〔作用〕」と補ってもよいが、ただ、ここでの文脈では、「作用」は「言表する」や「意志する」といったものに限定されている。「働き」という語を補うことも考えられる。しかしまた、「原意識」は、右のような意味での「作用」も含めて、いっさいがそこで生じ、そこで現れる場というような特性ももっている。

(134)この文言は、文脈的にみて、「右の内在的な諸内容が時間的な意味での内在的な諸内容であるのは」という意味に理解すべきであろう。すなわち、それらは、いかなる程度であれ、「持続する」のである。

(135)この「異なるもの」は、把持および予持、と、再想起および予期、であろう。

(136)引用符付きで「規定された」と記されているのは、おそらく、当該のものの「何」の内容をもつ、ということを意味しているであろう。

すぐ後に「地平」という言葉が出てくる。これは、後年の分析では「無規定な規定可能性」だとも言われるが、ここでの「規定された」と対比されているだろう。

(137) この「無規定な」は、右の訳註(136)で示したような「規定された」と相対的に対比的な意味での「無規定な」であるように思われる。これは、直前の「地平」に関して「曖昧な」と表現されていることとほぼ同義であろう。

(138) この箇所は、解釈の余地がある。「無規定な」については、前文の「ひとつの〔内容に関して〕曖昧な地平」とほぼ同義の「〔内容に関して〕無規定な」ということであろう。しかし、そうであれば、この「無規定」は完全な無規定ではなく、あくまでも(充実化されているときの明晰性に比べて相対的に)曖昧だが、それでもそれなりの内容的規定をもつということになる。実際、とりわけ諸把持に関しては、それらが完全に無規定だということはありえない。
とはいえ、こうした内容の(いわば相対的な)「無規定化」によって、諸把持および諸予持の「形式的」側面(時間的な「形式的」側面)すなわち「経過」の側面は弱まらず、むしろ、こちらがいわば前面に出てくる。このように、内容的側面がいわば薄まっていくことで、形式的側面に「移行する」ということになる(つまり、この「移行」は、ただ時間的な移行だけでなく、いわば機能の面での移行でもある)。こういう解釈も成り立つだろう。

(139) ここでは、「点的」な瞬間において現存するという捉え方が批判されている。フッサールからすれば、「点的」瞬間は、観念的には可能であるが、しかし、(その「観念的」(ideell)に対立する意味で)現実的には、不可能だということになるだろう。

(140) この「知覚それ自体」は、「真の受け取りそれ自体」といった意味で理解される。超越的な「対象」とそれの「現存在」は、「真の受け取り」に属さない。

(141) 「知覚」は本書でもいくつかの意味で使われているが、ここでは、「内在的内容」だけを見る知覚——端的な対象へと関わっていかない知覚——という意味で使われている。

(142) この「明証性と真なる所与性の領野」は、ここまで語られてきた「知覚」のことである。なお、「真なる所与性」(wahrhafte Gegebenheit) という言葉は、「知覚」(Wahrnehmung) が「真に受け取る」であることと関係した意味——真に geben (与える) と真に nehmen (受け取る) の関係において——で用いられている。

(143) この「明証性意識」は、右の段落で述べられた意味での「知覚」であろう。すなわち、ここでは「明証性についての意識」といったものではなく、(右の段落の意味で)「明証性をもつ意識」としての「知覚」が問題にされている。

(144) この文章は、音 c が、単純に性質のうえで音 c でありつづけるというだけでなく、その強度など (音 - 内容の全体に含まれる) も変化せずに、音 c でありつづける、といったことを意味しているように思われる。

(145) 「おのれを切断する」は sich absetzend の訳である。医学用語では、「(肢体を) 切断する」といった意味になる。他方、この同じ語から派生した名詞の Absatz は「段落」とも訳せる。この語には setzen (措定する) という語が含まれているので、「切断措定する」とも訳せるが、しかし、ここでの文脈で効くわけではない。

(146) この箇所では、*ver*schieden という (ver という前綴りが強調された) ドイツ語の語法が問題になる。通常、verschieden は、「異なった」という意味に使われる。この語の原形に当たるのは verscheiden（死ぬ、この世を離れる）であるが、この語義それ自体は無視してよいだろう。とりあえず、verscheiden という語形が重要である。そして、すぐ後では *ge*schieden（切り離される）が登場する。この語の原形は、scheiden（切り離す）である。

おそらく、ここでは、verscheiden（*ver*schieden）と scheiden（*ge*schieden）の関係は、vergegenwärtigen（準現在化する）と gegenwärtigen（現在化する）の関係に対応する。「準現在化する」は、「準」（準える）という仕方での「現在化する」である。とすれば、*ver*schieden は、「準」（準える）という仕方での「切り離される」である。

さらに、この前後で使われている unterscheiden（区別する）は、この verschieden と連係した意味で使われている。かくして、「〔区別によって「準」という仕方で〕異なって」ということになる。

（147）この「区別不可能な同等性」は、ライプニッツ的な「不可識別者同一の原理」と関連しているかもしれない。

（148）「まさにその当の c」は *des* c の訳である。

（149）一方で、〈内在的内容が同一でありつづけること〉、他方で、〈時間を構成する意識＝体験が、原印象から把持へ、把持から把持の把持へと様態変化する運動に切れ目のないこと〉、この両者が溶け合うことによって、〈同じ内容が時間的に広がる〉ということが可能になる。なお、ここでは動詞が fundiert というように、三人称単数形をとっている。右で示したように、内容的には二つの事柄（主語）が語られているが、両者が溶け合うということが重要なので、両者が一体的に扱われたため、三人称単数形で記されたのかもしれない。

仮に、動詞の三人称単数形を重視して、主語を die Verschmolzenheit と取ると、以下のような訳文ができる。「まさにその当のcの〈亀裂のない延び広がり〉の統一性へと溶け合っている状態が、時間質料の区別不可能な同等性と、時間を措定する意識の様態変化の間断のなさとを、本質的に基づけている。」しかし、これでは「基づけ」の関係が逆になるように思われる。

(150)「それだけで与えられるもの」という表現は、いくつかの意味で理解される。ひとつには、たとえば想起されるものは、把持に依存するので、それだけで与えられるわけではないが、これに対して、知覚されるものは、それだけで与えられる、というような意味で、である。もうひとつには、「時間質料」や「変様」といったものがあくまでも「知的な分析プロセス」によって（抽象的な契機として）与えられるのに対して、「具体的なもの」は、「知的な分析プロセス」なしに、それゆえ、それだけで与えられる、というような意味で、である。文脈的に解釈すれば、この後者が有力である。

(151) この文章は、案外、重要であろう。フッサールはあくまでも「具体的なもの」を見据える。これは「事象そのものへ」とか「小銭」といったモットーと関連している。しかし他方で、「分析の知的（intellektiv）プロセス」がそれを分析する。具体的なものと知は、まずもって反対の位置に立って切り結び、しかし、その「あいだ」で生じる知のプロセスのなかで、具体的なものがその本質においてまさに現れてきて、他方で、知そのものも（現象学の展開それ自体が示しているように）変貌する。分析の知的プロセスは、最初から固定されたものではなく、それに応じて、具体的なものが現す姿に対応して変化・展開する。

なお、intellektiv という言葉は、通常の辞書にない言葉である。フッサールがこの語にどのような含意を与えているか、不明である（『論研』には Intellekt という言葉が登場するが）。ただ、これに関わる intellectus は、中世以来の哲学的基本概念のひとつであり、元来、inter（あいだ）と legere（拾い集める、巻き込む、耳を澄ます、巡航する、沿岸を航行する、選択する、盗む、読む、など）から作られている。

(152) この「同時的」は gleichzeitig である。

(153) このあたりの論述は、いささかわかりにくいかもしれない。できるだけ「具体的なもの」に即して、パラフレーズしてみよう。

まずもって、ひとまとまりの（音の）統一性が与えられているとしよう。この統一性を基づけている諸契機があるが、これらの諸契機は、観念的に区別可能である。

しかしまた、それらが直観的に区別される場合もある。どういう場合かというと、次のような場合である。音 c がたとえば二分音符の長さだけ持続しているとする。それと同時的・平行的に、四個の八分音符の音 f が次々に聞こえる（継起する）とする。このとき、音 c は、質的に c でありつづける。その音 c はひとまとまりの音 c でありつづけながら、しかし、四個の八分音符を補助手段として、その時間様態において継起的に変化しているものであることが直観的に見いだされる。こういう例で考えれば、わかりやすいのではなかろうか。

(154) この「区別性」は Unterschiedenheit である。

(155) 「変更」（Wechsel）は、たとえば「（選手）交代」「（紙幣を小銭に）崩す」「両替する」「気候変動」などの場合に使われる。他のものに「置き換わる」とか「交替する」というニュアンスがある。
(156) この「変化意識」、すぐ後の「統一性意識」「同一性意識」は、おそらく、意識それ自体に関して、言われている。すなわち、「〔おのれ自身に関する〕統一性意識」「〔おのれ自身に関する〕変化意識」「〔おのれ自身に関する〕同一性意識」である。
(157) 「同時意識」は Simultanbewußtsein である。むしろ「いちどきに意識」のほうが適切かもしれない。
(158) この「徐々に変化した」は „allmählich geändert" である。
(159) この箇所は、動詞の sich setzen に、編者による補足〈fort〉が付加されている。この補足によって「継続する」ということになるが、sich setzen は「措定される」でもあるので、この補足とともに「継続措定される」と訳してもよい。ただ、ここでは「措定される」の語が格別に効いているわけではない。
(160) この「変更」は Wechsel である。
(161) この「変化」は Veränderung である。
(162) この場合の「遡って指し示している」は、派生的なものが原本的なものを遡って指し示しているということよりも、(それと無関係ではないが) この直前の文章で述べられた一般的な事柄が、知覚の本質形式にもとづいており、そして、この本質形式が相関関係だということを意味しているように思われる。
もうひとつの解釈として、「個体的なものについての意識」という言葉を「〔おのれ自身である〕個体的なものについての意識」と解することができるならば、派生的な意識が原本的な意識を遡って指し示している、というように読めるかもしれない。ただし、この解釈では、「個体的なものについての」の箇所の vom Individuellen という志向性を示す用語が、適切に理解されないので、さらにもう一段階解釈を重ねなければならないことになる。

(163) この「統一性」が何を指しているか、解釈の余地がある。直前には「音」について語られていた。ここでの「統一性」も「音」の統一性だという解釈が出てくるだろう。

しかし、「現象全体において」(im ganzen Phänomen)、そして「すべての規定性に関して」("nach allen Bestimmtheiten") 変化が生じる場合にも、「統一性」が成り立つと言われている。これは、音の統一性を(さらに厳密に言って)「ノエマ」と解するならば、不整合であろう。「ノエマ」は、現象に属するし、また規定性の綜合体であるからである。

そうすると、音の統一性を「端的な対象」の統一性と解する可能性が出てくる。たとえば、蜜蠟の場合には、「流動的」という規定性が「固形的」という規定性に変化するが、「端的な対象」としての蜜蠟は変化しない。これをもっと推し進めて、すべての規定性が変化しても、それ自体は変化しない「端的な対象」を想定することも可能かもしれない。しかし、そうした想定は、超越化的解釈に属する(それゆえ現象学的に判断中止される)だろう。

さらに別様の解釈も可能である。この「統一性」を「時間」とみなす解釈である。だが、この解釈は、すぐ後に「類」とか「類似」といった概念が出てくるので、そのときには整合的でなくなる(「時間」にこうした概念を適用するのは違和感がある)。

さらにもうひとつ、この「統一性」は、究極的に時間構成する意識作用それ自体の統一性を指しているとも考えられる。この意識作用それ自体は、第三九節(三二九頁)の「〔おのれ自身にとって」〈構成される統一性〉」という規定に対応する。（ちなみに、こうした意識作用それ自体の統一性は、伝統的には、「統覚」と呼ばれるものと関連する。）

この最後の解釈が可能であれば、この第四一節が、究極的に時間構成する意識を論ずる本書第三章に置かれていることの意味も理解可能である。

(164) この「区別のなさ」はUnterschiedslosigkeitの訳であり、「区別」(Unterschied)の否定性であるので、「無区別性」でもよい（あるいは、日本語としては「無差別性」のほうがよいかもしれない）。しかし、この語はすぐ後で「〈区別のなさ〉をもって」というようにも使われる。言葉同士の関係を明示するために、「区別のなさ」と訳しておく。

(165) この「類として」はgattungsmäßigの訳であるが、「類」は、「種」と対をなす意味での「類」である。訳註(163)で「統一性意識」を、意識作用それ自体に関わるという解釈を示したが、「類」は、むしろ、「音」のような広義のノエマ側のものに対して使われるほうが適切な概念でもある。とはいえ、意識作用それ自体にこの概念を適用することも不可能ではない。

(166) 「類似多様性」はÄhnlichkeitsmannigfaltigkeitであるが、「類似性の枠内での多様性」とか「類似性に属する多様性」といった意味で言われているのだろう。

(167) 「原記憶」は（原語は複数形だが）Urerinnerungの訳である。

(168) 位相としての「原記憶」が「絶対的」であるのは、これを基準・起点にして、それ以外の記憶の諸位相が、「たった今」、「たった今のたった今」などとして捉えられるからであろう。

(169) この場合の「外部から」は、文字どおりの意味での「外部から」ではなく、むしろ、「作用」としての「意識」にとっては、新たなものがおのれの支配のとどかない仕方で現れてくるということであろう。すなわち、「作用」が「能動的」であるならば、むしろ、「受動的」に現れてくる、ということであろう。これは、「原印象」のもつ基本性格である。すぐ次の「意識とは無縁に」という語――これは補遺Iでも登場するが――も同様に理解される。

(170) この場合の「自発性」は、カント的な悟性の自発性が念頭に置かれているように思われる。というのも、本書の別の箇所では、原印象が自然発生的(=自発的)であるという旨が述べられているからである。

(171) ここで「構成される体験」といわれている。これは、構成する作用の側と不可分なので、この段落での議論が錯綜するが、議論の中心になるのは、構成される側である。さらに、次の段落では、「根源的な意識」のもとで、この構成する作用の研究が中心になる。

(172) このドイツ語の部分強調は、準現在化が、真の現在化ではなく、あくまでも準現在化であることを示している。

(173) 「ファンタスマ」は、「空想」における、「知覚」の「感覚された内容」に対応するものである。

(174) この「ヒュレー的な諸与件」とは、意識のなかで生化されることによってノエマ的な意味が成立するところの、それである。

(175) この「印象的な意識によって現在的」という表現は、準現在化(作用)は、なるほど非現在的なものを構成するが、しかし、作用それ自体として現下の今の体験に属している、それゆえ、現下の今において意識されてあり、現在的である、ということであろう。
なお、この意味での体験の自己意識は、おそらく「縦の志向性」とも関連する(あるいは対応する）だろう。

（176）この「印象化されて」は、（現在的なものとして）「体験されて」あるいは「意識されて」と大きく重なるだろう。イギリス経験論の場合は、外部から内部に刻印されることが印象であるが、フッサールでは、体験がおのれ自身の内部で受け取られることが印象（化）である。
　なお、imprimiertという言葉は、おそらく「おのれ自身がおのれ自身に内的に押しつける（ことで受け取られる）」といった意味に使われている。

（177）この「同時に」はzugleichである。さしあたり「そのままただちに」といった意味に理解してよいだろう。

（178）「注意しつつ思念する」はaufmerkendes Meinenの訳である。「注意」（Aufmerksamkeit）については、補遺XIIも参照。

（179）この「意識〔＝意識されてある〕」は、「体験」とほぼ同義であろう。「知覚する」は、（志向的にAに向かうとともに、それ自体としては）体験されてあり、印象化されてあり、それゆえ現在的にある。

（180）この「内在的に」（immanent）は、「知覚する」それ自体が、意識されてあるということを意味する。これは、他の節や補遺では「内的に」（inner あるいは innerlich）と表現される。ただし、ここでは、いわば大枠としての「体験」の内部で「知覚する」や「想起する」などが捉えられており、このことが、ここでの「内在的」の語法と関連しているだろう。

（181）この「同時に」も、訳註（177）と同様にzugleichである。

（182）「現にそこに立つ」（dastehen）という表現は、「対象」（Gegenstand）を含意して、使われることが多い。

(183) すべての体験は印象化されてある。それゆえ、知覚作用も、それ自体、現在的にある。

(184) ドイツ語の連関がよく示しているように、Gegenwärtigen（現在化する）は ein Gegenwärtiges（現在的なもの）が da steht（現にそこに立つ）ことを可能にする。現にそこに立つものは、Gegenstand（対象）でもある。

(185) この「同時に」も zugleich である。

(186)「根源的な意識」とは、時間論的には、現在的な意識、もっと正確には、現下の現在的な意識である。現下の知覚と考えてよい。「印象」はこの根源的な意識において構成される位相である。

(187) この箇所の「おのれを構成する」は sich konstituieren であり、「構成される」あるいは「構成されてくる」と訳すこともできる。

(188)『論研』では、「体験」という語によって、「感覚与件」（第一次内容）と「作用」とが指されていた。ここでは、「第一次内容」と「「……についての意識」である体験」と記されているが、後者は「作用」だと考えてよいだろう。

この文章は、おそらく、（『論研』以来の意味での）体験は（本書での）これら二つの基礎的な体験クラスに分けられる、というように理解できる。

(189)「注目されていない」（unbeachtet）は、二義的に解釈される。一方で、主題になっていないという意味で、他方で、ファンタスマそれ自体は媒介・突破されてしまうという意味で、である。

(190)「原始的な準現在化」の含意は、おそらく以下のことにある。すなわち、たとえば想起という準現在化は、想起のなかの想起（昨日、一昨日の出来事を思い出したことを、今想起するなど）が可能である。空想という準現在化についても、空想のなかの空想が可能である。このような意味での準現在化の入れ子構造は、無限に増殖しうる。ここでの「原始的」は、そうした入れ子構造をもたない、言い換えれば、まだ展開していない未開で初発のものを指しているだろう。

(191)　この文章（とすぐ後の文章）は、解釈の余地が大きい。
「印象的な意識」は、おそらく体験である。

「印象的な意識についての準現在化」は、その体験に対して志向的な関わりをもつ準現在化（作用）であろう。この「についての」が志向的な関わりを示している。

「印象的な意識についての準現在化である印象」は、その準現在化（作用）それ自体が大枠としての（現下の今の）体験のなかで印象として与えられているその印象、を意味するだろう。ある体験をたとえば想起する場合、その想起作用それ自体が印象として与えられるその印象、である。想起を空想に置き換えてもよいだろう。

他の解釈も考えられるが、右の解釈が有力である。

(192)　この文章も、（前の文章につづいて）解釈の余地が大きい。
「印象的な意識が内在的なものについての意識である」は、「印象的な意識」は、作用としては、それの内在的な客観への志向的な関わりをもつ意識作用である、ということであろう。そして、この場合の「印象的な意識」は、おそらく知覚作用であろう。

「印象的な準現在化も内在的なものについての準現在化である」は、右の記述を、準現在化に置き換えている。右の記述の「印象的な意識」（知覚作用）を「印象的な準現在化」に置き換える。そうすると、「印象的な準現在化」は、作用としては、それの内在的な客観への志向的な関わりをもつ準現在化作用である、ということになる。

他の解釈も考えられるが、右の解釈が有力である。

(193)　この「より狭い意味での……」という文言は、「より広い意味での」印象を想定しているだろう。おそらく、印象を準現在化する場合には、準現在化される印象は、より広い意味での印象になるだろう。

(194)　この「存在〔＝ある〕」は、直接には、「存在者」を意味しているだろう。ただし、すぐ後に「存在する〔＝ある〕」の様態が語られる。その意味では、ここでの「存在」には、「存在する〔＝ある〕」も含意されているだろう。

(195)　この「〈知覚〉それ自体」は、基本的に「〈知覚〔作用〕それ自体〉」と解されてよいが、ただし、本節では、内在的なたぐいの統一性と超越的なたぐいの統一性とが対比される。この文脈では、作用それ自体と、その内実とが、ともに、内在的なたぐいの統一性として捉えられることになる。そのため、本節では、「作用」の語を補うと、場合によって（「知覚」が「作用」の側面だけに限定して扱われているという）誤解を招くことになりかねないので、補いは最小限にとどめる。とはいえ、作用と内容の区別が必要な場合がある。

(196)　「知覚」について述べたように、本節では、「統握」の語にも「作用」を補うと（ここでは「知覚統握〔作用〕」のように補うことができるが）、誤解を招くことがある。知覚統握は、ここではその内実（さしあたり「統握与件」）を含んだ意味で使われている。すぐ後の「現出」という補いについても、同様のことが言える。

(197)「確実性という様態」は、「存在性格」の一様態である。すなわち、「確実に存在する（＝確実にある）」」を意味する。「知覚」は、（訂正を受ける以前には）まずもってこの存在性格をもつ。

(198)「知覚されるもの」は、この文脈では「灰皿」に相当する。ただし、「知覚されるもの」は、現象学用語としては、文脈によって多義的である。現象学的にはなによりもまず、『イデーンI』の用語でいうところの「知覚されるものそのもの」すなわち「ノエマ」を指すが、ここでは「思念されるもの」とともに捉えられている。「思念する」は、「知覚されるものそのもの」を媒介・突破して越え出る。そして（基本的に）当該の対象を「（それ自体で）存在する（＝ある）と信憑する」。ここでの「知覚されるもの」は、「思念されるもの」と一体的に捉えられている。

(199)「判断」は、言語的な命題に相当する。より厳密には、ノエマに対応する「判断」と、端的な対象に対応する「事態」ないし「命題」（これは特殊な語義での「命題」である）とが区別される。ただ、ここでの語法は一般的な意味での判断と解してもよいように思われる。

(200) この「同時に」は zugleich である。

(201) この「思念されるもの」は、存在措定されるもの、あるいは存在信憑されるもの、「（それ自体で）存在する（＝ある）」と認められるもの、である。その存在の様相はさまざまである。しかし、「それ自体で存在する」は、超越的に存在する、を意味する。このことからすれば、思念されるものは、超越的に捉えられた現出者（対象）でもある。

（202）「生きている」は、ここでは、「知覚する」のなかで、「思念する」がともに働いているといったことを意味する。「知覚する」のノエマあるいは対象になるのではなく、「知覚する」とともに働く、のである。ただし、このとき「思念する」は、対象的あるいはノエマ的ではないとしても、体験されている、あるいは意識されている。

（203）「その様態における」は、二つの解釈が可能である。総じて、現象学的には「存在様態」と「時間様態」との区別が重要である。ここでは、文脈からすると、「確実性という様態」（存在様態）だと考えられる。他方、知覚に関しては、「現在的な様態」（時間様態）も考えられるが、しかし、ここでは、「確実性という様態」であろう。

（204）「構成されるもの」とはいっても、これは、さしあたりは、ノエマ的なものではなく、作用それ自体について言われている。すなわち、知覚する作用それ自体が、時間的に統一されている（あるいはおのれを時間的に統一している）というかぎりで、その作用それ自体が構成されているということである。とはいえ、「具体的」に見れば、作用は内容と一体になっている。そのかぎりでは、この（あるいは本節の）「構成されるもの」はノエマ的側面をもつと考えてもよい。

（205）「現在性の統一性」は、作用だけでなく、それの内実あるいは与件も含んだ全体的な意味で、現在的なものとしての統一性であろう。

（206）思念されるものとしての「対象」は、現にそこに立つ。「統握作用」それ自体は、思念されるものではなく、対象ではない。とはいえ、ここでは、「統握作用」も、少なくとも反省が示すところでは、広義での統一性である。言い換えれば、それなりに構成されてある。この意味で、反省にとっては、それは現にそこに立つ、ということになるのであろう。

(207) この「統握志向」は「思念する」に対応しているかとも推察されるが、明確ではない。

(208) この「おのれを構成する」も、「構成される」ないし「構成されてくる」と解することができる。とりわけ、「感覚内容」については、「構成される」ないし「構成されてくる」という訳のほうが適切であろう。

(209) ここでの「事物現出」、「事物統握」は、基本的に作用であろう。ただし、本節では、内実ないし与件も含んだ意味での作用が分析されている。

(210) ここでは「変化」と記されているが、文脈上、「不変化」であってもかまわないだろう。

(211) この「新たな統一性」は、超越的に捉えられる現出者、端的な対象、事物であろう。訳註(198)の例でいえば「灰皿」である。

(212) この引用符付きの「意識されて」は、おそらく、この語の多義性に関わっている。すなわち、『論研』などの語法では、「意識されて」は、「体験されて」とほぼ同義に使われる。統握作用それ自体は、この広い語義で、意識されてある、と言えるだろう。

しかるに、ここでは、事物について、この語が使われている（「……についての意識」と言われる語法であろう）。そのため、ここではこの語に引用符が付けられているように思われる。

(213) この「それ（＝知覚）によって知覚されるもの」は、知覚作用それ自体だという解釈も可能かもしれないが、むしろ、対象、超越的に捉えられる現出者であろう。これは「事物」と言い換えられる（空間性も含む「事物」の構成は、もう少し細かく分析されねばならないが）。

(214) 強調点がわかりにくいかもしれないが、この文章では、「もまた」と「こそがまさしく」が対比的に強調されている。

(215) 「内在的なたぐいの統一性意識」という言葉そのものは、意識作用それ自体の統一性の意識という意味にも、感覚それ自体の統一性の意識という意味にも、解釈可能である。あるいは、この両者という可能性もある。さらには、言葉としては、ノエマの意識という可能性もある。ここまでの文脈から見ると、意識作用それ自体の統一性の意識、あるいは、それの内実としての感覚それ自体の統一性の意識も、そこに含まれている可能性がある。

(216) この「同時に」は zugleich である。

(217) これは、事物の統一性の意識であろう。

(218) この「思念するまなざし」が（現象学的な）「反省する」作用と、同じなのか、そうでないのか、解釈が分かれるだろう。

(219) この文章では、「感性的な感覚」と「現出」が「内在的なたぐいの統一性意識」に、「対象」が「超越的なたぐいの統一性意識」に、それぞれ対応するとみなすことができる。

なお、この場合の「現出」は、「〔現出者の〕現出」であるように思われる。

(220) この引用符付きの「統握たち」は、二つの（とはいっても、ある意味では連続的な）解釈を許すように思われる。

第一は、統握作用それ自体がおのれを構成する（自己現出する）ということがこの第三章の主要問題であることに対応して、この「統握たち」を、自己現出したかぎりでの「統握作用たち」と解することができる。ただし、こう解すると、引用符の意味が明確にならない。

第二は、その自己現出した統握作用たちには、統握内容も含まれていると解することができる。言い換えれば、引用符付きの「統握たち」は、統握内容を含んで自己現出した統握作用たちだと解するのである。実際、この解釈を裏書きするものとして、すぐ後に、「それの内在的な内実をともなう統握」という語が登場する。「統握たち」はこの「内在的な内実」を含むので、これを媒介・突破して、超越的なたぐいの統一性が志向される、こう解するのである。

なお、直前の「内在的に構成されるもの」は「現出」あるいは現出のなかに立つ現出者であろう。

(221) この「とおして」は durch である。これは、媒介・突破を意味していると解釈される。なお、Churchill の英訳は through(「とおして」)、Brough の英訳は by means of(「媒介して」)、立松の邦訳は「介して」と訳しているが、これらはいずれも媒介・突破を示している。

(222) この「関係づける」(in Beziehung zu setzen)は、超越的なものに向かうことを意味する。これは「思念する」とも言い換えられるだろう。

(223) この「高次段階の作用」というのは、超越的な志向であろう。

(224) 「感覚内容」それ自体がすでに「根源的な時間流のなかで構成される統一性」である。本節ではこの点が何度か繰り返し述べられるが、これは本書の重要な洞察のひとつである。

(225) この「統握による統一」は、内在的な現出者(ノエマ)としての統一と、超越的な現出者(端的な対象)との二義性をもつが、この段落では、後者が問題にされているだろう。

(226) この「超越的な現出」は、おそらく「超越的なもの「の」現出」であろう。「の」は志向性を表す。

(227) この「知覚されるもの」は、超越的なものとしての現出者(端的な対象)であろう。この箇所での「超越的な知覚」は、超越的なものに関わる知覚である。フッサールは、初期には「知覚」(Wahrnehmung)の語を、むしろPerzeption(これも「知覚」である)の意味で、すなわち、per(通り抜けて・とおして)を含む語義で、捉えていた。その捉え方が、ここでも効いているようである。

(228) この「内在的な印象」(die immanente Impression)は、おそらく訳註(176)の「印象化する」(imprimieren)の意味で使われている。これは、「体験する」と言い換えてもよいように思われる。しかし、この「体験する」は、感覚内容たちを内在的な統一性として「現在化する」でもある。

(229) この引用符付きの「とおして」は„durch"である。「通り抜けて」でもよいが、文脈上、このように訳す。この語法によって媒介・突破構造が語られている。

(230) この「現在化する」は、Perzeption(知覚)の意味で、すなわち、per(を介して、通して)zeption(受け取る)の意味で、理解されているように思われる。

(231) この引用符付きの「なかで」(in)は、ノエマの「なかで」であり、これはまたノエマを「とおして」と互換的である。

(232) この「意識時間的」(temporal)は、内在的時間、現象学的時間を示す言葉である。

(233) この「おのれを構成する」(sich konstituieren)は、とりわけ本文の以下の箇所では、「構成されてくる」と読まれてよい。

(234)「原内容」は、現下の今に含まれる「内容」であろう。ただし、「多様な」と言われている。これは、原内容には、いくつかの（基本的には二種類の）ものがあるということを意味するだろう。

(235) ここでは時間図表の縦方向（垂直方向）が考えられている。要するに、「沈下していく」ということである。

(236) この「現出全体」のなかには、少なくとも基本的に二種類のものが含まれているだろう。

(237) この「内在的に構成されてある統握」は、自己構成において構成される側としての統握であろう。

(238) これは、おそらく、自己構成において構成する側としての統握作用それ自体であろう。

(239) この前の段落から「知覚する」（および「現在化する」）は超越的な *Perzeption* の意味で使われていたが、この箇所での「知覚」は、さらに、「今」だけではなく「たった今」なども含む、いわば幅のある現在に関して語られている。

(240) これは現出者であろう。

(241) この「おのれを構成する」は sich konstituieren であるが、「構成されてくる」のニュアンスのほうが、より適切であろう。

(242) この「統一性」は、判定しづらいが、超越的に捉えられた現出者であろう。

(243) この「統一性」は超越的に捉えられた現出者であろう。

(244) この「時間」は「客観的時間」であろう。さらに詳しくいえば、超越的に捉えられた現出者たちが属する客観的時間であろう。

(245) この「おのれを客観化する」(sich objektivieren) は、「客観化されていく」と訳すこともできるし、日本語としては、このほうがよいだろう。

(246) これは、超越的に捉えられた現出者であろう。

(247) この「おのれを構成する」も sich konstituieren である。

(248) この「一方は他方とともにおのれを構成する」というのは、「事物」がおのれを構成する(構成されてくる)ということと、「現出たち」それ自体が「統一性」としておのれを構成する(構成されてくる)ということとが、「ともに」生じる、ということであろう。そして、「現出たち」それ自体の「統一性」は、ここでは「内在的な時間」それ自体を指しているだろう。

(249) この「おのれを構成する」も sich konstituieren である。

(250) 「なにものかについての意識〔作用〕」は、ここでは〔諸現出を媒介・突破して構成される〕現出者についての意識作用を意味する。この意識作用それ自体がやはり、おのれを構成して、現出する。

(251) ここでは、対象の現在化(すなわち現在としての構成)と、対象の描出=呈示(さらに時間的広がりのなかでの構成)とが語られていると解される。

(252) ここでの立論を解釈的にまとめておきたい。ここでは、統握は、その内容を含む統握作用である。この統握が(それ自体流れるなかで)おのれを構成するが、この自己構成は内在的時間の構成でもある。他方、この統握は、その内容的成分の現出から(媒介・突破的に)現出者(客観)を構成する。逆にいえば、現出は、この現出者(客観)についての描出=提示となる。こうした構成が継続する。このとき、統握は、現出者(客観)を(媒介・突破的に)構成するとともに、その現出者の時間として（媒介・突破的に）構成する。そして両者は分離する。かくして、客観の時間（客観的時間）が構成される。（ただし、ここでは、客観的時間が、統握それ自体の連続性に由来するのか、現出者の現出の連続性に由来するのか、不明確である。第三九節の分析との対比検討が必要であろう。）

(253)「描出＝提示の流れる形成体たち」は Darstellungsfluentien の訳である。

(254)この「それらの現出者」は、客観であろう。

(255)この「同様のこと」は、それほど自明な「同様のこと」でないように思われる。
ひとつの現出者――これが作用それ自体だとしても――が現出射映から分離してくるのは、ひとつの感覚内容が感覚射映から分離してくるのとは、いわば一次元異なるからである。そうすると、この場合の「同様に」は、「〔一次元異なるが〕同様に」ということになりそうである。
しかしながら、ここでは、「現出者」と「現出射映」の次元差的な関係よりも、むしろ、後者が「流れる」なかで、前者が「現在的ななにものか」としていわば際立って出てくるということが、言い換えれば、時間的な論点が中心的だとも解釈される。そのように解釈すれば、すぐ後の文章で、「現在化する統握多様性」――これの「現在化する」が重要である――と言われていることも、また「内在的な印象たち」――印象たちはまさに現在的である――と言われていることも、整合的に理解される。

(256)ここでの「現在化する」は、現出者を今として構成する。

(257)この文章では、ur（原）という前綴りがついた造語が並んでいる。この「原」は、「原統握」と同様に、それの背後にそれを構成するものがもはやない、ということを意味していると解釈できるだろう。
(258) 「原把持たち」と「原予持たち」はそれぞれ Urretentionen と Urprotentionen である。
(259) ここでは、純粋に時間論的な、内在的時間と、客観の時間との関係だけでなく、空間論的な両者の関係も問題になっている。
(260) この「充実化された客観的時間」は、「〔空間的にも〕充実化された客観的時間」ということであろうか、もうひとつ明確でない。
(261) この「一本化されてある」(vereint sein) は、E_2とE_1'とO'がいわば離別せず一直線上に並んでいることを示すだろう。「一元化されてある」あるいは「いちどき化されてある」でもよいように思う。

なお、「E」は、Ereignis（出来事）の省略形かもしれない。本書では、Ereignis の語は、世界的あるいは自然的な出来事を指すことが多い。また、第一〇節での「E」は Ende（終わり）の意味で使われているように思われるので、ここでの語法と一致しない。

ここでは「E」は、客観的時間（水平系列）と意識時間（垂直系列）の両者に使われている（両者を区別するのは、ダッシュ記号である）。

『ベルナウ草稿』では、Ereignis が意識現象という身分（本書では、多くの場合、Vorgang と呼ばれるものの身分）で使われることがある。
(262) 「事物統握」は、〈「事物」についての「統握作用」〉であるので、「事物」に関わる成分と、「統握作用」それ自体に関わる成分の二重性をもつ。ここでは、この統握作用があくまでも「事物」に関わることが強調されており、その意味で「事物統握としての事物統握」と読むべきだろう。

(263) ここでは、時間に関する垂直系列と水平系列との合致と、そこに志向的に含まれる「物」に関わる垂直系列と水平系列との合致の、二つが語られている。

(264) この「ともに構成する」は mitkonstituieren の訳である。これは、訳註(248)の「一方は他方とともにおのれを構成する」と対応する意味で、すなわち統一性の構成と時間の構成が「ともに」なされるのと対応する意味で、言われているだろう。

(265) 「内在的統一性たち」は、垂直系列に属するものたちを意味し、「超越的統一性たち」は水平系列に属するものたちを意味するだろう。

(266) 「原順序系列」は Urfolge の訳である。この「原」も、背後で構成するものがないことを示すだろう。

(267) この「感覚の統一性」は、内在的時間であろう。

(268) この「現象学的‐時間的な統一性」は、内在的時間であろう。

(269) 「存在的本質」は ontisches Wesen だが、ここでは ontisch(存在的)は、存在措定された現出者を指す。これの(「事実」でない)「本質」が語られている。

(270) この「系列」は、客観的時間であろう。

(271) 「現出と現出者」は、フッサール現象学の基本概念中の基本概念だと言ってもよいが、これがここで改めて持ち出されているのは、ここでは「現出」(の系列)が「時間」それ自体の構成に関わり、「現出者」が「客観性」の構成に関わるということを、改めて示すためであろう。

(272)　この見出し語では、「内的」(inner) と「外的」(äußer) とが対比されている。ここでは、「内在的」の内部で「外的」と「内的」とが区分されるとみなされる。この解釈に沿って、補いを入れる。

(273)　「事物知覚」と「内在的知覚」とが対比されている。「内在的」に対立するのは、多くの場合、「超越的」である。「事物」は、多くの場合、「空間性」(「時間性」のみならず) を含意する。ただし、本節では、さらに細かい区別がなされている。

(274)　ここでは、「把持的および予持的な絡み合いを無視」している。おそらく時間的な変様の詳細が無視されているのだろう。

(275)　「その〔現出の〕方向づけにおける事物」は、空間的な方向づけ (たとえば私の右のほうのそこに) という現出の仕方における事物といったものである。ただし、ここでは引用符付きである。すなわち、それは「端的な事物」それ自体ではなく、事物知覚の「現出」の次元で捉えられており、このことが重要である。

(276)　ここには三つの事物が語られているように思われてしまうかもしれないが、同じひとつの事柄について、それぞれ捉え方を変える仕方で語られているだろう。直後の「など」も、さらに他の捉え方があることを示唆しているだろう。

(277)　この文章もわかりにくいかもしれない。以下のように強調すると、「事物知覚」と「内在的知覚」との関係 (この両者の関係を分析することも現象学の課題である) が語られていることがわかりやすくなるかもしれない。

「〔事物知覚における〕事物現出、「その〔現出の〕方向づけにおける事物」、特定の描出＝提示における事物などは、〈持続するもの〉であるが、それは、〔もっぱら内在的知覚において〕現出する端的な事物が〈持続するもの〉であるのと同様である。」

ちなみに「特定の描出＝提示における事物」という文言は、端的な事物が一挙に全面的に現出するということはありえず、つねに特定の現出においてしか（それゆえ特定の描出＝提示においてしか）現出しない、ということを意味している。「その〔現出の〕方向づけにおける事物」という文言も、同様に理解される。「方向づけ」なしに、端的な事物が現出することはありえない。

（278）「単に現出する側面」という文言も、右の訳註（277）での解釈と同様に理解される。すなわち、端的な事物ではなく、それの現出という側面に強調点を置いて捉えられた現出、である。

（279）「今の内在的なもの」は、次々に〔連続的に〕交代していくが、それを私は、ばらばらのものとして捉えずに、ひとまとめにして捉えることができる、ということであろう。

（280）この「内在的客観」は〈どの様に〉における現出者であろう。

（281）この「〈知覚〉と〈知覚されるもの〉」は、要するに、「……するもの」と「……されるもの」との区別である。外的知覚の場合には、この両者が明確に区別される。なお、この「知覚されるもの」は、〈どの様に〉における現出者であろう。

（282）この「内的知覚」は、意識作用それ自体の自己現出に関わる知覚であろう。

（283）この「〈知覚〉と〈知覚されるもの〉」は、やはり「……するもの」と「……されるもの」との区別であろう。

（284）この「〔前に〕ある」は vorhanden ist である。この箇所では、vor〔前に・先に〕という前綴りを強く読んで「〔先行的に〕ある」と訳してもよいかもしれない。すなわち、注視されるに先立ってある、というニュアンスである。

(285)「注視されなくても〔前に〕ある統一的な内在的客観」というのは、おそらく意識作用それ自体であろう。

(286) この「統一性」は、意識作用のいわば自己統一性であろう。想起作用それ自身が、おのれを（内在的時間のなかでの）時間的統一性として構成しているのである。

(287) この「同時に」は zugleich である。

(288) これは、おそらく、想起（Erinnerung）が inner（内的）の語を含むことと関連している。この「内的」がここでは「内在的」と言い換えられているようである。この意味での「内的」については、第二七節で論じられている。

(289) この文章は難解である。「原本的」は通常「知覚」を指す。本書は、「知覚」の時間構造を主に分析してきた。知覚意識が内在的な時間性をもたないというのは、どういうことか、について解釈を要する。

ひとつの解釈を示せば、記憶は、その作用それ自体に関しても、その客観に関しても、すでに内在的時間のなかに確定的に位置づけられている。その意味で、記憶は、内在的時間のなかでのおのれの位置を「あらかじめ」もっている。これに（強く）比較して言えば、原本的意識は、そうした意味での内在的時間のなかでの「あらかじめ」の位置づけをもっていることができない。

この解釈によって、本文では補足をつけた。

(290) この「準現在化意識」は、右の解釈では「想起」と同義になる。

(291) この「本来的な意味での（〔おのれ自身において〕構成される内在的統一性としての）意識」は、自己現出する意識作用であろう。

(292) この「同時に」は zugleich である。「そのままただちに」の意味であろう。

(293) ここでも、「意識〔作用〕」（ノエシス）そのものが統一性をなし、そして、「対象的なもの」へ「関係する」（〔関わる〕）という構図で考えられている。

(294) この文章での「時間意識」は、文章からわかるように、「時間的なものについての意識」すなわち、「時間的なものに志向的に関わる意識」という意味である。しかし、この意識は、その作用に関していえば、「印象的」であり、現在的であって、この意味では時間的である（時間的な統一性である）。

(295) この引用符付きの「現にそこに立っている」（da steht）という言葉は、以下のように理解される。これまでの、知覚を主軸にした分析では以下のことが明らかにされてきた。すなわち、知覚作用はノエマを介して「対象」（Gegenstand）に関わるが、このとき、「対象（Gegenstand）が現にそこに立つ（da steht）」としばしば表現されてきた。さて、（「対象」ではなく）「事態」の場合には、いくらか異なる。知覚は時間的であり、時間的な対象に関わるが、判断はそうではない。それが関わる「事態」は、時間的でない。こうした「事態」について、ここでは「現にそこに立っている」と言われているわけである。それゆえ、この引用符付きの「現にそこに立っている」は、対象に対して使われるべき表現が、対象でないもの（事態）について使われているということを意味するだろう。もちろん、右のような非時間性がこの際に看過されてはならない。

(296) 「現在化する」と「準現在化する」は、「時間化する」に属する。しかるに、「判断する」の場合は、事態を時間的なものとして構成しない(時間化しない)。

(297) この文章において、「想起」や「予期」が「時間的」であることはわかりやすいが、「空想」については、疑問が残るかもしれない。しかし、フッサールは、空想も(いささか誤解を招きやすい用語ではあるが「疑似 - 時間的」として)時間性の変様から解明する。

これに対して、「事態」は、そうした時間性からいわば切り離されたものである。

(298) 「判断されるもの」は「事態」であろう。

(299) フッサールは、大きくわけて、三つの項(この項という語はあまり適切でないが)によって、構成を考えている。

知覚の場合

「知覚する」という作用

「知覚されるものそのもの」=「ノエマ」

「端的な対象」

判断の場合

「判断する」という作用

「判断(そのもの)」

「事態」あるいは「命題」

これらのうち「事態」あるいは「命題」は時間的でない、とフッサールは見る。

(300) これは、たとえば昨日の判断を再想起するといった場合に、判断されるものである。

(301) この「判断」(Urteil) は、判断作用といわば判断ノエマの両方あるいは一方であろう。

(302) これまでにも述べたが、「準現在化する」は、ドイツ語の vergegenwärtigen に対応する訳語である。しかし、このドイツ語は、日常的に使われる語であり、その場合、「思い浮かべる」といったことを意味する。

しかるに、「ただ単に思考する」(„bloß denke") という語は、カントと関係している可能性がある。要するに、直観なき悟性の場合の「単なる思考」である。これは、日常的な語義でもうひとつの可能性としては、「ただ単に思う」がある。これは、日常的な語義での「思いの「思い浮かべる」(vergegenwärtigen) とかなり重なる。フッサールは、どちらの場合も、現象学的な意味での「(事態を) 準現在化する」ということではない、と述べているのである。

(303) 「信憑する」というのは、当該の事態などが「存在する〔=ある〕」とみなす・認める、ということである。「存在する〔=ある〕」は、「信憑する」に対応する「存在性格」である。

(304) 「中立性変様という性格」とは、なにかが「存在する〔=ある〕」と信憑するのではなく、あるいは「存在しない〔=あらぬ〕」と信憑するのでもなく (「存在しない〔=あらぬ〕」は、「存在する〔=ある〕」といわば同等の力をもつ)、その両者への信憑それ自体を中立化させる場合の「存在性格」である。

これは「存在する〔=ある〕」にコミットしない。西洋語では、これは「接続法」で示すことができる。しかし、日本語には「接続法」がない。あえて日本語で言い表せば、「存在する〔=ある〕か、存在しない〔=あらぬ〕か、はどちらでもよい」とか、「存在しても〔=あっても」、存在しなくても〔＝あらぬでも〕かまわない」ということになる。

(305) つまり、存在性格は、時間性格と十字に交差するのである。これは、縦方向に存在性格（措定的か中立的か）を並べ、横方向に時間性格（現在的か過去的か未来的か）を並べて、一覧表を作ればよい。

存在性格において措定的な「存在する〔＝ある〕」は、時間性格に関して現在的な「存在する〔＝ある〕」、過去的な「存在した〔＝あった〕」、未来的な「存在するだろう〔＝あるだろう〕」に変様する（以下、「存在する」だけで表記し、「ある」は省く）。

存在性格において中立的な「存在しても、存在しなくても、かまわない」は、時間性格に関して現在的な「存在するとしても、存在しないとしても、かまわない」、過去的な「存在したとしても、存在しなかったとしても、かまわない」、未来的に「存在するだろうとしても、存在しないだろうとしても、かまわない」に変様する。

(306) 「事態」（Sachverhalt）は、そのなかに「事象」（Sache）を含む。ドイツ語では、このことが明示されるが、漢字表現でも「事態」は「事」（事象）を含むので、この漢字表現はこのことをそれなりに明示していることになるだろう。

(307) この「現前呈示」（Präsentation）は、ここでは、狭義の現在の現前態（Präsenz）だけでなく、その時間的変様（把持など）も含む概念として使われている。それゆえ、「含蓄ある意味での」それである。

しかし、そもそも時間的でない「事態」は、この含蓄ある意味でも現前呈示されない、と言えるだろう。

(308) これは、現在とその変様としての過去と未来を意味する。そして、これには、非時間的なものは含まれない。

(309) 「本来的」は、多くの場合、直観的と大きく重なる。ここでもそう解してよいだろう。

(310) これは、おそらく非本来的に現出する場合であろう。すなわち、直観的な充実化を欠いた空虚な仕方で現出する場合であろう。

(311) これは、事態が、記号的に空虚な（充実化されない）ままにとどまらずに、現前呈示によって充実化される、ということである。この充実化を可能にするのは、カテゴリー的直観であろう。

(312) この「すでに述べられたこと」がどこで述べられたことなのか、明確でない。しかし、それの内容は、すぐ次に記されているので、明確である。

(313) 本書第一部は、このようにいわば尻切れトンボの形で終わっている。編者ベームによれば、フッサール自身が、最後の総括のようなものを作成しなかったようである。

第二部　一九〇五—一九一〇年の時間意識の分析への追記と補足〔1〕

補遺Ⅰ　原印象とその〈諸変様の連続体〉〔2〕

原印象はいずれもみな原印象として性格づけられてあり、〔(意識)時間的な〕変様はいずれもみな変様として性格づけられてある。さらにいえば、〔(意識)時間的な〕変様はいずれもみな恒常不断の変様である。このこと〔＝原印象からの恒常不断の変様であること〕によってこそ、まさにこの種の〔(意識)時間的な〕変様は、空想的変様や像的変様から区別される。(1) この意識時間的(temporal)(2)な諸変様はいずれもみな、ひとつの連続体〔＝時間〕のなかの非自立的な限界(3)(Grenze)である。そして、この連続体〔それ自体〕は、一方の側だけに限界をもった直進的な多様性という性格をもっている。〔すなわち、〕この多様性はその始まりを原印象のうちにもち、かつまた、〔それを出発点として〕一方向の変様として進行していくのである。〔意識の側での〕この連続体のなか〔で、たとえば、A点とB点、C点とD点が等距離にある場合、それら〕の等距離にある点たちの対〔すなわちA—BとC—D〕は、〔時間客観の側で〕客観の〈客観的に等距離な時間位相〉を構成する。

、「変様」と言うときにわれわれがさしあたり視野に収めているのは、ひとつの変化であって、すなわち原印象が恒常不断に「減衰していく」ような、そうした変化である。しかし、その〔減衰していく〕変様はいずれもみな、明らかに〔それと〕同じ意味で、任意の先行する変様の、変様とみなされうる。すなわち、連続体のいずれかの位相を抜き出すならば、その位相はみな減衰していくと言いうるし、かつまた、さらに遠いいずれかの位相についても同様である。こうしたことは、まさにそうした連続体の本質に含まれており、かつまた、どんなものであれ、そうした（一方向に向かう）連続体すべての本質にも含まれている。〔後者の（一方向に向かう）連続体一般の事例を取り上げると、たとえば右肩上がりのグラフのような〕0から発するもろもろの強度たちの連続体においても、事情は同様である。〔この場合、〕上昇するというのは変様であって、それぞれの強度が被る変様である。それぞれの強度は、それ自身〔だけ〕において見れば、それであるままのものであり、それぞれの新しい強度も、まさに新しい強度〔であるままのものである〕。けれども、任意の先行する強度との関係においては、〔右肩上がりの線が表示する〕系列のなかのより後の強度はいずれもみな〔それぞれ別個のものではなく、〕ひとつの活動＝操作（Operation）[4]の結果とみなされうる。bがaの上昇であるならば、〔bの結果としての〕cは、aとの関連でみれば、上昇の上昇である。連続性のおかげで、それぞれの点は、それに先行する点との関係においてみれば、上昇であるだけでなく、上昇の上昇の上昇などなどであり、無限にそうであるし、また無限小にもそうである。〔これは〕もろもろの変様たちが〈ひとつの内に他のひとつ〉というように内含されていく無限性〔である〕。ただし、ここには、それ自体が強度とみなされうるような、始まりの点がない。始まりはゼロ点である。〔この始まりの点ということも勘案すれば、〕直線的な連続体の本質には、以下のことが含まれている。すなわち、任意の点から出発すれば、他の点はいずれもみなその任意の点から恒常不断に産出されると考えうるということが、含まれている。そして、恒常不断の産出はいずれもみな〔一回かぎりの産出ではなく、〕恒常不断の反復活動（Iterierung）による産出である。〔恒常不断の産出連続体のなかでは、〕それぞれの間隔をわれわれは無限に分割することができるし、また、それぞれの分割の場合に、以後の分割点は以前の分割点によって間接的に産出されると考えうるのであり、そのようにして、任意の点は、つまるところ、無限に多くの上昇（それらのそれぞれは無限に小さな上昇であるが）のひとつによって産出される。さて、時間的な変様においても事情は同様であるし、あるいはむしろ、〔時間的でない〕それ以外の、すなわち他の連続体の場合には、産出という言い方は比喩であるのに対して、時間的な変様の場合には、産出という言い方は本来的な言い方である。時間構成する連続体は、諸変様の諸変様の恒常不断の産出の流れである。しかし、現下の今から、つまり、そのつどの原印象uから、反復（Iterationen）という意味での諸変様が恒常不断に進行していくのであり、それらの諸変様は、〔原印象〕uとの関連において諸変様であるだけでなく、系列という観点で見れば、順序系列（Reihenfolge）[5]——これのなかで諸変様が経過していく——のなかで諸変様[6]となっていくような諸変様でもある。これは、恒常不断の産出がもつ性格である。変様がつねに新たな変様を恒常不断に産出するのである。〔しかるに〕原印象は、この産出の絶対的な始まりであり、源泉であり、そこから他のすべてが恒常不断に産出されるところのものである。しかし、原印象それ自体は、産出されるのではない[7]。原印象は、産出されるものとして成立するのではなく、自然発生的な発生（*genesis spontanea*）によって成立するのである。原印象は原産出である。原印象は〔なにか他のものから〕成長してくるのではない〈原印象は胚芽をもたない[8]〉、原印象は原創造である。もしこのことが、新たな今が、〈非‐今へと変様する今〉に恒常不断につながるように、おのれを形成するとか、あるいは、源泉が、原的に突然に[9]〔おのれを〕産出し、生じるとか、といったことを意味するならば、それは比喩である。〔比喩でなく〕言えるのは、意識は原印象なしには何ものでもない、ということだけである。なにものかが持続する場合には、a〔原印象〕はxa′〔原印象xと把持的変様a′〕に移行し、xa′はyx′a″〔原印象yと把持的変様x′と把持的‐把持的変様a″〕に移行する。これに対して、〔原印象としての〕a、x、yは意識‐産出物ではない。それは、原産出物であり、「新たなもの」であり、〈意識とは無縁に生成してきたもの〉であり、そして、〈受け取られるもの〉、すなわち、〈意識の固有の自発性によって産出されるもの〉に対立する意味での〈受け取られるもの〉である。この意識の自発性の特有性は、しかし、自発性とは言っても、〈原産出されたもの〉を成長させ、展開させるだけであって、なにか「新たなもの」を作り出すわけではない。もちろん、われわれが経験的に生成とか産出と呼んでいるものは客観性に関わっており、それはまったく別の場面での話である。ここで重要なのは意識の自発性であり、あるいはもっと慎重にいえば、意識の原自発性である。

さて〔産出における〕根源契機は——問題になるのが、〈構成される内容〉の当該の今に関しての〈源泉〉なのか、それとも、〈意識による自発的な諸産出〉なのか、すなわち〈意識による自発的な諸産出〔＝諸変様〕〉のなかでこの〔源泉的な〕今の同一性は、〔〈存在する〔＝ある〕〉という性格ではなく〕存在した〔＝あった〕という性格[10]〉をもって持ち堪《こた》えるわけだが、そうした〈意識による自発的な諸産出〔＝諸変様〕〉なのか、に応じて——原印象であるか、それとも、原‐記憶、原‐空想などであるか、である[11]。〔産出の連続のなかで複数の層が形成されてくるが、そうした〕諸層の順序系列（Reihenfolge）を〔順に〕追っていくと、ひとつの層の根源契機はいずれもみな[12]〈自発的な諸産出〉の〈源泉〉であり、その〈自発的な諸産出〉が、恒常不断の変化〔＝把持的変様〕のなかで、それにつづく諸層を貫いていき、かつまた、そのなかでこの根源契機の代理をなしている（ということはすなわち、はじめに眼中に捕らえられる層には、〔代理はなく〕この根源契機だけが唯一属する、ということである）。〔しかしながら、〕さらに〔細かく分析を進めると〕、根源契機それぞれがみな、もろもろの根源契機の恒常不断の系列の位相なのであって、〔この系列のなかで〕

もろもろの根源契機が、〈ひとつの内に他のひとつ〉という仕方での諸層の順序系列（Folge）を貫いて行く。あるいは、根源契機それぞれがみな〔そうしたものだからこそ〕、ひとつの具体的な持続を構成するのを助けているのである。そして、具体的な持続の構成には、〈その持続のそれぞれの点にはひとつの現下の今が対応するが、この今は、これはこれで、おのれの構成のためにひとつの固有な根源契機を必要とする〉ということが属している。順序系列（Folge）のなかのこれら諸契機は、恒常不断に一体になってあり、「恒常不断に〈ひとつの内に他のひとつ〉という仕方で移行していく」。〔さらにまた〕この移行は、「性質によって」⑬媒介されており、また同時に、⑭意識時間的（temporal）である。すなわち、その疑似－時間的な性格⑮は恒常不断の性格である。

原註

［1］〔これは〕一九一七年夏以後に、著者〔フッサールの〕委託と共同作業のもとでエディット・シュタインによって作成され、その後、一九二八年にマルティン・ハイデガーによって編集された草稿である。「補遺」のテクストのための草稿資料は――補遺Xを唯一の例外として――発見することができなかった。草稿が失われたことで、実証的な手がかりによってさまざまな記録帳の成立時期を正確に推定することはできない。とはいえ、本書に再現された日付付きの記録帳と一九二八年刊行の「補遺」の内容とを比較することで、「補遺」のテクストたち

は部分的に、一九一〇年以前から一九一七年までに成立したと思われる記録帳に基づいている
と想定することができる。――補遺Xに関しては、当該箇所の編者註、五五〇頁参照――編者註。

［2］ 第一一節、一二〇頁以下に関して。

訳註

（1） 逆にいえば、空想的変様や像的変様は、原印象から「不断」のものではなく、いわば切れ目をもつということになる。これらは、第一義的には存在様相の変様であるが、しかしそもそも、これらは、唯一の連続した時間（客観的時間）から切り離されており、このことが存在様相の変様と深く関わっている。

（2） ここでもtemporalという語（単純に訳せば「時間的」ということになるが）が登場する。その語義についての説明はない。ただ、zeitlichという言葉も「時間的」と訳される。

両者の相違についてひとつの解釈として、時間図表において、客観的時間が横方向に示されるのに対して、縦方向に示される内在的な意識流がこのtemporalという言葉で示されていると考えることができる。それゆえ、これを「意識時間的」と訳す。他方、zeitlichは射程が広い。意識流と客観的時間の両方を含み、さらには、空想などの時間も含むことのできる、広義の「時間」だと考えることができる。ただし、これは、temporalと「対比」される場合には、客観的時間を指す。

（3） 「非自立的」（unselbständig）の語は、『論研』では、「自立的」と対比されており、大雑

把には、他のものに依存してしか成り立たない部分に関して、そう言われる。
(4) 数学的な(とりわけ関数的な)グラフの場合には、このOperationは「演算」とも訳せるだろう。
(5) 本補遺ではReihenfolgeの語が使われるが、Folge(順序系列)と意味的に大きく異ならないように思われる。
(6) この「諸変様の諸変様」はModifikationen voneinanderの訳である。文字どおりの訳に近い訳をすれば、「ひとつの変様が他のひとつの変様であるような諸変様」ということになる。ただ、直前に「諸変様の諸変様」(Modifikationen der Modifikationen)という表現があり、これと同義であると思われるので、このように訳す。
(7) ここでは„wird nicht erzeugt"と記されている。この表現は、いわば背後の「産出者」が原印象を「産出する」といった能動態的・外態的な産出作用が問題なのではないということを、受け身表現で示していると思われる。むしろ中動態的・内態的な発生が示されているとも解釈される。
(8) ここでは、可能態から現実態が生じるとか、第一質料からなにかが生じるといったことが否定されている、と解釈される。
(9) この「原的に突然に」(urplötzlich)というのは、おそらく、通常の「突然に」が、あくまでも時間のなかでの「突然に」であるのに対して、ここでは、時間それ自体の産出に関わる「突然に」が問題になっているので、「原的に突然に」と言われているのだろう。
(10) 「存在した〔=あった〕という性格」はGewesenheitの訳である。

（11）前段落末尾で、「原印象」が「原産出・原自発性」として特徴づけられ、それ以外の意識作用が「自発性」として特徴づけられた。それを承けて、この段落では両者の区別と関係が示される。まず、意識の「原自発性」の「根源契機」と「自発性」（自発的な産出）の「根源契機」とが区別される。前者はもちろん「原印象」である。他方、意識が自発的に産出するのは、「記憶＝想起」と「空想」など（さらに「像意識」も重要だが、ここでは「など」に入れられている）である。「記憶＝想起」はさらに「第一次記憶」＝「把持」と「第二次想起」＝「再想起」とに区別される。「記憶＝想起」の「根源契機」は「原－記憶」である。空想の「根源契機」は「原－空想」であろう。しかし、「原－空想」の詳細は、ここでは示されていない。ファンタスマの産出と関係するかもしれない。

（12）「ひとつの層」において、おそらく複数の根源契機が（「同時的」に）「共存」しているという状態が考えられているだろう。たとえば、今の音の根源契機と今の色の根源契機である。

（13）この引用符付きの「性質によって」（„qualitativ"）は、「赤い」などのような〈物の性質〉なのか、〈作用の性質〉、すなわち、その対象が「どの様に存在するか」に関わる性質、要するに、措定性格なのか、解釈を要する。

想起されるものや予期されるものが、「存在した（＝あった）」や「存在するだろう（＝あるだろう）」という存在性格をもつことができるのは、それらの時間性格を支える把持的および予持的な変様の「ひとつだけの」連続体（＝客観的時間）が、現下の今（ここでこそ「存在する（＝ある）」が原本的に構成される）に繋がっているからである。この「存在」に関係する「作用の性質」によって、移行は媒介されている（だから、過去や未来の「存在」が可能になる）。しかるに、この連続体につながらない「空想」や「像意識」は、「存在する〔＝ある〕」に関与しない（これが中立性変様である）。言い換えれば、作用の性質が継続しないならば（この面で「移行」に不連続が生じるならば）、存在性格に断絶が生じる。（ちなみに、この語法は、この段落の最初のほうの「存在した〔＝あった〕という性格」に含意された「存在」と呼応しているとも解釈できる。）

他方、もっと単純に、「性質によって」は、内容的なもの（の「性質」）に関連しており、内容的なものは同一の「事物」の構成に関与しており、「事物」はまた「客観的時間」に属するということから、解釈することもできる。これは、「意識時間的」の語との対をなす。（ちなみに、この解釈は第四三節での分析に関係するだろう。）

（14）この「同時に」は zugleich の訳であるが、ここでは、すぐ後の「意識時間的」の射程内での「いちどきに」ではなく、「……であるとともに」という程度の意味で使われているように思われるので、「同時に」と訳した。

（15）この「疑似-時間的」（*quasi-zeitlich*）の語は、客観的時間ではなく、意識それ自体の時間的性格、すなわち、時間図表で示せば、垂直方向に延びていく性格を指すと思われる。

補遺Ⅱ　準現在化と空想──印象と想像〔1〕(1)

最も広い意味での「準現在化〔＝思い浮かべる〕(2)」と、最も広い意味での、また一般的な──それほど一義的でないにせよ──言い方の意味での「空想」は、同じでない(3)。さしあたり、非直観的な想起[4]や、それ以外の準現在化[5]といったものがあるが、これらは空想と呼ばれないだろう。他方で、直観的な準現在化の場合に、なるほど、〈想起されるもの〉が「空想」のうちに浮かんでいると言われる（あるいは同様のことが少なくとも言われうる）が、しかし、想起がそれ自体で空想と呼ばれることはない[6]。ところで、準現在化は、〈自体〔として〕の準現在化[7]〉である場合と、〈像化する（類比的な）準現在化[8]〉である場合とがある。後者の場合、〈準現在化されるもの〉が「空想像という形で」浮かんでいるとか、空想現出のなかで像化されて浮かんでいるとか、言われるだろう。このように言われる場合、〔空想像だけが注目されて、それが対象に関わるという志向的関係が見落とされるかぎり、〕空想像は、もはや、空想の事象への、空想像を越えたものへの、模写されるものへの関わり[9]、ではなくなる[10]。〔しかしまた、〕〈模写されるものそれ自体〉が――あたかも、ここには二つの空想が眼前に横たわっていて、ひとつの上に他のひとつが乗せられているかのように――空想のなかに現出している、などと言い表されることはないだろう[11]。空想ということが言われる場合、もっと正確には、対象についての空想[12]ということが言われる場合、いつも共通なのは、対象は現出のなかで現出するということ、しかも、現在化的な現出のなかでではなく、準現在化的な現出のなかで現出するということである。このことのうちに含まれているのは何か？

ここでは「現出」とは何か？〔これを明らかにするために、まず対象の側を見ると、〕対象は、直観されることもあるし、「象徴的に」（記号をつうじて）表象されてあることもあるし、最終的には、空虚に表象されてあることもある。〔次に表象の側を見ると、〕直観が（空虚表象さえも）[13]対象の端的な、直接的な表象である〔のに対して〕、象徴的な表象は、基づけられた表象であり、端的な表象に媒介された表象であり、しかも空虚な表象である。[14]直観的表象が対象を〔なんらかの程度において充実化された〕現出にもたらす〔のに対して〕、空虚表象はそのようにしない。[15]〔そこで〕さしあたり、端的な表象を、端的な直観的表象[16]と、端的な空虚表象とに区別することができる。しかし、空虚表象は、象徴的な表象である場合もあり、つまり、対象を単に空虚に表象するのではなく、記号や像を「つうじて」[17]対象を表象するような、そうした象徴的な表象である場合もある。[18]後者の場合には、対象は、像化されてあり、像のなかで直観化されてあるが、しかし、「自体として」(„selbst")直観的に表象されてあるのではない。[19]対象的なものについての直観的な準現在化[20]はいずれもみな、その対象的なものを空想的に表象する。[21]そうした準現在化は、その対象的なものについての空想現出[22]を「もつ」。この場合、準現在化は、現実性（*Aktualität*）という性格をもつこともあれば、[23]非現実性（*Inaktualität*）という性格をもつ[24]こともある。[2][25]また、その〔存在についての〕確実性様態（態度決定[26]の様態）は任意のものでありうる。すなわち、確実性（Gewißheit）、推定（Anmutung）、臆測（Vermutung）、懐疑（Zweifel）などでありうる。[27]さらに、準現在化が対象的なものを〈過ぎ去ったもの〉として統握するか、〈今－存在するもの〉として統握するか〔という時間的な区別があるが、当面の文脈で〕はどちらでもよい（とはいっても、予期の場合に、すなわち、予期が〈予期されるもの〉を直観化する場合に、われわれはすでに象徴的な意識をもっているのだ[28]が[29]）。どんな〔準現在化の〕場合にも共通の核として残りつづけるのは、「単なる空想現出[30]」である。もちろん、問題なのは、この核〔＝「単なる空想現出」〕が、他のものすべて[31]によって、どの様にいわば包み込まれているか、あるいは、核の統握と、それ以外のさらなる諸統握[32]がどの様に結びつくのか、である。——端的に直観的な現在化[33]すべてにおいて現出[34]が同様に見いだされるし、また、象徴的に直観化する[35]〔現在化[36]〕の基礎にも、現出——いまは、空想現出でなく知覚現出[37]である——がある。このようにして知覚現出と空想現出とが区別されるとともに、後者〔＝空想現出〕は、「ファンタスマ」〔感覚の準現在化変様〕という統握の質料をもち、前者は感覚〔という統握の質料〕をもつ[38]。

　さて、空想現出〔それ自体〕が、〔それに〕対応する知覚現出の変様〔準現在化する変様〕であるというのは、いかなる面においてであろうか？　もちろん、それは、〔もろもろの変様のなかでも、存在の確実性、推定などをめぐる〕性質的な様態[39]、態度決定の様相——これらは〔いまは〕まさに働かされないままである[40]——の面に関するものではない。これとは別の面で、〔すなわち、右のような〕諸様態のこの〈時と場合によって起こる変化〉とは無関係に、ひとつの変様があるのだ。〔すなわち、原本としての知覚現出の場合の〕感覚に〔空想現出の場合の〕ファンタスマが〔変様として〕対応するのであるが、しかしまた、統握

〔作用〕（そして〔相関する〕まったき現出[41]）も、その両面でかつこの観点で、変様されているのであって、〔すなわち、〕統握〔作用〕がそれの様相とは無関係に〔変様されているのである[42]〕。たとえ統握〔作用〕とまったき現出とが〔相関しつつ〕ひとつの性質的な様態[43]を要求するといった事情になっているとしても[44]、それでも、そのことは、ここでわれわれが語っている「想像的」（imaginativ）変様とは無関係である[45]。

〔このことをさらに明確にするために、〕知覚現出を、「〔存在に対する〕態度決定」とは無関係なものとして、現出相と呼ぶことにしよう[46]。そして、さらに判然と区別して、その現出相が知覚（〈〔存在を〕信憑する〉（Glauben）の様態）のなかで登場する場合には、それを知覚的な（*perzeptiv*[47]）現出相と呼び、また、その現出相が幻想のなかで登場する場合には、それを幻想的な（*illusionär*）現出相と呼ぶことにしよう[48]。他方で、印象的な（*impressional*）現出相（感覚現出相）と、想像的な（*imaginativ*）現出相との区別もなされねばならないのであり[49]、後者〔＝想像的な現出相〕は、これはこれでまた、想起の内容であったり、想起のなかでの幻想の内容などであったりする[50]。それゆえ、直観的な諸作用すべての同一な核としての現出相に対して、印象と想像の区別が当てはめられるのであり[51]、そしてまた、この区別が、現象全体に関して、〔時間様相における現在的なものの〕現在化と〔非現在的なものの〕準現在化との区別の条件となる。さらに言えば、印象と想像とのこうした区別は、「外感」の領分だけに関わるのではなく、内感の領分にも関わるということが、明証的である。[52] 言い換えれば、現出相が結びつきうる〔時間〕様相的な諸性格すべて、[53] そしてまた、〔これに〕相関的な[54]〈存在にかかわる諸性格〉すべて[55]〈〈現存在する〔＝現にある〕〉として の、〈存在した〔＝あった〕〉としての、〈存在するだろう〔＝あるだろう〕〉、もっと正確に言えば、〈登場してくるだろう〉としての、「現実性にかかわる」（wirklich）性格、[56] 仮象（Schein）という性格、[57] 準現在化的な〈今存在する〔＝今ある〕〉という性格など[58]）は、印象と想像の分割のもとにある。[59] そして、このことは、願望や意志などについても同様である。けれども、この場合に、「内感」の領分[60]でも、外感の領域と同様に、感覚と現出相[61]が区別されることができるのであるが、[62] しかしまた、現出相の場合には、現出相それ自体と、それの〔存在および時間の〕様相的な諸性格[63]とが区別されるべきである。かくして、たとえば、私はこれやあれを〔存在〕信憑している。その信憑は、現下の〔現在的な〕信憑であり、〔その信憑それ自体が「内感」における現下の〕印象である。[64] これに〔変様として〕対応するのが、ファンタスマとしての「信憑」である。[65]〔けれどもまた、〕それ自体における信憑あるいは信憑感覚は、私の〔内的な〕〈状態〉[66]、私の〈判断する〉として、〔外的な〕統握のなかの〈信憑する〉から区別されるべきである。そこ〔＝後者〕では、私は、〈私〉と私の〈判断する〉についての〔内的な〕知覚意識をもつのであり、そして、この統握のなかで、〔一方で〕内的な現出相[67]と、〔他方で〕〔この現出相に〕存在を措定して〔〔すなわち〕私の〈信憑する〉[68]〉）、〔それを〕〈現存在する〔＝現にある〕現実性〉のなかに組み込む《《信憑する》》の様相〉とが、区別されなければならない。
〔しかし、ここでは、端的な〕「信憑する」と、「信憑する」の「統握[69]」とを区別すれば——この区別がすでに、内在的なもの[70]を現実的な世界との連関のなかに措定する心理学的統覚として受け取られてしまっているのでないかぎり[71]——十分である。

かくして、「意識〔=意識されてある存在〕」はいずれもみな、「感覚」という性格か、「ファンタスマ」という性格か、どちらかをもつ。意識〔=意識されてある存在〕はいずれもみな、最広義の「感覚[72]」はいずれもみな、まさに「知覚可能」で「表象可能な」ものであるか、ないしは想起可能なもの、それぞれの仕方で経験可能なもの、である。しかし、われわれがいつでもまたもや〔現下の今において〕もつのは、それの可能的な対立項をファンタスマにもつような意識〔=意識されてある存在〕である[73]。

原註

[1] 第一七節、一四一頁以下に関して。

[2] 「現実性〔=顕在性〕」(Aktualität) および「非現実性〔=非顕在性〕」(Inaktualität) は、ここでは、『イデーン』の意味での「設定立性」(Positionalität) と「中立性」(Neutralität) と同じことを意味する。

訳註

（1）「想像」の原語は Imagination である。この語に関連する形容詞として、以下では imaginativ が登場するが、この imaginativ の語は、日常的に使われる語ではない。他方、補遺Ⅲでは、imaginär の語が登場するが、これの用語法としての imaginäre Zahl は「虚数」である。

（2）「準現在化」と訳した語 Vergegenwärtigung は、日常的なドイツ語では、「思い浮かべる」といった意味の語の名詞化である。フッサールはこの語を「現在化」（Gegenwärtigung）との対比で使う（この Gegenwärtigung という語は、日常語ではない）。この両者の関係を示すために、「準現在化」という訳語をもちいる。本文では、この語の日常的な意味合いについて述べられている。その意味合いは、「空想」といかほどか近いので、その相違が述べられている。

（3）ここでは、「準現在化＝思い浮かべる」と「空想」とが同義でないことが述べられている。

（4）「非直観的」の語が何を意味しているか、ここでは説明がない。ただ、多くの場合、フッサールは、「記号」を用いるものは非直観的だと見る。たとえば「三角形」は直観的でありうるが、「千角形」は非直観的である。

しかしまた、彼は、「直観的」の語を、「充実化されている」というニュアンスをもって使うこともある。こちらの場合には、「非直観的」は、「（もはや）充実化されていない」（要するに、想起の「内容」が失なわれている）ということを意味するだろう。ただし、「想起」であるかぎりは、存在措定が含まれているので、「内容」は不明であっても、それが「存在した（＝あった）」ということは含意されている。

（5）「それ以外の準現在化」についても説明がない。たとえば「予期」であろうか。

(6) 「想起」は準現在化のひとつだが、「空想」ではない。すなわち、「準現在化」(思い浮かべる)のほうが、「空想」よりも射程が広く、そのなかに「空想」を含む。

(7) この「自体〔として〕の準現在化」という言葉は、「知覚」がなにかの(広義での)代理ではなく、なにかそれ自体を与えるのに準じた意味で準現在化する、ということであろう。たとえば「想起」や「予期」は、「知覚」が与えるものそれ自体を準現在化する。これに対して、「像意識」は異なる。

(8) 「像化」は、たとえば、絵を描くとか、彫像を造る、ということである。さらには、「空想像」の場合にも、やはり像化がなされる。

(9) 「模写されるもの」とは、たとえば「人魚姫」の空想の場合であれば、「人魚姫」それ自体である。これは、知覚の場合の「端的な対象」に対応する、いわば空想対象である。

(10) 「空想像」という言い方があるのは確かである。しかし、フッサールの分析では、空想の場合には、空想像(もっと厳密には空想ノエマ)を媒介・突破して、空想対象(「空想の事象、空想像を越えたもの」)が志向される。それにもかかわらず、「空想像」という言い方は、この媒介・突破関係、すなわち志向性(「模写されるものへの関わり」)が見落とされてしまう。このことを、フッサールは批判している。

(11) 「模写されるものそれ自体」は、知覚の場合の「端的な対象」に対応する。一言でいえば空想対象である。

(12) 「対象についての空想」の「ついての」の箇所は、ドイツ語ではvonが使われているが、この語法は、この文章では「志向性」が考慮に入れられていることを示している、と解釈される。

(13) この「空虚表象」(Leervorstellung) は、記号的な表象でない、直観的な表象のなかでの、空虚表象であろう。これに対して、象徴的・記号的な表象は、それ自体では、空虚である。

(14) まとめると、「対象」は、①直観される、②象徴的に(記号を介して) 表象される、という二つの場合がある。②では、(基本的に) 空虚に表象される。

(15) ここでの「現出にもたらす」とは、志向を充実化するというのとほぼ同義であろう。この充実化は、「直観化」とも呼ばれる。象徴的な (記号的な) 表象は、それ自体では充実化せず、それゆえ直観化しない。

(16) これは、充実化する・直観化する直観の表象であろう。

(17) この「つうじて」は、媒介・突破関係を示しているが、しかし、引用符を付けることによって、知覚の場合の媒介・突破関係とはいわば次元がひとつ異なっていることを示しているだろう。

(18) 「空虚な」という概念は、一方で、端的な直観に適用される場合もあるし、また他方で、象徴的な表象に適用される場合もあるということになる。

(19) ここでは、「像化する (類比的な) 準現在化」が「自体」として準現在化するものでない、ということが述べられている。ここで註記が必要だろう。すなわち、「自体としての準現在化」は端的な「自体」を準現在化するのか、ということである。しかし、「自体として与える直観」である「知覚」さえも、媒介・突破構造をもっている。そもそも「自体」は、なんらかの媒介・突破構造のなかでのみ、与えられるのである。このことは「自体としての準現在化」についても言える。ただし、「像化する（類比的な）準現在化」の媒介・突破構造は、いわば一次元異なっている。この（実体論的でない、むしろ対比による）差異がここで述べられている。

(20)　これは、「空想」だけでなく、「想起」や「予期」も含む。それゆえ、すぐ後の「空想的」の語義が重要になる。

(21)　この「空想的」の「空想」は、九行後の「単なる空想現出」の意味でのそれである。

(22)　この「空想現出」も、九行後の「単なる空想現出」の意味でのそれである。

(23)　「想起」の場合がこれに当たる。

(24)　「空想」の場合がこれに当たる。

(25)　ここでの Aktualität（現実性）は、単純に aktuell（現下の）の名詞形ではない。とはいえ、Aktualität も aktuell も、元来は actus（作用・行為）に由来する。フッサールは、存在を「措定する」という広義での作用が「現に働いている」場合を、Aktualität と呼ぶ。これは、作用がいわば「現働的であること」、「現働性」を意味する。この作用が働いているかぎり、それに対応する対象は「現実に存在する」ということになる。

「現実性」は、ドイツ語では Wirklichkeit とも言われるが、これも wirken（働く）を含意しているので、よく似た概念だと言えるだろう。他方、右の意味で「現働性」の反対概念は、Inaktualität である。この場合には、その対象は「現実に存在しない」ということになりそうだが、フッサールの場合は、「現実に存在するか、現実に存在しないか、に関わらない」を意味する。それは、フッサールが、「現実に存在しない」は、「現実に存在する」の否定ではあるが、しかし、そこには否定的な仕方での存在措定が働いている（現働的である）と見るからでである。むしろ、肯定的であれ否定的であれ、存在措定が「働かない」ということが重要なのである。この語の訳としては「非現実性」が標準的であろうが、「非現働性」でもよいだろう。

文法用語で説明すれば、Aktualität は（「現実」を語る）「直説法」に対応し、Inaktualität は（「現実」にコミットしない）「接続法」に対応する。また、前者は「顕在性」、後者は「非顕在性」と訳されることも多いが、この訳にも一理ある。

なお、「現実性」は、カントの『純粋理性批判』のカテゴリーで言えば（カントは Wirklichkeit の語を用いる）、「4　様相」に対応するが、そこには「非現実性」に対応するカテゴリーがない。

（26）「態度決定」は、原註［2］が示すように、Positionalität（設定立性）に関わる概念であり、それゆえまた Position（定立）に関わる概念である。ある「現出」が、「存在する〔＝ある〕」と信憑される対象の現出である場合に、その信憑を設定立するのが態度決定あるいは Position（定立）である。

（27）「確実性様態」とは、当該の対象が「確実に存在する〔＝ある〕」というような「存在様態」と、そこから派生する諸様態である。原様態は、「確実に存在する」であり、派生様態は、日本語的に表現すれば、「まず間違いなく存在する」（推定）、「おそらく存在する」（臆測）、「疑わしく存在する・存在することが疑わしい」（懐疑）である。

なお、「確実性」は「確信」とも訳すことができ、「確信」のように訳すと、「信憑」の様相であることが、よりよくわかるというメリットがある。

（28）「予期」が「象徴的な意識」をもつというのは、解釈を要する文言である。

たとえば、「明日は雨が降るだろう」という言語が「予期されるもの」であるならば、これは言語的・象徴的であるが、これを予期が直観化するときには、この予期はすでに言語的・象徴的な意識をもつ、ということであろうか。しかし、そうだとすれば、「予持」の概念を導入すれば、この議論はおそらく無効になる。「予持」は直観的であって、象徴的でないだろう。ただ、それの「空虚さ」が「象徴的」と言われているのかもしれない。

(29) この文では、「過去的」という「時間様態」や、「現在的に存在する」の「現在的に」の「時間様態」は、当面問題外だということが言われている(問題そのものとして、重要でないという話ではない)。

(30) この「単なる空想現出」に、措定性格、時間性格が加わることによって、「知覚」「想起」「空想」などが成立する。したがって、「単なる空想現出」は、これらすべてのいわば共通成分(核)である。

フッサールが「空想」をつうじた「自由変様」によって事象の「本質」を摘出しようとするとき、この核としての「単なる空想現出」だけに注目する作業がなされる。

しかし、この核を「空想現出」と呼ぶのは適切かどうか、は大いに疑問の余地がある。後年の『経験と判断』では「単なる表象」という語が登場する。

(31) この「他のものすべて」は、「措定性格」「時間性格」であろう。

(32) この「さらなる諸統握」も、第一義的には「措定性格」「時間性格」(の諸統握)であろう。しかし、もっと広く捉えると、「意欲」や「願望」や「評価」などの作用も、これに含まれているかもしれない。

（33）この「端的に直観的な現在化」は「知覚」であろう。
（34）この「現出」は、「単なる空想現出」——と表現すると「空想」の語が入ってしまうので、「現出相」のほうが適切だと思われるが——であろう。
（35）「直観化する」（veranschaulichen）という言葉は、本来は直観的でないもの、あるいは直観的である必要のないものを、いわば余分に直観的にする、というニュアンスが含まれると解釈される。
（36）この補いは、解釈を要する。まず、文法上の要請に従えば、「現在化」を補うべきである。とはいえ、解釈によっては、「準現在化」を補うことも可能かもしれない。この解釈は、「象徴的に直観化する」という言葉を直前の「予期」に関する言及（「予期が〈予期されるもの〉を直観化する場合に、われわれはすでに象徴的な意識をもっている」）に結びつける。「予期」は、「現在化」ではなく、「準現在化」である。このように解釈すれば、この「準現在化」を補うことも不可能ではないかもしれない。ただし、そう解釈すると、すぐ次の文言、「いまは、空想現出でなく知覚現出である」が、直線的には理解できなくなる。
そこで、本文の箇所に「現在化」を補う。こうすれば、「知覚現出」の語との整合性はとれる。しかし、その場合は、「象徴的に直観化する」という言葉をどう解釈するかが、問題になる。「象徴を介して直観化する」というように解釈することで、「知覚現出」の語との整合性がとれると思われる。すなわち、「象徴的」の語を「言語記号をつうじて」の意味に解するならば、そうした「言語」の意味作用は「意味志向」だけで成り立つが、さらに「意味充実化」が加わることがある。「象徴的に直観化する」＝「象徴を介して直観化する」＝「意味充実化」

と解釈し、この「意味充実化」に「知覚現出」が対応する、と解釈することが可能である。

しかしまた、「象徴的」の語を「像をつうじて」と解するならば、この箇所は、より容易に理解される。この場合は、〔 〕内に「準現在化」を補うほうがよい。

（37） この「知覚現出」は、人魚姫の像の場合には、たとえば金属製の像であろう。言語の場合には、語音や文字であろう。他方、人魚姫の空想現出には、人間の知覚と魚の知覚があるといった意味にも理解可能かもしれないが、しかし、ここでは、そういう文脈にはなっていないように思われる。

（38） この箇所は die ersten Empfindungen と記されているが、これを die ersteren Empfindungen の誤植とみなす。

（39）「性質的な様態」というのは、たとえば、「赤い」とか「木製」とかのような意味での「性質」に関するものではなく、「措定」そして「設定立」に関わる様態である（『論研』の言葉では「作用の性質」）。これは「確実に存在する」などの「存在様相」に関わる。

（40）「働かされないままである」という表現は、現象学的な「エポケー（＝判断中止）」を示しているだろう。

（41）「統握（作用）」はノエシス、「まったき現出」はノエマに対応するだろう。もう少し言うと、ノエマは、「何」に関する「意味」成分、存在様相、時間様相が基体に収斂するという構造をもち、これらすべてが備わったものが「まったきノエマ」と呼ばれるが、おそらくこれと（ほぼ）同じものが、ここでは「まったき現出」と呼ばれているように思われる。

（42） このあたりの論述では、「感覚」が「ファンタスマ」に変様するという意味での「変様」

が考察されている。この両者は、「現在化」と「準現在化」に対応する。しかし、ここでの文脈では、この変様は「存在様相」の変様とは無関係である。

（43）この「性質的な」も、措定の性質あるいは措定性格であろう。

（44）「想起」の場合には、「現実性」（Aktualität）という存在様相を要求するだろう。しかし、そうであっても、ヒュレーが感覚からファンタスマに変様しているということは、この存在様相とは無関係である。

（45）この「想像的」変様とは、「感覚」から「ファンタスマ」への変様である。

（46）ごく簡単に言うと、「現出相」（Apparenz）とは、視覚の場合の「見え」それ自体、聴覚の場合の「聞こえ」それ自体、などである。これは、感覚それ自体、ファンタスマそれ自体ではなく、これらにもとづいて構成される。これは訳註（10）の（不適切な表現と思われる）「空想像」の、より適切な表現だろう。

（47）この「知覚的」（perzeptiv）は、単純に「知覚的」（wahrnehmungsmäßig）と同義とも考えられるが、しかし、perzeptiv の per は「とおして」を意味するので、内在性から超越性への媒介・突破（このときに、超越性の「存在する〔＝ある〕」を「信憑する」ということが効いてくる）を含意すると考えるほうが、より適切だろう。

（48）「現出相」と「存在信憑」（存在性格）が組み合わさるのが、（ここでの意味で）「知覚的」である。「幻想的」の場合は、その「存在信憑」（存在性格）が変様している。つまり、「知覚的」と「幻想的」の相違は、「存在信憑」による。

しかし、「知覚的」の「存在信憑」が、「現実性」と「非現実性」との対比における前者に関わるならば、「幻想的」は後者に関わることになる。他方、「知覚的」が、想起的および予期的と対比されるならば、「知覚的」の「存在信憑」は「現在」のみに関わることになるが、おそらく、ここではこのような話になっていない。むしろ、「知覚的」は、ここでは「現実性」に対応し、「幻想的」は「非現実性」に対応するだろう。

(49)「印象的」と「想像的」の相違は、「感覚」と「ファンタスマ」にある。「ファンタスマ」は「感覚」の変様である。しかしまた、「印象的」(感覚)は、時間性格に関して「現在的」である。「想像的」(ファンタスマ)は、「準現在的」あるいは「準現在化的」である。

とはいえ、「ファンタスマ」にもとづく現出相は、存在性格に関して「現実的」(想起の場合)であることも可能であるし、「非現実的」(空想の場合)であることも可能である。「感覚」にもとづく現出相は、基本的には「現実的」(知覚的)であるが、「非現実的」(幻想的)であることも可能である。

また、「印象」は、ここでは「感覚」と結びつけられているが、別の箇所では意識作用自身の自己意識と結びつけられている。

(50) ここでは、「感覚」と「ファンタスマ」は、『イデーン』で「ヒュレー」と呼ばれるものに重なるように思われる。

(51)「印象」(感覚)をヒュレーとして、富士山の「現出相」を構成する場合と、「想像」(ファンタスマ)をヒュレーとして、富士山の「現出相」を構成する場合とでは、「現出相」そのものは同一でありうる。なお、この場合の「想像」は「非‐印象」を意味するので、「想起」の場合も、それに対応する。すなわち、想起による富士山の「現出相」でも同じことが言える。

(52)「外感」と「内感」は、カント的な区別であろう。カントでは、「外感」は空間に関わり、「内感」は時間に関わる。そして、すぐ後の文章では、「現存在する」、「存在した」、「存在するだろう」という(文法用語でいえば)時制に関わる変様が扱われる。この時制的な変様あるいは時間的な変様が、直前の「現在化」と「準現在化」との区別から発展して、解明されている、と解することができる。

ただし、このカント的区別は、フッサールの時間意識の分析では今後さらに発展する。

(53) この「様相的な諸性格」の語は両義的である。すなわち、「〔存在〕様相的な諸性格」と解することも可能である。ただ、そう解すると、二つの問題が生じる。第一に、この「〔存在〕様相的な諸性格」と、すぐ後の「〔これに〕相関的な〈存在者としての諸性格〉」とが同義になってしまうだろう。そうだとすると、両者が「そして」で結びつけられている理由が不明になる。ただ、「言い換えれば」という言葉が使われているので、前文とこの文とは、同義であると思われる。この文で、一方で「存在者としての諸性格」が語られているところから推して、「様相的な諸性格」を「〔時間〕様相的な諸性格」と解することにする。しかしまた、時間様相は、最終的に、意識作用そのものの構造に由来する。

(54) この「相関的」の語は、時間性格と存在性格との「相関関係」か、現出相と存在との「相関関係」か、のいずれかであろう。

(55) この「存在にかかわる諸性格」の原語は ontische Charaktere である。

(56) ここでは「現実性にかかわる」(wirklich) 性格が語られる。「現実性にかかわる」性格とは、「存在する〔＝ある〕」という措定性格である。これは、訳註(25)で「現実性〔＝顕在性

＝現働性〕」（Aktualität）と呼ばれたものと基本的に同じである。

ただしかし、これは、直前で述べられたように、「時間」様相とも関係する。すなわち、「存在した〔＝あった〕」という過去的な措定性格、「現存在する〔＝（現に）ある〕」という現在的な措定性格、「存在するだろう〔＝あるだろう〕」という未来的な措定性格である。これは以下のように図示される（煩雑にならないように、「存在する」は「ある」とその変様に代表させ、存在様相の変様は「疑わしく」に代表させる）。

	存在様相	
時間様相		
現在的	確実に（現に）ある	疑わしく（現に）ある
過去的	確実にあった	疑わしくあった
未来的	確実にあるだろう	疑わしくあるだろう

このうち、未来的な措定性格については、フッサールは慎重であり、「登場してくるだろう」と言い換えている。

これらに含まれる「時間」様相は、最終的には、時間構成する意識それ自体の内的構造に由来すると考えられる。

(57)「仮象」はおそらく「非現実性」に関わるだろう。これは、一二行前の「幻想的」と重なるように思われる。

なお、Schein（仮象）の語は、Sein（存在）の語といわば韻を踏むので、しばしば「対」として用いられる。ここでわざわざSchein の語が用いられるのは、Sein の存在様相に関する変様であることを示すためだ、と推測される。

(58) この例としては、フッサールが「現在想起」と呼ぶものが挙げられるかもしれない。現在化としての知覚が、(時間様相において)「今」で(存在様相において)「存在する(=ある)」という性格をもつのに対して、現在想起は、準現在化でありながら、(時間様相において)「今」で(存在様相において)「存在する(=ある)」という性格をもつ。

(59) 「現にある」(現在的)、「あった」(過去的)、「あるだろう」(未来的)は、(存在措定が働いているので)「現実的」である。「準現在化的な〈今存在する(=今ある)〉」は、おそらく「現在想起」に対応するように思われる。

しかし、これらはすべて、ヒュレーの区別としての、「印象」と「想像」の区別に服する。

(60) この場合の「「内感」の領分」は、カントを念頭に置いているだろうが、しかし、フッサールは、時間を、時間意識から捉える。その時間意識それ自体の「内的知覚」が重要になる。それゆえ、ここでの「内感」は、内的知覚の成分(ここに時間意識の「作用」が含まれる)についての分析に展開するだろう。

(61) ここでの「感覚」は「印象」と(ほぼ)重なるだろう。「現出相」は、意識作用それ自体の統一性と重なるだろう。

(62) 「感覚」と「現出相」の区別とはどういうことか。ひとつの解釈として、「感覚」は「ヒュレー」のひとつだが、「現出相」は、ヒュレーではなく、すでに統握を受けたノエマの一成分である、と解することができる。

(63) この「様相的な諸性格」も多義的である。「〔時間〕様相的な諸性格」のみ、あるいは「〔存在〕様相的な諸性格」のみ、と解する可能性もある。しかし、すぐ次の文章の「信憑している」は、一方で「存在」に関わるとともに、他方で「印象」に関わり、かつ「印象」は「顕在的な〔現下の〕現在」に関わる。その意味で、この「様相的な諸性格」は、「時間」と「存在」の両方に関わると解される。

(64) この文章は、解釈の余地がある。「信憑する」という意識作用は、それ自体が一種の「印象」となる。この意味で、信憑は印象である。あるいは、感覚である、と言ってもよいだろう。しかし、この印象あるいは感覚は、それ自体がまたもや「統握」されることができる。このような意味で、この文章は解釈されるだろう。

(65) 前の文章で、信憑が印象である、ということが述べられていたが、印象の変様はファンタスマであるから、信憑そのものの変様は、ファンタスマとしての「信憑」だということになる。

(66) この「状態」は、おそらく「心的状態」という心理学的概念を超越論的に転用したものであろう。「作用」(……する)は、心理学的には、心の状態だとみなされるだろう。ただし、この「状態」は、〔言語的な〕「判断する」とほぼ同義に使われている。

(67) 「内的な現出相」は、現出に属する「判断」に対応するかもしれない。この「判断」を「信憑する」と、「事態」が成立する、という解釈である。

もうひとつの解釈としては、ノエシス〔意識作用それ自体〕の「現出相」かもしれない。通常の現出相〔「外的な現出相」ということになる〕と区別するために、「内的」という言葉が付加されているかもしれない。

(68) この「私の〈信憑する〉」(meinen Glauben)は、二義的に解釈される。すなわち、「私がなにものかを〔存在するとして〕信憑する」と、「私自身を〔存在するとして〕信憑する」である。

「内的な現出相」が「判断」であれば、前者が適切である。

他方で、「私が私自身を（存在するとして）信憑する」もひょっとすると可能かもしれない。しかし、ここにはおそらく「注視」の問題が介在する。注視によって私は「私」を（存在するとして）信憑するのだろう。このようにして成立する、「私」自身に対する存在信憑は、要するに、「私は存在する〔＝我あり〕」と言い表される。

これはもちろんデカルトに深く関わるが、しかし、それを承けた自我の存在についての議論としては、カントの観念論論駁の議論などが周知のものであろう。当初、フッサールは「私」（自我）を経験的なものとしてしか認めていなかった（「心理学的統覚」だけを認めていたとも言える）。しかし、『イデーンI』に少し先立つ時期に、超越論的自我を認めるようになった。こうした経緯を考えると、ここでの論述は興味深い。

（69）この「「信憑する」の「統握」」は、「信憑する」それ自体がおのれを「統握」していること、それゆえ、「信憑する」それ自体の内的意識を意味するだろう。

（70）この「内在的なもの」は、（超越論的な）意識に含まれるものであろう。

（71）「内在的なもの」が、現実的な世界との連関のなかに措定されるならば、心理学的・経験的な自我が構成されるだろう。

（72）この「最広義の「感覚」」の語は、解釈を要する。これは、おそらく、「感覚」と、その変様としての「ファンタスマ」を含むだろう。しかも、さらに意識作用それ自体の自己現出も含むかもしれない。

(73) この文章は重要であるように思われる。まず、「それの可能的な対立項をファンタスマにもつような」という言葉は、要するに狭義の「感覚」を意味しているであろう。意識は、さまざまな変様(ファンタスマを含む)をもつが、われわれが現下的に「いつでもまたもや」もつのは、狭義の「感覚」としての意識である。

補遺Ⅲ　知覚と想起との繋がり志向――時間意識の諸様態[1]

さて、「記憶 = 想起」という意識を考察してみよう。〔まずもって、〕変様されていない意識として、「感覚」がある、あるいは同じことだが、印象がある。(1)〔この変様されていない意識と、変様された意識(としての想起)との関係が重要になり、それゆえまた、感覚ないし印象と、ファンタスマとの関係が重要になる。そこで〕もっと判然と〔区別して〕いうと、その〔想起〕意識(2)はファンタスマを含むが、そうだとしても、その〔想起〕意識はそれ自体、空想的(phantastisch)(3)変様ではない、すなわち、〔それに〕対応する感覚とは別のもうひとつの意識(4)への空想的変様ではない。けれども、その〔想起〕意識のなかには現出相が含まれている。(5)私は、ある出来事過程を想起する。想起のなかには出来事過程の虚的な(imaginär)(6)現出相が含まれており、その現出相は、現出相的な背景(7)――そこに私自身が属する(8)――をもって現出する。この現出相全体は、想像的な(imaginativ)現出相(9)という性格をもちはするけれども、しかし、想起を〔想起として〕性格づけるその信憑様態ももっている

〔が、空想はその信憑様態をもたない〕[10]。それから〔さらに複雑な場合として〕、われわれは、想起それ自体を空想のなかに置き入れることができ、空想のなかで想起をもつことができ、そしてまた、想起のなかで想起をもつこともできる[11]。すなわち、私が想起のなかで生きている[12]と「私はかくかくのことをかつて想起した」という想起が浮かび上がってくるとか、あるいは、私は想起をもっていると空想するとか、である。この場合[13]、想起の〈様態にかかわる成分[14]〉が、それに対応するファンタスマに変化したことがたしかに見られるが、しかしながら、想起の質料、想起‐現出相[15]は、それ自体としてそれ以上変様されないであり、また同様に、想起の現出相に含まれるファンタスマ[16]も、それ以上おのれを変様せずに保持する。〔要するに〕第二段階のファンタスマはないのである。想起の質料を形作る想起‐現出相全体は、ファンタスマであり[17]、そして、それはまたそれ以上変様を被ることがない。

それからまた、想起の想起を私がもつ場合には[18]、想起プロセスの繋がりのなかに、すなわち、意識――虚的な（imaginär）現出相が想起の性質的様態において現にそこに立つとともに経過し去っていくということがそれのなかで起きるところの、その意識――の繋がりのなかに、もうひとつの「変様された」想起が登場する。〔とはいえ、〕この場合も、先述と本質的に同じことが言われるべきであろう。〔なるほど〕端的な想起の性質的様態は「想起の想起」によって置き換えられている[19]、言い換えれば[20]、私は、想起の性質的様態における想起ファンタスマをもっている〔が、〔その想起ファンタスマは〕想起プロセス全体と一体になって進行していく)[21]。けれども、その想起ファンタスマが〈……についての想起性格[22]〉であるのは、虚的な(imaginär)現出相に根拠を置いていることによって、である。そして、この現出相〔それ自体〕は、端的な想起の場合と、想起‐想起の場合とで、まったく同一なものとして同じ現出相である。[23]〔その他方で、想起をまさに想起であらしめている〕想起の特性とは、すなわち、想起の内容を形成するものすべてに対比される想起の特性とは、現下の知覚現実性[24]への関係を想起に与える統握が現にあるということだ、と言われるならば、このことのうちには、とにもかくにも正当な事柄が含まれている。けれども、それは先述のことを変更するものではない。この場合に必要なのは、この統握それ自体のなかで内容と信憑様態[25]とを区別することである。もちろん、統握〔それ自体〕は、端的な想起――私がたとえば今もっている端的な想起――の場合と、想起‐想起――これは〈想起された想起〉を〔それにとっての〕現下性の点としての〈想起された今〉に関係づけるわけだが――の場合とでは、別々のものである[26]。しかしながら、主要な論点は、現出相(われわれが、まさに現出としてまったく直観的にもっている)はなんらの変様も被ることはありえない、ということなのである。しかも、これと同じことは、現出相――これはもちろん完全に直観的になるわけではないだろうが――に今への関係を与える想起統覚の〈内容〉についても妥当するのである。

現下の今へのこうした関係〔をもつということ〕が記憶＝想起の特性であり、また記憶＝想起を「単なる空想」から区別するものなのだが、しかし、こうした関係は、〔単なる空想

〈あるいは単なる現出相〉に〕外的に付着したものだと解釈されるべきではない。その関係は、知覚[27]がいずれもみな現下の〈ここ〉に対してもつその関係[28]に、明らかな類比的性質をもっている。さらにまた、記憶＝想起がいずれもみな無限の〈記憶＝想起の繋がり〉〔〈以前〉〉を指し示すのとまったく同様に、知覚はいずれもみな無限の〈知覚の繋がり〉〈多重的な無限性[29]〉を遡り示す（この〔記憶＝想起の〕場合、〔現下の〕〈ここ〉は、知覚可能でない、すなわち、記憶＝想起それ自体のなかに与えられてあることはない）。さて、われわれはひとつの知覚を、純粋にそれだけで、それの繋がり抜きに、取り上げることもできる。とはいっても、それの繋がりは、その知覚とそれ以外の諸知覚との繋がりとして、実的[30]に現にあるのでないとしても、それでも「潜在的には」（„potenziell“[31]）志向のなかに含まれている。すなわち、それぞれの瞬間の完全なる知覚を取り上げても、それでもなお、それはいつももろもろの繋がりをもっているのであり、〔しかも〕〈その知覚には、〔すでに〕規定されたあるいは〔まだ〕規定されていない諸志向の複合体が属していて、この複合体はさらに先に進行し、またそれが実際に評定される場合には[32]その後の諸知覚のなかで充実されていく〉といった〔時間的な〕形式においてもっているのである。これらの〈繋がりへの志向〉が〔ひとつの知覚から〕切り離されることはありえない。〔さらにいえば、〕個々の感覚に関しても、それは、真に個々のものではない。つまり、第一次内容〔＝感覚[33]〕は、いかなる場合ももろもろの〈〔時間的・地平的な〕統握の光線〉の担い手[34]であり、こうしたもろもろの光線なしには、第一次内容さえも登場してこないのであり、[35] たとえこうしたもろもろの光線がいまだなお〔内容的に〕規定されていないとしても、そうなのである。記憶＝想起においても同様である。記憶＝想起はおのれのうちにそれの「繋がりたち」をもっており、すなわち、記憶＝想起として、それは、〔時間的意味での〕前方および後方へ向かう志向的諸契機として記述されるような形式をもっており、こうした形式なくして記憶＝想起はありえない。その記憶＝想起の充実は、現下の今において合流するようなもろもろの記憶＝想起系列を要求する。もろもろの記憶＝想起を互いに結びつける諸志向を無視して、記憶＝想起を単独で分離すること、そして、これらの諸志向をそれ自体として分離することは、できない。「それだけで」捉えられた記憶＝想起がもうすでにこれらの諸志向をもっており、いかなる「単なる空想」[36] もこれらの諸志向から〔それだけで〕抜き出されることはできない。さてしかし、記憶＝想起は、やはりあくまでも以前の今の想起、すなわち準-知覚[37]の記憶＝想起であり、〔しかるに〕記憶＝想起が時間的経過を意識にもたらすのだから、その現象全体を確保しつつ、両側の本来的な記憶＝想起志向を切り落とすということが、[38] どうしてできないはずがあろうか、などと言う人がいれば、次のように返答すべきだろう。すなわち、〔すでに示唆したように、そもそも〕知覚それ自体が、すなわち「原本的な」作用が、その空間性のもろもろの繋がりをもっているだけでなく、時間性のもろもろの繋がりももっているのだ、[39] と。知覚はいずれもみな、それの把持的および予持的な庭[40]をもつ。〔とすれば、そうした〕

知覚の変様〔＝記憶＝想起〕も――変様された仕方においてだが――この〔把持的および予持的な〕二重の庭をもつのでなければならないし、そしてまた、こうした記憶＝想起から「単なる空想」を区別するのは、この志向的な複合体全体が、〔現下の今への繋がりの有無に応じて、〕一方〔＝記憶＝想起〕では現実性（Aktualität）という〔存在〕性格をもつのに対して、他方〔＝単なる空想〕では非現実性（Inaktualität）という〔存在〕性格をもつということである。(41)

感覚はいずれもみな〔時間的な〕諸志向をもっており、(42)これらの諸志向は今から新たな今などへと向かう、つまり志向は未来へ向かうのだが、また他方で、志向は過去へ向かう。記憶＝想起に関していえば、それはもろもろの〈記憶＝想起のなかの未来志向〉(43)ももつ。これらの〔記憶＝想起のなかの〕未来志向は、完全に規定された未来志向であって、そうであるのは、これらの諸志向の充実化（この充実化が総じて思いどおりになるならば）(44)が決まった方向に進行し、かつまた内容的に完全に規定されているかぎりにおいてのことであるが、これに対して、知覚の場合には、未来志向は一般にその質料〔＝内容あるいは現出相〕に関して規定されておらず、その後の事実的な知覚によってはじめて規定されるのである（規定されているのは、ただ、総じてなにものかが到来するだろうということだけである）。(45)

〔未来志向と対比させる形で〕過去志向(46)に関して述べれば、それは、知覚のなかで〔すでに〕完全に規定されている志向であるが、しかし、いわば逆向きの志向である。そのつどの知覚と、諸記憶の連鎖とのあいだには、ひとつの規定された繫がりが成り立っているが、しかし、その繫がりは、記憶志向(47)（一方向に向かうものとしての）がそのつどの知覚において終端に達するといった具合になっている。さて、この諸記憶はもちろん可能性にすぎない(48)、すなわち、〔そうした諸記憶は〕ただ例外的に、あるいは、それらのうちのいくつかだけが、知覚とともに現下に与えられるにすぎない。他方で、知覚は、〔それに〕対応するもろもろの過去志向をもともともってはいるのだが、それでも——先の〈記憶＝想起〉もしくは〈記憶＝想起の繫がり〉に対応するような——空虚な過去志向をもっているにすぎない(49)、といった事情になっている。〔さて、このような意味での〕空虚な〈たった今過ぎ去ったもの〉は、現下の今に向かう方向をもっており(50)、またこれと同様に——おそらくこう言ってよいだろうが——ぼんやりとした空虚な諸志向もすべて、すなわち、よりいっそう後方に横たわるものに関わっている諸志向もすべて〔現下の〕今に向かっている。これらの〔空虚な〕諸志向が現下のものとされる（aktualisiert）(51)のは、言い換えれば、充実化されるのは(52)、われわれが、〔まずもって、〕いわば跳躍するような仕方で再想起によってみずからを過去へ置き戻し、そこでその過去を今に到るまで前進させて直観的にまたもや準現在化する〔＝思い浮かべる〕ことによって、である。〔さて、〕いつも過去から現在が生まれる、と言うことができる。もちろん、ある特定の過去からある特定の現在が生まれるのである。あるいはもっと適切にいえば(53)、ある特定の〔内容をもった〕流れがいつでもまたもや生じて(54)、現下の今は沈下し、新たな今へ移行する、(55)そして、これがさらにつづく。〔ただし、〕このことはアプリオリなたぐいの必然性だとしても、それでも、このことが「連合」を条件づけている、(56)すなわち、過ぎ去った繋がりは、そしてさらに、「〈なんらかの〔内容をもった〕もの〉が到来するだろうということ」も、経験によって(57)規定されているのである。さてしかし、われわれはそれでもやはり、この二次的なもの（もろもろの〔過去および未来への〕時間的な経験志向の複合体）から〔その構成現場としての〕〈原本的なもの〉に導かれるのであり、そして、このことが〔たえず〕成り立つのは、まさにそのつどの今から新たな今への移行のなかでのほかにない。(58)

知覚は点的な今をまなざしのうちに収めているというだけでなく、かつまた、〈たった今存在した〔＝あった〕〔＝あった〕〉をそのまなざしから抜け出させながら、それでも「たった今存在した〔＝あった〕」という特有の仕方で「なお意識的に」もっているというだけでもなく、今から今へ移行しつつ、前方にまなざしを向けながら〔新たな〕今を出迎えに行きもするのであって、(59)こうしたことは知覚の本質に属している。目覚めている意識、目覚めている生は、出迎える生であり、つまり、今から新たな今へ出迎えに行く生である。こう述べる際に、〔私は〕ただ単に注意(60)のことを念頭に置いているのではないし、また第一義的に注意のことを念頭に置いているのでもない。むしろ、原本的な志向(61)が〔すでに〕、（狭義および広義の）注意とは独立に、今から〔新たな〕今へ移行して行くのであり、しかし、その際、その原本的な志向が、〔内容的に〕無規定であったり多かれ少なかれ規定されていたりするもろもろの経験志向――これらは過去に由来する――と結びついて進行するように私には思われる、と言いたいのである。これらの経験志向は、たしかになるほど、右の結びつきのもろもろのラインを予描する。けれども、新たな今へ向かう〈今のまなざし〉こそが、すなわち、この移行こそが[62]、もろもろの未来的な経験志向にはじめて道を均《なら》す〈原本的なもの[63]〉なのである。こうしたことは知覚の本質に属している、と先に私は〔やや不適切に〕述べた。〔いまや〕もっと適切に述べよう、こうしたことは印象の本質に属している、と[64]。それは、「第一次内容」すべてに、感覚すべてに、妥当するのである。〔これに対して、〕「ファンタスマ」および「記憶内容」は、この〔印象、第一次内容、感覚という〕意識〔＝意識されてある存在〕に対応するその変様であり、「いわば‐意識[65]〔＝意識されてある存在〕」である。そして、それが現実の記憶であるはずだとすれば、この「いわば‐意識」には、〔それが〕過去に組み込まれているということが含まれている[66]。記憶変様は以下のことのうちに成り立っている、すなわち、当該の瞬間の原本的意識全体が〔その一部だけでなく〕まるごとその変様を受け、それゆえ、印象的なまなざしがそれらの繋がりのなかに属しているところのその時間的諸志向がごっそりまるごとその変様を受け、だから総じて、あの原本的な印象がそのなかに組み込まれるところのその志向的繋がり全体が、そして、あの原本的な印象にそれの性格を与えるところの志向的繋がり全体が、その変様を受けるということのうちに、成り立っているのである。

われわれは、〈感覚する〉を根源的な時間意識とみなす。[67] すなわち、それのなかでこそ、色や音といった内在的な統一性が〔根源的に〕構成され、[68] そしてまた、〈願望〔作用〕〉や〈適意〔作用〕〉などといった内在的統一性が〔根源的に〕構成されるのである。[69] 〈空想する〉は、この〔根源的な〕時間意識の変様である。それは準現在化であり、それのなかで、準現在化される色や、準現在化される願望などが構成される。さてしかし、準現在化は、想起や予期でありうるとともに、〔それらとは異質な〕「単なる空想」でもありうる。[70] だから、〔想起、予期に「単なる空想」を単純にひっくるめて〕ひとつの変様と言うことはできないのである。〔さて、すべての根源としての〕感覚[71]は、現在化する時間意識である。〔とはいえ〕準現在化も、〔その作用が自己現出あるいは自己感覚するという意味では、おのれ自身の〕〈感覚する〉であり、現在的であり、〔それゆえまた、〕現在化する時間意識[72]のなかでの統一性である。[73] 現在化する時間意識の諸様態として考慮されるのはただ、〈今－現在化〉と〈たった今－現在化〉——これらはともに具体的な現在化意識に属しているのだが[74]——とのあいだでの区別だけである。さらにいえば、おのれのもとでおのれの〈今－現在化の位相〉をもつところの〈現在化〉と、たしかに現下の今への関係をもっているが、しかし、それ自体ではおのれのうちに〈今－現在化の点〉をもってはいない〈自立的な[75]把持〉とのあいだの区別だけである。たとえば、たった今鳴り止んだ音の意識が、この後者である。以上のことから、われわれは時間意識の本質的な諸様態として、以下のものを有している。一、現在化〈現前呈示）としての「感覚[76]」と、それと本質的に絡み合っているがしかしまた自立性をもつようになる把持および予持（〔これらは〕より広い意味での原本的領分〔を形作る〕）。二、措定的な準現在化（想起）、共‐準現在化[77]、再‐準現在化（予期）[78]。三、純粋な空想[79]としての空想‐準現在化[80]、これのなかで、〔右と〕同じ諸様態すべて[81]が空想意識において登場する。

原註

［1］第二三節、一五九頁以下に関して。

訳註

（1）この箇所の原文は „Es ist als unmodifiziertes Bewußtsein ‚Empfindung'" である。この es を、これに先行する文章の „das Bewußtsein ‚Erinnerung'" と解することも可能であり、二つの英訳、フランス語訳、邦訳（立松訳）はそう解しているようである。しかし、そう解釈すると、「「記憶＝想起」という意識は、変様されていない意識としては、「感覚」である」ということになる。理解不可能ではないが、しっくりこない。むしろ、この箇所は、本書の訳文のように解すべきだと思われる。

（2）この「その……意識」とは何か、「想起という意識」か、「変様されていない意識」か、意味的に考えると、前者の可能性が高い。後者だとすると、「その〔変様されていない〕意識はファンタスマを含むが、そうだとしても」という文章における「ファンタスマ」は、真のファンタスマではなく、むしろ後述の「現出相」を指すことになるだろう。ただ、この可能性を考慮しても、「その〔想起〕意識」を「想起という意識」と解するほうが自然だと思われる。

（3）ここでわざわざ phantastisch という言葉が使われている。直前で Phantasmen（ファンタスマの複数）という言葉が使われたので、この phantastisch という言葉が使われたのだろう。しかし、phantastisch は「空想的」を指す。それゆえ、要するに、想起は（ファンタスマを含むとはいえ）空想的でない、ということである。

（4）感覚と異なるのはファンタスマであるが、そのファンタスマを含むのは、一方で想起であり（ここでは予期は考慮されていない）、他方で空想である。このように考えれば、想起は、ファンタスマを含むので、（知覚／感覚の）変様であるが、しかし、空想変様ではない。なお、ここでの「意識」の語は、「（ファンタスマが）意識されてある」という意味で用いられているように思われる。

（5）「想起」は（この点では「空想」も同様だが）「現出相」を含む。しかし、「現出相」という点でいえば、「知覚」もそれを含む（本文の論述は、この点を誤解させるかもしれない）。その「現出相」を可能にするヒュレーが、「知覚」の場合は「感覚」であり、「想起」（そして「空想」）の場合は「ファンタスマ」である。

（6）この（imaginär）の語法に、「虚数」（imaginäre Zahl）といったものがあるので、「虚的」と訳しておく。

「知覚」においては「感覚」にもとづく現出相が含まれるが、「想起」においては（「感覚」に的である。

もとづく現出相ではなく）「ファンタスマ」にもとづく現出相が含まれる。後者の現出相が虚

（7）この「現出相的な背景」は、まず、そもそも「感覚」――これは第一義的に対象そのものの構成に関わる――の次元とは異なった次元において、すなわち「構成」が働いている次元において、問題になる。それは、対象そのものの「背景」――図と地の関係で言えば、地――に対応する。しかし、あくまでも「現出相」としての「背景」であって、これは感覚ではない。

（8）現出相が、背景としての現出相をもつこと。そして、その背景には「私」が属すること。これらは、主題的に現れるものを支えるいわゆる背景と、やはり背景的な「私」の構成的な役割を暗示する。これらなしには、個々の現出相の現出はありえない。

（9）「想像的」という言葉は、「空想」と結びつきやすいが、フッサールでは、「想像」のほうが「空想」よりも射程が広い。とりわけ本書では、「想起」も「想像的」として扱われているが、それは、「想像的」が「印象的」（感覚的）と対比的に使われているからである。言い換えれば、「想像的」とは、印象的でなく、感覚でなく、むしろ、当該のヒュレーがファンタスマだということを意味する。

（10）想起を特徴づける信憑様態とは、「存在した（＝あった）」（「存在する（＝ある）」の過去形）である。想起には、存在措定（時間的には過去的だが）が含まれる。空想には、この存在措定が欠けている。

（11）「想起を空想のなかに置く」とは、「想起していると空想する」ということであろう。空想のなかで想起する、と言い換えてもよいだろう。これは、「空想のなかで想起をもつ」と同義

である。他方、「想起のなかで想起をもつ」というのは、「(いわば大過去的に) 想起することを(過去的に) 想起する」ということであろう。一昨日のことを、昨日想起したということを、今日想起する、といった場合である。

(12) 「生きている」は、なんらかの作用を(対象化するのでなく) 遂行することを意味する。

(13) 「この場合」とは、どのような場合か。前文では、三つの場合が示されている。第一に「想起それ自体を空想のなかに置き入れる」という場合、第二に「空想のなかで想起をもつ」という場合、第三に「想起のなかで想起をもつ」という場合である。さらに、前文では、「私が想起のなかで生きていると「私はかくかくのことをかつて想起した」という想起が浮かび上がってくる」という場合が示されているが、これは、第三の場合と同じである。また、「想起をもっていると空想する」という場合は、第二の場合と同じである。しかし、そもそも第一の場合(想起を空想に置き入れる)と第二の場合(空想のなかで想起する)は、(想起と空想の遂行の順が逆になるが) 実質的にはほぼ同じになるだろう。

さて、本文では、このうち第一/第二の場合が語られているように思われる。第三の場合は、次の段落の冒頭で語られる。

(14) 「想起の〈様態にかかわる成分 (das Modale)〉」とは、何か。これを想起の「存在性格」としての「現実性」(Aktualität) と解すると、それが「ファンタスマ」に変化するということが理解しにくい。そのように解するためには、「ファンタスマ」を、「非現実性」(Inaktualität) あるいは「中立性」(Neutralität) と解さなければならない。あるいは、「ファンタスマ」という言葉を「ファンタスマの存在性格 (非現実性/中立性)」と読みかえねばならない。具体的にいえば、想起の「あった」が「あったかのように」に変化するということになる。この「あったかのように」がここでの「ファンタスマ」という語の内実だと読みかえるのである。

また、「想起の〈様態にかかわる成分〉」を、たとえば「感覚」と解すると、その「感覚」が「様相」（存在様相）に直接関わることになる。そうすると、補遺Ⅱで述べられたような、「感覚」と「存在様相」とは互いに対して独立項だという分析と矛盾してしまう。この様態を時間様態と解しても、さらに別の問題が生じてしまう。

この矛盾を避けるために、その成分を（存在様相にかかわる「意識作用」としての）「信憑作用」と解することも可能かもしれない。補遺Ⅱでは、信憑作用それ自体が（一種の自己現出によって）「感覚」となるということが暗示されていた。想起の場合にも、この信憑作用それ自体は機能しているだろう。しかし、想起の空想の場合には、その信憑作用それ自体の「感覚」が「ファンタスマ」に変様する。このようにも解釈できないことはない。しかし、あまりすっきりとした解釈ではない。

(15) この「質料」という言葉は、「ヒュレー」とは区別される。「想起の質料」は、その想起が「何」の想起か、その「何」を指す。たとえば昨日の夕食の想起であれば、その「夕食」である。「想起－現出相」とは、「想起のファンタスマ」（想起のヒュレー）が「統握」を受けたときに成立する、その「現出相」であろう。しかし、「想起の質料」と「想起－現出相」とはほぼ同義であり、ほぼ重なる。さらに細かくいえば、「想起の質料をなす想起－現出相」という言葉が示す関係にある。

(16) 知覚の場合の「感覚」は、それ自体、志向的でない。それが、意識作用（ノエシス）によって、「……の現出」として、「……」への志向的関係を賦与される。「ファンタスマ」は、想起や空想の場合の、「感覚」対応項である。これが、（志向的な）「想起の質料」のいわば（非志向的、あるいはむしろ先志向的な）土台として、それに含まれる。この土台の成分が「想起 - 現出相」と呼ばれているように読める。そうであれば、「現出相」という概念は、「感覚」と「ファンタスマ」を包摂するだろう。

（17）ここでは「想起 - 現出相全体」が「ファンタスマ」だと言われている。しかし、直前では、「想起の現出相に含まれるファンタスマ」と言われていた。この表現がより正確だとすると、ここでの表現はやや大雑把だということになる。

しかし、別の解釈も可能かもしれない。すなわち、「ファンタスマ」の語は二義的に使われている。一方は、「感覚」に対応するものであり、これは、「現出相」を基づけている（そして、この基づけ関係の意味で、「前出相」に含まれている）。他方は、「現実性」（Aktualität）という存在性格をもたない現出相一般が「ファンタスマ」と呼ばれる。この後者の意味で、この箇所を理解することも可能ではある。しかしながら、前出の表現と、ここでの表現の意味とが異なってしまう、という問題が残る。

（18）これが訳註（3）の第三の場合であろう。

（19）これはどういう意味か。ここでは、「端的な想起の性質的様態」ということで、「以前にあった」というようなことが考えられているように思われる。これに対して「想起の想起」の場合には、それが「以前の以前にあった」に置き換えられるということになるだろう。

（20）この「言い換えれば」（d.h.）以下の文章において、その直前の文章が、より詳細に（すなわち、厳密な意味での存在様態と、時間様態とを区別する仕方で）述べられるように思われる。

（21）この文章における「性質的様態」は、より厳密な意味で（純粋な存在様態の意味で）使われているようである。そして、丸括弧内では、時間様態に関する変化が示されている。想起過程全体が過去へと移行していくことで、想起の想起は、端的な想起とは異なった時間様態をもつことになる。

（22）「……についての想起性格」というのは、なんらかの「対象」を志向的にもつ「想起」の本質的な「性格・特性」ということであろう。その「対象」が志向的に統握・構成されるときには、その「対象」に、想起に即した存在様態（と時間様態）が与えられているが、そのような存在様態（と時間様態）を与えるのが想起の本質的な性格・特性である（ファンタスマそれ自体、あるいは現出相それ自体は、空想とも共有されるので、その意味で、想起の本質的な性格・特性ではない）。とはいえ、このような統握がなされるのは、あくまでも「現出相」に対してであり、その意味で、上記の想起性格は、現出相のうえに根拠を置く。

（23）この「想起の内容」は、たとえば昨夜の夕食の想起の場合には、「夕食」である。一般的にいえば、「何の想起か」を示す「何」の成分である。

（24）「現下の知覚現実性」（aktuelle Wahrnehmungswirklichkeit）は、「存在」の性格の構成にとって決定的に重要である。現下の今の知覚において「存在する〔＝ある〕」が可能になるが、これに「繋がり」をもつことで、想起も「存在」の性格をもつことができる。しかし、空想は、これに「繋がり」をもたないので、「存在」の性格をもつことができない。

（25）「内容」は想起の「何」に対応し、「信憑様態」は想起の「（現に）あった」などに対応する。

(26) 現下の現在において(以前の知覚を)想起した場合、その「以前の知覚」は「現下の現在」に関係づけられている(だからこそ、それは「以前の」と言える)。さて、その想起をさらに想起した場合、「以前の知覚」(これは「以前の以前の知覚」という時間様態をもつことになるが)は、「以前の想起」を遂行した「現下の現在」(これは「以前の現在」という時間様態をもつようになっている)に関係づけられている。

(27) 「知覚」は、空間的なものへの関係をもっている。この空間的なものへの関係の起点が「ここ」である。「そこ」にあるものは、「ここ」との志向的な関係をもっている。「知覚」は本質的に「ここ」との関係をもち、これを失って浮遊することはない。

(28) 知覚が現下の〈ここ〉に対してもつ関係が必然的あるいは本質的な関係であるのと同様に、記憶=想起が現下の〈今〉に対してもつ関係も必然的あるいは本質的な関係である。そういう意味で、直前の文章で「こうした関係は、……外的に付着したものだと解釈されるべきではない」と言われていたのだろう。

(29) この「知覚」の「無限の〈知覚の繫がり〉(多重的な無限性)」が具体的にどういうことを意味しているのか、一義的でない。「記憶=想起」については、「無限の〈記憶=想起の繫がり〉(〈以前〉)を指し示す」と補足されている。「知覚」の「多重的な無限性」は、時間的な「以前」と「以後」ということであろうか——そうであれば「二重の無限性」でもよいように思われる。あるいは、ここでの「知覚」は「空間」(ここ)と結びつけられていて、三次元空間の意味で「多重的な無限性」と言われているのだろうか。

少なくとも次の段落では、「知覚それ自体が、すなわち「原本的な」作用が、その空間性のもろもろの繋がりをもっているだけでなく、時間性のもろもろの繋がりももっているのだ」と言われる。この文章は、空間的および時間的なもろもろの繋がりに言及している。おそらく、この線で解釈することができるだろう。

(30)「実的」(reell)――「実有的」と訳されることもある――は、多くの場合「志向的」(intentional)と対比的に用いられる。より具体的には、「感覚」や「作用」は、「体験」に「実的」に内在する。しかし、本補遺の文脈では、「実的」は、「虚的」(imaginär)とも対比的に用いられていると解することもできるだろう。

なお、「実的」(reell)は、「実在的」(real)とは別の概念である。

(31) この引用符付きの「潜在的」は、フッサールの他の語彙では「地平的」と呼ばれてよいだろう。

(32) この「実際に評定される」というのは、「地平」的に暗黙に含まれているものに対して、われわれが注視を向けることによって、それを確かめるような場合のことであろう。

(33) この「第一次内容」は「感覚」を指しているだろう。しかし、フッサールは『イデーン』などでは、「感覚」は志向的でない、と明言している。しかるに、ここでは、「感覚」がすでに志向的である、と読める。この事実は、さまざまに解釈可能であろうが、『イデーン』では時間意識が考慮外に置かれていたことから、本書での記述を整合的に理解できるように思われる。「感覚」もすでに時間的な指向性には服しているのである。

(34) この「担い手」という表現は、慎重に解釈されるべきだろう。というのも、「感覚」それ自体は志向的でないとするならば、感覚それ自体は、志向性が関与してはじめて「統握の光線」をもちうるような土台としての「担い手」だとも考えられる。

(35) 時間的な統握の光線なしには、第一次内容すなわち感覚も現れてこない(瞬間消失してしまう)。これは、第一次内容がそれ自体で存在するという考え方を否定するものであろう。

(36) この「単なる空想」も「現出相」と同義であろう。言い換えれば、この時期のフッサールは、空想と現出相を基本的に同じものとみなしているのである。

(37) ここでの「以前の今」および「準－知覚」(*quasi*-Wahrnehmung)という表現は、それ自体は時間経過をもたない経験を示し、この「以前の今」「準－知覚」に、時間経過を与えるのが「記憶＝想起」だという考え方がここで提出されているように読める。

(38) ここでは、それ自体では時間経過をもたない「知覚」だけを確保して、それの両側方向への志向(つまり把持および予持)を取り去ってしまう、ということが言われている。

(39) いわば純粋な今とみなされるような知覚でさえも、じつは、把持および予持をもっている、ということである。

(40) この「庭」は時間地平と同義である。

(41) ここでは「記憶＝想起」と「単なる空想」との差異が示されている。前者は、(存在様相を示す)「現実性」に関わるが、後者はそうではなく、むしろ「非現実性」に関わる。なお、この「現実性」「非現実性」については、補遺Ⅱを参照。

ただ、「現実性」は、最終的には、「顕在的な(＝現下の)今」、そして、これとの関係に由来する。その意味では、前者を「顕在性」、後者を「非顕在性」と訳すのも、間違いとはならないだろう。

(42) この文章は、厳密に考えると、問題を含み、かつまた解釈によっては重要である。「感覚」が『イデーン』でいう「ヒュレー」に当たるならば、「感覚」は志向性をもたず、それゆえ「志向」ももたないだろう。ところが、ここでは感覚が諸志向をもつとされているのである。

最も単純な解釈は、ここで言われる「感覚」がじつは「知覚」だとするものであろう。この直後に「想起に関しては」と言われるが、「想起」に対応するのは「知覚」だからだという解釈である（この両者には、「感覚」と「ファンタスマ」が対応するはずである）。この解釈では、フッサールの記述に不完全さがあった、ということになる。

他方、ここには、後年の「発生的現象学」の分析がすでに登場していると解釈する人もいるかもしれない。しかし、その前に検討しておくべきことがあるように思われる。志向性の概念は、それ自体、一義的でないからである。

最も典型的な形で志向性が登場するのは、諸現出が現出者に関係する、という場合である。ある現出が、たとえば「サイコロの現出」として捉えられる場合である。しかし、「感覚」がこうした意味での志向性をもつわけではないだろう。

しかし、「感覚」は、現出者へ突破する志向性をもつ「以前」に、時間的な「庭」を形成するような志向性をもつと考えられるのである。この時間的な庭の形成が「時間化」だとすれば、時間化が現出者の構成よりも根源的だという解釈が成り立つ。

(43) 「記憶＝想起のなかの未来志向」とは、「記憶＝想起のなかの予持」であろうが、「記憶＝想起のなかでの予期」と解してもよいだろう。

(44) この「充実化が総じて思いどおりになる」というのは、記憶＝想起のなかでの予持的な諸志向を、全体として、私が思うとおりに、次々に思い出すことによって充実化していくことができる、ということである。その場合、予持的諸志向の充実化は(「すでに」と言ってよいだろう)既定のものとなっていることが確認される。

(45)「事実的な知覚」というのは、志向の充実はさまざまな可能性をもつが、それのなかのひとつが実現するのであり、そのような実現形態を指す。

(46) この「過去志向」は、文脈からすると、想起のなかでの過去志向かもしれない。

(47) この文章には解釈の余地がある。「記憶志向」とは何か。これが「過去志向」と同義であれば、「過去志向」は、三行前の「逆向きの志向」の語が示すように、過去の方向に向かう。そうであれば、それが「そのつどの知覚において終端に達する」という記述は、どうなるか。この「そのつどの知覚」＝「終端」を(「現在の知覚」ではなく)「過去の知覚」と考えるという可能性が出てくる。しかし、これは落ち着きの悪い解釈である。

これに対して、「記憶志向」を、「記憶されたものがもつ未来志向」と考えるならば、その方向の終端に「現在の知覚」が位置することになる。このように解釈するということは、「過去志向」(過去へ向かう志向)と「記憶志向」(現在へ向かう志向)を別物として区別するということである。

(48) この文章の「可能性」の語は、以下のように解釈される。すなわち、諸記憶は現在の知覚において終端に達すると述べると、それでは、現在の知覚には、諸記憶が現在の知覚においていわば「現実に」(凝縮的に充実化された仕方で)現れている、と解されてしまう危険がある。

そういう意味での「現実」でないものが「可能性」だ、という解釈である。

(49) この場合の「空虚な過去志向」の語は、その過去志向が、明示的に充実化されていないという意味で用いられているだろう。

(50) この「今に向かう方向をもっている」は、記憶＝想起のなかの未来志向であろう。

(51) この「現下のものとされる」は、(改めて)現下の現在に繋げられるということであろう。現下の現在との繋がりは、「存在性格」に関わるので、その意味では(改めて)「現実化される」でもよい。

(52) ここでの「現下のものとされる」という語は、「充実化される」と同義に用いられている。ただ、もっと細かく見ると、現下の今へ向かう空虚な志向は、いったん再想起されて、そこからふたたび現下の今までの系列が全体として再想起されてくるときに、「現下のものとされる」・「充実化される」。したがって、「現下のものとする」は、空虚な志向を「現下の今」に到るまで充実化するということを意味するだろう。

なお、aktualisieren の語は、「顕在化する」とも訳されるが、この訳語では、「現下」の含意が伝わりにくいと思われるので、ここでは右のように訳す。

(53) この「もっと適切にいえば」の語は、「ある特定の」の語義に深く関わっているように思われる。すなわち、この語は、「過去から現在が生まれる」ということを、時間の「形式」的側面に関して述べているのではなく、「内容」的側面に関して述べていることを示している。過去の「内容」が現在の「内容」に影響する、ということである。

(54) ここで「ある特定の」という表現がつづく。これは eine bestimmte Gegenwart などの語に対応する。これは「一定の」という程度の弱い意味でも使われる。しかし、ここでフッサールはもっと強い意味で、すなわち、内容的な規定性に関わる意味で、これらの表現を使っているように思われる。

(55) この「新たな今」は「新たな〔内容の〕今」であろう。

(56) この文章は解釈を要する。

二つの英訳を参照すると、一方は「このことは「連合」を含む」、他方は「「連合」がこのことを条件づけている」と訳しており、立松訳は「やはりそれは《連合》を前提としている」と訳している。本書では、語順どおりに「このことが「連合」を条件づけている」と訳したいと思う。この訳のために、以下のように解釈する。

この引用符付きの「連合」は、内容に関連すると解する。内容に関する連合は、「経験」に依存する。

(57) この「経験によって」(erfahrungsmäßig) の語は、直前に登場した「アプリオリ」の語と対比的にも用いられているとともに、「連合」を説明するものであろう。

もう少し解釈が必要である。カントでは、時間はアプリオリであり、経験的に与えられるものはアポステリオリである。しかし、フッサールは、これを現象学的に捉え直していると思われる。「時間」は、現下の今の沈下と新たな今の登場にもとづいて(さらには把持の連鎖的な繋がりと予持の連鎖的な繋がりにもとづいて)構成されるが、このような時間の「形式」的構成はある意味でアプリオリだと言える(ただし、時間が内感にあらかじめ備わっているわけではない)。また、「内容」も、このアプリオリな時間構成にもとづいて時間的な内容となる。しかし、内容はそれ自体、アプリオリに規定されておらず、むしろ経験的にのみ——ただし、この語が empirisch でなく erfahrungsmäßig と記されているのは、フッサールがカントとの相違を示そうとしたからだと思われる——（充実化的に）与えられて規定される。

（58）この「二次的なもの」は、（過去方向と未来方向に広がる）時間地平であろう。他方、その時間地平は、「原本的なもの」から発して構成される。原本的なものは、時間地平の構成現場である。時間地平の構成は、たえずその構成現場から繰り広げられ、われわれはそこに立ち戻るのである。とすれば、ここに根源的なものと二次的なものとのあいだに、展開と還帰という二重運動を見ることができるだろう。しかも、そうした運動が「成り立つ」（bestehen）のは、「たえず」（beständig）だと解釈することができるのではなかろうか。

そして、その原本的なものは、固定されたもの、点のようなものではない。右の運動が、現下の今が恒常不断に新たな今によって置き換えられていく移行のうちで成り立つとすれば、この移行は、すでにそれ自体、広がりを産み出しているだろう。広がりのたえざる産出運動のなかで、たえず還帰も起こるだろう。

（59）この文章では、前段落で述べられた「新たな今」への移行を承けて、その移行が、「出迎えに行く」（あるいは「出迎える」）という言葉でさらに説明される。これは、「予持」の志向性の解明でもあるだろう。しかも、以下では、それの（「形式」よりも）「内容」を重視する仕方での解明が進められていく。

（60）「注意」（Aufmerksamkeit）については補遺XII参照。

（61）この「原本的な志向」の「原本的な」（originär）の語も、九行前の「原本的なもの」（das

Originäre）と同義と考えるのが自然であろう。
(62) この「移行」それ自体は、〔経験志向が「内容」を規定するとすれば〕「形式」的だとも言えるだろう。しかし、これはまた、意識のノエシス的側面の構造だということも忘れるべきでない。
(63) ここでの「原本的なもの」（das Originäre）も、訳註（62）と同義と解するのが自然だろう。
(64) なぜ「知覚」よりも「印象」が、より適切なのか。おそらく、時間の「形式」的な概念としての「知覚」よりも、「内容」的なものに関わる「印象」のほうが、より適切なのだろう。すぐ次に登場する「第一次内容」および「感覚」も、「内容」に関わるので、より適切なのだろう。
(65) 「いわば－意識」は、知覚・印象・感覚が原本的であるのに対して、記憶に関わるものは原本的でないという意味で「いわば」と言われているのだろう。
(66) 過去に組み込まれていないのは、「空想」である。
(67) この文章は、訳註（42）の「感覚はいずれもみな〔時間的な〕諸志向をもっており」という文章と一体的であるように思われる。この解釈から、先の文章に「〔時間的な〕」を補ったのである。ただし、「感覚する」は、ノエマ側の成分だけを「感覚する」のではない。それは、ノエシス側の成分も「感覚する」。本文の以下の論述では、この両側面が語られる。
(68) これらは、ノエマ側の成分である。これらは、「横の志向性」において構成される。
(69) 「願望」や「適意」は、ノエシス側の成分として語られているだろう。それゆえ「願望する」および「適意する」（「適意」という訳語が多く用いられるが、「気に入る」ということである）というように、動詞的に訳すほうが適切だろう。

(70)「準現在化」には、「想起」、「予期」、「単なる空想」などが含まれるが、引用符付きの「単なる空想」は「空想」よりも「現出相」を意味しているだろう。

(71) この場合の「感覚」（Empfindung）は、〈感覚する〉であろう。

(72) この「現在化する時間意識」は、〈感覚する〉の別表現であろう。これのなかで、「準現在化作用」それ自体も「統一性」として（一種の「客観」として）現れる。

(73) ここでは、意識作用としての準現在化それ自体が一種の「客観」である、ということが述べられている。作用それ自体が客観だというのは、いささか奇妙な表現だが、要するに、作用それ自体が現出するから、そのように表現されるのである。もちろん、その現出の仕方は、対象の現出の仕方とは異なる。

(74)「たった今－現在化」すなわち「把持」は、（「今－現在化」すなわち「原印象」とともに、そしてさらに、この文章では書かれていない「予持」とともに）「具体的」な「現在化意識」に属する。具体的な現在化意識とは――より狭い意味での、あるいは抽象的な意味での「現在化」が「原印象」に対応するのに対して――「より広い意味での」それである。

(75) この「自立的」の語義は難解である。すぐ後の文言を参照すれば、「自立性をもつようになった」というような意味であろうか。

(76) ここでは「現前呈示」は「感覚」と等置されている。

(77)「共－準現在化」というのは奇妙な表現であるが、〈現在において眼前に現れてはいないが、しかし、措定されているもの〉に対応する作用である。たとえば、スカイツリーは、眼前に現れていないとしても、現在存在するとして措定されているだろう。そうしたものに対応する作用である。「現在想起」と呼ばれるものも、これと同義であろう。

(78)「再‐準現在化」が、「予期」であるのに、「再」(wieder)という言葉で表現されると、違和感が生じるかもしれない。「思い出す」という意味での「想起」は、「再想起」と表現されても、違和感は生じないだろう。ただ、ドイツ語の wieder は wider(対向)とも同根である。これを考え合わせると、この場合の wieder は、「再想起」としての準現在化に対して、対向的なものとしての「予期」を表現するものとして、使われているのかもしれない。

(79)「純粋な」は、措定をまったく含まないという意味で「純粋」であろう。ちなみに、「像意識」の場合は、措定を含む層に基づけられている。

(80)これは「現出相」としての「単なる空想」ではなく、通常の意味での「空想」であろう。

(81)「〔右と〕同じ諸様態すべて」とは、一の「感覚」「把持」「予持」(これらは、より広義の現在化を形作る)と二の「想起」「共‐準現在化」「予期」のすべてであろう。これらの諸様態が、「空想」の枠内で、変様されて登場する。一、二と三は、「〔存在〕措定的」であるか否かによって区別される。

補遺Ⅳ　再想起と、時間客観および客観的時間の構成〔1〕(1)

ひとつの時間客観の知覚〔作用〕を私は「繰り返す」(wiederholen)(2)ことができるが、(3)しかし、これらの知覚〔作用〕たちが継起するなかで〔さしあたり〕構成されるのは、〔内容的に〕等しい〔しかし同一でない〕二つの時間客観の継起の意識である。私がひとつの同一な時間対象[4]を繰り返して（wiederholt）もつことができるのは、再想起のなかだけのことであり、そしてまた、私が、〈以前、知覚されたもの〉が〈その後、再想起されるもの〉と同じものであると確認することができる[5]のも、記憶＝想起のなかでのことである。こうしたことは、端的な想起――「私はそれを知覚した〔＝知覚してもっている〕」――と、第二段階の再想起――「私はそれを想起した〔＝想起してもっている〕」――とのなかで生じる。そのようにして、その時間客観は、繰り返される（wiederholt）〈経験する作用たち[6]〉の、同一な時間客観[7]になることができる。客観は、一度与えられれば、任意の回数にわたって再現される（wiedergegeben）ことができ、再観察される（wieder betrachtet）ことができ、また、それから継起を形成する別々の諸作用のなかで、同一化されることができる[8]。

再想起は、客観〔それ自体〕に対する再意識であるというだけではない。時間客観の知覚がその時間地平をともなって進行するのと同様に、再想起はこの地平の意識も繰り返す（wiederholt）のである。二つの再想起が、〔内容的に〕等しい〔しかし同一でない二つの〕時間客観の、たとえば〔内容的に〕等しい〔しかし同一でない〕二つの音[9]の、二つの想起であることもある。しかし、それらの持続内容だけでなく、時間地平〔までも〕が同じであり、それゆえ両方の再想起がその志向的内実[10]に関してひとつが他方をまるごと――〔ただし、〕

明晰さや曖昧さの相違とか、欠落などとは無関係に――繰り返す（wiederholen）場合には、両者は同じ〔ひとつの〕時間客観の想起なのである。かくして、時間客観の同一性とは、複数の再想起の〈同一化が一定の仕方で互いに合致することができる〉ということによって構成される〈産物としての統一性(11)〉である。時間客観性は主観的な〔意識の〕時間流のなかでこそ生産されるのであり、そして、その時間客観性には、複数の再想起のなかで同一化可能であるということ、またそれゆえ、同一な諸述語(12)の主語であるということが、本質的に属する。

現下の現在的な時間〔＝知覚の時間〕は方向づけられており、いつも〔意識の〕流れのなかで、また、いつも新たな今を起点にして、方向づけられている。再想起のなかでも、時間はたしかに記憶のそれぞれの瞬間において方向づけられて与えられてあるのだが、しかし〔それだけでなく〕、それぞれの〔記憶現出の〕点は、いつでもまたもや（immer wieder(13)）同一化されることができる〈客観的な時間点〉を描出＝提示する。また、〔客観的な時間の〕時間区間〔それ自体〕は、客観的な時間点たちだけから形成されてあり、そして、それ自体、〔やはり〕いつでもまたもや同一化可能である。それでは、この場合、同一な客観とは何であるか？　原印象たちと恒常不断の変様たちとの系列は類似性の系列であり、この類似性の系列が、等しさあるいは相違性(14)――とはいっても、一般的な等しさの内部での〔いわば小さな相違性だが〕――の諸系列の〈互いに合致する諸形態(15)〉を打ち立てる。この類似性の系列が根源的な統一性意識[16]を与えるのである。そうした変様系列のなかで、ひとつの統一性――〔たとえば、〕持続する（〔内容的に〕ずっと等しい、あるいは変化した）音[17]――が意識されるのは、必然的であるし、また、そこからまなざしを他の方向に向けると、その持続[18]〔それ自体〕――この持続のなかでこそ、音はひとつの〔同一な〕音であり、〔あるいはまた、〕変化することもあるし、変化しないこともあるのだ――が意識される。それから、その音はさらに持続し、その持続は「増大し」、そして、その音は「終わって」過ぎ去る、つまり、その持続全体が経過し去ったのであり、それはますます過去へ後退していく。こうして、その音は、ここでは、それの持続のなかで途切れなく（beständig）不変なままの音として与えられる。この、持続のなかで――内容に関して――不変な音は、しかしながら、内容に関わらない変転、むしろ「持続のなかの内容」の与えられ方の全体に関わる変転〔＝時間的変様〕を被る。〔だが、〕現象を手放さないならば、われわれは、まさに相異なる〔二つの〕統一的形成体をもっている。すなわち〔一方では〕、あの与えられ方の途切れなき変転〔をもっており〕――しかし〔それとともに、音の〕持続のそれぞれの点に対応する変転の諸ラインを通り抜けて、ひとつの統一性〔をもっており、これが〕まさにその音‐点[19]〔である〕。けれども、その音‐点は、その同一性にもかかわらず、いつでもまたもや他の音になってい[20]く、すなわち、時間的深さの様態のなかで[21]他の音になっていくのである。他方では、〔変転の〕時間的な流れ〔それ自体〕の連続性が統一性[22]を与える。これは、変化する内容あるいは変化しない内容の統一性であり、時間〔という〕対象の統一性である。[23] この統一性は〔やはり〕過去へ後退していく統一性である。とはいっても、以上のことでもうすでに、まったき時間〔という〕客観性が手に入ったということにはならない。

時間〔という客観性〕を構成するということには、同一化が可能だということが属している。すなわち、私は、遡行的想起[24]（再想起）を、いつでもまたもや遂行することができ、〔一方で〕それぞれの〈充実をもつ時間断片〉をいつでも「またもや」産出することができ、そして他方で、私が今もっている再産出の順序系列のなかで〈同じもの〉を把握すること〔＝同一化すること〕ができる。つまり、〔一方で〕同じ内容をもつ同じ持続を、〔他方で〕同じ客観を、把握することができるのである。[25] その客観は、繰り返される諸作用のなかで〈それゆえ時間的な順序系列のなかで〉〈同じもの〉として際立たせられることのできる〈意識〔＝意識されてある〕の統一性〉であり、そしてまた、任意に多数の意識作用のなかで同一化可能である〈志向の同一者〉、また任意に多数の知覚〔作用〕のなかで知覚可能あるいはまたもや知覚可能である〈志向の同一者〉である。私は、同一な「それはある」を「いつでも」確信することができる。時間のなかの出来事過程はそうであり、私はそれをはじめて経験することができるし、私はそれを、繰り返される再経験のなかでまたもや経験することができ、それの同一性を把握することができる。私は、いつでもまたもや、私が〈思考する〉（Denken）なかで、それに戻ることができ、この〈思考する〉[26] を原本的に再経験することによって[27]証示することもできる。そして、そのようにしてはじめて構成されるのが、客観的時間であり、〔すなわち、〕さしあたりは〈たった今‐過ぎ去ったもの〉の客観的時間であって、これとの関係のなかにおかれると、〔原本的な〕経験のプロセス——このなかで持続が生産される——と、〔それにつづく〕持続全体の把持はいずれもみな、単なる「射映」であることになる。私はひとつの根源的な図式をもっており、それは〈内容をともなうひとつの流れ〉である。[28]しかしまた、それに加えて、私は「私はできる」の根源的な多様性[29]ももっている。すなわち、私は時間のそれぞれの位置にみずからを置き戻して、それを「もういちど」(„nochmals")産出することができる。ここでも、われわれは、客観的な空間性の構成の場合と同様に、ひとつの最善態[30]を手に入れる。単純な振り返りのなかでの持続のイメージは不明確である。〔しかし、〕明確な再産出のなかでは、私は「それ自体」を手に入れるのであり、それが明確であればあるほど、それだけ完全にそれを手に入れる。

原註

〔1〕 第三二節、一九六頁以下に関して。

訳註

(1) この補遺Ⅳでは、おおよそ同じ内容が繰り返されているように思われる。中心的論点は以下のとおりである。①同一な時間客観の構成が問われている。②それには、第一に、時間位置の決定が関与する。そして、時間位置の決定は「時間地平」によって支えられている。③時間客観の同一性の構成には、第二に、客観の「内容」の統一が関与する。④この第一および第二の構成には、想起によって何度でも繰り返される同一化が関与し、このことによって同一な時間客観の構成が可能になる。

(2) この補遺では、wieder の語(wiederholen にも含まれる)が重要になるので、それとわかるように表記する。なお、ドイツ語の wiederholen は、「繰り返す」(非分離動詞)とともに、「再びもつ=取り戻す」(分離動詞)を意味する。純粋に文法的に両者の語義を区別することができない場合があるし、またこの両義性が分析に利用されている。

(3) これは、自然的にいえば、ある時点において、机を知覚し、その後の時点において、また、その机を知覚するといった場合(この意味での「繰り返し」)である。この場合、二つの知覚が継起する。しかし、右で「その机」と述べたが、これは(現象学的には)過剰な表現である。というのも、一回目の知覚の客観と、二回目の知覚の客観との同一性そのものがまだ構成されていないからである。そこの同一性が構成されてはじめて、「その机」と言える。

(4) ここでは、「時間客観」という言葉と「時間対象」という言葉が登場する。フッサールのキーワードでは、「ノエマ」と「端的な対象」の区別がある。本補遺の「時間客観」を「ノエマ」に、「時間対象」を「端的な対象」に重ねたくなる。しかし、本補遺では、そのようには重ならないように思われる。むしろ、文脈によって、語義が変化しているように思われるので、注意が必要である。

（5）ここでは、「知覚作用」と「想起作用」という異なる作用のあいだでも、「客観」の同一性を確認できる、ということが述べられている。
（6）「経験する作用たち」は、ここまでの文脈からすれば、もろもろの知覚作用（知覚する）とか、もろもろの想起作用（想起する）などであろう。しかし、後述される「思考する」を含めてもよいように思われる。
（7）作用の複数性と、時間客観の同一性が、ここで語られている。
（8）ここまでの論述において、異なった作用（知覚作用と想起作用など）のなかで、ひとつの同じ客観が構成される場合が示されている。他方、この補遺の冒頭では、一連の知覚作用のなかで、異なった客観が構成される場合が示されていた。かくして、客観の同一性は、作用の同一性とは無関係なのである。
（9）要するに、「一昨日の（ピアノの）ドの音」の想起と「昨日の（ピアノの）ドの音」の想起の場合では、「音」そのものとしては「等しい」であろうが、「同じ音」の想起ではない。
（10）「内実」と訳したのは Gehalt である。似た語に「内容」（Inhalt）があるが、これは、「客観」の「何」を示す。ここでは、「時間地平」が問題になっているので、別の語としての Gehalt を用いたと考えられる。
（11）この箇所を、文章の形に直すと、「〔二つの〕再想起が、ある特定の仕方で同一化されることで合致することができることによって構成される〈統一性の産物〉」といった内容になるだろう。
（12）「同一な諸述語」は、六行前の「志向的内実」の同一性を意味する。

(13)「いつでもまたもや」という訳語は、日本語として多少違和感があるが、本書のキーワードなので、容赦いただきたい。

(14)「類似性」、「等しさ」、「相違性」は、「内容」に関するものであろう。

(15) この「等しさあるいは相違性……の諸系列の〈互いに合致する諸形態〉」とは何であるか。解釈の余地がある。

たとえば、サイコロをゆっくり回しながら見ていく場合、さまざまな目の面の相違性の系列と、全体としての立方体の同等性の系列が生じるが、前者は後者の内部の相違とみなされ、そして、これらの系列が互いに不整合を起こさず、むしろたがいに合致することによって、統一性（形態）が構成される。

しかし、もうひとつの解釈として、むしろ、「時間区間」それ自体と解することができるだろう。

(16) この「統一性意識」の「統一性」は、「時間区間」であろう。

(17) この「統一性」（具体例は「音」）は、「客観」の統一性であろう。これは「何」の成分をもつ。

(18) この「持続」は、右の「客観」の「統一性」（「音」）がそのなかに広がる「時間区間」であろう。

(19) この「まさにその音－点」は *der* Ton-Punkt である。

この文章では、超越的な「音－点」が「統一性」として語られている。しかし、この「音－点」は、あくまでも、時間的な変転の諸ラインを「通り抜けて」（durch [...] hindurch）構成されるものである。この関係を踏まえて、「――」の前では、「与えられ方の途切れなき変転」〈時間〉が語られ、それを「――」で受け継いで、対象的な「音‐点」が語られている、と解釈されるだろう。

なお、この箇所は、本書第三九節の「まなざしは、一方で、音についての諸志向性としての〈流れの恒常不断の進行のなかで互いに「合致する」諸位相〉を通り抜けて、〔音に〕向かうことができる」という文言と重なるように思われる。

(20) この場合の「他の音」とは、「音」が、「たった今の音」、「たった今のたった今の音」などのように、その時間様態において変化していくという意味で、「他の音」であろう。

(21) この「深さ」は、時間図表の垂直方向を指すだろう。

(22) この「統一性」は、おそらく音ではなく、変転の位相それ自体の統一性であろう。

(23) 「変化する内容あるいは変化しない内容の統一性」と「時間〔という〕対象の統一性」は、変転の位相それ自体の統一性であろう。変転の位相それ自体が「時間〔という〕対象」という言葉で表現されるのは、いささか抵抗があるが、そのように読める。

(24) 「遡行的想起」は Rückerinnerung である。

(25) 「同じ内容をもつ同じ持続」は「時間断片」を指し、「同じ客観」はおそらく「客観」それ自体を指すだろう。

(26) この「〈思考する〉」(Denken) は、より具体的には、どういうことか、解釈の余地がある。デカルトの「コギト」のような、包括的なものかもしれない。あるいは、カントの、狭義での「思考する」――すなわち言語的なカテゴリーに依拠した作用――であるかもしれない。こう解釈すると、すぐ後の「原本的に再経験すること」は「(再)直観」を含意するかもしれない。さらにまた、「思考する」をAndenken(思い出す)というDenkenだと考えるならば、「思考する」それ自体が一種の「想起」だということにもなるが、この最後の解釈はあまりに「深読み」すぎるだろう。

(27) この「原本的に再経験すること」は、「想起すること」だとも考えられるが、右の訳註(26)のような解釈も不可能ではない。「思考する」を言語的なカテゴリーに依拠した作用とみなすならば、この「原本的に再経験する」は、後年展開される「再活性化する」という意味をもつかもしれない。

(28) この文章で登場する「図式」は、カントの「図式」を念頭に置くものかもしれない。フッサールの意味での「内容をともなうひとつの流れ」の「内容」は、カントの「図式」に対応させれば、「質」のカテゴリー、とりわけ「実在性」に該当するだろう。

ただし、フッサールにとって、すでにあらかじめできあがった(現象学的でない意味での「アプリオリな」)「図式」は問題にならず、むしろ、それの構成が問題になる。カント的な意味での「図式」そのものを可能にするものとして、ここで時間意識におけるその「根源」が示されている、と見るべきであろう。

(29) 「私は想起することができる」「私は予期することができる」といった「私はできる」であろう。

(30) 「最善態」(Optimum)は、たとえばわれわれが経験する空間(部屋の空間でもよいし、庭の空間でもよいが)は、多少なりとも歪んでいる。しかし、そうした歪みのない空間を「最善態」として構成することもできる。
時間についても、同様であろう。

補遺V　知覚と知覚されるものとの同時性[1]

知覚〔作用〕と知覚されるものとは同時的（gleichzeitig）だと言うことができるのは、いかなる正当性〔＝権利〕をもってのことなのか。客観的時間に関しては——素朴な態度においては——、それは正鵠を射ないのであり、それというのも、知覚の時点において、知覚される客観がもはやまったく存在していないということがありうるからである（星〔の場合〕[1]）。この〔自然主義的な〕立場からすれば、知覚〔作用〕の時間点と知覚されるものの時間点とはいつも解離するとさえ言わざるをえないだろう。

〔これに対して、〕われわれは——いまは現象学的態度において——、超越的な客観がそのなかで持続するところの〈現出する客観的時間〉[2]を取り上げることにしよう。その場合、知覚〔作用〕の持続は、知覚される客観の持続と一致しない。その客観は、知覚〔作用の開始〕以前にすでに存在していたし、知覚〔作用〕の経過以後にもなお存在しつづけるだろう、とわれわれは言う。けれども、その客観は、それの始まりから終わりまで同行する可能的な連続的知覚〔作用〕の相関項である、と言うことも可能なのである。その場合には、客観の持続の位相のそれぞれにはみな、知覚〔作用〕の位相〔のそれぞれ〕が対応する。だからといって、そのことでもうすでに、客観の持続の開始点と知覚〔作用〕の開始点とは一致せねばならず、それゆえ、〔客観と知覚作用の〕互いに対応する時間点は同一でなければならないといったことが、言われているわけではない。このことに関して考慮に入れねばならないことは、超越的な対象の構成の際に役割を果たす感覚与件は、それ自体、時間経過のなかで構成される統一体である、ということである。統覚が始まるその瞬間とともに、知覚が始まるのであり、それ以前には知覚というものが問題になることはない。統覚は感覚与件の「生化〔作用〕」（„Beseelung"(3)）である。けれども、問うべく残されている問題は、統握が感覚与件と同時に（zugleich）始まるのか、それとも、感覚与件は――たとえ時間微分(4)のあいだのことにすぎないとしても――、生化する統握が始まりうるよりも以前に、構成されている必要はないのか、である。この後者が正鵠を射ているように思われる。その場合、統握が始まる瞬間には感覚与件の一部はすでに経過し去っており、それはただ把持的に保持されているだけである。とすると、統握は、そのつどの原感覚的位相(5)だけを生化するのでなく、〔すでに〕経過し去った区間を含む感覚与件全体を生化することになる(6)。けれども、このことは、統握は、感覚経過の持続全体に対して〈感覚経過〔全体〕に対応する性状をもつ客観〉を措定するということ、それゆえ、統握それ自体に――知覚統握(7)に――先行する時間断片に対してもそうした客観を措定するということを意味する。これによれば、知覚の開始点(8)と〔統握に対応する〕客観の開始点(9)とのあいだには時間的差異がある。〔これに関連することとして〕感覚与件の登場がそのもとに置かれているような「外的な諸条件」[10]を解明することによって、知覚〔作用〕と知覚されるものとの非同時性（Ungleichzeitigkeit）についての、先述〔＝本補遺冒頭〕のような自然主義的な主張が洞察されることもおそらく可能だろう。〔けれども〕いまは、〔自然主義的な主張が前提する〕超越的な諸客観を〔現象学的な意味で〕遮断したうえで、問おう。すなわち、内在的領野[11]においては、知覚〔作用〕と知覚されるものとの同時性はどうなっているのか、と。ここで、知覚〔作用〕を〈反省の作用〉として解釈するならば[12]、すなわち、そのなかで内在的な統一性が所与性となるところ[13]の〈反省の作用〉として解釈するならば、その〈反省の作用〉は、すでに何ものかが構成されていて——そして把持的に保持されていて——、それにその作用が遡行的に〔＝振り返って〕まなざしを向けるということを前提する。それゆえ、その場合には、〔反省としての〕知覚〔作用〕は、知覚されるものに後続するのであり、かつまた、知覚されるものと同時的（gleichzeitig）でない。さて、しかし——すでに見たように——、〔そもそも〕反省と把持は、その根源的な構成〔遂行〕のうちにある当該の内在的与件の印象的な「内的意識」[14]を前提するのであり、また、この内在的与件[15]は、そのつどのもろもろの原印象と一体であり、そのつどのもろもろの原印象から不可分である。[2]「内的意識」をも「知覚」と言い表すならば[16]、ここでは、われわれは、実際、知覚と知覚されるものとの厳密な同時性（Gleichzeitigkeit）をもつ[17]のである。

原註

［1］第三三節、一九九頁以下に関して。
［2］「内的意識」については、補遺Ⅻ、五八四頁以下参照。

訳註

（1）これはもちろん、地球から数万光年離れた星が、地球で知覚された時点ではもはや存在しない、というような事例に対応する。
（2）この「現出する客観的時間」は、「現象学的態度において」捉えられたそれであり、それゆえ、それ自体で存在するとみなされた（最初の）「客観的時間」とは、いわば身分が違う。「現象的な客観的時間」と訳してもよいだろう。
（3）いくつかの箇所では、zugleich は gleichzeitig とは異なった意味において使われているが、本補遺に関しては、両者は同義であるように思われる。
（4）この表現はそのままでは理解しにくいが、「微分的な時間」といったものを意味するだろう。もっと単純化すれば、捉えがたいほどの極小の時間、といったものであろう。
（5）単純に言えば、原印象的位相であろう。ただ、ここでは「感覚与件」が問題にされているので、原感覚的位相と呼ばれているのであろう。
（6）たとえば、ド・ミ・ソの音が連続するときに、ミの音に対応する時点で統握が始まるとすると、そのときにはドの音の感覚与件はすでに経過してしまっている。しかし、統握は、把持を含み、いわば遡ってドの音を含めて、感覚与件を「生化」して、客観としての「メロディ（ド・ミ・ソ）」を構成する。

（7） この「知覚統握」の「知覚」は、狭義の知覚であろう。

（8）「知覚の開始点」とは、感覚与件を「真に受け取る」（wahr-nehmen）としての「知覚」（Wahrnehumg）の開始点、ということであろう。しかし、「統握」の開始点はそれ以後である。「統握」は、過ぎ去った感覚与件にまで遡って、それを含んだ客観を構成する。

（9）「客観の開始点」とは、感覚与件を生化する統握によって措定された客観の開始点、ということであろう。「客観」は、最初からそれ自体で存在しているのではなく、統握が働いてはじめて「構成」され、（「ある」として）「措定」される。したがって、感覚与件を純粋に（真に）受け取る知覚に対して、構成される「客観」は、遅れる。

（10） この「外的な諸条件」とは何か。この箇所以前では、たとえば、音が徐々に大きくなっていくとき、それをまさに「音」（あるいはむしろ「音楽」）として統握する以前に、すでに感覚与件としては（ただし「注視」がそれに向かわない程度の弱い感覚与件として）登場していた、これに対して、統握は、いわば後れをとりながら、そうした（先行する）感覚与件も含めて、「音楽」という客観全体を構成する、といった場合が考えられているだろう。これは、さらに心理学などにおける「閾《しきい》」の問題につながる。すなわち、人間の「耳」は、「音」が一定のデシベル以上の「強度」になると、その「音」を感覚する。すなわち、その条件において、「音」の感覚が登場する、といった場合である。しかし、物理的にはすでにその「音」は存在していた、とみなされる。

さらに大がかりに考えれば、何光年か離れた星の「光」が感覚を刺激するのも、「外的な条件」に依存する（光の速度など）といったことも考えられるだろう。その他ヴァリエーションは無数にあるが、いずれも「外的な諸条件」の例である。

(11)「内在的領野」は、直前に述べられた「遮断」以後の場面、すなわち、現象学的に還元された場面を指す。

(12)「知覚〔作用〕」を「反省の作用」として解釈するというのは、どういうことか。通常の Wahrnehmung の語義には、「気づく」といったものも含まれる。「気づく」というのは、それまで気づかなかった（しかし、存在していた）ものごとに「気づく」という可能性を含んでいる。この意味での「知覚」＝「気づき」は、「反省」だと考えられるのだろう。

(13)「反省の作用」のなかで、それまで気づかれていなかったものが気づかれて、「所与性」になる。言い換えれば、反省以前のものは、「所与性」になっていない。したがって、この場合の「所与性」とは、主題的なものを意味する。

(14) この「内在的与件の印象的な「内的意識」」とは、意識作用それ自体の自己意識とでも言うべきものである。内在的与件には、ノエマ的成分のみならず、ノエシス的成分すなわち意識作用が含まれる。後者が、後者自身に意識されると、「内的意識」と呼ばれる。これはまたノエシスの自己意識だとも言える。別言すれば、この自己意識は、意識作用それ自体の「自己現出」である。

(15)「この内在的与件」と訳した箇所の原文は dieses である。直前の des betreffenden immanenten Datums を指すと思われるからである。ただし、この「この内在的与件」は、意識作用それ自体である。

(16) 意識作用それ自体についての意識(「内的意識」)をも「知覚」と言い表すというのは、先の「反省の作用」を「知覚」と呼んだのに対して、さらに「知覚」の語義を広げるからであろう。

(17) こうした意識作用それ自体の「内的意識」(意識作用それ自体の「自己意識」)においては、意識作用(知覚されるもの)とその内的意識(知覚・気づき)とは厳密に同時的である。ただし、前者は、後者にとって主題的なものとしての「所与性」になっているわけではない。それは、非主題的に知覚されている、気づかれている、意識されているということになる(これはまた、フッサール現象学における「意識」の語義が、通常よりも広いということに対応している)。

補遺VI　絶対的な流れの把捉――四つの意味での知覚〔1〕

ここで扱われる客観たちは、おのれを構成するのでなければならないものとしての、(1)時間客観たちである。(2)感性的な核(統握のない現出)(3)は、「今」ある、そして、たった今あった、そして、もっと以前にあった、(4)などなど〔のように様態変化する〕。この今のうちには、いちどきに(zugleich)、(5)過ぎ去った今の把持がある、〔もっと正確には、〕〈今意識されている持続〉の諸段階すべての、過ぎ去った今の把持がある。(6)〔しかし、そうした〕過ぎ去った今はそれぞれみな、おのれ自身のうちに、以前の諸段階すべてを把持という仕方で隠しもっている。一羽の鳥が、日の当たる庭を、たった今、飛び過ぎる。私は、私がまさに素早く捕捉する（erhaschen）その〔たった今の〕位相のなかに、過ぎ去った〈時間位置の諸射映〉の把持的意識を見いだすのであり、また、新たな今それぞれにおいても同様である。けれども、それぞれの位相の〈時間の尾〉は、それ自体が、〈時間のなかに退きつつ沈んでいきながら、しかも、それの射映を〔失わずに〕もっているもの〉である。それぞれの今の内容全体は〔そのように〕過去へ沈下するのだが、しかし〔過ぎ去った位相の射映が保持されるとはいえ〕、この〈沈下する〉は、無限に再生されるような出来事過程ではない。その鳥はそれの場所（Ort）を変える、それは飛んでいく。新たな位置（Lage）それぞれにおいて、その鳥には（すなわちそれの現出には）以前の諸現出の残響[7]が付着している。しかしながら、この残響の位相はいずれもみな、鳥がさらに遠くに飛んでいくあいだに、減衰してしまう〔ので無限には再生されない〕のであり、また、後続する位相のそれぞれには、そのように〔減衰するという仕方で〕「余韻たち[8]」の帯状系列（Serie）が属するのである。そして〔その際〕、われわれは、順序をなす位相たちの単純系列（たとえば、現下の今のそれぞれにひとつの〔把持的な〕位相がともなう）をもつのではなく、順序をなす位相のそれぞれひとつずつに対して、ひとつの〔把持的な〕帯状系列をもつのである[9]。

かくして、時間的現出はいずれもみな、現象学的還元以後には、そのような流れに解消されることになる。〔しかしながら、右の流れも含めてすべてを構成する根源機能として、〕すべてがそれに解消されるところの意識〔作用それ自体〕[10]を、私は、しかし、それ自体またもや〈知覚する〉ことができない。というのも、〔仮にもそれができるとすると、〕この新たな〈知覚されるもの〉〔＝すべてがそれに解消されるところの意識〕がまたもや時間的なものだということになるが、この時間的なものは、同様な種類の〈構成する意識〉を遡り示し、そのようにして無限につづくことになってしまうからである。かくして、私は、〈構成する意識〉のことをどこから知るのか、という問いが生じる。[2]

時間客観についての記述（そして構成）の諸段階[11]は、これまでの詳述によれば、以下のようなものである。すなわち、われわれは、

一、通常の意味での経験的客観の知覚〔をもつ〕。たとえば、客観が現にそこに立っている、[12]などである。

二、現象学的考察においては、私は客観を現象として受け取る。私は知覚に向かう、〔すなわち、〕知覚の相関関係のなかでの現出と現出者に向かう。[13]現実の〔＝超越的な〕事物は、現実の空間のなかにあり、現実の時間のなかで持続したり、変化したりする、などなどである。〔これに対して、現象学的考察においては、〕知覚の〈現出する事物〉は、現出空間と現出時間をもつ。そして、もろもろの現出それ自体と、もろもろの意識形成体すべてが、[14]またしても、それら〔自身の〕の時間をもつ、すなわち、それら〔自身の〕の今とそれらの時間延長[15]を、〈今―先ほど〉という形式においてもつ。すなわち主観的時間をもつ[16]のである。

この際、よく留意すべきことがある。すなわち、知覚客観は「主観的時間」のなかで現出する。想起客観は、想起される主観的時間のなかで現出する。空想客観は、空想される主観的時間のなかで現出する。予期される客観は、予期される主観的時間のなかで現出する。知覚、想起、予期、空想、判断、感情、意志――要するに、反省の客観であるところのものはすべて、同じ主観的時間のなかで、詳しく言えば、知覚客観がそのなかで現出するのと同じ主観的時間のなかで、現出するのである。[17]

三、主観的時間は絶対的な無時間的な意識のなかでおのれを構成するのであり、この絶対的な無時間的な意識〔それ自体〕は〔本来的な意味での〕客観ではない。そこで、この〔客観でない〕絶対的な意識がいかにして所与性に到るのか、を考察しよう。〔ひとまず〕われわれはひとつの音―現出[18]をもっている〔としよう〕。われわれはその現出そのもの[19]に留意する(achten)[20]。(〔超越的な〕物体的なものとして考えられた[21])ヴァイオリンの音と同様に、その音―現出〔それ自体〕もそれの持続をもち、またそれの持続のなかで、それの不変化や変化をもつ。私はこの〔持続的な〕現出のいずれかの位相に留意することができる。ここでは、現出とは、内在的な音であるか、あるいは内在的な音―運動[22]である――それの『意義[23]』は無視されている。けれども、それは〔音―現出に関わる成分であって〕、究極的な〔時間を構成する絶対的な〕意識ではない。この内在的な音はおのれを「構成する[24]」。すなわち、われわれは、そのつどの〈音―今〉と連続的に〈音―射映たち〉ももち、しかも、これらの射映たちのなかで、この今に属している〈音－過去たち〉の〔時間〕区間がおのれを描出＝提示する[25]のである。この〔音－射映たちの〕系列に、われわれはある程度まで[26]留意していることができる。たとえばメロディの場合には、われわれはひとつの瞬間をいわば立ちとどまらせることができ[27]、その〔瞬間の〕なかに、先行した音たちの〔把持的な〕記憶射映たちを見いだす。これと同じことが、それぞれの個々の音についてももとよりすでに妥当しているというのは、明らかである。このとき、われわれは、内在的な〈音－今〉と、もろもろの内在的な〈音－過ぎ去った〔＝過去〕〉とを、系列ないし連続性のなかでもつ。しかし、さらに加えて、われわれは、〔音の側ではなく、意識の側で〕〈今〉の知覚と〈過ぎ去った〔＝過去〕〉の記憶との連続性ももつはずである[28]。そして、これらの〔意識の〕全体的な連続性は、それ自体、〔いわば幅のある〕ひとつの今であるはずである。実際、以下のとおりである[29]。すなわち、対象意識のなかで生きるときには[30]、私は今点から（vom Jetztpunkt aus）過去へと遡ってまなざしを向ける[31]。〔しかし、〕その他方で、私は、対象意識全体をひとつの〔まとまった〕今として捉えることができ、「今」と言うことができる[32]。私は瞬間を素早く捕捉し、また、その意識全体を、ひとつの〈いっしょに〉（Zusammen）として、ひとつの〈いちどきに〉（Zugleich）として、捉えるのである。〔音の側では、〕私は、たった今、長いホイッスル音を聞く[33]。その音はひとつの延びたラインのようである。どの瞬間においても私は〔音を瞬間で失うのではなく〕立ちどまらせてもち、また、そこからラインが延びる。この瞬間の〔意識の〕まなざしは[34]このライン全体を射程に収める、〔他方で〕また、このライン意識はホイッスル音の今点と同時的（gleichzeitig）として〔も〕捉えられる。[35] かくして、私は多面的な意味で知覚をもつ。

一、私は、汽笛の知覚をもつ、あるいはむしろ〔汽〕笛のホイッスル音の知覚をもつ。[36]

二、私は、持続する〈音－内容〉それ自体の、そして、その持続のなかでの〈音－出来事過程〉の、知覚をもつが、自然のなかへのそれの組み込みは無視する。[37]

三、〔私は、〕〈音－今〉の知覚〔をもち〕、かつまた、いちどきに（zugleich）、それと結びついた〈音－たった今－あった〉への留意（Achtsamkeit）〔をもつ〕。[38]

四、〔私は、〕今における時間意識〔それ自体〕の知覚〔をもつ〕。すなわち、私は、ホイッスル音ないしなんらかの音の〈今－現出する〔作用〕[39]〉〔それ自体〕に留意し、また、かくかくの仕方で過去へと延びていくホイッスル音の〈今－現出する〔作用〕〉〔それ自体〕に留意する（この〔意識作用の側の〕今において、〈今－ホイッスル音－位相〉と〈射映の連続性〉とが私に現出する）。

　これらの知覚のうちの最後のもの〔四〕に関して、どのような困難があるのだろうか。もちろん、私は時間意識をもってはいるが、この時間意識がそれ自体またもや〔通常の意味での〕客観であるわけではない。そして、私が時間意識を客観にするときには、その時間意識それ自体がまたもやひとつの時間位置をもち、また、私が瞬間から瞬間へとその時間意識を追いかける場合には、その時間意識は時間伸展(40)をもつ。そうした知覚が成り立っているということに、疑いの余地はない。素早く捕捉するまなざしは、音の諸位相の流れに留意することができるのと同様に、〔意識作用の側の〕〈現出する〉の今における――すなわち、物体的‐客観的なものがそれのなかで描出＝提示されるところのその〈現出する〉の今における――それら〔＝意識作用それ自体の諸位相(41)〕の連続性に留意することができ、そしてまたも や、この瞬間連続性の変化連続性に留意することもできる。そして、この〔意識作用の側の〕「変化」の時間は、〔音のような〕客観的なものの時間と同じである。たとえば、変化しない音が問題になる場合には、内在的な音の主観的な時間持続は、〔意識作用の側の〕現出変化の連続性の時間伸長(42)と同一である。

しかし、ここには最高度に奇妙な事柄があるのではないか。〔そもそも〕不変化とか、変化しないで充満している持続とか、といったものが考えられないような場面で、本来的な意味で変化ということを語ることができるのだろうか。恒常不断の〈〔意識作用の側の〕現出位相たちの流れ〉に対しては、〔その「変化」を語ろうとしても、〕いかなる可能的な不変化も、〔対比項として〕その傍らに置くことができないのである。

〔意識作用それ自体の〕根源的な流れのなかには、およそ持続はない。[3] それというのも、そもそも持続とは、〔音などの側での〕持続する〈なにものか〉の形式であり、持続する存在(43)の形式であり、時間系列――〈同一者〉の持続として機能する時間系列――のなかでの〈同一者〉の形式であるからである。荒天や流星などのような出来事過程の場合には、持続する客観の統一的な変化の繋がりが重要になる。客観的時間は「存続的」(beharrlich)[44]な諸対象の形式であり、それらの変化の形式であり、それらに付随したその他の出来事過程の形式である。それゆえ、「出来事過程」(„Vorgang"）とは、存続性を前提とする概念である。けれども、存続性は、〔意識作用それ自体の〕流れのなかでおのれを構成する統一性であり、また、その流れ〔それ自体〕の本質には、いかなる存続もその流れ〔それ自体〕のなかにはありえないということが属している。流れのなかには、〔たしかに、意識作用の〕体験の諸位相があり、諸位相の恒常不断の諸系列がある。とはいっても、そうした位相は存続的なものではないのであり、そしてまた、〔それの〕恒常不断の系列も同様である。たしかに、そのような位相も、ある仕方では対象性となる。私は、その流れのなかの際立つ一位相に、あるいは流れの一区間に、まなざしを向けることができ、そして、繰り返される準現在化[45]のなかでそれを同一化することができ、この同じものにいつでもまたもや戻ることができ、「この流れの区間」と言うことができる。そして、流れ全体についても同様であり、それを私は特有の仕方で〈このひとつの流れ[46]〉として同一化することができる。けれども、この同一性は、〔音のような〕存続者の統一性ではないし、また、そのような統一性になりえない。〔音のような〕存続性の本質には、存続者が、不変のままに、あるいは変化しつつ、存続することができるということが属している。変化はいずれもみな、理念的には（*idealiter*）不変化に移行することができ、運動は静止に移行することができ、また逆も言えるのであり、性質的[47]な変化は不変化に移行することができる。このとき、[48]持続は「同じ」[49]諸位相で充実化されてある。

けれども、原理的に言って、〔意識作用それ自体の〕流れのなかに非‐流れは一片たりとも登場することができないのである。その流れは、〔川のような〕客観的な流れがそうであるような、偶然的な流れ[50]ではないし、それの諸位相の変転が、止むとか、いつも等しい諸位相が連続するといった状態に移行するとか、といったことはけっしてできない。とはいえ、たとえその流れの一片たりとも非‐流れに変転することができないとしても、その流れが、ある仕方で〈なにか留まっているもの〉をもつことさえもないのだろうか？　なによりも、流れの形式的構造、流れの形式が、留まっているのである。なんとなれば、〈流れる〉[51]とは、単に総じて〈流れる〉というだけではなく、その位相がいずれもみな同じひとつの形式をもっているのである。その途切れなき（beständig）形式はいつも新たに「内容」によって充実化されてあるのだが、しかし、その内容は、なにか外部からその形式のなかに持ち込まれるものではない、むしろ、その内容は、法則性の形式によって規定されているのである。ただし、この〔形式的な〕法則性がそれだけで〔内容をもった〕具体的なものを規定するというような具合にはなっていない。その形式は、〔内容とは独立に、〕印象によってひとつの今が構成され、またこの印象に諸把持の尾が併合され、諸予持の地平が併合されるということで、〔形式として〕成り立っている。この留まりつづける形式をもっているのは、しかし、〈恒常不断の変転の意識〔＝意識されてあることそれ自体〕〉――この意識〔＝意識されてあることそれ自体〕はひとつの原事実（Urtatsache）[52]をなしているのだ――である。すなわち、それは、原印象が恒常不断にまたもや現にそこにあるあいだに、印象が〔恒常不断に〕把持に変転するという〔ことの〕意識〔＝意識されてあることそれ自体〕であり、あるいは、〈たった今において「今」として意識されているもの〉[53]が「たった今あった」という性格に変様するあいだに、その原印象の〔内容的な〕〈何〉に関して、この〈何〉が変転する[54]という〔ことの〕意識〔＝意識されてあることそれ自体〕である。

かくして、[55]この捉え方において[56]――すでに以前に〔＝これまでに〕ほのめかされたように――われわれは時間意識についての問いに逢着する、すなわち、音－現出についての時間意識〔それ自体〕の時間がそれのなかで構成されてくるところのその〔究極的な〕時間意識、これについての問いに逢着するのである。

私が〈音が現出する〉〔という作用〉のうちで生きている場合には、私にとって現にそこに立っているのは音であり、[57]そして、その音はそれの持続ないし変化をもつ。私が〈音が現出する〉〔という作用〕に留意する場合には、〔私にとって〕現にそこに立っているのは〈音が現出する〉〔という作用〕であり、そしていまや、この〈音が現出する〉〔という作用〕がおのれの時間伸長をもち、おのれの持続ないし変化をもつ。この場合、〈音が現出する〉ということは、さまざまなことを含意しうる。それは、今、たった今などの〔意識作用の時間様態的な〕射映連続性に〔私が〕〈留意する〉ということも含意しうる。さて、〔そうであれば、意識作用の〕流れ（Strom）（絶対的な流れ（Fluß））がまたもや対象的であるはずであり、そしてまたもやそれの時間をもつはずである。[58]〔だが、そうなると、〕ここでも、またもや、この客観性を構成する意識〔作用〕が必要であり、また、この時間を構成する意識〔作用〕が必要だということになってしまうだろう。原理的には、われわれは、〔そうした構成する意識作用を捉えるために〕またもや反省することもできはするだろうし、そして無限にそうすることもできはするだろう。〔だが〕ここで、〔このことによって生じる〕無限退行が無害だと証明することができるのだろうか。

一、音が持続し、諸位相の連続性のなかでおのれを構成する〔＝構成されてくる[59]〕。

二、音が持続するあいだ、あるいは音が持続するかぎり、その持続の各点には、当該の今から発して、ぼやけていく〈過ぎ去った〔＝過去〕〉に向かう一連の諸射映が属する。[60]それゆえ、われわれは、〔そうした音の諸射映を包摂する〕ひとつの恒常不断の意識〔作用〕、すなわち、それの点それぞれがひとつの恒常不断の連続体をなしているところの、ひとつの恒常不断の意識〔作用〕をもっている。しかし、これはまたもや、私が留意することができるひとつの時間系列である。かくして、戯れ[61]が新たに始まる。われわれがこの〔意識作用それ自体の〕系列のいずれかの点を固定するならば、その点にはひとつの過去意識が属しているのでなければならず、〔しかも、〕この過去意識は、過ぎ去った諸系列の帯状系列に関わっているなどなど〔とつづく〕ように思われるのである。

さて〔この問題は反省の問題だが〕、たとえ〔現実には〕無限に反省がなされることがなく、また、そもそもまったく反省が必要でないとしても、それでも、この反省〔それ自体〕を可能にするものが、また、そう思われるように、少なくとも原理的には無限に可能にするものが、[62]〔内的時間意識それ自体のうちに〕与えられていなければならない[63]のである。そして、まさにここに問題がある。

原註

〔1〕 第三四節、三〇一頁以下に関して。
〔2〕 第四〇節、三二一頁以下参照。
〔3〕 以下の論述については、とりわけ第三六節、三〇四頁以下節参照。

訳註

（1） この「おのれを構成するのでなければならない」は sich konstituieren müssen である。このドイツ語表現をどのように理解するか、は、単なるドイツ語表現の理解にとどまらず、現象学の「構成」概念を、それゆえ、現象学全体を支える基本概念をどのように理解するか、に関わるように思われる。しかし、この問題については、数段落後の「おのれを「構成する」」

に付した訳註(24)で、もう少し詳しく解釈する。

(2) 本節での「時間客観たち」は、「おのれを構成する」に対応する、広義の時間客観たちである。

(3) 「感性的な核(統握のない現出)」は、感覚与件(の現出)であろう。

(4) 本補遺では、「存在する〔=ある〕」というような表記を(できるだけ)避けるが、他の箇所と同様に、「ある」は「存在する」を含意する。

(5) 「いちどきに」(zugleich)の語は、かなり多くの場合、時間図表の垂直方向に延びる線分に含まれている(把持されている)成分に関わる。第一〇節の時間図表でいえば、Eの下のP′とA′は、Eと「いちどきに」ある。しかし、AとPとEは「いちどきに」あるのではない。ここでも、この語法での「いちどきに」が使用されている(なお、単純に「同時的」の語義で用いられている箇所もある)。

(6) いささか読み取りにくいので、補足的に解釈すると、ここでは「感性的な核(統握のない現出)」のもろもろの様態変化が念頭に置かれている。この様態変化は、統握(より厳密にいえば、客観の統握であろう)に先立っているだろう。さらにいえば、この様態変化はまずもって「把持」によって可能になる。それゆえ、把持の志向性は客観の統握の志向性に先立っている、と読み取れる。把持の志向性は感覚与件の現出(まだ客観の現出でない、ただの現出)の際にすでに作動している。時間的志向性は、「対象」の現出に先立つ。

(7) この「残響」はNachhallである。しかし、この文脈では聴覚的な残響ではなく、むしろ視覚的な「残影」であろう。とはいえ、すぐ後に「余韻」という語が登場する。音響的な比喩だとも言えるものが連続するので、このまま直訳する。

（8）この「余韻たち」は Nachklänge である。

（9）この箇所は二つの解釈が可能である。

一方で、たとえば、ひとつの今（J_1）に把持的位相（R_1）が付着している（一つ目の順序系列 J_1—R_1）。また、新たな今（J_2）に把持的位相（R_2）が付着している（二つ目の順序系列 J_2—R_2）。この一つ目と二つ目の順序系列は互いに独立している。しかし、この解釈は不十分であろう。

新たな今（J_2）には、把持（R_2）が付着しているだけでなく、さらに把持（R_1）も付着しており、これらが帯状系列（R_2—R_1）を形作っている。だから、新たな今（J_2）に関しては、（J_2—（R_2—R_1））だということになる。要するに、新たな今は、先ほどの今がもっていた順序系列も引き継いでいる。さらにいえば、先ほどの今も、先ほどの先ほどの今がもっていた順序系列を引き継いでいた。このように解釈できる。

（10）ここでは、すべてを構成する意識作用が問題になっている。とすると、直前の文章の「流れ」と、この「意識作用」との関係が問題になる。ここでは、おのれ自身を流れとして構成する意識作用が問題になっていると解する。

（11）厳密に考えると、「記述」の諸段階と、「構成」の諸段階とは、逆向きになるだろう。すなわち、記述は、構成の最終段階から遡って、根源に向かう。構成は、根源から最終形成物へ向かう。ここでは、基本的に「記述」の側で議論が進んでいる。

（12）本補遺では「客観」の語義が多義的である。ただ、この箇所では、「現にそこに立っている」(dastehen) という表現――これは「対象」(Gegenstand) と一体的に使われることが多い――に対応する「客観」が問題になっているので、この「客観」を「対象」と解してもよいだろう。

(13) 「知覚の相関関係」とは、要するに、ノエシス・ノエマ的な相関関係であろう。ノエシス的なものが「現出〈作用〉」であり、ノエマ的（広義においてだが）なものが「現出者」であろう。

もう少しいえば、「知覚」においては、「(知覚的な) 現出者が (知覚的に) 現出する」。この「現出者」と「現出する」との「相関関係」が、現象学的態度においていわば見えるようになる。

(14) この「もろもろの意識形成体すべて」は「現出者」であろう。

(15) 「時間延長」は Zeitausdehnung である。

(16) この「主観的時間」は、意識作用それ自体の自己現出的な時間である。

(17) ここでは、時間客観がそのなかで現出する時間は、主観的時間である、と言われている。主観的時間は、意識作用 (あるいは現出作用) それ自体の現出によって成立する。なお、第三九節では、意識作用それ自体の時間は「疑似-時間的」と表現されている。

(18) 念のために記すが、これはノエマ側の構成である。

(19) この「その現出そのもの」(die Erscheinung als solche) は、ノエマあるいはその一部に対応するだろう。

(20) 本補遺では、achten (auf) とそれに類する言いまわしがいくつか出てくる。これは、おそらく「注意」(Aufmerksamkeit) とそれに類する言いまわしが語っているものと、同義であるか、少なくとも大きく重なるように思われる。

この「留意する」は「反省する」とどう関わるか、は微妙な問題である。本補遺では、末尾で、「反省する」に言及される。

(21) 「物体的なものとして考えられた」とは、(ノエマとして考えられたのではなく)「端的な対象として考えられた」を意味するだろう。

(22) この「内在的な音‐運動」は、ノエマに関わるので、物理的な「音波の振動」ではありえない。二つの解釈が可能である。「音の(内容的な)変化」であるか、あるいは、原印象が恒常不断に把持へと移行していくという「変様」である。この場合には、前者の解釈でかまわないように思われる。

(23) この引用符付きの「意義」(„Bedeutung") は、二義的に解釈可能だろう。ひとつは、フレーゲの語法における Bedeutung (「指示」などとも訳される) の転用。もうひとつは、もう少し広い意味で、「端的な対象への関わり」。いずれにしても、ここでは、こうしたものは「無視」され、ノエマそのものが問題になっている。

(24) この「おのれを「構成する」」は sich „konstituiert" である。総じて、再帰用法の sich konstituieren は、辞書的には「構成される」、「成立する」などと記載されている。しかし、本翻訳では、「おのれを構成する」というように訳すことが多い。場合によって、「構成されてくる」とも訳されている。これは、フッサール現象学全体のなかで重要な役割を果たす概念であるので、少し解釈しておきたい。

まず、フッサール自身の語法を見ると、konstituieren（構成する）という能動形と、konstituiert（構成される）という受動形はたしかに多く登場する。しかしながら、ここでの再帰用法の sich konstituieren のように、能動とも受動とも言えないような（中動的と言えるかもしれない）表現も多く登場する。

このことを考えるに当たって、本文のこの箇所で konstituiert に引用符が付けられていることは示唆的である。これは何を意味するか、の解釈が重要になる。これは、すぐ後の sich darstellen（「おのれを描出＝提示する」と訳されてもよいし、「描出＝提示されてくる」と訳されてもよい）と同義に用いられている。「描出＝提示」は、現出者が（直観的に）現れる仕方のひとつである。もうひとつの仕方は「表現」であり、これは、現出者が（言語的に）現れる場合に使われることが多い（例外もある）。いずれにせよ、「描出＝提示」も「表現」も、現れる仕方である。

さて、この箇所で konstituiert に引用符が付けられているのは、すぐ後の「おのれを描出＝提示する」の意味での現れ方を意味していることを示すためだと解釈される。

「作用」のなかで、（現出を媒介＝突破して）現出者が「おのれを描出＝提示する」。あるいは、もう少し一般化すれば、「作用」のなかで、（現出を媒介＝突破して）現出者が「現れる」。

右のことは、日本語表現としては、以下のようにも言い換えられる。すなわち、「作用」のなかで、（現出を媒介＝突破して）現出者が「描出＝提示されてくる」。あるいは、「作用」のなかで、（現出を媒介＝突破して）現出者が「構成されてくる」。この表現のほうが、理解しやすいように思う。ただ、「されてくる」という言い方は、単純な受動形の「される」と混同されやすいという点が大きな問題点である。

いずれの語形で翻訳するとしても、問題なのは以下のような事柄である。すなわち、「見る」のなかで、（視覚的現出を媒介＝突破して）現出者が「見えてくる」。「聞く」のなかで、（聴覚的現出を媒介＝突破して）現出者が「聞こえてくる」。フッサールの sich konstituieren は、総じて、こうしたニュアンスをもつ。このことを、ここでの引用符付きの語法は示しているだろう。

さて、以上は、再帰用法として明示されている再帰用法の話であるが、それでは、再帰用法でない「構成する」という語は何を意味するのか、も考え直されねばならない。

能動形の「構成する」は、右のことからすれば、（直接的かつ単純に「構成されるものを構成する」というよりも）むしろ、「（現出を媒介＝突破して）現出者がおのれを構成するようにする」とか、もう少し弱く表現して、「（現出を媒介＝突破して）現出者がおのれを構成してくるにまかせる」といったことを意味するだろう。「見る」などの「作用」が「構成する」とすれば、まさにその作用のなかで、右のようなことが〈起きてしまう〉。これが、現象学的な意味での中動態的とも呼べる表現のニュアンスである。そうであれば、「構成する」といった言い方は、右のことを示す簡略表現だと解される。

そしてまた、「作用」に関しても、それが「生化」（Beseelung）という語で言い表されることがある。それのなかで、まるで命（魂）をもつかのように、右のような中動態的事態が〈起きてしまう〉ということであろう。

他方、時間を構成する（時間現出を媒介＝突破して、客観的時間がおのれを構成するようにする）意識それ自体は、その内的意識のなかでは、おのれ自身を右の意味では構成しない。言い換えれば、描出＝提示という仕方で現れてこない。では、まったく現れてこないのか、といえば、そうではない。描出＝提示という仕方ではなく、「それ自体」（selbst）で現れてくるのである。これが（第三九節では）「自己現出」（Selbsterscheinung）と呼ばれるが、この「自己現出」は、右の意味では「自体現出」（時間構成する意識「それ自体」（selbst）の現出）でもある。

なお、『事物と空間』と題された講義では、「自己現出」（自体現出）と大きく重なる語として、「描出＝提示」（Darstellung）に対して、Selbststellungという語（とりあえず「自体呈示」あるいは「自己呈示」――「呈示」は、「謹呈」や「献呈」の語が示すように、いわば現物それ自体の提示である――と訳しておく）も使われる。

この意識それ自体の自己現出も射程に収めると、「おのれを構成する」の語義も、右より広くなるが、それでも基本的な捉え方はそのなかに読み取られるべきだろう。

(25) この箇所の「おのれを描出＝提示する」は、語義としては、媒介＝突破による現出（「これらの射映たちのなかで」と記されてはいるが）を示しているが、ただし、その主語に注意が必要である。すなわち、通常の現出者、通常の客観ではない、「〔時間〕区間」もが音の射映たちのなかでおのれを描出＝提示してくる、のである。

なお、ここでも「おのれを描出＝提示する」は「描出＝提示されてくる」と訳してもよい。

(26) この「ある程度まで」（einigermaßen）は、「留意する」の時間射程（どの程度の時間的延び広がりに留意することができるか）を示しているだろう。

(27)「立ちとどまらせる」は zum Stehen bringen である。これは、本書の haltgemacht haben（立ちどまった〔状態〕でもつ）とも関わるだろう。さらに、後年の strömend-stehend（流れつつ立ちとどまる）とも関わるだろう。

(28) この文章から三つ先の文章（「……まなざしを向ける」）まで、意識作用（ノエシス）の側についての記述がなされる。

(29) この文章から、これまでの分析が再度確認される。

(30) この「対象意識」は、（音のような）「対象」と「意識」との全体を示しているだろう。ただし、ここでは、それのなかで「生きるとき」が問題になっており（それゆえ、その構成を遂行してしまっているときが問題になっており）、この「意識」それ自体を捉えることが問題にされているわけではない。むしろ「対象」が注視されている。

(31) この文章は少し解釈を要する。「今点から過去へ遡ってまなざしを向ける」というのは、私が、すでに今点に属さない過去的な対象を注視するということだろう。

(32) これは、現象学的に捉えられた「意識」それ自体の時間的な（幅をもった今的な）統一性についての記述であろう。

しかも、念のために付け加えねばならないが、意識のノエシス的側面そのものが意識されてあるので、この「意識」には、自己意識も含まれていると見るべきだろう。

(33) この「私は、たった今、長いホイッスル音を聞く」の「たった今」は soeben である。この「音」は、すでに今点に属さない過去的な対象であるから、「たった今」と記されているのだろう。

(34)「この瞬間の〔意識の〕まなざし」は、ホイッスル音を時間幅のある連続性として捉える。
(35) ここでは、「今」として捉える「知覚」の語義が、まさにその「今」との関係で揺れ動くことが示されている。
(36) これは、自然的な意味での「知覚する」であろう。
(37) これは、現出あるいはノエマを〔現象学的に〕「知覚する」であろう。
(38) これは、現出あるいはノエマに関して、「今」を「知覚する」と、把持的な諸位相に「留意する」とを時間様態で分けているが、どちらも広義の「知覚する」であろう。
(39) この「今－現出する」(Jetzt-Erscheinen) は、(ノエシス的な)「作用」に対応するだろう。作用とノエマ(の成分＝音) は不可分だが、ここでは、この作用のほうが語られている。
(40) この「時間伸展」は Zeitausbreitung である。
(41)「それら」は、文法的には、ノエマ的な「音の諸位相」を指すと考えるのが自然である。しかし、意味的には、「意識作用それ自体の諸位相」を指すように思われる。
(42) この「時間伸長」は Zeiterstreckung である。しかし、先の「時間伸展」と内容上の差異はないように思われる。
(43) この「存在」は「存在者」であろう。
(44) この「存続的」の語に引用符がついているのは、おそらく、カントの語法(『純粋理性批判』B 219) が念頭に置かれているからだろう。そこでは、「存続性」(Beharrlichkeit)、「順序系列」(Folge)、「同時存在」(Zugleichsein) が論じられている。
(45)「繰り返される準現在化」とは、具体的には再想起であろう。

(46)「このひとつの流れ」という場合の「ひとつ」は、一義的に解釈できる。すなわち、「時間」全体は、「唯一」であるということ、そして、「同一」であるということである。直前の文章では、後者の意味で「同一化」が語られていた。ここでもこの後者の意味で語られていると解釈できる。ただし、カントにおいても「時間」全体は「唯一」(einig) であり、フッサールにおいても「唯一」(einzig) である。

(47) この「性質的」(qualitativ) は、「作用の性質」ではなく、「量的」に対立する意味での「質的」であろう。それゆえ、これは「何」の成分に関わる。

(48)「このとき」とは、不変化のとき、という意味であろう。

(49) この場合の「同じ」は（質的な不変化が語られているのだから）、「内容」が同じ、ということであろう。

(50)「偶然的な流れ」とは、（渇水時など）流れないこともありうるが、今は偶然に流れている、といった意味で理解される。

(51)「流れる」(Fließen) は、動詞 fließen のそのままの名詞化である。「動詞」であるから、それは「活動」「運動」「作用」「過程」を示している。ここでは、「意識」＝「意識作用」それ自体の「流れる」という動詞的運動が問題になっている。しかし、動詞的運動であるから、そこに「留まるもの」はなくなってしまうと考えられる。ところが、「形式」は留まる、というのがフッサールの議論である。

(52)「原事実」という概念は、ここでは説明されていない。晩年の遺稿では、アプリオリな「本質」の偶然的な実現としての「事実」ではなく、そもそも、それなくしてはアプリオリな

「本質」といったものさえ、現象学的に不可能であるような「事実」を意味する。
(53) この「たった今において「今」として意識されているもの」は das soeben noch als „jetzt“ bewußte の訳である。
(54) この「〈何〉が変転する」というのは、どの様に変転することを指しているのか、不明確である。原印象の「何」としての「ド」の音が把持的変様において「ミ」の音に変転するというようなことではない。むしろ、「見る」とか「聞く」といった意識作用それ自体の「何」が変転する、ということであろう。
(55) この「かくして」は解釈を必要とする。すなわち、前段落で、ノエシス的な意識そのものの流れについて、印象から把持への（時間形式的な）過程、そして〈何〉の（時間性格的な）過程について語られていたが、しかし、そうなると、ノエマとの差異が見えにくくなる。そのことを承けて「かくして」と言われているとすると、そこには、この両者をあくまでも相関関係のなかで捉えつつも、その差異を主題化すべきだ、ということが含意されるだろう。
(56) この「捉え方」(Auffassung) の語それ自体について、二つの解釈が可能である。ひとつは、Auffassung をいわゆる「解釈」の意味に解する。そうすると、「この解釈」は、前段落の内容を指すだろう。もうひとつは、Auffassung を「統握」の意味に解する。そうすると、「〔意識それ自体の自己〕統握の場合には」といった意味になるだろうが、やや苦しい。
(57) 「音が現出する」のなかでは（そのなかで「生きている」ときには）、「現出する」は非主題的・非対象的である。対象 (Gegenstand) として「現にそこに立っている」(da steht) のは「音」である。

(58) この文章は、内容的にフッサール自身の主張なのか、それとも、思考実験的なものなのか、解釈の余地がある。補遺Ⅷで、意識作用それ自体が「対象的」であるという議論がなされていた。「対象的なもの」は、それの背後の「作用」によって「構成される」。しかし、そうすると、作用そのものを捉えるには、さらにそれの背後から「構成」しなければならないということになる。その構成作用そのものが、さらに同様の事態を引き起こす。そのような無限退行が、「無害」かどうか、が問われることになる。

(59) これはノエマ側の記述である。

(60) これ、そして、これ以下の文章は、ノエシス側の記述である。

(61) なぜ「戯れ」なのか。おそらく、先に四八八頁で「最高度に奇妙な事柄」と言われていたこととも絡んでいる。「流れ」という語は、本来、流れたり流れなかったりするものについて、言い換えれば、対象的なものについての表現である。

さて、ここで、この「流れ」についての分析がさらに進んできた。構成する意識作用それ自体は、本来、構成される対象的なものの側に現れてこないはずである。ところが、それが、「流れ」として現れてきてしまう。この奇妙な事柄、あるいは或る意味で不条理な事柄が、ふたたび問題になってしまう。それゆえ、「戯れが新たに始まる」というように表現されているのだろう。

この問題は、おそらく「構成する」のモデルを変更することによってしか、克服されない。フッサール自身は、事象そのものへ向かう姿勢を貫き、この問題も、事象そのものの分析をつうじて解明しようとする。そのとき、右のモデルは「受動態」といういくらか不適切なモデルに変更されていく（おそらく「中動態」がより適切だった）。フッサールの苦闘のなかから、われわれは多くのことを学ぶことができる。

(62) これはいったい何であろうか。「反省」は、意識作用そのものを振り返って主題化する作用であるが、これを可能にするものは、少なくともそれを動機づけるものは、非主題的な自己意識・自己統握といったものであろう。この非主題性を主題性として捉えようとする意図がフッサールにあった、とヘルトは見ている。しかし、非主題性のほうが根源的であろう。

(63) フッサールの分析の特徴として、反省的に事象を分析していながら、同時に、その反省そのものの可能性の条件も分析している。

補遺Ⅶ　同時性[1]の構成〔1〕

ａが、たとえばひとつの音[2]が、諸位相〔のうち〕の特定の位相のひとつの時間点において、おのれを構成するとしよう。それは、それの持続ということに関しては、原印象αによって、ただし、かくかくの変様が――新たなもろもろの印象（新たなもろもろの今〔という〕契機）の産出といっしょになってであるが――それに繋がっているかぎりでの原印象αによって、おのれを構成する。〔他方、〕ｂは、〔音ａと〕同時的なひとつの内在的な統一性、たとえばひとつの色[3]であるとしよう。そして、それぞれの音‐点と「同時的な」〔色‐〕点が、目にとめられているとしよう。この〔色‐〕点には、〔その時間的〕構成において原印象β

が対応する。さて、αとβが共有しているのは何であるか？　両者が同時性を構成するようにしているのは何であるか、[4]そしてまた、α'とβ'という二つの〔把持的〕変様がひとつの〈同時的にあった〉ということを構成しているのは、何であるか？

内的意識[5]のひとつの〔同じ〕層に、多様な、原印象や原ファンタスマ[6]など、要するに多様な根源契機（「内的意識のもろもろの原契機[7]」と言うこともできよう）が、属することができる。ひとつの〔同じ〕層に属するすべての根源契機は、同じ意識性格をもつのであり、この意識性格こそが当該の「今」にとって本質的に構成的なのである。この「今」は、構成される内容のすべてにとって同じ〔「形式」的な性格〕である。この性格の共通性が、同時性、〔というより、むしろ〕「同今性」[8]を構成する。

内的意識の根源的な自発性のおかげで、〔「今」としての〕原契機はいずれもみな、もろもろの産出の連続性にとっての源泉点である。[9]そして、この連続性[10]はひとつの同じ形式をもっている。〔その形式に関する〕産出の仕方、原意識時間的な変様の仕方は、原契機すべてに関して同じであり、〔また、〕ひとつの同じ法則性が諸変様すべてを汎通的に支配している。その法則性とは以下のものである。すなわち、内的意識の恒常不断の産出は一次元的な直線的多様性という形式をもち、ひとつの層の内部のもろもろの原契機はすべて同じ変様を被る（それらの原契機は同じ過去性の契機を産出する）という法則性である。それゆえ、同じ層に属する二つの原契機の変様、すなわち、対応するそれぞれの原契機から同じ〔時間的〕隔たりをもつ変様は、〔ずっと〕同じ層に属しつづける。[11] あるいは、ひとつの〔同じ〕層に属しつづけている諸変様も、おのれ自身から、いつでもまたもや、同じ層に属しつづける変様のみを産出する。〔この意味で、変様の〕産出はいつも同じ速度[12]で起こる。

どの層の内部であっても、恒常不断の帯状系列の別々の点たちは、〔その帯状系列の開始点である〕原契機から別々の隔たりをもつ。いずれかひとつの点〔に着目すれば、それ〕のこの〔原契機からの〕隔たりは、その同じ点が以前の層のなかでもつ〈それの原契機からの隔たり〉と同一である。構成する〈時間意識の原場[13]〉は、ひとつの恒常不断の延び広がり（Extension）であり、これは、ひとつの原契機と、反復される諸変様[14]のひとつの規定された帯状系列とから成り立つ。そして、反復される諸変様とは、内容に関してではなく、形式に関して〔のものである〕。これらの諸変様のもつ規定性は、その形式に関していえば、もろもろの原場すべてのなかで（それらの順序系列のなかで）いつでもまたもや同じ規定性である。原契機はいずれもみなまさに原契機（今‐意識）であるし、過ぎ去った〔契機〕はいずれもみな過去意識であり、そして、〔これの〕過去性の度合いは、規定された度合いである。[15] この過去性の度合いに対応するのは、原構成する意識のなかでの堅固に規定された形式的性格である。

諸層の〈ひとつの後に他のひとつという順序系列〉のなかで、〔あくまでも「内容」に関して〕等しい「内容」をもつ契機たちが、すなわち、等しい内的な存立成分をもつ契機たちが、いつでもまたもや原契機として登場することが可能である。〔とはいえ、〕ひとつの完全に等しい内的な内実をもつ原契機たち〔ですら、それら〕が異なった層に属するならば、これらの原契機たちは個体的に異なる。(16)

原註

［1］ 第三八節、三〇七頁以下に関して。

訳註

(1) 本補遺では、「同時的」はすべて gleichzeitig である。「同時性」は Gleichzeitigkeit である。

(2) 「ひとつの音」（たとえば「ドの音」）は、ノエマの「内容」、あるいは「何」の成分に対応する。しかし、これだけで「時間的」成分は決定されない。

(3) 「色」も、「音」と同様に、ノエマの「内容」、「何」の成分である。この補遺では、「音」という内容（a）と、「色」という内容（b）の「同時性」という時間的成分の構成が問われている。

(4) ここでは互いに「異種」の二つの「原印象」（本補遺では「原感覚」の意味で使われているとも解釈される）が「同時的」という共通の性格をもって構成されるのは、いかにしてかが問われている。少なくとも両者（音と色）の「内容」的共通性は、それに関与しない。

(5) 「内的意識」は、ここでは『論研』の「体験」とほぼ重なる意味で用いられている。

そして、「内的意識のひとつの〔同じ〕層」は、おそらく時間的な層、たとえば今の層である。

(6) この箇所は解釈を要する。なぜ、「原印象」と「原ファンタスマ」とが並列されているのか、不明確だからである。

「印象」は、基本的に、時間的な位相(今)を示す。ところが、「ファンタスマ」は、想起や空想の場合に、知覚における「感覚」に対応するものである。

二つの解釈が生まれる。第一に、「原印象」を、「原感覚」の意味で理解する。このような語法は他にも見られる。

第二に、「原ファンタスマ」を、原印象に直に結びついた「原把持」と解する。しかし、この解釈は、フッサールの術語としては問題を残す。

(7) 「もろもろの原契機」は Urmomente である。「根源契機」と基本的に同義である。

(8) この「同時性」が Gleichzeitigkeit であるのに対して、フッサールの造語「同今性」は Gleich-Jetztigkeit である。この造語は、(「時間が等しい」を意味する Gleichzeitigkeit に対して)「今が等しい」を意味する。

(9) 根源的な産出は「今」という時間様態における産出だが、これに対応する原契機(たとえば音)は、それにつづく産出の連続性の出発点であり、源泉点であるという意味であろう。もちろん、他の原契機(たとえば色)も、それにつづく産出の連続性の出発点、源泉点であろう。

(10) この「原意識時間的」は urtemporal である。この語は ur と temporal の合成語である。まず、temporal の語は「意識時間的」と訳されることが、第一節訳註(38)に示されている。

時間図表でいえば、垂直方向の時間性である。そして、ur の語は、基本的に「(最)根源的」を意味し、ここでは「今」を意味する。

ここでは、原印象から把持への変様が語られているだろう。

(11) 音aと色bが原契機として登場したら、それは、「たった今」の層に移行しても、同じ層に位置しつづける。「たった今のたった今」の層に移行しても、同様である。

(12) この「速度」は、「速度＝距離÷時間」という意味での「速度」ではなく、比喩的な意味で(属する層が変わらないという意味で)使われているだろう。すなわち、同じ層に属するAとBのうち、Bだけが別の層に移動してしまえば、両者の「速度」が異なるということになるし、両者が同じ層に属したままであるならば、「速度」が同じということになる、という意味である。

(13)「時間意識の原場(Urfeld)」とは、「今」の場であろう。時間を構成する意識それ自体が時間的に現出し、自己自身の時間的な場(時間野)を形成する。なお、「原場」(Urfeld)の Feld はさまざまに使われる。「時間の場」(Zeitfeld)もその一例である(この語は「時間野」とも訳される)。

(14) この「反復される諸変様」の「反復される」は iteriert である。ここでは、一回で終わらず、恒常不断に・連続的に繰り返される変様、変様の変様、……といった意味で使われている。

(15) 構成の原場としての現在において原印象(原契機)、把持、把持の把持、といった形式的規定性が成り立つが、これは再想起の場でも変化せず、同じである、ということだろう。

(16)「個体的に異なる」の部分が重要であろう。すなわち、「内容」(何)において等しい成分であっても、時間的な「形式」によって「個体的に異なる」ということである。

補遺Ⅷ　意識流の二重の志向性[1]

意識流のなかで、われわれは二重の志向性をもっている。(1) 一方で、おのれの流れの形式をともなった意識〔それ自体〕の内容を、われわれは観察する。この場合にわれわれが観察するのは、もろもろの原体験〔それ自体〕の系列――これはもろもろの志向的な体験〔それ自体〕の系列であるーーであり、〈……についての意識(2)〔それ自体〕〉である。(3) 他方で、われわれは、志向的な統一性(4)のほうにまなざしを向ける。すなわち、流れがひたすら流れ去っていく(5)なかで統一的なものとして志向的に意識されてある当のもののほうに、まなざしを向ける。この場合にわれわれにとって現にそこに立つのは、(6) 客観的時間のなかの客観性であり、そしてまた――体験流の〈時間の場〔＝時間野〕〉に対比される――本来的な〈時間の場〔＝時間野(7)〕〉である。(8)

おのれの諸位相と諸区間をもつ体験流は、それ自体〔やはり〕ひとつの統一性(9)であり、流れるものに向かうまなざしをもった遡行的想起(10)によって同一化可能〔＝同定可能〕であるひとつの統一性である。その流れるものとは、もろもろの印象ともろもろの把持であり、〔原印象的に〕〈登場する〉、〔把持的・変様的に〕〈合法則的に変化する〉、〔そして、把持の射程を越えると〕〈消滅する〉ないし〈闇に埋もれて見えなくなる〉〔といったプロセス〕である。

この〔体験流・意識流それ自体の〕統一性は、その流れそれ自体の事実[11]によって原本的に構成される。その事実とは、それの固有な本質が、単に総じて〈ある〔＝存在する〕〉というだけにとどまらず、〈体験統一性である〉[12]ということ、[13]そして〈内的意識のなかでは[14]《注意する光線[15]》が〔意識の〕流れ〔それ自体〕に向かうことができるのだ――この内的意識のうちで与えられてある〉ということ、である（この注意する光線それ自体は、〔さらに他の光線によって〕注意されてあるというのではない。この光線は〔意識・体験の〕流れを豊かにするが、[16]注意されるべき流れ（Strom）を変化させず、[17]むしろ「固定し」、対象的にする）。[18]この統一性に注意する知覚〔＝内的知覚〕は、変転しうる内容をもったひとつの志向的な体験であり、また〔他方で〕、記憶＝想起は〈ただ過ぎ去っていってしまったもの〉[19]に向かうことができ、それを繰り返し変様させることができ、それを同類のものと比較することができる、などなどである。こうした〔遡行的想起による〕同一化が可能だということ、そして、ここでひとつの客観[20]が構成されてあるということは、体験〔それ自体〕の構造に含まれている。すなわち、流れの位相がいずれもみな〔「……についての」知覚から〕「……についての」把持に変転し、この把持もまたもや〔把持の把持に変転し、〕そうしたことがつづくという構造に含まれている。そうでなければ、体験としての内容といったものは、〔およそ〕考えることができなかっただろう。また、そうでなければ、体験といったものは、主観にとって[21]統一性として与えられることはなかっただろうし、また与えられることができなかっただろうし、それゆえ、無であっただろう。〈流れる〉（Fließen）ということは、根源的な場〔＝領野〕の（それゆえ〔それの自己現出が形作る〕ひとつの直線的な連続体の）位相がそれぞれみな、〈その同じ、ただしたった今過ぎ去った位相〉の把持的変様へ移行するということのなかで、成り立つ。そして、事態はそのようにさらに進行していくのである。

第二の志向性の場合には、私は、〔右の〕統一的な変化系列としての、もろもろの場〔＝領野〕の流れを追わず、あるいは、「さまざまな段階の、今的（本源的）[22]－把持的な変転」の形式の流れを追わず、むしろ、〈それぞれの〔流れの〕場〔＝領野〕のなかで、また、それぞれの位相──これはひとつの直線連続体としての場〔＝領野〕をもつのだが──のなかで、志向されているもの[23]〉のほうに、注目する[24]。〔しかしその場合でも、その志向されているものに相関するところの〕位相はいずれもみな、志向的体験である[25]。先述の対象化の場合[26]、構成する諸体験は、内的意識──これの対象は、まさに、時間構成する意識〔それ自体〕の「諸現象」である[27]──の諸作用〔それ自体〕であった[28]。それゆえ、これらの諸現象は、それら自体、志向的な諸体験であり[29]、そして、これらの対象は、そのつどの対象的な充実をもった、もろもろの時間点と〈時間的に持続する〔というプロセス[30]〕〉である。絶対的な時間流が流れるときに、志向的な諸位相は〔原印象から〕ずれていくが、しかし、そのときにそれらの諸位相が〔ばらばらになってしまうのでなく〕ひとまとまりとなるような仕方で統一性たちを構成し、〈ひとつの内に他のひとつ〉という仕方で移行していくという具合になっており、これは、まさに〔超越的－事物としての〕〈ひとつのもの〉の諸現象と同様であって、すなわち、〈ひとつのもの〉が、流れる諸現象のなかでおのれを射映することで、われわれは「〈どの様に〉における諸対象[31]」を、しかも「いつも新たな〈どの様に〉における諸対象」をもつことになるのだが、そうした〈ひとつのもの〉の諸現象と同様である。〔これらの諸対象がもつ〕この〈どの様に〉の形式は、〔時間的な〕方向づけであり、すなわち、〈今のもの〉、〈たった今過ぎ去ったもの〉、〈到来的なもの〉である。〔だからこそ、〕この場合、それらの諸対象[32]に関しても、われわれはまたもや、流れということを、すなわち、そのなかで〈今〉が〈過ぎ去った〉〔＝過去〕に変化するなどといったことが生じるところの、そうした流れということを語ることができるのである。そして、このことは、志向的諸体験の流れとしての体験流の構造によって[33]、必然的に、アプリオリに、予描されている。

把持は知覚意識のひとつの特有な変様である。その知覚意識は、根源的な時間構成する意識のなかでは、〔今的な〕原印象であり、そして、時間客観――それが、音の場〔＝聴覚野〕における〈持続する音〉のような内在的な時間客観であるにせよ、あるいはまた、視覚の場〔＝視覚野〕における〈色の与件〉のような内在的な時間客観であるにせよ――に関していえば、内在的な知覚（十全な知覚[34]）である。〔この両面性を念頭に置いて詳細に見ると、〕W(t)が、感覚される音〔t〕の知覚〔W〕――この知覚〔作用〕がその音を〈持続する音〉として捉えるのだが――であるならば、W(t)はもろもろの把持RW(t)の連続性へと変転する[35]。しかし、

W(t)は、内的意識のなかで体験として与えられてある、のでもある。W(t)がR W(t)に変転するとき、必然的に、内的意識のなかでまさにR W(t)の内的意識が変転する。[36]というのも、ここでは、〔音の〕〈ある〔＝存在する〕〉(Sein)ということと〔それについての意識それ自体の側の〕〈内的に－意識されて－ある〔＝存在する〕〉(Innerlich-bewußt-sein)ということがひとつになっているからである。[37]さて、W(t)の内的意識はこの内的意識の把持的変様に変転し、かつまた、この変様が、それ自体、内的に意識されてある。それゆえ、〈たった今－知覚して－もっている〉[38]〔という変様された作用それ自体〕が、〔内的に〕意識されてある。〔今的な〕音－知覚が、それに対応する把持（たった今あった音についての意識）に移行するときには、たった今あった〈知覚する〉の〔内的〕意識も（内的意識のなかで体験として）現にそこにあり、かつまた、両者は〔時間的に〕合致するのであり、私はその一方を他方なしにもつことはできない。別様に表現すれば、二つが必然的に一体をなすのであり、その二つとは、〈客観知覚が客観知覚の把持的変様へ移行する〉ということと、《知覚する》が《知覚する》の把持的変様へ移行する〉ということ、である。かくして、われわれは必然的に、二重の把持的変様をもつのであり、これらの〔二重の〕把持的変様が〔今的な〕知覚とともに与えられてはいるが、〔ただし〕この知覚は〔〈真に受け取る〉を含意するとはいえ、もっぱら〕内的意識〔それ自体だけ〕の知覚だというわけではない。内的意識は流れである。この流れのなかで、「内的知覚」〔＝意識それ自体の知覚＝真に受け取る〕でない体験が可能であるはずだとすれば、二重の把持的系列がなければならず、したがって、「内的」諸把持による統一性(39)としての流れの構成とならんで、もうひとつの「外的」諸把持の系列があるのでなければばならない。後者の〔「外的」諸把持の〕系列は、客観的時間を構成する(この客観的時間は、構成される内在性であって、前者の〔「内的」諸把持の〕系列に対しては外的であるが、しかしそれでも内在的である)。この場合に気をつけるべきことは、内的意識がその〔いわば自己〕相関項としてもつのは、持続する内在的な与件たち(音の与件、あるいは持続する喜びや苦しみ、あるいは出来事過程、いわゆる判断(40)、のような)ではなく、こうした統一性たちを構成する〔意識それ自体の〕諸位相(41)だということである。

原註

[1] 第三九節、三一三頁以下に関して。

訳註

(1) この補遺では、まずもって、『論研』などで「体験」(体験されるもの)と呼ばれたものと、「知覚」(知覚されるもの)と呼ばれたものの区別が前提になっている。ただし、大きな修正が加えられている。
『論研』で「体験」と呼ばれたものには、「感覚〔与件〕」と「作用」が含まれていた。しかし、本補遺では、それに、時間的な意味での「志向性」(とりわけ「把持」)が加味される。『論研』で「知覚」と呼ばれたものについては、本書ではそもそも「知覚」の語義が拡大されて、かつて「体験」と呼ばれたものについても「知覚」の語が用いられることになるが、この場合には、「内在的」という語が加えられる。さらにとりわけ、「作用」それ自体の「知覚」(や「把持」)には、「内的」という語が付加される。他方、『論研』で「知覚」と呼ばれたものについては、「外的」の語が付け加えられる。

もうひとつ重要なものとして、『イデーンI』では、「ノエマ」と呼ばれるものが登場する。ノエマは、それを媒介・突破して事物(端的な対象)が「知覚」されるところのものである。本補遺および本書では、「〈どの様に〉における現出者」といった術語で(完全には重ならないが)示されることが多い。「どの様に」は、時間的に「どの様に」を、すなわち、「今」とか「たった今」とかいった様態を意味する。

(2)「……についての意識」は、志向性を言い表す常套句である。「……」の部分には、さまざまな統一性が入る。たとえば「音」である。ただし、本補遺の本文では、「意識」の部分に重点が置かれている。「音についての意識」という場合、「音」と「意識」は不可分ではあるが、しかし、同じものではない。この後者に注目されるのである。

(3) これが第三九節の「縦の志向性」(Längsintentionalität)、本補遺の「「内的」把持」に関わる。

(4) この場合の「統一性」は、訳註(2)の「……についての意識」における「……」の部分に位置するものを指す。たとえば「音についての意識」であれば、「統一性」は「音」である。

（5）「ひたすら流れ去っていく」はHinströmenである。

（6）「現にそこに立つ」（dastehen）は、すでに何度か述べたように「対象」（Gegenstand）を指し示すことが多い。

（7）ここで体験流の〈時間の場〔＝時間野〕〉と、本来的な〈時間の場〔＝時間野〕〉が区別されていることに注意されたい。「本来的」は、「直観的」（そして「充実化的」）を指すことが多いが、ここでは、「体験」と対比された意味での「客観性」を指している。時間としては、「客観的時間」とほぼ同義である。

（8）これが第三九節の「横の志向性」（Querintentionalität）、本補遺の「「外的」把持」に関わる。

（9）この「ひとつの統一性」という表現は、「音」のような客観的な統一性ではなく、「体験流それ自体の統一性」を指しているだろう。

（10）この「遡行的想起」（Rückerinnerung）――これは補遺Ⅳ第四段落にも登場する――の通常の和訳は「回想」「追想」などであろう。これは、大きく言えば「再想起」（Wiedererinnerung）とほぼ同義である（第一五節では、この意味での「再想起」が扱われているので参照していただきたい）。再想起は、過去に関わる。

しかし、いくらか深く解釈することも可能かもしれない。Rückerinnerungの語が含むrück（遡及的・戻って）は、「時間的な過去に遡って」だけでなく、もう一歩進んで、「根源に遡って」をも意味しうる。そこで、この語を、ノエマではなく、その根源としての意識に「遡って」（再帰して）の意味にも理解できるだろう。

さらに、フッサールはErinnerung（記憶＝想起）の語にinner（内的・内部的）が含まれていることを使って、分析を示している。たとえば第二七節では「私が照明された劇場を記憶＝想起する（ich erinnere mich）ということは、私は照明された劇場を「私の内的な〔体験のなかの想起作用〕のうちで」(„in meinem Inneren")〈〔かつて〕あった劇場〉として観る、ということを意味する」と述べている。

さて、本補遺では、「内的意識」が問題にされるが、ここにもinner（内的）の語（あるいはinnerlichの語）が登場する。「内的意識」は、音のような対象についての意識ではなく、基本的に意識作用それ自体の自己意識である。そして、本文中の当該箇所では、まさにこの内的意識が問われている。そうすると、innerの語を含むRückerinnerungを、時間構成の「根源」としての自己意識の「内的」次元に遡ることとして理解できる。この意味では、この語を「遡行的内化」と訳すことも可能であるように思われる。

(11) この「事実」は、「原事実」と呼ばれるものと重なるように思われる。それというのも、この事実が成り立っていなかったら、体験それ自体が現象学的に無になってしまい、そもそもここで語られている現象学的な分析それ自体が不可能になってしまうからである。

(12) 体験はおのれ自身を体験する。ここでの「体験統一性」とは、そのような自己体験的（あるいは自己意識的）構造をもったもろもろの体験が、ばらばらにならず、むしろ、統一性を形作っていることを意味しているだろう。

(13) この「体験統一性」という表現も、「体験それ自体の自己統一性」であろう。

(14) 「内的意識のなかでは」という表現は誤解を招くかもしれない。「内的意識」という「物」

の「内部において」という意味に取られてしまう可能性がある。しかし、「物」の「内部」ではない。「内的意識」とは、「意識」の「作用」それ自体が、意識されてあるという事態を示している。したがって「〔作用それ自体が〕内的に意識されてあるという事態においては」と訳すほうが、より適切である。

（15）「注意する光線」は aufmerkender Strahl である。「光線」（Strahl）は文字どおりの「光線」ではなく「視線」だが、『論研』には「単一光線的」「多光線的」といった表現があるので、ここでも「光線」と訳す。

また「注意する」（aufmerken）という語は、いわばその集中度の語義的広がりをもっているように思われる。「見逃してしまわない」といった程度から、「意識を傾注する」といった意味まで広がる。補遺XII参照。

（16）この「豊かにする」という表現は、おそらく、こうした内的意識が成立していない場合（あくまでも仮想的な場合だが）と比較して、意識がおのれ自身を意識することによって豊かになる、といわれているのだろう。

（17）ここでの「変化させる」と訳した語は、ドイツ語原文では ändern である。時間的な意味での「変化」すなわち時間様態の「変様」（原印象が把持に移行するなど）については、wandeln が使われることが多い（が、とはいえ、ändern や verändern が使われることもある）。

ここでは ändern は、時間的な時間的意味での変化だけでなく、内容的な変化（「何」の変化）も含めて、一般的に使われているように思われる。

（18）この場合の「対象的にする」という表現は、音などのように「対象」にするという意味ではないだろう。

これに関連すると思われるが、補遺Ⅸでは、「把持的な位相が、先行する位相を対象にすることなくもつことができるのと同様に、原与件もすでに――対象的にあることなく――意識されてあるのであり、しかも「今」という特有の形式において、そうなのである」と言われている。ここでは「対象的にあることなく」が重要である。

これに対して、本補遺では、「注意する光線」は、「対象的にあることなく――意識されてある」ところのその成分に関与する。この関与が、その成分を（「対象的にあることなく」ではなく）「対象的にする」と言われるのだろう。それはおそらく「現にそこに立つ」ということ、すなわち解釈的に言えば、非主題的なものが主題的になっていわば「目立つ」ということであろう。
(19)「ただ過ぎ去っていってしまったもの」はDahingegangenesである。
(20) この「客観」は、音のような「客観」ではない。意識・体験それ自体の統一性が、ここで「客観」と呼ばれている。訳註(18)で「対象的にする」と言われたことと、ほぼ同じことがここでも述べられている。
(21) ここで「主観」という語が登場する。この段落で扱われているのは、意識作用それ自体の自己意識であり、伝統的には「統覚」の語で語られるものである。この「統覚」は、とりわけカントでは「自我」＝「私」と強く結びつく。フッサールは、「自我」＝「私」を認めるのに慎重だった。この段落では、「客観」の語が登場するが、それとの対比で「主観」の語が使われていると思われるが、しかし、この「主観」は、体験それ自体がその自己意識構造によって

「客観」となることと結びついているように思われる。

(22) この「本源的」は original の訳語である。フッサールは、他者経験の分析の際に、original の語を多用する。これは、「自己固有の」といった意味を含む。他方、「知覚」は、「記憶＝想起」に対して「原本的」であり、この場合には originär の語が使われることが多い。しかし、本文のこの箇所では、original は originär とほぼ同義に使われている。

(23) これは、現出者あるいはノエマのことであろう。

(24) ここでただちに分析が現出者あるいはノエマの側に移るかと思われるが、実際には、一〇行ほど後の「〈ひとつのもの〉」からである。

(25) この「志向的体験である」という語法は、しばしば登場するが、「志向的体験のなかに含まれているものである」という意味に理解してよいだろう。ただし、それは、それとして主題化されているわけではない。

(26) 前の段落で、光線が、意識作用の「注意されるべき流れ」そのものを「……対象的にする」と言われていたが、そのことであろう。

(27) 「時間構成する意識〔それ自体〕の「諸現象」」という表現は、意識作用の自己現出を言い表している。

(28) 「内的意識」とは、おのれ自身を対象にする意識である。言い換えれば、自己意識である。しかし、おのれ自身に自閉した意識ではない。意識は「作用」であって、この「作用」において（おのれ自身でない）対象が現出するからである。したがって（この両面をあわせていえば）、意識は、（おのれ自身でない）対象がそれにおいて現出するところの「作用」でありながら、そしてその意味で「外的」に対象に関わりながら、同時に、おのれ自身が「内的」に対象となる。外的対象がそれにおいて現出する「作用」が、おのれ自身に内的に現出する。後者の側面が「内的意識」と呼ばれる。

なお、ここで確認されるように、「意識」あるいは「体験」は、本補遺では、その「作用」という側面を重視する仕方で（それゆえ、「感覚〔与件〕」を相対的に見て軽視する仕方で）、解明されている。

(29) この文章でも、先の文章とほぼ同じことが述べられている。外的対象がそれにおいて現出するところの「作用」は、それ自体は、外的対象としてではなく、いわば内的対象として自己現出する。このように内的対象となることが「体験」という言葉で表現される。外的対象は、体験されず、経験されるが、内的対象は、経験されず、体験されるのである。こうした意味で、本文は、以下のようにパラフレーズされる。すなわち、作用は、おのれ自身において体験されるのである。

(30) ここでの「時間点と〈時間的に持続する〔というプロセス〕〉」は、外的対象のそれらではない。むしろ、体験それ自体、作用それ自体であり、これらが、体験の、作用の、いわば内的な対象となっている、ということだろう。

(31) 「〈どの様に〉における諸対象」とは、時間的な様態という点で捉えられた諸ノエマのことである。

(32) これはおそらく諸現出者あるいは諸ノエマのことである。

(33) 諸現出者あるいはノエマが時間的な〈どの様に〉をもつことができるのは、意識作用それ自体の構造による、という議論である。

(34)「内在的な知覚（十全な知覚）」の箇所は、説明を要するかもしれない。超越的な対象は、知覚のなかに収まらないものをもつ。すなわち、不十全である。他方、現出の次元のノエマは、知覚のなかに収まる。すなわち内在的であり、十全的である。しかも、本補遺では、時間が分析されており、時間的な広がりをもつ時間客観も、いわば時間的ノエマとしては、内在的であり、十全的である。

ただ、他のテクストでは、微妙な相違も見られる。

(35) 記号の意味として、「W」は「知覚」（Wahrnehmung）、「t」はおそらく「音」（Ton）である。別の補遺を参照すると、transzendent（超越的）という解釈も出てくるかもしれないが、しかし、そこでは「t」は丸括弧に入れられていないので、この解釈は成り立たないだろう。Rは「把持」（Retention）であろう。

(36) この文章は解釈の余地がある。おそらく、ノエマ側に関わる$W_{(t)}$が$RW_{(t)}$に変転するときには、それに相関して、ノエシス側で$W_{(t)}$の内的意識が$RW_{(t)}$の内的意識に変転する。このような内容が表現されている。このように解釈するならば、「$W_{(t)}$が$RW_{(t)}$に変転するときには、必然的に、内的意識のなかでまさに〔$W_{(t)}$の内的意識から〕$RW_{(t)}$の内的意識が変転によって生じる」が適切だということになる。そうでないと、「……必然的に、内的意識において、$RW_{(t)}$の内的意識が〔さらに別の変様$RRW_{(t)}$へと〕変転する」と読めてしまう怖れがある。

しかしまた、この箇所では、$W_{(t)}$の内的意識について記されていない、と見る解釈も出されるかもしれない。言い換えれば、そもそも$W_{(t)}$では、内的意識は生じていない、という解釈である。

内的意識は、把持においてはじめて成立する、という解釈である。ただ、この解釈には無理がある。というのも、直前の文章で「W(t)は、内的意識のなかで体験として与えられてある、のでもある」と述べられているからである。

(37) ドイツ語の「意識（作用）」はBewußtseinである。フッサールは、ノエマ的なものが「ある〔＝存在する〕」(sein)という規定（より正確には「存在性格」）をもつのは、ノエシス的な意識作用の構成による、と見る。他方、ノエシス的な意識作用そのものは、innerlich（内的に）、bewußt（意識されて）、sein（ある〔＝存在する〕）と見る。この両面は、不可分であり、一体をなしている。このことが、ここで述べられている。

ただし、後者の側面がドイツ語特有のものか、と言われるならば、かならずしもそうではない。これは、明示的にはライプニッツのaperception（統覚）の概念で示されている（ちなみに、ライプニッツはaperception ou conscience「統覚あるいは意識」とも記しており、意識は統覚すなわち自己意識とほぼ同義である）。しかし、この発想は、デカルトにも見られる。デカルトは基本的にフランス語で、あるいはラテン語を用いていた。さらにカントでも、この概念はドイツ語のApperzeptionにおいて引き継がれている。

(38) 「たった今－知覚して－もっている」はdas Soeben-wahrgenommen-habenの訳である。ドイツ語との対応という点では、「たった今－知覚した〔という様態で〕－もっている」という訳のほうがより正確だが、ここでは、わかりやすさを優先させて、補いを入れた。

(39) この「統一性」は、意識自身の流れのなかでの自己統一性である。

(40) この箇所はgenannt Urteileと記されているが、genanntをsogenannteと解する。

（41）内的意識が対象とするのは、基本的に意識自身の「位相」である。「位相」とは、「今」「たった今」などである。そもそも時間構成する意識（作用）それ自体が、おのれ自身において諸位相を構成し、かつおのれ自身を対象にするのだから（「対象」の語義に注意）、こういうことになる。本補遺では、主に、時間構成する「作用」の自己意識が「内的」として語られている。

補遺IX　原意識と、反省の可能性〔1〕

把持は〔（原）印象の変様であるが、とはいえ、〕以下のような変様ではない、すなわち、その変様においては、印象的な諸与件が実的に保持されたままにとどまっていて、ただ〔その時間的な形式だけに関して〕まさに〈変転した形式〉でとどまっているといった、そうした変様ではない。そうではなく、把持はひとつの志向性であり、しかも特有な種類の志向性である。ひとつの原与件、ひとつの新たな位相が登場することによって、先行するものは、失われるのではなく、「掌中に保持される」（すなわち「把持される」）、そして、この把持のおかげでこそ、〈経過し去ったもの〉に遡って〔＝振り返って〕まなざしを向けるということが可能なのである。〔とはいっても、〕把持そのものが、〈遡ってまなざしを向ける〔作用〕〉（Zurückblicken）であるというわけではない、すなわち、経過し去った位相を客観にする〈遡ってまなざしを向ける〔作用〕〉であるというわけではない。経過し去った位相を掌中にもっている〔＝把持している〕ことで、私は〔いつも〕、現在的な位相を〔離れることなく〕生き抜きつつ、それ〔＝経過し去った位相〕⑸を——把持のおかげで——〔現在的な位相に〕「付け加えて」取り込みつつ、そして、到来してくるものに（予持において）向かうのである。

しかし、私がその位相を掌中にもっている〔＝把持している〕あいだ、私はその位相に新たな作用のなかでまなざしを向けることができるのであり、その新たな作用は——経過し去った〈体験する〉⑹（Erleben）が新たな原与件のなかでおのれをなお産出しているか〔＝なお産まれ出ているか〕⑺、それゆえひとつの印象であるか⑻、それとも、すでに終結して全体として「過去に退いている」かに応じて——反省（内在的な知覚）⑼と呼ばれるか、再想起と呼ばれるか、どちらかである⑽。これらの作用〔＝反省と再想起〕は、把持に対して、〈充実化〔する〕〉という関係のうちにある⑾。把持は、それ自体では「作用」（つまり、把持的諸位相の系列内で構成される内在的な持続統一性）ではなく⑿、経過し去った位相の瞬間意識（Momentanbewußtsein）であるのだが、また、それといちどきに⒀、その次の位相の把持的意識⒁にとっての基礎でもある。それぞれの位相はいずれもみな、先行する位相を把持〔する〕という仕方で意識してもち⒂、そのことによって、間接的な諸志向の連鎖⒃のなかで、経過した諸把持の系列全体を含む。そして、まさにそのことによって、持続統一性⒄がおのれを構成するのであり、この持続統一性は、時間図表の垂直系列によって再現されるものである。これはまた、遡って〔＝振り返って〕観る（rückschauend）作用[18]の客観でもある。この作用のなかで、〔音のような〕構成される統一性（たとえば、持続的な仕方で把持的に保持される〈不変の音〉）とともに、〔意識作用それ自体である〕構成する諸位相の系列[19]が所与性に到る。[20]だから、意識〔作用それ自体〕が対象にされることができるのは、把持のおかげである。

そうすると、次のような問いを投げかけることができる。すなわち、おのれを構成する体験[21]の開始位相はどの様になっているのか、と。その開始位相も、把持にもとづいてしか所与性に到らないのか、そして、その開始位相は、それに把持がつながらないならば「無意識的」なのか、と。この問いに対しては、こう言うことができる、すなわち、開始位相は〔なるほど〕ただそれが経過した後でのみ、すでに示された仕方で——すなわち把持と反省（ないし再生〔＝再想起〕）によって——客観になることができるのだ[22]、と。けれども、開始位相が把持によってのみ意識されてあるのだとすると、何が開始位相に「今」としての特筆的な規定を与えるのかが、不可解なままである。開始位相を、〈先行する位相をもはや把持的に意識させることのない位相〉として、それの諸変様〔＝諸把持〕から消極的に[23]区別するということも、可能ではあろう。けれども、開始位相は、やはり〈意識されてあるという仕方で〉（bewußtseinsmäßig）一貫して積極的に性格づけられるのである。事後的にはじめて意識されるようになるような「無意識的な」内容を語るというのは、まさに無意味である。[24]意識とは必然的に、その諸位相のいずれにおいても〈意識されてある〔存在〕（*Bewußtsein*）

のことである。把持的な位相が、先行する位相を対象にすることなくもつことができるのと同様に、原与件もすでに――対象的にあることなく――意識されてあるのであり、しかも「今」という特有の形式において、そうなのである。[25] まさにこの原意識が、把持的変様に移行するものである――その場合、この把持的変様は、原意識それ自体の把持であり、かつまた、原意識のうちで原本的に意識されている〔音のような〕与件の把持なのであって、それというのも、両者は不可分にひとつであるからである――。仮に原意識が〔前に〕あるのでなかったら、[26] 把持もまた考えられなかっただろう。〔そもそも〕無意識的な内容の把持は不可能である〔からである〕。ちなみに、原意識は、なんらかの根拠から推論されたものではなく、構成される〈体験する〉への反省のなかで、〈構成する位相〉として、諸把持とまったく同様に観取されうるのである。ただし、この原意識、この原統握、[27] あるいはそのほかどのように名づけようとも、そうしたものを、ひとつの〈統握する〔作用〕〉だと誤解してはならない。[28] それがこの事情についてのひとつの明らかに〔＝明証的に〕誤った記述であるという点は脇に置くとしても、右のことによって、人は解決不可能な諸困難に巻き込まれてしまうだろう。もしそれぞれの内容が意識されるに到るのは、ただ、それに向かう統握作用によってのみだと言う人がいれば、ただちに、この統握作用――これはやはりそれ自体ひとつの内容である〔のだから〕――がそれのなかで意識されるところのその意識〔作用〕についての問いが持ち上がってくるし、そして〔そうなれば〕また、無限退行は不可避となる。けれども、それぞれの「内容[29]」がそれ自身において必然的に「原意識されて」(„urbewußt“)あるならば、〔そうした内容を〕さらに〔その背後から〕与える意識〔作用〕についての問いは無意味となる。

さらにいえば、統握作用はいずれもみな、それ自体、ひとつの〔プロセスのなかで〕構成される内在的な持続統一性である[30]。〔しかるに〕統握作用がおのれを築き上げるあいだに、それが客観にすべき当のもの[31]はとっくに通り過ぎてしまっており、〔それゆえ〕また――われわれが原意識と諸把持の働き全体[32]をすでに前提しなかったならば――その統握作用にとってもはやまったく手が届かなかったことだろう。しかし、〔実際には〕原意識と諸把持が〔前に〕あるがゆえに[33]、反省において、〈構成される体験〉と〈構成する諸位相〉に目を向ける可能性、それどころか、それらの相違――たとえば、原意識のなかで意識されている流れであったような根源的な流れ[35]と、それの把持的変様とのあいだで成り立つ相違[36]――に内的に気づく[37]可能性さえも、成り立つのである[38]。反省という方法に対して〔これまでに〕提起されてきたもろもろの異論のすべては、〈意識というものの、本質に即した構成〉に対する無知から説明されるのである。

原註

〔1〕第三九節、とりわけ三一七頁以下、ならびに、第四〇節、三二一頁以下に関して。

訳註

（1）もし「印象的な諸与件が実的に保持されたままとどまっている」ならば、それは「知覚」であって、「把持」ではない。ここでは、「実的」の部分が重要である。これに対して、すぐ次に、把持が志向性だと言われるのは、「実的」と「志向的」とが対立するからであろう。

（2）志向性は、「……についての意識」という定式においては、「……」の対象的なものに関わっていくが、把持の場合には、時間のいわば過去方向の位相に関わる。この意味で、「特有な種類」であろう。

（3）これは「再想起」であろう。

（4）把持は、再想起を可能にするが、しかし、それ自体として再想起ではない。

（5）この補足・解釈には異論がありうる。「それ」を、直前にある「現在的な位相」と解する可能性もある（文法的にはこの解釈のほうが自然であろう）。その場合には、「それ〔＝現在的な位相〕を――把持のおかげで――〔把持の系列に〕「付け加えて」取り込みつつ」というように訳すことになる。

いずれの解釈を取るかは、おそらく「生き抜く」（durchleben）という語の解釈と関わる。すなわち、私が現在的な位相を通り抜けて生きる、というように解するならば、「これ」は、私がすでにそれを通り抜けてしまったその位相ということになるが、その位相はもはや「現在的な位相」ではない。その意味で、この別解釈は、本文の解釈に比べて、弱点があるように思われる。

（6）本訳書では、ドイツ語の動詞の名詞化を「……〔作用〕」などと補って訳すことが多かった。ここでもドイツ語の名詞化 Erleben が登場しているので、「〈体験する〔作用〕〉」という訳語も可能である。

しかし、本補遺では、「作用」という語を補うのは、また別の問題を引き起こす可能性がある。このことを指摘しておきたい。

（7）この「おのれをなお産出している」という箇所も、ドイツ語の再帰用法で記されている。この再帰用法を、「おのれを……する」というような具合に訳すのは、適切でない可能性がある。ここに、「中動態」が含意される可能性がある。中動態的な日本語表現としては、「産まれ出てくる」といった表現のほうが適切であろう。能動形（あるいはその反転としての受動形）では表現されないような事態が、問題になる。

他方で、中動態的な事態は「分析」しにくい。「分析」のためには、能動形・受動形を使うことが必要になる。

（8）この箇所は解釈の余地がある。「おのれをなお産出している」は、「なお把持されている」と解釈されるだろう。ただし、把持は産出的でないとすると、この解釈に疑問の余地がないわけではない。この場合、「ひとつの印象」の語は、「原印象」ではなく、「原印象と把持」と解釈されるだろう。

もうひとつの解釈は、「おのれをなお産出している」を「原印象」と解する。そうすると、「経過し去った」という文言と適合しにくくなる。どちらの解釈にも疑問の余地がないわけではない。

（9）「内在的な知覚」は、「内的な知覚」と同義でない。おそらく「原意識」は「内的な知覚」であるが、「内在的な知覚」としての「反省」ではない。

（10）この文言は第一五節第二段階の「反省する」の論述と連関している。ただし、第一五節では、反省は再想起の一種として扱われているように読める。この補遺Ⅸでは、反省と再想起とが区別されている。おそらく、広義の再想起（第一五節）と狭義の再想起（本補遺）として理解可能であろう。

（11）この場合の「充実化〔する〕」は何を意味するのか。

把持そのものは、統一性として構成されたものとしての「作用」ではない。これを統一性として構成するのは、反省と再想起である。とすれば、反省と再想起によって把持を統一性＝作用として構成することが「充実化する」と言われているのではなかろうか。とりわけ、これによって、その統一体が「何」であるか、が規定される。この「何」の内容の規定に、「充実化」という言葉が関わっているように思われる。

（12）この場合の（引用符付きの）「作用」は、「持続統一性」である。持続統一性は、「遡って〔＝振り返って〕観る」作用によって捉えられる「客観」である。しかし、そもそも「作用」には、おのれ自身を含めてなにものかを「客観」として構成する、ということが含意されている。作用はおのれ自身を「客観」として構成するからこそ、「客観」（あるいは「持続統一性」）という身分で現れるのである。

しかし、問題はそれだけで済まない。把持は「作用」ではないのである。把持は、まだおのれ自身を「客観」として構成しきれない。「作用」（Akt）は「能動的」（aktiv）と結びつきやすいが、そうでない次元がここで現象学的に発掘されようとしているように思われる。すなわち、「受動的」な構成の次元である。この場合の「受動的」は、「能動的」の単純な裏返しではない。すなわち、単純な「……する」に対立する単純な「……される」ではない。むしろ、場合によって「中動的」という、やはり動詞的な概念で記述されるほうが、より適切であるような次元が発掘されるように思われる。

(13) この「いちどきに」(zugleich) については第三八節などの訳註で説明した。ただ、この箇所については、「同時に」と訳しても大過ないだろう。

(14) 「その次の位相の把持的意識」は、おそらく、現下においてはまだ把持になっていない、現下の今の位相(原印象的位相)を意味する。現下の把持的意識は、「その次の位相の把持的意識」が登場すると、「把持的意識の把持的意識」となる。このことが、(次の位相の把持的意識の)「基礎となる」と言われているのだろう。

(15) 「意識してもち」という表現は、「意図してもち」と理解されるべきではない。むしろ、「意識〔=意識されてある〕の射程のなかでもち」という意味に近い。

(16) これは、「把持」に対して、「把持の把持」、「把持の把持の把持」などの連鎖を指すだろう。

(17) この「持続統一性」は、直前の文章でも述べられたとおり、かつまた、すぐ後に述べられるとおり、「遡って〔=振り返って〕観る」作用にとっての「客観」である。

(18) この「遡って〔=振り返って〕観る……作用」とは、「反省」と「再想起」であろう。

(19) 「構成される統一性」はノエマ側の統一性(音の統一性)であり、「構成する諸位相の系列」はノエシス側の統一性である。後者は、反省あるいは再想起という「作用」のなかで、

「所与性に到る」すなわち主題化される。

(20) この「所与性に到る」という表現は、訳註(11)の「充実化〔する〕」と対応している。あるいは、「主題化される」ということとほぼ重なる。そして、「主題化される」ということが、さらに(この直後で)「対象にされる」と表現されているように思われる。その意味で、これは「〔対象・客観としての〕所与性に到る」と解される。

(21) この「おのれを構成する体験」(sich konstituierendes Erlebnis)の「おのれを構成する」は、能動性を感じさせる。この再帰用法にはさまざまな解釈があるが、中動態として解釈することも可能であろう。

(22) 開始位相を「客観」にするのは、反省あるいは再想起である。

(23) この「消極的に」は、もちろん、「ない」という記述の仕方で、という意味である。

(24) この言葉は、ドイツ語の「意識」(Bewußtsein)が、bewußt(意識されて・意識的)とsein(ある・存在する)からできていることに関連している。意識は、おのれ自身が意識されるという仕方で、ある〔=存在する〕。別言すれば、意識は、意識されて、ある〔=存在する〕。ただ、これを「意識されてある存在者」と訳すと、やや強すぎる。というのも、「存在者」は、フッサールの場合には「対象」(Gegenstand)と大きく重なるからである。意識がおのれ自身を意識する仕方は、まずもって「対象的」ではない。言い換えれば、まずもって非主題的である。しかし、おのれ自身を「対象的」にすることも、すなわち主題化することもできる。

ここには、主題性と非主題性(これはその後の現象学の展開にとってますます重要になる)との関係という大きな問題がある。

(25) この文言は、「意識されてある」という語と「対象的にある」とがずれることを意味している。「対象的にある」は「意識されてある」に含まれるが、しかし、「意識されてある」は、「対象的にある」よりも広い。

この箇所を、補遺Ⅷ第二段落以下の文言と重ね合わせるのは、興味深いだろう。そこでは、意識作用それ自体が「対象」となるということが述べられていた。しかし、この補遺Ⅸでは、原印象的な意識作用に関して、「対象的にあることなく」と言われている。とすると、原印象以外の位相においては（把持的な位相においては）意識作用それ自体の対象化が始まりつつあるという解釈が成り立つだろう。

この場合、ひとつの解釈として、原印象的位相においては、把持的位相よりも、いわば現象性の度合いが低い、ということになるだろう。「対象的」(gegenständlich) は、「現にそこに立つ」(dastehen) と強く結びつき、現にそこに立つということは、現象性の度合いが、より高い（要するに「目立つ」）、あるいは主題的であることを含意する。しかるに、原印象的位相では、対象性が低く、現象性が低い。把持的位相から原印象的位相に対しては、対象性・現象性の「傾斜」がある。しかし、原印象的位相も完全に無意識的ではない。こう解釈できる。

(26) この「〔前に〕ある」は vorhanden (sein) に対応する。

(27) 「原意識」、「原統握」は、伝統的な用語では、ライプニッツ、カントの「統覚」に対応するだろう。要するに、意識作用そのものの自己意識である。なお、フッサールは「統握」(Auffassung) を、「統覚」(Apperzeption) と互換的に用いる場合がある。

(28) 「原統握」が「統握する〔作用〕」でない、というのは、いささか奇妙に響くかもしれない。

次の段落の冒頭で「統握作用」（Auffassungsakt）という言葉が登場するが、これは、構成されるものとしての「統一性」であろう。原統握は、この構成されるものの意味での「統握する作用」ではない、ということであろう。

(29) この引用符付きの「内容」はノエシス的な意識それ自体を指しているだろう。

(30) ここで言われている「統握作用」は、本補遺第二段落の「「作用」（すなわち、把持的な諸位相の系列のなかで構成される持続統一性）」の意味での「作用」であろう。

(31) この「当のもの」は、把持に先立つ「統握作用」であろう。

(32) この「働き」はSpielである。これは、基本的に単純に「働き」でもよいだろう。ただ、膨らませて解釈するならば、伝統的には、なにかを「規定する」ように働く作用に対して、そうでないものがSpielの語で表現されることがある。

(33) この「〔前に〕ある」はvorhanden seinである。この箇所では、先行的にある、のニュアンスが感じられる。また、Hand（手）の語からは、近くある、のニュアンスも感じられる。

(34) この「と」が強調されていることに注意。なぜ「と」が強調されているのか。

把持のおかげで、いやそれに先立ってすでに原意識のおかげで、意識はそれ自体、意識されて〔前に〕ある。この自己意識構造によって、構成されるもの「と」構成するものは、不可分にひとつである。「と」はこのことを示しているだろう。

(35) これは、原意識されている原印象的位相であろう。

(36) この文章における「それどころか」は、「構成される体験」と「構成する諸位相」との一体性が示されたうえで、さらにそれを越えて、後者のなかで「原印象的・原意識的位相」と

「把持的位相」との相違・区別さえも、内的に気づかれる、ということを意味しているだろう。この場合、「構成される体験」と「構成する諸位相」の相違・区別も内的に気づかれるということも含意されているだろうか。このことは、ミシェル・アンリの「自己触発」やジャック・デリダの「差延」と関係するだろう。

(37)「内的に気づく」は inne werden の訳である。この語は、通常、「気づく」を意味する。しかし、ここでは inne という語が重要であるように思われる。すなわち、inner（内的）の語と関連しているように思われる。意識作用それ自体の自己意識について、inner の語が使われる。これを承けて、意識位相の相違・区別としての「原印象」と「把持」が意識作用それ自体における「原意識」と「「内的」把持」に対応するが、この意識作用それ自体の「内的」相違・区別が自己意識される場面がここで問題にされているので、inne の語によって「内的に気づく」と言われる、そう解釈する。

なお、歴史的にはディルタイがこの inne werden という語を重視したことが知られている。

(38) この文章は、現象学の方法である「反省」それ自体の可能性の条件を語っている。しかし、フッサールの「反省」の捉え方については、多くの謎が残されている。

補遺X　時間の客観化と、時間内の事物的なものの客観化[1]

ただひとつの全体–空間の構成と、ただひとつの時間の構成とは、〔互いに〕平行する問題である[2]。知覚される事物がそれの物体という点に関して〈ただひとつの全体–空間のなかに横たわっている〉として現出するかぎり、ただひとつの全体ー空間は、それぞれ個々の〔事物〕知覚の際にともに知覚される。ただひとつの時間〔に関しては、それ〕のなかに事物の時間性が位置し、それのなかに事物の持続がおのれを組み入れるのであり、また〔当該の事物それ自体だけでなく〕、その事物の環境に属する諸事物すべての持続や、事物に関わる出来事過程すべての持続も、同様におのれを組み入れる。〔さらに、〕この同じ〔ただひとつの〕時間のなかに自我もまたおのれを組み入れる。しかも、自我の身体だけでなく、自我の「心的体験」もそうである。それぞれの事物的なものに属する時間は、その当の事物的なものの時間ではあるが、それにもかかわらず、われわれはただひとつだけの時間をもつ。もろもろの事物が唯一の直線的な延長のなかに〈ひとつに並んで他のひとつ〉というように組み入れられるという、ただそれだけでなく、さまざまな事物やさまざまな出来事過程が〈同時的〉(gleichzeitig)として現出するが、〔この場合にも、〕それらは、平行する等しい時間たちをもつのではなく、ひとつ〔だけ〕の時間、数的に一である時間をもつのである。ここでは、視覚的充実と触覚的充実とが合致するといった多重的空間充実の場合と同様の事情にはなっていない。むしろ、〔この場合に〕われわれがもつのは、〔右のような多重的充実の意味で〕互いに合致するのでないにもかかわらず、同一の時間区間のなかにあり、また持続する、そうした事物的なものたち、である。

事物の所与性が遂行されるのは〔＝事物が意識に与えられるということが成し遂げられる

のは[8]〕、現象学的時間性[9]のなかのプロセスとして、である。〔より詳細に述べるならば、空間性を含む事物構成に関わる〕〈動機づける運動感覚（K）〉と〈動機づけられる「像」[10]〔b〕〉との過程[11]の全体は、〔しかしまた〕時間的に延び広がってある[12]。K_0からK_1への移行[13]においては、それによって動機づけられる像たちはそれらの経過流[14]b_0—b_1をもち[15]、かつまた、その像たちは、Kと時間的に互いに合致する関係にある[16]。充実化された時間流はいずれもみなそうであるように、右の〔bの〕経過流も、それの時間形態[17]をもつ。そして、この時間形態は〈変転する時間形態[18]〉でもあることができる。また、Kの流れも、そしてそれとともにbの流れも、より速く生じることも、より遅く生じることもできる[19]。またその場合、それらの流れは、時間充実が時間区間のなかで広がるときにその時間充実がより大きな「濃密度」（„Dichte"）であれこれの時間区間を充たすか、より小さな「濃密度」であれこれの部分区間を充たすかに応じて、じつにさまざまな仕方で、等しい速度で生じたり、等しくない速度で生じたりすることができる[20]。さらに言えば、Kの経過、そしてそれとともに像〔b〕の順序系列の経過[21]は逆転されることができるし[22]、しかもまたもや〈変転する時間形態〉において、そうされることができる。所与性の意識のもろもろの時間形態は、右の〔Kとbの〕経過〔の如何〕に従う。

〔しかし、〕ある見方では、これらのことすべてでは、現出しているその客観、〈与えられている[23]〉として現にそこに立っているその客観〔それ自体[24]〕にとっては、重要でない[25]のであって、これと同様に、キネステーゼ的な像－経過流の延び広がり[26]が大きくても小さくても、あるいは観念的（ideell）な全体的多様性[27]にもとづいてみた場合の可能的な諸現出の経過〔量〕が大きくても小さくても、〔客観それ自体にとっては〕重要でない。「重要でない」と私が言うのは、まさにいつも、同じ事物が、たとえば内容的に不変な、静止している事物が現にそこに立っていて、同じ時間形態においておのれの事物的な内容充実をいつも押し広げつつ、どの場面でも同等な〔充実の〕濃密度において現にそこに立っているかぎりでのことである。とはいえ、それでもやはり、流れの時間性は、客観化[28]に関して〔黙過されてよいわけでなく、〕語られるべきことをもっている。すなわち、たしかに〈時間的なもの〉が現出するし、〈現出する対象〉には本質的に〔＝不可欠なものとして〕時間性が属しており、詳しく言えば、われわれの〔ここでの〕場合には〈不変な、静止している事物〉の持続という形式[29]における時間性が属している。そうすると、こう言われるだろう、すなわち、時間〔それ自体〕の客観化は、やはり〔その構成的前提として〕、〈時間〔それ自体〕を「描出＝提示する」[30]〉内容〉を現象のなかにもたねばならないし、それは、その内容の現象学的な時間性以外のどこにおいてのことであろうか、と。より詳細にみれば、当然、狭義での現出[31]、そのつどの動機づける諸般の事情のもとにある現出[32]が、問われるだろう。そして、〔そうした〕現出のなかで、像はその〔疑似－〕場所性によって〈客観的な場所的なもの〔それ自体〕〉を描出＝提示し、その像の疑似－形姿や疑似－寸法によって〈客観的な形姿や寸法〔それ自体〕〉を描出＝提示し、さらには、その像の疑似‐着色によって客観的な着色〔それ自体〕を描出＝提示するが、これと同様に、像はその疑似‐時間性によって〈客観的な時間性〔それ自体〕〉を描出＝提示する。〔こうした現出の側での〕像は、像連続性の流れのなかの像である。この流れ〔のなか〕の像位相それぞれにはみな、事物の〈現出する客観的な時間位相〉が対応する。もっと詳しくいえば、この像のなかで描出＝提示される〔事物の時間的な〕〈客観面〉が対応する。像の先経験的な時間位置は、客観的な時間位置の描出＝提示である。像連続性の経過のなかでの先経験的な時間的延び広がりは、事物の客観的な時間的広がりの、それゆえ事物の持続の、描出＝提示である。これらはすべて明証的である。[33][34]

〔しかし〕もっとよく見ると、客観的時間のこの「描出＝提示」は、もちろん、〈客観的時間のなかにあり客観的時間のなかで持続している事物〔それ自体〕〉――〈時間のなかで同一的な、かつ持続という仕方で時間を充実化している、事物〔それ自体〕〉としてのそれ――の描出＝提示とは、本質的に別のことである。簡単にするために、〔変化しない〕等しい像たち、つまり等しく豊かな〔充実をもった〕像たちの連続性を「きわめて判然と見る」という〔限定された〕狭い領域内で取り上げるならば、志向的な光線の束が、疑似‐時間性のなかで流れ去っていく像たちを通り抜けて行き、そのことによって像たちは一義的な対応関係のうちに置かれる。〔この場合、〕同じ志向的な光線のうえに位置する点たちは、それらの諸内容を通り抜けて、ひとつの同じ客観点を描出＝提示する。かくして、ここでは、〈統[35][36][37][38][39][40]

一性を措定する意識〉が先経験的－時間的な[41]連続性を通り抜けて行くのである。〔このとき、〕もろもろの内容の流れは、〔右の〕志向的な光線に乗って並べられることで、〈位相・対・位相〉という具合に[42]、同じ事物点を描出＝提示する[43]。〔もちろん、〕それぞれの像点[44]もそれの先経験的な時間位置をもつ。しかしながら〔時間それ自体の構成に関しては〕、〈ひとつの後に他のひとつ〉というように続くもろもろの時間位置を通り抜けて、またもや、それらの時間位置を〔事物のような〕同一な統一性へと客観化する統一性意識が進んで行くというのではない[45]。すなわち、この時間位置の〔形式的な〕連続性のなかで〔内容をもって〕広がっていく〈もろもろの像点の系列〉のほうは同じ事物点を描出＝提示するのだが、しかし、時間位置の〔形式的な〕系列のほうは、それ〔＝事物〕[46]のひとつの同一な時間点を描出＝提示するのではなく、またもやひとつの時間系列〔＝客観的時間〕を描出＝提示するのである。そして、個々の時間点は〔疑似－時間性と客観的時間とで〕同じ時間位置をもつのであり、また、他のすべての〔同じ層に〕共存する時間点たちも同様である。〔さらに、〕ひとまとまりの全体としての像はひとつの時間位置をもつし、それぞれ異なった像は異なった時間位置をもつ。先経験的な像の流れのなかの異なったそれぞれの時間位置は、異なった客観的な時間位置を描出＝提示する。そうでなかったら、じつに、ひとつの事物――それそのものとしておのれの持続をもつような、すなわち、ひとつの充実化された客観的な時間系列をもつような、ひとつの事物――が現出することはないだろう。

先経験的な時間過程のなかでおのれを広げる統一性意識[47]は、〈描出＝提示する像たち〉の時間過程のなかで、以下のことによって、統一性[48]を措定する。すなわち、その統一性意識が、その像それぞれをまさに〈描出＝提示する像〉にして、[49]その像のなかで所与性[50]を措定し、そして〔さらに〕新たな像〔が登場すると、その〕それぞれとともに「同じもの[51]」の所与性を措定することによって、統一性を措定する。しかし〔その際〕、〈それぞれの位相において与えられるもの〉は、〈あれこれの内容をもったひとつの今〉として与えられかつ措定されてあり、そしてまた、〔その位相が〕次の位相へ移行するときは、それの今において〔把持的に〕しっかり保持される。そのようにして、新たな位相は、そして、いかなる新たな位相も、それの内容をもったまま〔把持的に〕しっかり保持されるのであり、それゆえ、もろもろの位相が恒常不断の移行のなかで統一性[52]へと措定される際には、それぞれの位相はその客観化[53]においてそれの今を保持し、かつまた、〈客観的な今点たちとしての〉今点たちの系列は〈連続的に統一的で同一的な内容〉をもって充実化されてあるという具合になるのである[54]。位相aは、それが現下のものであるときは、現下の今という〔時間〕性格をもつ。けれども、時間流のなかで位相は〔他の〕位相につながるのであり、そして、新たな現下の位相をわれわれがもつやいなや、まさに「今」あった位相のほうは、現下の位相としてのそれの〔時間〕性格を変化させてもつ。この〈諸変化の流れ〉のなかで時間的な客観化[55]が遂行されるのであるが、〔ただし〕それは、aが退きつつ沈んでいく際に被る現象学的な〔時間性格の〕

変化の流れのなかで〈特定の時間点をもつ同一のａ〉の措定が連続的に生じているかぎりで、のことである。〔このような連動関係のもとで、〕まさにそれぞれの像がそれの今とともに、それがそれ自体においてあるように客観化されたならば[56]、客観化する意識のなかで、像たちの経過する流れのほうは、感性的な諸内容の変化の流れ[57]として現出するのである。〔かくして、〕この〔諸内容の変化の流れの〕多様性の統一性[58]は、その多様性のなかに「横たわっている」統一性、そしてその多様性から〔いわば〕読み取られるべき統一性だということになるだろう。

しかし〔これだけでなく〕、事物の客観化においては[59]、キネステーゼ的な動機づけ〔による〕統一性という意味での像内容が、あれこれの仕方で超越的に統握される。それゆえに、その像内容は、それがあるままにただ単純に受け取られるのではなく[60]、描出＝提示として、〔すなわち、〕あれこれの仕方で性格づけられる[61]〈志向的な光束〉の、そしていつも〈純粋な合致〉[62]という仕方で充実化される〈志向的な光束〉[63]の担い手として、受け取られるのである。この志向性はもろもろの像内容を通り抜けて〔超越的・客観的な事物に向かって〕行き、その他方で、そのつどの像に属するそれぞれの今という契機は、同じ[64]〈時間点の客観化〉を被るのだが、〔ただし、〕その今という契機は、〔もう一方の志向性による〕事物の客観化がなくても、この客観化〔＝時間点の客観化〕を被るだろう。かくして、〔事物の客観化がない場合も含めて、〕どんな場合にも、同じ仕方で、ひとつの客観的な時間系列〔＝客観的な時間〕が構成されるのである。しかし、客観的な時間性は現出系列の流れのなかで構成されるのであり、しかるに、その当の現出系列は、それの質料＝物質に関して[65]――事物的な時間性が構成されるか、それとも、非事物的な時間性が構成されるかによって、たとえば、客観的時間が内在的な音の持続ないし変化のなかで構成されるか、それとも、事物の持続ないし変化のなかで構成されるかによって[66]――別々のものである。〔たしかに〕この両者の現出系列は、ひとつの共通なもの、ひとつの共通な形式をもつのであり、これ〔＝共通なもの、共通な形式〕が時間の客観化そのものの性格をつくりあげる。けれども、その諸現出は、一方で内在的なものの諸現出であり、他方で事物的なものの諸現出である。〔この面では、〕音の諸位相――このそれぞれはおのれの時間的な個体化を有しているが――の流れのなかの音の同一性が〈位相の連続性のなかでの統一性〉であり、また、〈すべての位相のなかにあり、かつそれとともに持続する音の同一性〉であるのと同様に、諸現出の流れのなかの事物の同一性は、〈諸現出すべてのなかで自体‐所与性および今‐所与性という仕方で現出し、そしていつも新たな今において現出し、そしてそれとともに持続する事物の同一性〉なのである。

この場合に強調されるべきことがある。すなわち、超越的な知覚において[67]、以前の現出の諸位相が把持的に保持されて残っている――こうしたことは、いかなる現出の順序系列においても起こっており、あるいは少なくとも一定の限界内で起こっているが[68]、そのように――というだけではないのである。そのつど今点において現下的な知覚現出は、それを現下的な所与性にもたらしている当のもの[69]といっしょに、実在性を——知覚〔作用〕によって今として措定されているその実在性を[70]——完結させてしまう〔＝終わらせてしまう〕わけではない。〔そのときに失われずに〕把持のなかで生き延びているものとしての先行する諸現出は、〔かつて〕あったものの〔単なる〕諸現出としてただ保存されているというだけではない。先行する諸位相の（第一次）記憶意識は、もちろん〔知覚意識ではなく〕記憶意識ではあるが、しかし、先行する知覚[71]に関する記憶意識である。〈以前に知覚されてあったもの〉は、今は単に〈〔その「ある」の性格を失って〕以前に知覚されたもの〉として現在的であるというだけではなく、〔その性格を〕今に持ち越して受け取られてあるのであり[72]、〈今なおある〉として措定されてあるのである。〔さらには、〕その〈たった今、本来的に知覚されたもの〉が今として措定されてあるというだけではなく、それといちどきに（zugleich）[73]、〈先ほど与えられてあったもの〉も今として措定されてある、のである。〔だから、〕本来的な知覚の最中に、〈本来的に見られているもの〉が、それの諸現出の流れのなかで持続的な〈ある〉として措定されるというだけでなく、〈〔以前に〕見られて－あったもの〉も、そのように措定されるのである。また、未来に関しても同様である。本来的な知覚のさらなる〔＝後続する〕諸位相の予期のなかで、〈知覚されて－ある－だろうもの〉も今として措定されてある。これは今ある、そして、これは持続し、同じ時間を充実化している。——まさに同じことが、〈見られていないが見られうるもの〉すべてについても、すなわち、〈Kの可能的な経過の際に、それに所属するとして知覚されるだろうもの〉すべてについても[74]、妥当する。

〔この段落まで〕われわれは〈ずっと[75]見られているもの〉そして〈見ているあいだにいつでもまたもや別様におのれを描出＝提示してくるもの[76]〉に限定して、時間の客観化を語ってきたが、さて、ここ〔＝この段落〕でなされるのは、時間の客観化の拡張の遂行にすぎない。〈〔今〕見られているもの〉はすべて、見られずにあることも可能だが、しかしそれでも、見られうる〔＝可視的である[77]〕ことをやめはしない[78]。知覚の流れはいずれもみな、その本質によって、〈〔今〕知覚されているもの〉を最後には〈知覚されていないもの〉に変化させるような拡張を許容する[79]。しかし、時間の措定は、それが〈そこに「完全に[80]」現出している視覚的事物〉をそれの完全な諸現出の変転のなかで同一化することによって、その現出の諸位相の時間位置それぞれをいっしょに客観化し、かつまた、その時間位置に客観的な時間位置という意義を与えるのであって、それゆえ、現出の帯状系列のなかで〈ひとつの客観的に持続しているもの〉がおのれを繰り広げていくことになるのであり、これと同様に、諸現出の全体に関しても時間措定が遂行されるのであるが、〔しかし、現出であるかぎりの〕諸現出の全体は、〔時間全体という〕ひとつの同じ客観性を、不完全なしかもいつでもまたもや不完全な〔＝けっして完全になることのない〕仕方で、描出＝提示へともたらす〔にすぎないのである〕。

原註

[1]　補遺Xのテクストは、フッサールが一九〇七年夏学期にゲッティンゲン大学でおこなった、「現象学と理性批判の主要部分」についての講義の草稿に関連するものに由来する何枚かの紙片にもとづいている。いわゆる「事物についての講義」——これの導入部分が『現象学の理念』というタイトルで刊行されている。——編者註

[2]　第四三節、三三三頁以下に関して。

訳註

(1)　カントも、「ただひとつの時間」を論じた。その場合、カントはeinigという語を使った。

(2)　「事物」(Ding)は最も具体的な「対象」である。これについて、フッサールは三層構造をもつと考えていた。すなわち、res temporalis(時間的な事物)、res extensa([空間的に]延長する事物)、res materialis(物質的な事物)である。本補遺では、これが「事物と空間」の講義に関連するものから取ってこられたという事情もあって、時間的側面だけでなく、空間的側面との関連の分析が登場する。とりわけ、キネステーゼは、空間構成の基本概念である。ただし、右の三層構造と、本補遺での分析とが完全に重なるかどうかは、今は確定できない。

(3)　この「おのれを組み入れる」(sich einordnen)という再帰表現も、「組み入れられる」と訳されてもよい。

(4)　私(自我)が私自身を時間のなかに組み入れるという事態は、超越論的自我の「世界化」と不可分である。

（5）この引用符付きの「心的体験」は、心理学的に捉えられた、世界内のものであろう。

（6）カントは、「自我」に関して「数的に一」（「一」はEinheit）ということを述べている。

（7）これは、たとえば一個のリンゴの視覚像と触覚像が「同じ空間的位置」に（どちらかあるいは両方が空虚にといった仕方ではなく）両側面で充実的に現出するというような場合だろう。

（8）「遂行される」（補足のなかでは「成し遂げられる」）の原語はsich vollziehenである。これは（ノエシス的な）「作用」と深く関連している。そして、その「遂行する」の——「完遂する」、「成し遂げる」にまでいたる——「過程」が重視される。この点の強調が必要だと思われるので、本文では、直訳と補足とを並べた。

（9）この「現象学的時間性」は内在的時間であろう。

（10）ここでの「像」は、b与件（訳註（12）参照）の意味での「像」である。それは、たとえば上野の西郷像のような像ではない。それは、むしろ、「心像」に近いが、「心像」という言葉は、「心のなかの像」（あるいは「意識のなかの像」）といった心理学的なニュアンスを強くもつので、この訳語を使う場合には、注意が必要である。すでに本書においても、意識の「中」と意識の「外」という捉え方は十分に批判されてきた。

（11）この「過程」はVerlaufである。

（12）空間は、キネステーゼ意識によって構成される。キネステーゼ意識は、二つの成分から成る。一方は、たとえば「私が目を右方向に動かす」というような、私の身体運動に関する与件である。他方は、これに対応して、「眼前の樹木像が左方向に移動する」というような客観の現出に関する与件である。前者はK与件（KinästhesieのK）、後者はb与件（Bild・像）から派生するbildlich（像的）のｂ）などと呼ばれる。この両者は、互いに独立ではなく、相関的である。すなわち、「私が目を左方向に動かす」ならば、「眼前の樹木像が右方向に移動する」ということが起こるだろう。

この場合、Ｋ与件とｂ与件は、時間的に等しい広がりをもつ。言い換えれば、Ｋ与件だけが時間的に広がり、ｂ与件はそれと同じ広がりをもたない、などといったことはない。

なお、この補遺では、キネステーゼ意識に関わるＫ与件についてこれ以上詳しく述べられていないが、これは、ノエシス側に属する。他方、時間意識のノエシス側では、「縦の志向性」（内的把持）がある。とすれば、Ｋ与件と縦の志向性は、分析上区別されているとしても、実際には一体となって機能するのだろう。こうした方向に、フッサールの弟子であったＬ・ラントグレーベが議論を進めていることは、よく知られている。

（13） これはＫ与件の推移を表している。K_0からK_1への移行は、たとえば、「正面」から「右方向」への（眼球を右方向に動かす）身体運動の移行だと考えればよい。

（14） 「経過流」はAbfluß である。

（15） これは、訳註（12）のＫ与件の変化・推移に対応して、ｂ与件も変化・推移することを示している。右の例では、像が「正面」から「左方向」に変化・推移する。もしＫ与件が変化・推移しないにもかかわらずｂ与件の像が変化・推移すれば、それは、その像に対応する対象が移動した、というように経験される。Ｋ与件のほうが空間構成に関して（相関的とはいえ）優先権をもつ。

（16） Ｋ与件が先に変化・推移して、たとえばしばらく経ってから、ｂ与件が変化・推移するということは（特殊な場合を設定しなければ）ない。両者は（基本的に）時間的に重なり合う。

（17）この「時間形態」は、「継起」とか「持続」とか「同時性」とかであろう。

（18）この場合の「変転する時間形態」は、たとえばそれまでの「持続」が「継起」に変転するというようなことであろうか。あるいは、当該の「持続」の時間様態が「今」から「たった今」などに変転するというようなことであろうか。後者の場合だとすると、「でもあることができる」のではなく、「であらねばならない」と続くべきであろう。この意味で、おそらく前者が語られていると考えられる。

（19）この文章では、「流れ」は、時間それ自体の流れではなく、bの変化（としての経過）、Kの変化（としての経過）の速度が語られているように思われる。要するに、速く目を右に向ければ、それに応じて速く像が左に動く、ということであろう。

しかし、そうであるとしても、いや、そうであればこそ、その変化の速さ・遅さということが言えるためには、なんらかの時間構成が前提になるだろう。

（20）充実の「濃密度」がKとbの流れの「速度」に影響するとは、どういうことか。比喩的に言えば、映画のフィルムをコマ落としで映すと「濃密度」が下がるが、コマの経過速度は上がる。逆も言える。別表現で言えば、「じっくり」対象を観察する場合には充実の「濃密度」が上がり、Kとbの経過の「速度」が下がる。こういうことであろうか。

（21）この「経過」はAblaufである。

（22）この「逆転されることができる」というのは、おそらく、時間の方向が逆転するということではなく、たとえば（K与件に対応して）b与件が左から右へ移動するような推移が、逆に、

（やはりK与件に対応して）右から左へ移動するということもありうる、ということであろう。「経過」（Ablauf）の語はまさに時間的な経過を指すことが多いが、ここでは、（ある意味で空間的な）変遷を指しているように思われる。

（23）この「与えられている」（gegeben）には、「現出」の「所与性」を越えて、es gibt の意味での「存在する」が含意されているように思われる。

（24）ここでは「客観」（Objekt）の語が使われている。「客観」の語は、多義的である。ここでは、どちらかといえば「対象」（Gegenstand）のほうが適切であろうし、実際、すぐ後には「対象」の語も登場する。そしてまた、「対象」と一体的に使われることの多い語「現にそこに立つ」（dastehen）も、この語にかかる仕方で登場している。

この段落では、現出の流れそのものの「客観化」（Objektivation）ということが問題になっている。この Objektivation との関係を示すために Objekt の語が使われていると解釈できるだろう。

（25）この「ある見方では……重要でない」というのは、「客観」（この場合は「事物」）それ自体は、それを構成する与件が変動するのとは別に、一定の同一性を保っているという意味では、重要でない、ということであろう。

（26）「延び広がり」は Extension の訳である。この語は、「延長」と訳されることも多いが、本書では、さまざまな類語が使われるので、ここでは「延び広がり」と訳しておく。

（27）ここでの「観念的」（ideell）は、さしあたりキネステーゼと対比的に使われている。キネステーゼは、知覚経験のなかで実際に働いているという意味で、現実的でもある。しかし、それゆえまた、そのキネステーゼに対応する像（b）の多様性は、また部分的である（たとえばひとつの家の像は、キネステーゼに対応するものとしては、いつも部分的であり、家の全体にはならない）。これに対して、実際に働いているキネステーゼを無視して、「観念的」に捉えるならば、像の全体的な多様性（家の像の全体）が考えられる。これをもとにして、さまざまな可能的な諸現出（像）の経過を捉えることができる。

このようなことが言われているように思われる。

(28) フッサールは「客観化作用」と「非客観化作用」とを区別する。しかし、本補遺では「客観化」は広義で使われているように思われる。本補遺のタイトルが示すような、時間の客観化、事物的なものの客観化、そしてさらに、後者の前提となるもの（ノエマ的次元のもの）の客観化ということも含意されているように思われる。要するに、多くの段階の、あるいは多くの種類の客観化がこの語で語られている。

(29) この「形式」は「時間形態」と同義であろう。

(30) この引用符付きの「描出＝提示する」（darstellen）という語は「表現する」（ausdrücken）と大きく重なる。「表現する」は、「意味する」（bedeuten）と大きく重なる。ただし、「表現する」は、まずもって言語のレベルで使われる。言語においては、「意義」（Bedeutung）を媒介・突破して、「対象」が志向される。逆にいえば、「対象」は「意義」を媒介して「表現される」。これに対して「描出＝提示する」は直観のレベルで使われる。「対象」は、（直観的な現出に含まれる）「意味」（Sinn）を媒介・突破して「描出＝提示される」。

このように言語（表現）と直観（描出＝提示）は、平行する関係にある。これは、フッサールが重視した「普遍的な〈相関関係のアプリオリ〉」の一例である。(ただし、「表現する」が知覚のレベルで使われることもある。)

なお、本補遺のこの箇所での引用符付きの語法については、注意深くなければならない。以下の議論は、事物の描出＝提示とは異なったものとして、時間それ自体の描出＝提示が語られているからである。

(31) 「狭義での現出」とは何か、不明確である。おそらく事物などの現出であろう。言い換えれば、時間それ自体の現出は、さしあたり、それに含まれないだろう。

(32) 「そのつどの動機づける諸般の事情のもとにある現出」とは、どういうことか。おそらく、地平のなかでの(広義での対象的なものの)現出であろう。「事物」の構成は、地平に影響を受ける。このような地平のなかにある現出が、ここでは「そのつどの動機づける諸般の事情のもとにある現出」と言われているのだろう。

(33) 「先経験的」(präempirisch)というのは、「客観的時間」が一種の経験的なものであるのに対して、現出の流れとしての時間性はそれに「先立つ」からであろう。これは、ある意味では「先験的」である。ただし、カント的意味での transzendental(先験的＝超越論的)ではない。

(34) この「時間的広がり」は Zeitausbreitung である。この箇所では、この Zeitausbreitung は、超越的な事物に対して使われているが、しかし、Ausbreitung(やその動詞形)が、つねに、超越的な事物に対して使われるというわけではない。

(35) いささかわかりにくいので確認しておくが、この「あり」は seiend である。「存在する」

という意味での「ある」である。

(36) ここでは、「事物」(客観・対象)と「時間」の描出＝提示の違いが述べられている。

(37) この「疑似‐時間性」とは、「客観的時間」でない、意識体験の時間を意味している。

(38) この「疑似‐時間性のなかで流れ去っていく像たちを通り抜けていき」とはどういうことか。志向性が、(疑似‐時間性の側の)先経験的な現出像を媒介・突破して、客観的な時間へ向かう、ということであろう。

なお、これは、第三九節での議論と大きく重なっており、そこでの概念でいえば、「横の志向性」(三一七頁)に対応するだろう。

(39) 「一義的な対応関係」とは、疑似‐時間性の時間点と客観的時間の時間点とが一対一対応の関係にあるということであろう。

ちなみに、この補遺の議論は、前段落の疑似‐場所性からの客観的空間の構成との文脈的連関のなかでなされており、第一〇節の時間図表とは直接に関係していないように思われる。とはいえ、時間図表(上の図表)に対応させることもできなくはない。直線E―A′が疑似‐時間性であり、その時間点A′は客観的時間の時間点Aに対応する。前者の時間点P′は後者の時間点Pに対応する。そして同様に、直線E―A′上のすべての時間点は客観的時間E―A上のすべての時間点に一対一で対応する。この対応関係において、疑似‐時間性の側から客観的時間が構成される。

(40) これはどういうことか。少なくとも二つの解釈が可能である。

まず、第一〇節の時間図表でいえば、A―A′の直線のうえには、無数の点があるだろう。たとえば、A′それ自体、そして、Pの真下の点などである。これらは同じ客観的時間点Aを描出＝提示している、と言えるだろう。

もうひとつ、先経験的な疑似‐時間性のなかで、「いちどきに」現出しているいくつかの時間点（E、P′、A′）を意味する可能性もあるが、この場合には、それらはA、P、Eを描出＝提示することになる。

前者の可能性が高いように思われる。

(41) これは「疑似‐時間性」と同義であろう。

(42) この「〈位相・対・位相〉という具合に」はPhase für Phaseの訳である。このドイツ語は、たとえばSchritt für Schrittという似た語法が「一歩ずつ」という意味に使われることが多いことを考えると、「一位相ずつ」という意味で使われている可能性もある。しかし、ここでは、疑似‐時間性と客観的時間との対応関係が示されていると解する。

(43) この文章では、（その前までの文章で時間の形式的側面での、疑似‐時間性と客観的時間との対応関係が示されたが）「内容」の流れの対応関係が語られている。ただし、「内容」は、（「形式」的な）時間そのものではなく、時間のなかの「事物」に関わる。それゆえ「事物点」が語られる。

この場合の「同じ事物点」の「同じ」は何を意味するのか。おそらく、像（感覚）の時間点と事物的な時間点（＝事物点）とが対応するという意味で「同じ」なのだろう。

(44) この「像点」は、おそらく、像の時間点であろう。ただし、これは「現出」の側に位置し、事物・対象の側には位置しない。

(45) 疑似‐時間性の側での像点は、それの「内容」を媒介・突破して、客観的な事物を構成するという役割を果たす。しかしながら、(「内容」ではなく「形式」の側面での)疑似‐時間性は、(まさに「形式」的に)客観的時間それ自体を構成する役割を果たす。この「事物」の構成と「時間」そのものの構成とは、関連しつつも別ものである。

(46) この「それの」と訳した箇所の原語は desselben であり、解釈の余地がある。直前の男性あるいは中性の名詞としては Dingpunkt(事物点)がある。これを desselben とみなすと「その当の事物点のひとつの同じ時間点」ということになる。これでも理解不可能ではないが、ここでは「事物のひとつの同一な時間点」と解するほうが、文脈上、適切だと思われる。

(47) この「統一性意識」という語は、二重に(あるいはむしろ二重機能的に)解釈される。まず、この「統一性意識」にかかる文言は、時間構成する意識それ自体がおのれ自身を時間内で繰り広げるということを意味するだろう。そうであれば、「統一性意識」は、(時間的な)自己統一性を、そして時間の統一性を構成する意識だということになる(この意識作用自身の自己構成は、第三九節および補遺Ⅷ、Ⅸ、Ⅻで扱われた、「縦の志向性」、「「内的」把持」、「原統握」、「内的意識」と深く関係するが、本補遺では、これ以上は語られていない)。
しかし他方で、この「統一性意識」は、対象の統一性を構成するものとも考えられる。この両面が「統一性意識」という一語によって示されていると考えられる。

(48) この「統一性」は、主には、時間それ自体ではなく、事物であろう。

(49) 統一性意識は、像を、〈「なにものかを」描出=提示する像〉たらしめる(逆に、像が〈「なにものかを」描出=提示する像〉でないならば、それはそもそも「像」でないともいえる)。これはすなわち、像を「統握」するということである。というのも、統握が働かなければ、像は、なにものかを描出＝提示するとはみなされないからである(それゆえ、それはそもそも「像」でない)。

要するに、統一性意識(統握作用)による媒介・突破、すなわち意味付与(意味付与とは、意味という方向運動の付与である)が語られている、と解される。

(50) この「所与性」、そしてこれに続く「「同じもの」の所与性」の「所与性」が何を指しているのか、について解釈の余地がある。「所与性」という言葉は、ここでは(すぐ後に出てくる「それぞれの位相において与えられるもの」の)「与えられるもの」と同義であろうが、そうすると、これは「〈どの様に〉における現出者」(res temporalis の段階のもの)であるとも解釈可能である。そして、これは、主には、客観的時間ではないだろう。「事物」の構成については、次の段落でさらに詳細に(事物的なものの時間の構成とともに)論じられる。

(51) これは、どういう意味で「同じもの」なのか。通常、意味規定が異なれば、当該の対象は、同じものでない。しかし、ここでは、新たな位相(の意味成分)が付け加えられても、その対象が「同じもの」でありつづける、ということが言われている。この意味での「同じもの」であろう。これは「端的な現出者」(事物)でもある。

他の解釈としては、「ノエマ」と「端的な対象」は、その意味規定において「同じもの」だと言えるが、このことがここで語られているかもしれない。あるいは、さらに、「ノエマ」と「端的な対象」が意識時間と客観的時間との関係において対応するから、「同じもの」であると言われているかもしれない。
もうひとつ、客観的時間それ自体が「同じもの」と呼ばれているのかもしれない。
(52) この「統一性」は、主には、客観的時間であると考えられる。
(53) この「客観化」は、直前で「統一性へと措定される」と言われていたことと、かなりの部分まで重なるだろう。
(54) ここでは、いかなる位相も、一方でそれぞれの「今」(という時間性)をもちつづけ、他方でそれの「何」の内容を(充実的に)もちつづける、ということが述べられている。この二つの契機が重要である。
(55) この「時間的な客観化」は、主には、時間それ自体の客観化であろう。
(56) この「それがそれ自体においてあるように客観化された」(so objektiviert wurde, wie es in sich ist)という箇所は、微妙だが、大きな解釈の余地を残す。
ひとつの解釈は、もともと「それがそれ自体においてある」そのままに、客観化が加えられる、というものである。要するに、もとのあり方を変えずに、客観化する、ということである。もうひとつの解釈は、もともと「それがそれ自体においてある」そのあり方を前提せず、むしろ、客観化によってこそ「それがそれ自体においてある」そのあり方になる、というものである。
(57) これは客観的な時間あるいは時間区間であろう。
(58) この「統一性」は訳註(48)の「統一性」と同義であろう。
(59)「事物の客観化」の「事物」は、三つの段階ないし層をもつ。すなわち、res temporalis

（時間的なもの）、res extensa（〔空間的に〕延長的なもの）、res materialis（物質的なもの）である。これまでの段落で、res temporalis が解明されてきたことを承けて、さらに残る二つの段階ないし層に分析が進むと解釈される。

（60）この「それがあるままにただ単純に受け取られる」（nicht einfach hingenommen, wie es ist）は、訳註（56）で「それがそれ自体においてあるように客観化された」と訳した箇所と似た表現である。

しかし、右の箇所では「客観化された」という語によって二義性が生じているが、この箇所では、「ただ単純に受け取られる」が問題なので、「それがあるままに」は一義的に理解されるだろう。

（61）「あれこれの仕方で性格づけられ」とは、どういうことか。これは直前の「あれこれの仕方で超越的に統握される」と呼応しているだろう。

より細かく考えると、時間性に関してならば、「今」、「たった今」、「たった今のたった今」などの「時間性格」を与えられる、ということであろう。しかし、ここでは空間性も考慮されているように思われる。すなわち、「ここ」、「少し右」、「少し右の少し右」（これは、キネステーゼのK与件の、目を左方向へ動かす感覚に動機づけられる＝対応する）などの空間性格を与えられる、ということであろう。

さらに、「確実にある」、「疑わしくある」などの存在性格も含意されている可能性もある。

（62）「純粋な合致」とはどういうことか、明確でない。ひとつの解釈としては、本補遺の第二段落で、K成分とb成分との合致が述べられていた。これは、別々の成分相互の合致である。

これに対して、ここでは（この文脈でいえば）b成分だけに関わる合致である。こういう意味で「純粋な」と言われているとも解釈できるが、しかし、それでもなお明確ではない。

（63）「光束」と訳した語はBündelである。この語は本補遺（五四三頁）でも、「志向的な光線の束」のように「束」として登場している。これまでの場合は、疑似－時間性と客観的時間とが一対一で対応することを示す場面で、この語が使われていた。これとまったく同義に（すなわち「志向的な光線の束」として）、この語を解することもできる。

ただ、もう少し考えてみると、ここでは空間性ももつ「事物」に関して、この語によって、一なる対象が多なる（感覚現出の）像へと広がって現れる（描出＝提示される）という事態も言い表されているように思われる。この場合、「光束」という訳語が適切であるように思われる。この語は、素朴な例では、暗闇で懐中電灯の光を壁に当てて円形が明るくなるような場合の、その光の束を意味する。光源の一点から円錐状に光が広がっていくというイメージである。この場合は、逆に、志向性が多なる像から（それらを媒介・突破して）一なる極に収斂するというイメージになるだろう。「担い手」という表現——これはいくつかの場面で使われる言葉ではあるが——は、ここでは、像の内容がこの志向性の運動のいわば手がかりとなることを言い表しているだろう。

（64）この「同じ」は、より正確には、何と同じなのか、解釈の余地がある。

おそらく、二段落前の「同じ志向的な光線のうえに位置する点たちは、それらの諸内容を通り抜けて、ひとつの同じ客観点を描出＝提示する」という箇所と平行的な意味で理解されるだろう。

ほかには、「いつも同じ」として、あるいは「事物それ自体の客観化と同じ」という解釈も可能かもしれない。

(65) この「質料＝物質」(Materie) は、何を意味するか。「何」を規定する成分とも考えられる。ただ、これは、本補遺の由来からすると、res materialis と関連しているように思われる。

(66) この箇所で「内在的な音」と「事物」との対比が語られる。これは、単純に「音」が内在的で、たとえば「机」という「事物」はそうでないというだけの対比であろうか。そのようにも解釈できる。

しかし、「内在的な音」が res temporalis の構成に関わるものを(事例的に)示していると も解釈できる(すなわち、事例としては、かならずしも「音」でなくてよい)。

(67)「超越的な知覚」は、「内在的な知覚」に対比される。この文脈では、前者は、事物の知覚とほぼ同義であろう。

なお、「知覚」は(以下でも示されるように多義的であるが)、基本的事項として、「時間性格」において「今」に対応する。これは、記憶(過去)や予期(未来)と対比される。他方、「知覚」は、「存在性格」に関しては、「ある」、「実在性」に対応する。これは、空想や像意識の存在性格(「あるでも、あらぬでも、よい」、「中立性」)と対比される。以下では、この二つの性格が論じられる。

(68) この「一定の限界内で」とは、把持がいつまでもつづくというのではなく、一定の限界をもっている、ということであろう。

(69) これは、おそらく「原印象」的な知覚作用であろう。

他方、この箇所は、「これが現下の所与性にもたらしているものといっしょに」と訳すことも、文法上、可能である。この場合は、「これが現下の所与性にもたらしているもの」は、ノエマあるいは端的な対象だということになる。

しかし、この段落では、「時間性格」と「存在性格」との対比が主題になっているので、おそらく、最初の解釈が正しいだろう。

(70)「知覚」の場合には、「今」という時間性格と、「ある」という存在性格とが交差する。知覚は、対象に、「今ある」という時間的・存在的な性格を与える。このなかの、とりわけ「ある」に対応するのが「実在性」である。この「ある」が、この段落の主題である。

(71) 前訳註(70)参照。この「知覚」は、「今」という時間性格だけでなく、「ある」という存在性格も含意していることに注意。

(72) この文章は、ドイツ語表現の特性と深く関係している。「知覚されて」(wahrgenommen)という表現は、「真に受け取られて」という語義をもつ。他方、「引き継いで受け取られて」と訳した箇所は hinübergenommen であり、「向こう側まで持っていかれて」あるいは比喩的に「(弊害などを)持ち越されて」という意味になる。そして、wahrgenommen と hinüber-genommen は、いわば韻を踏んでいる。共通部分は「受け取られて」である。したがって、wahrgenommen(真に受け取られて)が hinübergenommen(持ち越して受け取られて)につながる。

しかし、重要なのは、何が、真に受け取られ、持ち越して受け取られるのか、である。記憶されたものは、それの「何」の規定だけでなく、それの存在性格(「ある」)も、持ち越して受け取られる。すなわち、「真に受け取られてあった」の「ある」という存在性格も持ち越される。だから、「持ち越して受け取られてある」ということになる。

(73) このzugleichの語はgleichzeitigと区別されることがある。区別される場合、後者は、本来の語義での時間(Zeit)における「同時的」を意味する(gleichzeitigの語はZeitを含む)。他方、前者は、疑似-時間性における(広い意味での)「同時的」を表すので、前者を「いちどきに」と訳している。

この箇所ではzugleichは、後者の意味において使われているわけではない。しかし、かならずしも前者の意味に限定されるだけでなく、「それとともに」という程度の意味でも理解できる。

(74) たとえば、空想は、キネステーゼに関連しない。また、フッサールの概念である「理念視」の場合も、キネステーゼに関連しないだろう(理念的な対象の「ある」は、「持ち越して受け取られる」のではない)。

(75) この「ずっと」の原語はimmerfortであるが、これは、「永遠に」ではなく、一定の(時間的な)限界内における継続を意味する。

(76) この「おのれを描出=提示してくるもの」の箇所のドイツ語はsich [...] Darstellendesである。このように訳すと、能動的な他動詞の語法だという印象を与えるだろう。しかし、別の解釈も可能である。再帰用法は、古い文法での(能動態でも受動態でもない)中動態に代わるようなニュアンスをもつ。たとえばsich zeigenは、「おのれを示す」とも訳せるが、むしろ「現れてくる」に近いニュアンスをもつ。ここでの「おのれを描出=提示してくるもの」についても、むしろ「描出＝提示的に現れてくるもの」というニュアンスが可能である。

(77) 日本語の受身形（「……れる」、「……られる」）は、可能（「……できる」、「ありうる」）と区別しにくいがこの箇所では、それが問題になる。「〈見られているもの〉」は受身の das Gesehene であり、「見られずにある」はやはり受身の ungesehen sein であり、それに可能の「ありうる」（können）が付いている。最後の「〈見られうる〉」は可能の sichtbar である。

(78) この「〈見られうる〉」の登場以降、それまでの（カント的な「様相」のカテゴリーの区別で言えば）「現実性」の次元から、「可能性」の次元に移行するように思われる。

(79) これは、現在的なものが過去に沈降することを意味するだろう。狭い意味での現在的なものは（時間性格において）「知覚されているもの」であるが、それが過去に沈降することで、「知覚されていないもの」（「第一次記憶されているもの」＝「把持されているもの」は右の意味では「知覚されていないもの」である）になる。この変化は、しかし、連続的である。

(80) なぜ「完全に」と引用符付きで記されているのか。ひとつの解釈としては、この文章の後半部で時間全体の措定が語られる。時間全体の「描出＝提示」は、本質的に不完全でしかありえない。その不完全性に対比して、ここでは引用符付きの「完全に」が語られている。引用符は、この「完全に」が、絶対的な意味での「完全に」ではないからであろう。

補遺XI　十全な知覚と不十全な知覚(1)[1]

対象の純粋に内在的で十全な所与性としての〈十全な知覚〉は、二重の意味で捉えること

構成されるがそれでも内在的なもの[5]〉に向かう方向[6]である。

方は、〈時間流のなかで感覚されるもの[3]〉に向かう方向[4]であり、他方は、〈この流れのなかで

を〕もたない。音を内在的に〈聞く〉なかで、私は二重の統握方向[2]を取ることができる。一

ができ、それの一方は外的知覚と近しい類比関係をもつが、それの他方は〔そうした関係

　一、音は、その性質や強度の面で揺らぐこともあろうし、しかしまた、〈完全に不変な内的規定性[7]をもって持続している〉として現にそこに立っていることもあろうが、いずれの場合にも、私は流れを眼前に見いだすのであり、そのような個体的な対象性[8]は、この流れのなかでしか、私に与えられることができない。音は、音的な今[9]として始まり、かつまた、その音には〈いつも新たな今[10]〉が恒常不断につながり、そして、それぞれの今はみなその内容をもち、私はこの内容に、それのあるがままに私のまなざしを向けることができる。そのようにして、私はこの流れ（Fluß）の水流のなかで[11]〔いわば自由に〕泳ぐことができ、その流れを、私の見つめるまなざしでもって追いかけることができる。[12]私は、そのつどの内容に留意する（achten）こともできるが、それだけでなく、ここで流れ（Fluß）と呼ばれている延び広がり（Extension）[13]の全体に、それの具体的な〔内容的〕充実ともども留意することもできるし、あるいは、そうした充実を抽象して〔その形式だけに〕留意することもできる。〔しかし、〕この流れは、時計や精密時間測定器で規定される客観的時間の流れではないし、地球や太陽との関連において確定される世界時間の流れでもない。それというのも、こうし

た〔客観的時間や世界時間の〕流れは、現象学的還元に服するからである。むしろ、右の〔現象学的還元によって確保される〕流れをわれわれは先経験的時間あるいは現象学的時間と呼ぶ。この時間は、客観的－時間的な諸述語[14]の代表象に対応する〈根源的な代表項〉[15]を示しており、また、類比的な言い方で言えば時間感覚[16]を示している。それゆえ、これまで記述してきた知覚の場合であれば、われわれは、〈時間的な延び広がり〉および〈この延び広がりをその時間内容が充たすその一定の仕方〉をともなったそのつどの時間内容に留意したり、あるいは、抽象において時間内容のほうに留意したり、抽象において時間的延び広がりのほうに留意したりする[17]。だが、いずれにしても、〔この第一の場合に〕われわれが留意するのは、実的に与えられているものであり、契機[18]として知覚に実的に内在しているものである。これが、一方の方向である。

二、もう一方は、しかし、こうである。音――これを音cと呼ぼう――が持続しているならば、われわれの知覚する思念は、現に持続している音cに向かうことができる[19]、すなわち、時間流のなかで一にして同じ対象であり、流れの位相すべてにおいていつも同じ対象である音c[20]に向かうことができる。そしてまたもや、その音がたとえば強度の面で変化したり、あるいはその性質においてさえも変化するならば、〔また〕たとえば揺れ動いたりするならば、すでにこの言い方のなかに、〔この第二の場合の〕知覚の方向がはっきりと際立った形で含まれている。この知覚の方向は、〈変化する〔のに〕同一なもの〉、〈その性質と強度が変化する〔のに〕同じものでありつづける同一なもの〉を、視野に収める方向である。それゆえ、これは、先ほど〔の第一の場合〕とは別の対象である。先ほどは〈鳴る〉[21]の時間流があったが、いまは〈時間の流れのなかの同一なもの〉がある。

〈鳴る〉の時間流は〔それ自体が〕時間であり、〔内容的に〕充たされた具体的な時間であるが、しかし、この流れ〔それ自体〕は時間をもつのではないし、時間のなかにあるのではない。ところが〔これに対して〕、音〔c〕は時間のなかにある。[22]音は持続する。音は変化する。音は、〈変化のなかでの同一なもの〉として、「実体的に」[23]〈ひとつのもの〉であるとはいっても、〔ここで扱われている〕時間が先経験的な時間、現象学的な時間であるのと同様に、ここで論じられている実体は、先経験的な実体、現象学的な実体である。この実体は、〈同一なもの〉であって、すなわち、変化したり存続したりするものの「担い手」[24]、たとえば存続する性質や変化する強度とか、あるいは、恒常不断に変化する性質や突如として変化する強度などの「担い手」である。「実体」と言われる場合にまなざしが向かうのは、〈同一なもの〉である、すなわち、時間流の位相から位相へと変化する時間内容、ある場合は等しかったり、ある場合は異なったりする時間内容に対比される〈同一なもの〉である。それは、流れのもろもろの時間位相すべてを、共通の本質の統一性〔＝一性〕[25]によって、それゆえ類的に共通なものの統一性〔＝一性〕によって統一する〈同一なもの〉ではあるが、しかし、その類的に共通なものは、本質抽象〔の操作〕のなかで類的＝一般的として（generell）[26]

引き出されてそれ単独で受け取られてある、というのではない。この〈同一なもの〉とは、〔本質抽象の操作以前に、〕それの個体化〔形態〕のなかで〈流れのなかで連続的に共通なものとして維持されている本質〉なのである。[27]〔このことに対応することだが、〕実体を観ると[28]きには、その〈観る〉のなかで与えられる諸内容の流れから抽象がなされて、類的＝一般的なものにまなざしが向かうというのではなくて、時間充実の流れが眼中に保持されたまま、その流れから〈その流れのなかにあり、その流れに結びついたままの同一なもの〉[29]が〔実体として〕抜き出されて観られるのである。

実体は、具体的なまったき流れ[30]〔のなか〕の〈同一なもの〉である。〔さて、〕非自立的な一契機[31]——たとえば音の強度のような——を抽象して抜き出してみると、この〔契機の〕場合もまた〔実体の場合と〕同じたぐいの同一化が生じて、われわれは、その〔同一な〕強度が存続するとか変化する、と言う。〔しかし、〕これらの〔同一化された〕同一性は〔現象学的な実体ではなく、〕現象学的な偶有性[32]である。音、すなわち現象学的な「事物」[33]は、さまざまな「固有性」をもち、そして、その〔固有性の〕それぞれが、またもや、それが〈存続する〉とか〈変化する〉なかでの〈同一なもの〉なのである。これは、いわば実体的統一性の非自立的な一光線[34]であり、実体の一側面であり、実体の統一性の非自立的な一契機であるが、しかし、それ自体、〔実体と〕同じ意味でひとつの統一的なものである。この先経験的な意味での実体および偶有性は、現象学的な所与性である。それらは、可能的な知覚[35]のなかでの、しかも十全な知覚のなかでの、所与性である。これらの知覚は外的な知覚と近親的[36]である、と私は述べた。実際、外的な知覚は、〔これらの知覚と〕同様に、事物の知覚ないし事物の偶有性の知覚でもあり、そして、これらの知覚の性格は、〈内在的に現象学的な実体[2]〉の知覚の性格と類比的な性格[37]なのである。われわれが家を知覚する場合、この対象は――そしてこのことはこの対象の本質に属している（それゆえ、知覚の意味の本質に属している）のだが――それの時間幅[38]をもち、〈不変のまま持続しつづけている〉として、〈この持続における同一なもの〉として、〈時間的延び広がりのなかで存続している〉として、現出する。外的な知覚のなかで〈変化するもの〉、〔たとえば〕飛んでいる鳥や、光の強度を変化させている炎を取り上げても、同じことが言える。外的な事物は、それの現象的な時間[39]をもち、この時間〔のなか〕の同一なものとして、しかも、運動や変化の〔なかでさえも〕同一なものとして、現出する。しかし、もちろん、これらの〔外的な〕知覚はすべて不十全である。〔これらの外的な知覚における〕充実をともなった時間は、十全に与えられてあるのではないし、感覚として証示されうるわけでもない。そして、同様に、事物の同一性および諸固有性の同一性も十全に実現されることはできないのであり[40]、すなわち、〔内在的に〕音が〈鳴る〉なかでの音の同一性、〈小さくなって鳴り止む〉そして〈ふたたび大きく鳴る〉などの流れのなかでの音の同一性のようには、十全に実現されない。しかし、根本的にいって、内在性のなかで十全に与えられあるいは遂行〔＝成就〕されてあるその同じ同一化ないし実体化が、外的知覚においては――超越的な統覚にもとづいて遂行されることで――不十全な同一化ないし実体化として眼前に横たわる〔＝見てとられる〕ということ、これは明証的である。また、事物と固有性、実体と偶有性、といった意味の分析〔作業〕はいずれも、まずもって内在的－現象学的な領分に還帰せねばならず、そしてここで現象学的な実体と現象学的な偶有性の本質とを際立たせなければならないということ、これも明らかであり、こうしたことはまた、時間の本質の解明〔作業〕がすべて先経験的な時間に戻るのとまったく同様のことなのである。

以上によって、十全な知覚と不十全な知覚という重要な〔二つの〕類型をわれわれは学び知った。〔しかし〕いま、「内的」知覚と「外的」知覚[41]という術語との関連を考え合わせると、それがひとつの疑念を引き起こすというのは見やすいところである。すなわち、既述のことに関して、「内的知覚」という名称が二義的だということに、よく留意されねばならないのである[42]。その名称は、〔その二義の〕双方で本質的に別のことを言い表しているのであり、すなわち一方は、知覚に内在する存立成素（Bestandstück）[43]の知覚であり、他方は、内在的に観られるが成素でないもの[44]の知覚である[45]。十全な知覚の二つの類型を比較するならば、それら二つの知覚の類型のなかでそれらの対象の十全な所与性が遂行〔＝成就〕されるという点は、両者に共通であって、〔それというのも、そもそも、不十全な所与性に対応する〕すべての非本来性[46]、すべての超越的解釈（transzendente Deutung）[47]は排除されている〔からである〕。しかし、ただひとつの知覚様式においてのみ(48)、それの対象的なもの(49)が知覚現象の実的な構成成分（Konstituens）なのである。〔さて、〕〈鳴る〉の時間流は、それの組成成分（Komponente）すべてとともに、知覚現象のなかに現にあり、知覚現象をつくりあげている。この流れのそれぞれの位相、それぞれの存立成素はすべて、現象の成素である。これに対して、時間流のなかの同一なもの、すなわち〔この補遺の場合には〕現象学的な実体およびそれの諸固有性、存続したり変化したりする当のものは、なるほど、第二義の知覚様式(50)のなかで十全に観て取られうるもの(51)であるが、しかし、その〔第二義の〕知覚様式のなかで実的な契機ないし成素として言い表されることはできない。

原註

［1］ 第四四節、三四一頁以下に関して。

［2］ 実体は、この場合、もちろん、実在的な実体として、実在的な諸特性の担い手として理解されておらず、ただ、〔後のノエマにつながる概念である〕ファントムの知覚の同一な基体として理解されている。

訳註

（1） この「対象の純粋に内在的で十全な所与性」という表現は、「対象が純粋に内在的かつ十全に与えられる、その与えられ方」(としての十全な知覚)といった意味に理解されたい。

(2) この「二重の統握方向」という言い方は、その適切性が問われるかもしれない。というのも、本文の以下の「時間流のなかで感覚されるもの」は、「統握」を受けていないものを指すからである(ただし、感覚されるものも、「超越的な統握」を被ってはいないとしても、時間的な統一性ではあるという意味では、それはやはり統一化されており、この統一化を統握と呼ぶのであれば、この言い方も成り立つ)。

(3) この「時間流のなかで感覚されるもの」は、対象への志向性をもたない「感覚与件」(と意識作用それ自体)に該当する。

(4) これは、外的知覚と近しい類比関係をもたない方向である。

(5) この「この流れのなかで構成されるがそれでも内在的なもの」は、「〈どの様に〉における現出者」、大雑把にいえば、志向的なものとしてのノエマに該当する。

(6) これは、外的知覚と近しい類比関係をもつ方向である。

(7) 「内的規定性」の「内的」(inner)は、当該のものの規定性のうち、偶然的(「外的」とも呼べる)要因によって左右されない規定性を指すだろう。この語法は、しかし、本補遺の語法とはかなり異なる。むしろ、intrinsischと表記されるべきものであろう。

(8) 「そのような個体的な対象性」は、直前で述べられた「音」を指している。しかしまた、「個体性」は時間のなかでしか与えられない(逆にいえば、「個体性」は時間のなかでのみ与えられる)という点も重要である。個体的でない対象性は、時間のなかでというよりも、時間を超えたものとして現れる。

(9)「音的な」の原語は tonal であり、これは通常「調性のある」といった意味に用いられる。しかし、ここでは調性は問題にされていないので、むしろ(たとえば色的ではない)「音的な」であろう。そして、この語は、純粋に形式的な(感覚的な「内容」をもたない)「今」ではなく、「音」という感覚的な「内容」をもった「今」が問題になっていることを示している。

(10)「いつも新たな今」は、「新たな今」、「さらに新たな今」、「さらにさらに新たな今」というように、「新たな」がたえず更新されることを示している。

(11) この「流れの水流のなかで」の原語は im Strom dieses Flusses である。Strom と Fluß はどちらも「流れ」と訳すことができるが、そのニュアンスの微妙な違いを活かした表現であろう。後者は具体的な川を意味することがあるので、「この川の流れのなかで」というほうが適切であろう。ただし、本補遺においては Fluß が使われており、これをすべて(あまりに具体的な)「川」と訳すのは誤解を招くので、これを(他の箇所と同様に)「流れ」あるいは合成語では「……流」などと訳す。他方、本補遺での Strom に関しては「水流」と訳しておく。

(12) この「泳ぐ」とか「追いかける」という表現は、「反省」を表しているのだろうか。解釈の余地は大きいが、「反省」とは異なったことを表しているとも考えられる。

(13) この「延び広がり」(Extension)という言葉は本書で多用される。この語は、対象が(瞬間だけでなく)時間的に延び広がっているという意味にも使われるが、この箇所では時間それ自体に対して「延び広がり」という言葉が使われている。

(14) この「客観的 - 時間的な諸述語」とは、たとえば、客観的な時間のなかでの「過去」などに当たるだろう。

(15) この「根源的な代表項」(Repräsentanten) というのは、適切に表現しにくい。客観的－時間的な諸述語は、現象学的時間の流れに対応するという意味で「代表象」(あるいは「代理表象」) である。現象学的時間の流れは、その「代表象」(代理表象) の構成の根拠という意味で「根源的な代表項」である。

なお、本書でのRepräsentationは「再表象」という意味で、すなわち根源的な表象ではなく、準現在化される表象の意味で使われることが多い。しかし、ここで「根源的な」と形容されているRepräsentantenは、派生的なものを構成する側の「代表項」である。

(16) 「時間感覚」は、あくまでも「類比的な言い方」であることに注意。ここでは、客観化する統握を受けていない時間体験が語られている。

(17) ここでは三つのケースが語られている。第一に、時間の形式的側面と内容的側面の両方において流れに留意する場合。第二に、内容的側面に焦点を当てて流れに留意する場合。第三に、形式的側面に焦点を当てて流れに留意する場合。

(18) 「契機」は、非自立的な成分であり、他の自立的な成分なしにそれ自体で存立することができない。

なお、把持された成分は、把持が志向性であるかぎり、実的ではなく志向的に内在しているように思われる。この点は志向性の多面性に関わるだろう。

(19) これは、「今」という位相においても、「たった今」という位相においても、ということである。「音c」は、位相が変わっても、それ自体としては変化しない。

(20) この「音c」は、「端的な現出者」であろう。

(21)　この「鳴る」は、冒頭の段落における「聞く」と大きく重なるだろう。「鳴る」は「聴覚的に現れる」ということであり、「聞く」も「聴覚的に現れる」ということだと考えれば、わかりやすいだろう。

(22)　ここには「音は時間をもつ」という文章が（「流れは時間をもつのではない」と対比する意味で）付け加えられてもよかったか、と思われる。

(23)　「実体的に」という語が引用符を付けられている。すぐ次の文章で説明されるが、フッサールにとって、対象は「構成される」のであるから、（そうした構成なしに）それ自体で存在するものとしての「実体」ではありえない。しかし、ここでの文脈では、性質や強度が変化するなかで同一であるものが問題にされている。このことを、フッサールは「実体的に」という引用符付きの言葉で表現している。

(24)　これは、ノエマの「基体」「X」などと呼ばれるものではないだろう。「基体」「X」は、それ自体としては、「内容」をもたないが、ここでの「実体」は「内容」をもつ。

(25)　「統一性」（＝一性）」はEinheitの訳である。「統一性」という語は、「統一する作用」によって統一されるという響きをもっている（と訳者には感じられる）。しかし、ここでは、そういう強い意味での「統一性」というよりも、「一」としての性格というニュアンス（＝複数・多数のもの」に「共通なもの」は「一」である）で、このように訳しておく。

(26)　この「類的＝一般的」の原語はgenerellであり、この語は、多くの場合、「個（体）」と対立する「類」の一般性を示す。「類」は、「形式」的なものではなく、「内容」（＝何」と規定される成分）をもつ。他方、「類」は「種」と関係し、「種」も、最低限だとしても、一般性をもつ。言い換えれば、「類」はより高次の一般性をもち、「種」はより低次の一般性をもつ。ただし、ここでの「実体」がもつ同一性は、そのような「類的＝一般的として」のそれではない、とされている。

なお、すぐ後に、「形式」をも含む「一般性」を示すと解釈される箇所がある。そのため、「類的＝一般的として」と訳す。

(27) 古典的な例で言えば、蜜蠟は、温かいと「柔らかい」が、冷えると「硬い」。このような時間的な変化のなかで「同一」でありつづけるものが、ここでの「実体」だと言われている。ただし、西洋哲学の伝統のなかでそう考えられてきたように、そもそも「実体」が最初からそれ自体として存在していて、それが別様・多様に現出するというのではない。むしろ、「実体」は、現出の変化・多様性のなかで同一（すなわち「一」）とみなされるものである。極端に単純化して言えば、現出の側から「実体」が捉えられるのである。このような現象学的な「実体」概念は、通常の（西洋哲学の伝統的な）「実体」概念とは、この点で大きく異なる。

(28) 「観る」は schauen の訳である。「直観する」（anschauen）と「観」の文字を対応させた。

(29) この「同一なもの」＝「実体」は、「形式的なもの」ではなく、「内容」をもったものであろう。したがって、「何」の規定が可能であろう。

(30) 「具体的なまったき流れ」とは、形式と内容が抽象されず、両方を備えたままの流れということであろう。あるいは、「まったき」の語義には、断片的（途中的）でなく、ひとまとまりの全体ということが含まれているかもしれない。しかし、第一義的には、形式と内容を備えている、という意味であろう。

(31) フッサールは、ある全体のなかで、自立的な「部分」と、非自立的な「契機」とを区別する。「音」に関して、「強度」は後者である。

(32) 「偶有性」は、主語のもつ諸規定のなかの、非本質的なものを指す。

(33) 「音」は、通常は「事物」と呼ばれないだろうが、しかし、現象学的に見れば、「事物」の要件(res temporalis, res extensa, res materialis)を満たしているので、「事物」だということであろう。

(34) 「光線」は、多くの場合、意識の作用の比喩として用いられるが、ここでは、事物の「現出」(のひとつ)という意味で用いられている。

(35) この場合の「可能的な知覚」は、現実化されていない知覚という意味ではなく、おそらく、およそ可能であるかぎりのすべての知覚という意味で言われているのだろう。

(36) 厳密には、本補遺冒頭で「近しい類比関係」と言われていた。

(37) 「内在的に現象学的な実体」(「さまざまな固有性」も含めれば)は、「ノエマ」におおよそ対応する。そして、「ノエマ」と「端的な対象」とは、その意味規定の面では「同じもの」である。このことから、ここでは両者が「類比的」と言われているのであろう。

(38) この「時間幅」はZeitausbreitungである。

(39) ここで「外的な知覚」に関して、「現象的な時間」と言われている。この「現象的」の語法は、第三九節訳註(121)などの「先現象的」と対比的であろう。ここでの「現象的」は、このすぐ後に出てくる「現出する」と重なる語義で使われていると思われる。

(40) この場合の「実現される」は、「実際に知覚される」というような意味であろう。

（41） この「「外的」知覚」は、超越的な事物の知覚であろう。

（42） ここで、術語の整理をおこなっておくべきだろう。本補遺の規定は、他のテクストでの規定と完全に重なるわけではないからである。

最初に「「内的」知覚」と「「外的」知覚」とが区別された。「「外的」知覚」は、右の訳註（41）でも示したように、超越的な事物（端的な対象）の知覚であろう。「「内的」知覚」は二義的だとされる。すなわち、第一に、「体験」あるいは「意識」に「実的」に含まれるもの、の知覚である。より具体的には（志向性をもたない）「感覚与件」や「（意識）作用〔それ自体〕」などの、知覚である。

第二に、志向性によって「生化」（beseelen）されているが、しかし、超越的な事物ではないもの、の知覚である。これは、「〈どの様に〉における現出者」、『イデーンI』の語法では「ノエマ」に対応するものの知覚だろう。

この両者が、本補遺では「内的」と呼ばれている。しかし、おそらくより適切には、第一のものについては「実的‐内在的」を、第二のものについては「志向的‐内在的」を使うほうがよいように訳者には思われる。

もうひとつの問題は「知覚」の語義である。右の第一義のものは、「体験」という語のほうがむしろ適切であるように思われる。これは、対象として認識されているわけではないが、しかし、厳密な意味で無意識的ではなく、気づかれており、意識されてある、といったことを意味している。

他方、それ自体で存在する対象として認識するという語義で「知覚」を語るならば、それにより適切に対応するのは、本補遺では「「外的」知覚」であろう。

さらに、本補遺の第二義での「「内的」知覚」は、ノエマに関わるものである。このノエマを媒介・突破して、超越的な事物（端的な対象）が「「外的に」知覚」される。この第二義の「「内的」知覚」は、第一義の「「内的」知覚」と「「外的」知覚」の媒介であり、その意味で中間である、と言えるだろう。

（43）このBestandstück は、より具体的には、「感覚」であろう。

これはおそらく『論研』の以下の文言が対応する。

「たとえば外部知覚の場合、具体的な〈見る〔作用〕〉（Sehen）の（すなわち視覚的な知覚現出という現象学的意味での〈見る〔作用〕〉の）実的な成素部分をなす〈色という感覚契機〉は、〈知覚する〔作用〕〉（Wahrnehmen）の性格と同様に、また色のついた対象の完全な知覚現出と同様に、「体験される内容」あるいは「意識される内容」である。これに対して、この対象それ自体は、知覚されてあるが、しかし体験されてあるのでも意識されてあるのでもない。」（『論研3』立松弘孝、松井良和訳、みすず書房、一九七四年、一四四頁以下、訳文は変更されている）

この「「体験される内容」」「「意識される内容」」がここでは第一義の「内的」なものである。これは「作用」と「感覚契機」（本補遺での「感覚」）を含む。また、この「作用」に関わる「内的」の語義のさらなる分析については、補遺Ⅻを参照されたい。しかし、本書のこの箇所では、「感覚」あるいは「感覚契機」が問題にされている。

なお、右の『論研』での「知覚」の語義は、本補遺の「知覚」の語義とは異なる。右での

「知覚」は、（用語としてはWahrnehmungが使われているが、むしろ）Perzeptionの語義で、すなわち、「とおして受け取る」の語義で使われている。これは、本補遺では「「外的」知覚」に対応するだろう。他方、本補遺では、「知覚」（Wahrnehmung）は（いくつかの仕方で）「真に受け取る」という語義でも使われている。

（44）すでに何度も記したが、これは、「〈〈時間的な〉どの様に〉における現出者」、ほぼ「ノエマ」に対応する。

（45）本補遺では、この二種類の「内的」（inner）の語法が示されている。

なお、補遺Ⅷの最後の段落では、把持それ自体の把持が「「内的」諸把持」と呼ばれる。すなわち、補遺Ⅷでは、「意識」それ自体の把持が問題になっており、これも体験されるという意味では、本補遺の「内的」の第一義と重なるが、しかし、補遺Ⅷでは、その「意識」の「志向性」を支えるひとつの成素すなわち「作用」の成素が重視されている。すなわち、補遺Ⅷでは、「作用」の自己意識が「内的」と呼ばれている。他方、本補遺では、「作用」の自己意識は語られず、ノエマ的なものが（あるいは感覚的なものだけでなくノエマ的なものまでも）「内的」と呼ばれている。この点に注目すると、本補遺での「内的」の第一義の語法（ここでは「感覚（与件）」の側面が強く出ている）と、その焦点がずれるように感じられる。しかし、共通点は、どちらも外的な知覚に属さない、という点である。

（46）「非本来性」は、直観されていないということを意味する。たとえば、（大雑把な言い方ではあるが）充実化されていない言語は、非本来的である。しかし、ここでは超越的な事物への関わりが、非本来性と呼ばれている。

（47） この「超越的解釈」は、「超越化的解釈」（transzendierende Deutung）と大きく重なるだろう。
（48） この「ただひとつの知覚様式」は、第一義の「「内的」知覚」に対応する。
（49） この「対象的なもの」は、厳密な意味での「対象」ではない。むしろ、第一義の知覚様式が関わる当のもの（「感覚」）が「対象的なもの」と呼ばれている。つまり、この「対象的なもの」は最広義のものである。
（50） この「第二義の知覚様式」は、ほぼノエマの構成に対応するであろう。
（51） この「観て取られうるもの」は ein […] zu Erschauendes である。

補遺XII 内的意識と、諸体験の把捉〔1〕

作用はいずれもみな〈なにものかについての意識〉であるが、しかしまた、作用はいずれもみな〔おのれ自身について無意識的ではなく、おのれ自身が〕意識されてある。(1)〔言い換えれば、〕体験はいずれもみな「感覚されて」あり、内在的に「知覚されて」ある（すなわち内的意識〔＝内的に意識されてある〕）のであり、もちろん措定されたり思念されたりしてあるわけではないとしても、そうなのである（〔誤解を避けるために述べておくが、〕ここでは、〈知覚する〉ということは〈思念しつつ－注視されて－ある〉とか〈把捉する〉ということを意味しない）。〔しかしながら、そうした〕作用はいずれもみな、再生される（reproduziert)[8]ことができる。〔つまり、〕〈作用の「内的」意識[9]〉――〈知覚する〉[10]としてのそれ――のいずれにもみな、可能的な再生的意識が、たとえば可能的な再想起が属している。〔だが、〕このことは、もちろん、無限退行に引き戻すように思われる〔だろう〕。というのも、〈内的意識〉、〔すなわち〕〈作用《判断する》、《外的に知覚する》、《喜ぶ》など〉を知覚する〉は、〔それ自体〕またもやひとつの作用であって、それゆえ〔この作用がまさに「作用」として意識されてあるならば、その作用は〕、それ自体またもや〔他の作用によって〕内的に知覚されてあるのではないか？　これに対しては、こう言われるべきである。〔なるほど〕含蓄ある意味での[11]「体験」はいずれもみな内的に知覚されてある。しかし、この〈内的に知覚する〉は、〔それ自体またもや〕同じ意味で「体験」であるのではない[12]。〔すなわち、〕〈内的に知覚する〉は、それ自体またもや内的に知覚されてあるのではない。〔ここで、体験それ自体と、それを〈思念する〉ということが問題になるが、これに関して以下の二点が重要である。第一に、〕まなざし[13]が出会うことのできる体験はいずれもみな、〈持続している体験〉、〈ただ流れていく体験〉、〈かくかくに変化する体験〉としておのれを与える。そして〔第二に〕、思念するまなざしによって〔はじめて〕体験がそのようにおのれを与えるというのではなく、そのまなざしは、それをただまなざすだけである[14]。

この現在的な、今的な、持続している体験は――まなざしの変更によって見いだすことができるように――すでに「内的意識の統一性」、時間意識の統一性であり[15]、そして、まさに

〈知覚意識〔＝おのれ自身をまさに真に（内的に）受け取ることで意識されてある存在〕[16]〉なのである。〔しかし、〕「知覚する」は、ここでは、〔原印象的な位相のみならず、〕流れる諸把持および諸予持の諸位相をともなって時間構成する意識[17]〔作用〕にほかならない。〔そして、〕この意識の背後に、またもや〈知覚する〔作用〕〉があるわけではない——あたかも、この〔時間構成する意識であるところの〕流れそれ自体がまたもや〔その背後の作用によって構成される〕流れのなかの統一性であるかのように。〔さらに、右の体験だけでなく、一般に〕われわれが体験と呼ぶもの、われわれが判断の作用、喜びの作用、外的知覚の作用と呼ぶもの、そしてまた、作用を見やる作用と呼ぶもの（措定する思念であるもの）——これらはすべて、時間意識の統一性であり、それゆえに、〔それら自体が内的に〕知覚されるものなのである。そして、そのような統一性のいずれにもみな、ひとつの変様〔＝時間的変様〕が対応する。より正確にいえば、原本的な時間構成、〈〔現在的な〕知覚する〉には〈〔非-現在的な〕再生する〉[18]が対応し、〈〔現在的な〕知覚されるもの〉には〈〔非-現在的な〕準現在化されるもの〉が対応する。

それゆえ、いま、原本的な〔現在的な〕作用〔W〕とそれの〔非-現在的な〕準現在化〔V〕を〈ひとつの横に他のひとつ〉という仕方で〔対比できるように〕置いてみることにしよう。そうすると、事情は以下のようになる。A[19]を、内的意識のなかで意識されてある〈内的意識のなかでおのれを構成されているものとしてもつ〉なんらかの作用であるとしよう。そうすると、Wi[20]が内的意識であるならば、われわれはWi（A[21]）をもつ。〔他方で、〕Aについてわれわれは〔Wi（A）に対比されるものとして〕準現在化Vi（A[22]）をもつが、しかし、この準現在化〔Vi（A）〕は、やはりまたしても〈内的に意識されるもの〉であるから、それゆえ〔結局〕、ここにあるのはWi〔Vi（A）[23]〕である。

したがって、内的意識とそれの「諸体験」すべての内部[24]に、われわれは二つの互いに対応するたぐいのできごとたち[25]、すなわちAとVi（A[26]）とをもつのである。

〔ところで、〕私が『論研』で視野に収めていた現象学の全体は、内的意識の所与性という意味での体験[27]の現象学であった。そして、それ〔＝『論研』の意味での体験〕は、いずれにしても、ひとつの完結した〔＝閉じた〕領分[28]である。

さて〔『論研』での体験の捉え方と絡めると〕、Aは〔右で述べてきた「作用」とは〕別のものであることもできる。たとえば、〈感覚される赤〉のような感性的内容であることもできる。この場合、感覚とは、感覚内容の内的意識〔＝感覚内容が内的に意識されてあるということ〕にほかならない。したがって、赤の感覚〔赤を〈感覚する〉としてのそれ〕はWi（赤[29]）であり、〔感覚内容（赤）に対応する、準現在化内容としての〕赤のファンタスマはVi（赤[30]）であるが、しかし、そのファンタスマは〔あくまでも準現在化する〕意識〔Viのなかでの〕現存在[31]をもつのである。〔だから〕Wi〔Vi（赤[32]）〕〔である〕。このことから、なぜ私が『論研』で〈感覚する〉と〈感覚内容〉とを同一視することができたのかが理解される[33]。私は内的意識の枠内で考えていたのであり、そのとき、その枠内にあったのは、もちろん〈感覚する〉ではなく、〈感覚されるもの〉であった。そのとき、作用〔内的意識〔として〕の志向的体験〕と非‐作用〔＝感覚内容〕とを互いに対置したということも正しかった。後者は、まさに、「第一次」内容の全体、感性的な内容の全体だった。これに対して「ファンタスマ」に関しては、〔内的意識の枠内では〕それが〔感覚されるものとしての〕「体験」であると言うのは、もちろん間違っていた。それというのも、〔『論研』での〕体験は、内的意識の〔直接の〕所与性、内的に知覚されるもの〔＝内的に真に受け取られるもの〕、を意味していたからである。この場合、準現在化される内容、たとえば空想される感覚内容〔＝正しい意味でのファンタスマ〕と、これの準現在化、〔すなわち〕Vi（s[34]）とを区別すべきなのである[35]。そして、後者〔Vi（s）〕は、志向的体験〔＝作用〕であり、〔これこそが〕内的意識の枠内に〔直接に〕属しているのである[36]。

さて、Aが「外的」知覚〔作用〕である場合を考察しよう。「外的」知覚〔作用〕は、〔「外的」とはいっても、作用それ自体としては〕もちろん内的意識〔のなかで〕の統一性[37]である。そして、内的意識のなかには、〔他の可能性として〕「外的」知覚〔作用〕についての準現在化があり、同様に、あらゆる体験についての準現在化がある。それゆえ、Wa（g[38]）――〔これは、それ自体、内的知覚Wiのなかにあるので、じつは〕Wi〔Wa（g）〕としてのそれだが――は、〔内的準現在化として〕Vi〔Wa（g[39]）〕をもつ。さて、知覚には、それに平行する準現在化が対応するということ、すなわち、知覚には、知覚〔作用〕が知覚するものとまさに同じものを準現在化する作用が対応するということ、これが、知覚そのものの本質に属している。〔こうした「内的」と「外的」の対立、「知覚」と「準現在化」の対立を考慮すると、〕「再生」（Reproduktion）とは、原本的な経過に対立し、印象に対立する関係にある〈内的意識の準現在化〉である。そうであれば、〔外的な〕事物的な出来事過程[40]〔それ自体〕の準現在化は、再生と呼ばれてはならない。〔外的な〕自然の出来事[41]〔それ自体〉は、もう一度再生されるのではない。それは記憶＝想起（erinnert）される[42]。それは〈〔内部的に〕準現在化されるもの[43]〉という性格をもって意識の眼前に立つ[44]。

さて、ここで比較されるべき二つの準現在化、しかも明らかにそれ自身において互いに異なる〔二つの〕準現在化〔Vi（Wa）とR（Wa）〕の、注目すべき関係を考察しよう。

一、Wa[45]に、Vi（Wa[46]）が対立する、あるいは、いまやこう記述することもできるように、R（Wa）（外的知覚〔作用〕の内的再生）が対立する[47]。

二、Waに、Va（外的対象aの準現在化[48]）が対立する。

さて、R（Wa）＝Vaという本質法則が成り立つ。たとえば、ある家の準現在化〔Va〕と、この家の知覚〔作用〕の再生〔R（Wa）〕とは、同じ現象を示している[49]。

さらに進めて、いまや、われわれはこう言うことができる。すなわち、独特の意味での「客観化的な[50]」〈思念する〔働き〕〉（Meinen）は、

(1)、「内的意識」にもとづく措定的な思念としての「内的反省」、「内的知覚」という性格をもつことができる。[52] この〈思念する〔働き〕〉は意識のなかに入り込んで生きることができ、内的意識〔＝内的に意識されてある存在〕を基体として受け取ることができるのであり、そのときには、その可能性に関していえば、[53] 内的意識そのもののなかに暗黙にある諸対象性すべてが所与性に到って、「諸対象[54]」になる〔ことができる〕。こうした仕方で対象になるのは、〔一方で、〕〈感覚〉、すなわち〈感性的な諸内容として理解される感覚〉であり、他方で、〈内的意識のなかで統一性として構成される作用〉すべて、すなわち、〈コギタティオ[55]〉、〈内的意識〔として〕の志向的体験〉である。

(2)、かくして、内的意識のなかで、われわれは「志向的諸体験」――知覚、判断、感情、欲求などのようなもの――ももつ。これらの統一性は基体として機能することができる。「内的反省」のなかで、すなわち思念する内的知覚のなかで、〈思念する〔働き〕〉(Meinen)は、それらを措定し対象化する代わりに、それらの志向性のなかに入り込んで生き、[56] そして、そのようにして、それらから、それらのなかで暗黙に志向されている諸対象を「取り出し」、それらを、〈客観化する措定〉の含蓄ある意味での〈志向される諸対象〉にするのである。その際、基体として機能する作用〔＝志向的体験〕が、〈空虚に[57]準現在化されるもの〉であることもありうる。〔たとえば、〕喜びや願望などの記憶＝想起が〔右の準現在化のなかで〕登場してくることも、もちろんありうるが、〈思念する〔働き〕〉は〈喜ばしくあったものそのもの〉や、〈願望されたものそのもの〉に向かっていくのに、その際、生き生きした表象が支配していないということもありうる。[58]

それゆえ、以下のものが区別されねばならない。すなわち、体験の先現象的な〈ある〉、体験に反省的に注視する以前の体験の〈ある〉、そして、現象としての体験の〈ある〉、である。[59] 注意する注視と把捉によって、体験は、新たな〈あり方〉〔=存在様式〕を獲得するのであり、〔そのとき〕体験は、〔現象として〕「区別されている体験」、「際立たせられている体験」となり、そして〔この場合、〕〈区別する〉は〈把捉する〉にほかならず、また、〈〔それによって〕区別されるもの〉は、〈把捉されて－ある〔存在〕〉、〈注視の対象である〔存在〕〉[60]にほかならないのである。さてしかし、〔ここで問題にされている〕事象を以下のように考えるべきではない、すなわち、あたかも、その区別はただ、〈同じ体験〉がたまたまあるとき、注視に、ひとつの新たな体験に、すなわち〈その体験に向かう〉という〔新たな〕体験に結びつけられ、それゆえ〔体験の〕単なる複合化が生じることにあるにすぎないかのように考えるべきではない。たしかに、われわれは、注視が生じる場合には、注視の対象（体験A）と注視それ自体とを明証的に区別する。また、たしかに、われわれは、先ほど別のものを注視していたが、それからAへの注視を遂行したということ、そしてAはすでに注視以前に「現にあった」ということを語るが、これも根拠のあることである。けれども、まずもってよく留意すべきであるのは、[61]〈同じ体験〉という言い方はきわめて多義的であり、けっしてその言い方から（その言い方が正しく用いられるならば）ただちに、この「同じもの」の〈どの様に〉の様式においては、〈体験する〉が現象学的になんら変更されなかったといったことを取り出すことができるわけではないということ、これである。

さらに詳しく考察してみよう。注視は、われわれがそう言うように、ある場合にはあちらに、ある場合にはそちらに向かうが、まさにそうした注視も〔それ自体〕、新たな注視によって把握され、そのようにして根源的に〔＝はじめて〕（その注視についての根源的な〔＝はじめての〕知の獲得のなかで）対象的になるものである。したがって、注視の対象と注視とを〈関係のうちに置く〉ということと、この関係について根源的な知を獲得することと〔の両者〕は、新たな現象なのである。これは、注視以前の対象に対して注視を〈関係のうちに置く〉が、〈注視なき対象に注視が加わるということの知の獲得〉とともに、新たな現象であるのとまったく同様である。

ある対象――たとえばこの紙、とくに際立っている紙のひとつの角――が注視されてあるということがどういうことかを、われわれはただちに理解する。〔しかし、このような〕客観の側での〈とくに－よく留意されているもの〉と〈よく留意されていないもの〉[62]〔との区別〕と全面的に異なっているのが、「主観面」でのこの区別である、すなわち、歩みのなかにある〈注意する〉（Aufmerken）それ自体である。[63]〈注意する〉の対象は、注意様態のなかで[64]与えられてあるのであり、しかも、〔歩みのなかにある〕この諸様態の変転それ自体に、われわれは、場合によってまたもや注意を向けることができる。すなわち、まさに、われわれがいま記述したこと〔そのこと自体〕に注意を向けることができる。つまり、対象について、ある場合はこれが、ある場合はあれが、独特の仕方で対象的にあるということ、そして、今〔注意によって〕優先されてあるものは、先ほどすでに優先されずに現にあったということ、優先されるものはいずれもみな背景をもっており、あの対象的な全体的枠組みのなかで周辺状況をもっているなどということ〔、こうしたことそれ自体〕に、注意を向けることができる[65]のである。この〔注意の〕対象の本質には、その対象が非自立的なものであるということ、〔つまり、〕その〔注意の〕対象が「それの」描出＝提示の様式なしにあることができず、言い換えれば、この描出＝提示の様式〔それ自体〕を対象にすることができ、そしてまたもや、この描出＝提示の様式からその対象〔それ自体〕に移行することができるという理念的な可能性なしにはあることができないということが属する。〔かくして、〕私がひとつの〔注意の〕系列のなかで意識的にもつ「ひとつの同じ」対象の本質には、〔注意の〕まなざしがまさにさまざまな〈描出＝提示の様式〉のこの系列に向かうことができるということが属するのである。

以上のような反省は〔すべて〕、時間意識の統一性のなかで遂行されている。〔注意によって〕新たに把握されるものは——そういうことを意味するのだが——すでに現にあった。それは、〈背景などとして以前に把捉されていたもの〉に属している。〔この時間意識の統一性のなかで〕「注意が変転する」ということは、どの場合もみな、〔その変転に対応する〕諸志向が〔時間的に〕連続しているということを意味している。またその他方で、この連続性のなかには、ひとつの統一性、ひとつの構成される統一性が、把捉可能な仕方で含まれているのであり、その統一性とは、ただざまざまな注意変転においてのみおのれを描出＝提示してくるものの統一性、それのさまざまな契機や部分がそのつど「注意され」、「光のなかに立って」あるところのものの統一性である。

いまや、注意とは、「意識そのもの〔＝意識されてあることそのこと〕」のそうした諸様態のもろもろの相違の経過、そして、そうした〈知覚されるものたち〉が一体になって、すなわち、ある場合にはこの注意様態をもち、別の場合にはあの注意様態をもつ「同じもの」という形式において、いっしょに進行するという事情、これらとは別のものであろうか？ さてそうすると、〔注意と関わる働きとしての〕「……への注視[66]」という契機〔それ自体〕を反省するとは、どういうことなのか？ 〔それは以下のことである。〕ある場合には、もろもろの注意様態が「素朴に[67]」経過していき、その経過のなかで、私は、それらの注意様態のなかで現出するその対象に注視する。別の場合には、対象化するまなざし〔＝注視[68]〕は、それらの様態それ自体の系列に向かい、私は、それらの様態の系列を想起のなかで繰り返して通覧する〔＝閲歴する〕ことができ、そして、この系列は、それそのものとして、それの統一性をもつのである。

原註

〔1〕 第四四節、三四一頁以下に関して。

訳註

(1) 「作用」とは、それのなかで対象が現出するところのものである。たとえば、「見る」という「作用」のなかで「見られるもの」(対象)が現出する。そして、このことは、意識という表現を用いて、その「見られるものについての意識」だと言われる。すなわち、見られるものが「意識作用のなかで現出している」ということが「意識されてある」ということである。このような「意識されてある」が「意識」という術語で示される。そして、この「見られるもの」と「意識」とを結びつけている「ついての」が志向性である。

他方、「作用」それ自体は意識されていないのか、と言われると、そうではない。「作用」それ自体も「意識されてある」。もう少し具体的に言えば、「見る」という「作用」は、「聞く」という「作用」ではない。両者は異なったものとして「意識されてある」のである。ただし、右の段落の意味での志向性という仕方で「意識されてある」のではない。では、どのような仕方で「意識されてある」のか。それを示す術語が「内的に知覚される」である。これが本補遺で「内的知覚」と呼ばれる。

なお、「作用」は、『イデーンI』の「ノエシス」におおよそ対応する。

(2) この「体験」は、本補遺第三段落までは、「作用」とほぼ同義に用いられる。これは、「志向的体験」とも呼ばれる。

(3) この箇所の原文は inneres Bewußtsein である。これは、直訳すれば「内的意識」であるが、しかし、「意識」は、おのれ自身がおのれ自身に「意識されてある」ということを意味する。それゆえ、このように訳すが、これまでもこうした語法は示されていた。そしてまた、本書の『内的時間意識の現象学』には、この語法での(「時間」の語があいだに入るが)「内的意識」が含まれている。

(4) この箇所の原文は wenn auch natürlich nicht gesetzt, gemeint である。この箇所の natürlich をどう解するか。「自然的態度」の意味で「自然的に」と訳すことも可能かもしれない。しかし、「自然的でない」と表現する場合には、nicht natürlich という語順がまさに自然であるように思われる。そうなっていないという点を重視して、このように訳す。

なお、意味的に「もちろん」の語は、現象学的考察に慣れた人にとっては「もちろん」だが、というニュアンスになるように思われる。

(5) 「措定」は、基本的に「その対象が(確定的に)〈ある〉とする」ことを意味し、これに対して、「思念」は(古代ギリシャ以来の「ドクサ」=「臆見」=「思いなし」の系列のものとして)、基本的に「その対象が〈ある〉と思いなす」ことを意味する。ただ、ここでは、どちらも、(通常の外的な)「対象」に向かう志向的な作用として語られている。「内的意識」においては、このような作用は働いていない。

(6) ここでの「思念しつつ-注視されて-ある」(meinend-zugewendet-sein) および「把捉する」(erfassen) は、対象に志向的に向かう場合を指している。

（7） 多くの場合、「知覚する」（wahrnehmen）は、現在的にある対象に志向的に向かうということを意味するが、ここでは、それを意味しない。むしろ、「真に受け取る」あるいは「ただ受け取る」（wahr-nehmen）の意味に使われる。何を真に受け取るのか。ここでの語法においては、外的な対象を知覚するという作用それ自体を、真に受け取るのである。その時間性は現在的である。

（8） 「再生」の概念は、第二七節の「再生」と関連している。そこでは、「再生」は、第一義的に、原本的な知覚作用ないし知覚過程の再遂行という意味で用いられており、これが「内的再生」と呼ばれている。他方、第二義的には、知覚対象の再表象という意味で用いられており、これは「外的再生」と呼ばれている。本補遺では、基本的に、この第一義において用いられる。なお、「再生」は上位概念であり、その下位概念には「（再）想起」や「予期」や「空想」がある。

（9） 本補遺冒頭からこの箇所までは、明示的でないことも含めて多くの内容が語られている。⑴「〔対象に関わる志向的な〕作用」は、それ自体、「知覚されて〔＝真に受け取られて〕ある」、あるいは「「内的に」意識されてある」。⑵この場合の「知覚」の語は、対象に関わる志向的な「作用」を意味せず、「真に受け取る」を意味する。それゆえ、この「知覚」は、外的な方向をもたず、むしろ「内的」であり、それゆえ「作用」は（より一般的には）「「内的」に意識されてある」ということになる。⑶「知覚」は、基本的に「現在」的である。

かくして、この「〈作用の「内的」意識〉」の語は、「〔対象に関わる志向的な〕作用が、〔おのれ自身を〕現在的に真に受け取るということとしての「内的に」意識によって、意識されてある」ということを意味する。

(10) ここでの「知覚する」は、「真に受け取る」の意味であるが、ただし、ここでは「作用」がおのれ自身を「真に受け取る」の意味であろう。これは「作用」それ自身の自己関係であるから、「内的」である(このニュアンスは、ドイツ語では、inne werden とか inne sein という言葉でも言い表されるが、フッサールはこうした語をあまり用いず、「内的」(inner)の語を多用する)。

この補遺では、この「おのれ自身を真に受け取る」がさらに詳細に分析される。受け取る側の知覚が「内的」知覚であり、より一般的には「内的」意識であろう。他方、このように内的に意識される側の知覚——より一般的には作用——は、本文では「作用」や「志向的体験」といった言葉で記述される。

なお、この分析は時間論的分析であり、ここでの「知覚」には「現在的」という含意があり、他方、「準現在化」(=思い浮かべ)には「非-現在的」という含意があることに注意していただきたい。

(11) この「含蓄ある意味での」は „im prägnanten Sinne“ に対応する。さまざまに訳されるが、ここでは、通常の(平板な、と言ってよいなら)語義に対して、「現象学的な分析のなかで捉え直された、豊かな、深い意味での」といった語義に解してよい。ここでは、「体験」という言葉にこの語句がかかっている。「作用」それ自体が(内的意識のなかで)「体験される」という意味での「体験」である。しかし、『論研』の語法との関連で、「感覚内容」もまた「体験される」ことが述べられる。

（12） ここでは、「体験」は、作用の意味で用いられている。しかし、その「体験」の語に引用符が付けられている。これはおそらく『論研』での語法を指している。『論研』では、体験は、それ自体が〈体験される〉というように理解されていた。

しかし、本補遺では〈体験される〉という語が、〈知覚される＝真に受け取られる〉という語に置き換えられている。なぜだろうか。

『論研』では、基本的に時間の問題は扱われなかった。本書では、まさに時間の問題が扱われている。〈知覚される＝真に受け取られる〉は、時間的含意として、「現在的」を意味することができる。それゆえ、本補遺では wahrgenommen は、〈知覚される＝現在的に真に受け取られる〉の語義で使われている。この語義によって、時間が、より適切に分析されるので、ここでは（「体験」よりも）「知覚」の語が用いられたのであろう。

（13） この「まなざし」は、二つの解釈を許す。「再生的な意識」あるいは「再想起」のまなざしとも解しうるし、あるいは「内的な知覚」それ自体としてのまなざしとも解しうる。前者の時間性格は非－現在的であり、後者の時間性格は現在的である。文脈からして、後者の解釈が正しいと思われる。

しかし、「内的な知覚（＝真に受け取る）」に対して「まなざし」という表現は適切であろうか。「真に受け取る」は、それによって受け取られるものとのあいだに、「まなざし」という表現が含意するような「距離」（と呼んでおこう）を許容するのだろうか。この距離を消す方向で論を展開したのは、ミシェル・アンリであろう。この方向で解釈すれば、「まなざし」は、いわば（矛盾した表現にも響くが）距離なきまなざしである。

とはいえ、ここにも最低限度の距離が介在するという解釈も可能かと思われる。

(14)　この「それをただまなざすだけである」は、おそらく「それをただまなざす〔ことで、すでに体験され・意識されてある体験を明示する〕だけである」ということであろう。

(15)　この「すでに「内的意識の統一性」、時間意識の統一性」の「すでに」は、まなざしがそれに向かう以前に「すでに」という意味であろう。また引用符付きの「内的意識の統一性」は、外部からの統一化を必要としない「内的意識」それ自体の統一性、という意味であろう。「時間意識の統一性」には引用符は付けられていないが、これも、時間意識それ自体の統一性であろう。ただし、時間意識の場合には、現在（原印象的位相）においてのみならず、把持的位相（そして予持的位相）においても、あるいはむしろ、これら諸位相全体においての（内的な）自己統一性ということが含意されており、このことはすぐ後の文章で明言される。

(16)　「体験」は、他の作用によって知覚されてあるのではなく、おのれ自身によって内的に知覚されることで、意識されてある。さらに厳密に言えば、知覚は現在的なので、おのれ自身によって内的に――現在的に――知覚されることで意識されてある、ということになる。このことが、ここで表現されていると言えるだろう。

(17)　「知覚する〔＝真に受け取る〕」は、狭義では「原印象的位相」に対応する。しかし、広義では（原印象的位相だけでなく）把持的および予持的な諸位相にも対応するものとして捉えられる。ここでは、この広義のほうが問題になっている。

しかも、ここでは「知覚する〔＝真に受け取る〕」は、この広義のそれが「おのれ自身を真に受け取る」という意味で使われている。

（18）この「再生する」は、内的意識の次元で捉えられているようである。

（19）この記号「A」は、さしあたり、Akt（作用）の省略形であろう。しかし、後にこの「A」は、「作用」だけでなく、「感覚内容」を指すのにも、用いられる。この場合には、「A」は、（なにかの省略形ではなく）単なる記号となる。

（20）この記号「Wi」は「内的に知覚する」（inneres Wahrnehmen）の省略形であろう。

（21）この記号「Wi（A）」は、「作用AをWiのなかで内的に知覚する」を意味するだろう。

（22）この記号「Vi（A）」は、「作用AをViのなかで内的に準現在化する」を意味するだろう。なお、記号「Vi」は「内的に準現在化する」（inneres Vergegenwärtigen）の省略形であろう。

（23）この記号「Wi［Vi（A）］」は、「作用AをViのなかで準現在化する作用それ自体をWiのなかで内的に知覚する」を意味するだろう。

なお、作用としてのVi（A）は、あくまでもWiの内部で内的に意識されているからこそ、それとして問題になるのだろう。Wiは（問題事象として成り立つかぎりの）すべての作用を、それの内部に内包しているのである。

（24）この箇所での「それの「諸体験」すべて」は何を指すのか。九段落後に登場する『志向的諸体験』（知覚、判断、感情、欲求など）を意味するとも解釈される。だが、九段落後では「内的意識のなかで、われわれは「志向的諸体験」――知覚、判断、感情、欲求などのようなもの――ももつ」と記されている。つまり、九段落後の「志向的諸体験」は「内的意識のなか」にある。包摂関係で見れば、「志向的諸体験」は「内的意識」に包摂されている。この「志向的諸体験」は「AとVi（A）」と同類のもの、包摂されるものである。

これに対して、この箇所では「内的意識とそれの「諸体験」すべての内部に」、われわれは「AとVi（A）」をもつと記されている。包摂関係で見れば、「それの「諸体験」すべて」は包摂する側に位置し、「AとVi（A）」は包摂される側に位置する。だから、ここでの「それの「諸体験」すべて」は、「AとVi（A）」（と同類のもの、包摂されるもの）ではないだろう。

このことを考えると、ここでの「諸体験」と九段落後の「志向的諸体験」を単純に同義とみなすことはできなくなる。

ここでの「諸体験」について、どのような解釈が可能だろうか。

第一に、すでにここに先立つ記述において、「再生」（内的意識の次元における再生）が語られていた。あるいは、「準現在化」であるVi（内的準現在化）が語られていた（後の箇所では、「再生」と同義のものとして「内的準現在化」が登場する）。「内的知覚」（内的意識の次元における知覚）も「諸体験」のひとつであろう。

第二に、時間意識のなかで、原印象の内的意識、把持の内的意識（把持の把持）、予持の内的意識（予持の予持）といったものも考えられるかもしれない。

第三に、この表現「その「諸体験」すべて」でもって、フッサールが「内的意識」の入れ子構造を考えていたという可能性も考えられる。すなわち、Vi（A）がWiのなかで内的に意識される（Wi［Vi（A）］）ときに、Viを「諸体験」とみなすという解釈である。

いくつかの解釈が可能だが（第二の解釈が自然であるように思われるが）、決め手に欠けることも記しておかねばならない。

(25) この「できごとたち」（Vorkommnisse）という表現を「作用」に対して使うのは不適切

に思われるかもしれない。しかし、「できごと」は、基本的に時間の内部で起こることを意味しており、たとえば「見る」という作用がある時間点（現象学的な時間のなかの時間点だが）で起きて別の時間点で消滅し、「聞く」という作用も同様だと考えるならば、作用もできごとだと言えるだろう。

また、「見る」という作用が始まり、そして終わる場合、その持続のあいだ、その「見る」という作用は「ひとつの同じ」作用であっただろう。この「ひとつの同じ」という意味では、それはまた「統一性」である。

さらにまた、その作用は、内的意識のなかで内的に知覚されているという意味では、広義での「客観」だとさえも言われる。この「客観」という表現は、「作用」（これは広い意味で主観的であろう）には不適切であろうが、それでも、右の文脈からそれなりに理解されるだろう。

(26)「A」と「Vi（A）」は、ともに「内的意識〔Wi〕」の「内部」に位置する。それゆえ、全体としては、「Wi（A）」（「WiのなかでAが内的に意識されている）と「Wi〔Vi（A）〕」（「Wiのなかで Vi（A）が内的に意識されている」）ということになるだろう。

(27) この意味での（すなわち『論研』の意味での）「体験」は、「作用」だけでなく、「感覚与件」も含む。冒頭から第三段落までの議論では、「体験」は、「作用」の意味で考えられていた。

(28) この「完結した（＝閉じた）領分」の「完結した」は、超越的なものがなくても成り立つ領分を意味するだろう。さらにもう一歩進めれば、『イデーンI』のように、「世界無化」がなされても、それに影響されない領分といったことを意味するだろう。

(29) この記号「Wi（赤）」は、「〈〈感覚内容〉赤〉をWiのなかで内的に知覚する（＝感覚する）」

を意味するだろう。

(30) この記号「Vi（赤）」は、「〈〔ファンタスマ〕赤〉をViのなかで内的に準現在化する」を意味するだろう。

(31) この「意識〔Viのなかでの〕現存在」（意識のなかで現にある）は、Bewußtseinsdaseinである。

この「意識」は準現在化Viである。ところが、準現在化Viは、それ自体が、内的意識Wiのなかにある。この入れ子構造のゆえに、フッサールは、本来区別すべきもの（内的意識Wiとのなかでの現存在と、準現在化Viのなかでの現存在）を正しく区別していなかった。こういうことになるように思われる。

(32) この記号「Wi〔Vi（赤）〕」は、「〈〔ファンタスマ〕赤〉をViのなかで内的に準現在化することそれ自体をWiのなかで内的に知覚する〔＝内的に感覚する〕」を意味するだろう。

(33) これは、おそらく「感覚とは、感覚内容の内的意識〔＝感覚内容が内的に意識されてあるということ〕にほかならない」という言明と関わっている。すなわち、「内的意識」を、〈感覚する〉と読み換えるならば、「感覚とは、感覚内容を〈感覚する〉にほかならない」ということになる。この両者のあいだに「志向的」な関係はないので、いわば両者の距離は生じない。それゆえ、両者は一体であり、同一視される。こういう説明であろう。

(34) この記号「Vi（s）」は、「sをViのなかで内的に準現在化する」を意味するだろう。

記号「s」は、おそらくSinnesinhalt（感覚内容）の省略形であり、もう少し一般化すれば、sensuell（感覚的）あるいはsinnlich（感性的）の省略形であろう。

ただし、いずれにしても、sは、準現在化においてはファンタスマになっている。そして、このsは、直接に「内的に知覚されている」のではなく、あくまでも準現在化Viのなかにあり、それゆえ、このViを内的に知覚するWiから見れば、sは間接的に与えられているにすぎない（真に受け取られていない）。

(35) これに先立つ『論研』の議論の回顧では、「赤のファンタスマはVi（赤）である」とされていた。このViは、正しい意味でのファンタスマ（感覚内容に対応するもの）ではなく、作用である。

(36) この議論をまとめると、準現在化の「ファンタスマ」は、知覚の「感覚内容」に対応するものである。しかし、感覚内容がいわば直接に体験される（直接に内的に知覚される）のに対して、ファンタスマは直接には体験されない（直接に内的に知覚されない）。ファンタスマは、あくまでも「準現在化」のなかに含まれ、これのなかで間接的に内的に意識されるものだからである。Wiのなかでは、「準現在化」が直接に体験される（直接に内的に知覚される）。したがってWi［Vi（s）］ということになるだろう。

(37) この「内的意識（のなかで）の統一性」は、「「外的」知覚（作用それ自体）」が「統一性」として内的に意識される、ということであろう。

(38) この記号「Wa（g）」は、「gを外的に知覚する」を意味するだろう。記号「Wa」は、おそらくäußeres Wahrnehmenの省略形であろう。

他方、記号「Wi［Wa（g）］」は、「gをWaのなかで外的に知覚する作用それ自体をWiのなかで内的に知覚する」を意味するだろう。

記号「g」はおそらくGegenstand（対象）の省略形であろう。

(39) この記号「Vi［Wa（g）］」は、「gをWaのなかで外的に知覚する作用それ自体をViのなかで内的に準現在化する」を意味するだろう。

(40) 「出来事過程」（Vorgang）は多くの場合、「内在的」なものを指す。しかし、ここでは、超越的な事物的なものを指している。

(41) この「自然の出来事」（Naturereignis）は、超越的な事物的なものを指している。たとえば「日蝕」がそうであろう。

(42) 「内的なもの」は「再生」されるが、「外的なもの」は「記憶＝想起」される。本補遺の文脈では、こう定式化してよいだろう。この定式化は、いくつかの解釈上の問題を含んでいる。

第一に、この定式化にはドイツ語の語法が関係しているように思われる。Reproduktionは「再生」（再生産）とか「再現」などと訳すことができる。この語義が基本になっているが、しかし、この語は、「ふたたび・代わりに」（re）、「前に」（pro）、「引く」（ducere）といった語義成分から成り立っている。このことからして、すでに目の前から遠ざかってしまったものをふたたび・代わりに「前に」引き出してくるという（日本語では感じられない）ニュアンスが感じられる。そのようにして作用を再作用させ、再生するのである。

他方、Erinnerung（記憶＝想起）は「内的」（inner）という語義成分をもつ（この場合には「内部」というほうがよい）。それゆえ、外的なものを「内部に引き込む」といったニュアンスが感じられる。外的対象（g）は、Erinnerungによって「内部に引き込まれる」のである。これは、右のReproduktionによって、この外的対象（g）の「知覚作用」が再生されるときに、その作用の内部に含まれるものとしていわばいっしょに（間接的に）準現在化的される、ということになるだろう。こうした（inner を含む）Erinnerung のニュアンスも日本語ではまさに再現しにくい。

これをまとめると以下のようになる。そもそも知覚は、感覚与件が内的に意識され、これに統握が働くことによって（ノエマを媒介・突破して）外的対象を構成する。外的対象は知覚作用のなかでこそ現出する。この知覚作用は、それ自体、内的に知覚される。

外的対象は、超越的統握によって意識から切り離されるように思われるが、じつは、把持的に記憶される（内部に引き込まれる）。他方で、意識の流れのなかで、そうした外的対象は知覚からしだいに遠ざかる。ところが、再生（再想起）は、内的なものとして、かつての知覚作用を眼前に引き戻す。このとき、知覚作用のなかに含まれていた外的対象をいっしょに眼前に引き戻す。かくして、外的対象を眼前でいわば再上映する。

フッサールは、以上のように、ダイナミックに知覚と記憶＝想起を捉えているように思われる。ただし、他の文脈では、さらに別の側面が見いだされていることも忘れてはならない。たとえば、Erinnerung を脱現在化（Entgegenwärtigung）として解する箇所もある。これらのさまざまな含意を活かしつつ、分析が遂行されている。

（43）「準現在化されるもの」という語は、ここでは、ひとたび記憶＝想起によって内部化された（erinnert）外的なものが準現在化される、というニュアンスで使われている。

（44）この箇所での「再生」と「記憶＝想起」との区別は、解釈を必要とするように思われる。「再生」は、あくまでも内的に意識される作用を準現在化するものとして規定されている。他方、それとは区別される「想起」は、外的対象を準現在化するものとして捉えられているように思われる。しかしまた、「想起」は外的対象（それ自体）を準現在化するとしても、内的に意識される（かつての）知覚作用（〈見る〉、〈聞く〉）なしに外的対象を準現在化することはできないだろう。しかし、そうだとすると、ここでの「再生」と「想起」は、まったく別種のものではなく、むしろ、両者の区別は、あくまでも、内的および外的という知覚の二重性格を反映したものだということになるだろう。

(45) この記号「Wa」は外的知覚を意味するだろう。もう少し詳しくいえば、「外的対象を外的に知覚する」であり、しかも、その「知覚する〔作用〕」それ自体の内的知覚を考慮しないかぎりでの、「外的対象」に向かう「知覚する〔作用〕」であろう。

通常、われわれは、「見られる対象」を「見る」が、「見られる対象」を外的に知覚するだけでなく、「見る」も内的に知覚している。しかし、ここでのWaは、この内的知覚の考慮なしに、捉えられている。

(46) この記号「Vi（Wa）」は「外的知覚Waの準現在化Vi」を意味するだろう。「外的対象を外的に知覚する作用それ自体を内的に準現在化する」ということであろう。

(47) Waは、外的対象に向かう知覚である。これに対して、Vi（Wa）は、Waという作用の内的な準現在化である。この点で両者は対立するのだろう。

他方、Rは「再生」であるが、ここでは、内的と定義されている。内的な準現在化Viと内的な再生Rは等置されている。

(48) この箇所では「a」が「外的対象」とされている（「A」は「作用」であった）。この「二」

では、aの「知覚」とaの「準現在化」が対立的に捉えられている。

(49) どういう意味で「同じ現象を示している」のだろうか。Vaは(ある家の)外的準現在化である。R(Wa)は(その家の)外的知覚の内的再生である。もちろん、「家」は「同じ」である。しかし、ここではその意味での(対象の)「同じ」が問題になっているというよりも、むしろ、ひとつの同じ体験の「全体」が、前者では外的に捉えられ、後者では内的に(作用を考慮に入れて)捉えられていることになるので、結局、「同じ現象を示している」と言われているのではなかろうか。

(50) 「独特の意味での「客観化的な」」とは、通常の「客観化」が内的な与件を媒介・突破して超越的な次元(あるいは「客観的時間」の次元)に客観的な対象を構成することを意味するのに対して、ここでは、「内的」次元において、右にある意味で類した構成をおこなうことであろう。これによって、内的に意識される「感覚」や「作用」が「客観化」される。

(51) 「措定的な思念」とは、基本的に「ある」(=存在)を認める・与える思念である。

(52) この文章から、「内的意識」は、いわばそのままでは、「措定する」思念ではないことがわかる。「内的意識」に「措定する」思念が向かうことが「内的反省」であり、また、ここでの「内的知覚」は、この「内的反省」の意味で使われている。しかし、「内的意識」と「内的反省」との関係は、後者は前者に「もとづく」ということが述べられているだけである。両者のあいだに時間的な隔たりはあるのか、あるいは「いちどきに」成り立つのか、不明確である。あるいは、フッサールは、このような捉え方とはまったく異なった捉え方をしていたという可能性も残る。

(53) この「その可能性に関していえば」は、実際にすべての暗黙なものを明示的な所与性にするということは実現されないとしても、というようなニュアンスが含まれているだろう。

(54) この引用符付きの「諸対象」の語も、内的次元に属するので、通常の（超越的な）諸対象ではない、ということを示すだろう。しかし、対象の語には「目立つ」が含意されていると思われる。その含意もここに活かされているだろう。

(55) この「コギタティオ」は、原文では複数形の「コギタティオネス」であるが、しかし、ここでは複数形に重要な意味はないので、日本語としてわかりやすい単数形に置き換える。

(56) ここでの「思念する〔働き〕」は、外的対象の場合のように、内的対象がそれ自体で存在するとみなさない。

(57) 「空虚に」は、多くの場合、当該の対象の、「何」として規定される内容成分の欠落・不明確を意味する。

(58) この「生き生きした表象が支配していない」とは、具体的にはどういうことか、解釈の余地がある。右の訳註（57）で示したように、「空虚」は、多くの場合、対象の「何」の内容が欠落・不明確化することを意味する。この方向で考えれば、たとえば「喜び」の志向が向かっている当のものの「何」が、かつてのように想起〔準現在化〕されない、という可能性がある。他方（通常の語法ではないが）、かつての「喜び」を想起〔準現在化〕するときに、その喜びが関わる対象の「何」は現れるが、その「喜び」それ自体が欠落するということもありうる。この欠落が「空虚に」という言葉で示されている可能性もある。

通常の語法からすれば、前者の解釈が有力であろう。ただ、その場合、わざわざ「喜び」や

「願望」という事例を出すことが適切かどうか、という疑問は残る。
(59) この三つは、並列的に並ぶのだろうか。最初の二つは、ほぼ同義であり、最後の三つ目がそれから区別されるのであろう。
(60) この「注視の対象である〔存在〕」は、原文ではGegenstand der Zuwendung sein と記されているが、本来Gegenstand-der-Zuwendung-sein と一語で記されるべきだと解釈する。
(61) この「よく留意すべき」(zu beachten) は、とくに「注意」(「留意」) の分析として使われている「術語」ではなく、日常的な語彙で使われているが、しかし、これも、深く考えてみると、現象学的な分析が当てはまる。
(62) この「とくに - よく留意されているもの」と「よく留意されていないもの」はそれぞれdas Speziell-Beachtete と [das] Nichtbeachtete である。「よく留意する」(beachten) はachten [auf] (留意する) の他動詞形だと考えられるが、しかし、「注意様態」が分析されているので、まさに注意深く、訳し分けておく。
(63) この文章は、……と……との区別、というように示されていない。しかし、この文章の前半部で「客観」の側で「とくに - よく留意されているもの」と「よく留意されていないもの」とが区別されていて、その文脈で、「主観面」での区別として「注意する」が登場している。おそらく、この主観面での区別は、「注意する」と「注意しない」との区別であろう。ただし、「注意する」は「歩みのなかに」ある。とすれば、「注意する」と「注意しない」とを静止的に切り離すことはできないだろう。
なお、本文では、直前の「注視」の分析を引き継いで、ここから「注意する」(Aufmerken)

ということについて分析される。「注意する」という動詞の名詞化は、これが「作用」であるように感じさせてしまうが、しかし、ここから説明されるように、これは少なくともフッサールの特有の意味での「作用」ではない。『論研』第二巻第五研究第一三節、第一九節でも、注意を「独特な作用（einen eigenartigen Akt）と認めない」旨が述べられている。

(64)「注意様態のなかで」は in einem attentionalen Modus である。この attentional は Aufmerken（注意する）の形容詞形として使われている。

(65) ここでは、注意によって対象的となるということとそのこと自体に対して、（いわばメタ次元で）注意を向けることができる、ということが語られている。

(66)「注視」は Zuwendung の訳語である。ここまで、この訳語をもちいてきた。

この語については、研究者によって「注意凝向」とか「配意」とか「視向」といった訳語を用いることがある。いずれも（完全にはドイツ語と対応しないとしても）適切な訳語であろう。ここでは「注意」（Aufmerksamkeit）や「注意的」（attentional）という語と関連して登場しているので、「注視」と訳す。

(67)「素朴に」は、メタ次元の注意がもろもろの注意様態それ自身に向かわずに、ということである。

(68) この「対象化するまなざし」（ein vergegenständlichender Blick）の「対象化する」も、「目立つようにする」を含意するだろう。

補遺XIII　内在的な時間客観としての自発的統一性の構成——時間形態としての判断と絶対的な時間構成する意識[1]

判断（たとえば2×2＝4）[1]をわれわれがもつならば、それの《思念されるものそのもの〔＝思念されることそのこと〕》[2]は、非時間的な理念である。[3]絶対的に同一な意味で《同じもの》が無数の判断作用のなかで思念されてあることができる。[4]そして、この《同じもの》は真でも偽でもありうる。[5]この《同じもの》を「命題」（Satz）と考え、また「判断」をこの命題の相関項[6]とみなすことにしよう。そうすると、人は言うだろうか、〔それは〕判断作用[7]のことか、と。《2×2＝4である》ということ[8]がまさにそれのなかで思念されているところのその意識〔作用〕のことか、と。否である。〔このことを以下で確認しよう。〕《思念されるものそのもの》が注視されてあるのに代えて、私はまなざしを、〈判断する〔という作用〕〉のほうに、《2×2＝4である》ということがそれのなかで私にとって所与性に到るところのその〔時間的な形成〕プロセスのほうに、向ける。ひとつの〔時間的な形成〕プロセスが生じる、すなわち、私は〈2×2〉という主語思想を〈形成する〉（Bilden）ことを始め、この形成活動（Bildung）を終了させる。そして、この主語思想の形成は、〈根本措定〉として役立つ、すなわち〈4である〉[9]という〈……にもとづく措定〉〔をそれのうえに形成する活動〕[10]のための〈根本措定〉として役立つ。このようにして、自発的な〈形成する〉〔というプロセス〕が、始まり、継続し、終了する。私が現にそこに[11]形成するものは、しかし、《論理学的な命題[12]》〔それ自体〕ではない。《論理学的な命題》は、《その際に思念されるもの》である。「形成されるもの」〔＝「判断」〕は《思念されるもの》〔＝《命題》〕ではないのである。〔さて、〕自発性のなかで形成されてあるのは、さしあたり「２×２[13]」であり、それからそれにもとづく「２×２＝４[14]」である。〔このときに〕おのれを自発的に完成して〈自発的な〈形成する〉のなかで形成して[15]〉もつのは、２×２の「意識[16]」であり、最終的には、２×２＝４の意識である。この形成体は、それができあがった状態にあるならば、〔時間的な〕出来事過程としてはすでに通り過ぎてもいる。それはただちに過去に退きながら沈んでいくのである。

この場合、形成体は、明らかに形成プロセスではない（さもなければ、まさに〈形成する〉という比喩的な言い方が〔形成体にまで〕誤用されていることになるだろう）。私は、〔時間的に〕恒常不断に進んで行く意識〔作用〕と、進んで行く〔「判断」の形成〕プロセスの統一性にも、留意することができる（これは、メロディを知覚する際に、私が、恒常不断の意識〔作用〕と、〔音たちの〕「諸現象」(„Phänomene[17]")の恒常不断の経過――《音たち》それ自体の経過ではない――とに留意することができるのとまったく同様のことである）。けれども、この〔時間的な形成〕プロセス〔それ自体〕は、その終わりにおいてはできあがった状態にある現象〔＝判断〕、〔すなわち、〕「２×２＝４」〔＝《命題》〕がまさにそれのなかで思念されてあるところのその現象〔＝判断〕ではない。同様に、《手の動き[18]》の現出を構成する意識プロセス[19]〔それ自体〕も、やはり、《手の動き》がそれのなかで現出するところのその現出[20]それ自体ではない。われわれの〔＝本補遺の〕場合にその現出に対応するのは、2×2＝4であるといった思念であり、いわば「それはそうある」〔＝《命題》[21]〕がそれのなかで現出するところのその明示的な「述定[22]」である。〔他方、〕意識プロセスの位相たちは、《手の動き》の現出の統一性に属さない。この統一性に属すのは、その意識プロセスの位相たちのなかでおのれを構成する現出位相たち[23]である。判断意識のプロセス〈判断意識の「流れ[24]」〉のなかでも、そのように、述定の成素たちが[25]、〔すなわち〕主語項、述語項などが、おのれを構成するのである。そして、統一的な判断思念としての判断の〈主語項〉は、それがおのれを構成した後には、判断思念〔全体〕にいっしょに属すことになり、たとえ、主語項の意識[26]が恒常不断にさらにおのれを〔時間的に〕変様させるとしても[27]、そうなのである（〔手などの〕《動き》の現出〔全体〕には、開始位相の現出——これは〈退きながら沈んでいく〉という〔時間的に変様された〕様態のなかでずっと見いだされつづける——が属するが、しかし、意識の形成活動たち[28]は〔そちらの側の現出には〕属さない、すなわち、意識の形成活動のなかで、開始位相が退きながら沈んでいきつつ、恒常不断の〈動きの位相〉としておのれを構成するのだが、そうした意識の形成活動たちは〔そちらの側の現出には〕属さない）。

それゆえ、二つのものを区別することができる、と言わねばならないだろう。

一、意識流[29]、

二、意識流のなかでおのれを構成するもの[30]、

そして、二の側でまたしても〔二つのものを区別することができる〕。

a、《2×2＝4》についての、おのれを構成する「現出[31]」もしくは思念――これは〔それ自体〕ひとつの〔時間的な〕生成プロセス〔＝形成プロセス〕である――としての判断、と

b、その生成プロセスのなかで生成してくる当のもの、〈終わったときには、形成されたもの、生成したものとして、現にそこに立つ判断〉、できあがった述定[32]。

判断は、ここでは、内在的時間のなかでのひとつの内在的な〈出来事過程の統一性〉であり、ひとつのプロセスであり（意識〔作用〕の流れではなく、意識流のなかでおのれを構成する出来事過程であり）、すなわち、開始して終了し、終了とともに通り過ぎもするひとつのプロセスであり、ちょうど、動きが[33]、おのれを成就させたまさにその瞬間に通り過ぎるのと同様である。もちろん、感性的に知覚される生成が現出する際には、その生成が〈存続しつづける存在〉に移行したり、あるいは、その動きが任意の位相において静止に移行したりするといったことが、いつでも考えうるが、これに対して、ここでは静止といったことはおよそ考えられない[34]。

けれども、以上のことでもう、すべての区別が語り尽くされたわけではない。自発性の作

用（Aktus）[35]のそれぞれとともに、新たなものが登場する。その自発性の作用は、その流れのそれぞれの瞬間にいわば原感覚[36]として、すなわち意識の〔時間的〕根本法則によってその射映〔的変様〕を被る原感覚として、機能する。〔このとき〕意識流のなかで歩数を踏んで作業を進めていく〔判断作用の〕自発性は、時間的な客観を構成し、そして、生成する客観、出来事過程を構成する。[37]〔ただし〕原理的にいって、その自発性はただ出来事過程だけを構成するのであって、〔《事物》のように客観的時間のなかで〕《持続する客観》を構成しない。[38]そして、この出来事過程は〔ただちに〕過去へ退きながら沈んでいく。この場合、以下のことをよく考えねばならない。すなわち、私が〈これ－措定[39]〉で始めるならば、自発的な〔〈これ〉を〕さっとつかんで把捉する〉というのは、ひとつの瞬間であり、つまり、内在的な時間のなかで瞬間として現にそこに立っているがただちに沈降してしまうひとつの瞬間である。しかし、内在的時間のなかで判断プロセスの全体的な統一性が形成されるには〔この瞬間だけで終わらず〕、この瞬間に〈しっかりとした保持〉（Festhaltung）[40]が結びつくのであり、〔このことによって〕〈これ〉の原措定（リップスの言うように〔瞬間的に〕「パチッと入る」）は連続的に、しっかりと保持する〈これ－意識〉に移行するのである。そして、この〈しっかりと保持する〉（Festhalten）というのは、原措定――これはもちろん内在的な時間的変様を被る――を〈取得する〉（Erhalten）[41]ということではなく、むしろ、この〔〈取得する〉の〕意識〔の働き〕と絡み合った形式なのである。そして、この場合に目をひくのは、この恒常不断の現象のなかで、ただ〈開始位相が沈降する〉ということがおのれを構成するというだけにとどまらず、連続的に取得したまま継続措定する[42]〈これ－意識〉が、〈これ〉を〈ひとつの持続的に措定されるもの[43]〉として構成するということである。このことが意味するのは、〈開始措定する〉（Einsetzen）と〈継続措定する〉（Fortsetzen）[44]とが〔互いに独立でなく〕ひとつの〈自発性の連続性〉を形作り、この連続性は本質的に〈時間的に沈降する〉――これは、開始位相とそれに後続して〔それを〕取得したままにする位相たちとを時間的な経過のなかで沈降させ、また、それとともに、それらの諸位相が基礎的な表象たち（直観たち、空虚な表象たち[45]）とその表象変様たちとしていっしょに引き連れてくるもの[46]を沈降させもするのだが――というプロセスのうちに根拠をもつ、ということである。作用（Akt）が開始〔措定〕する、しかし、それは、〔時間的に〕変化した様態において〔も〕作用として（自発性として）継続進行する、そしてそれから、この自発的な経過全体を継続措定する新たな作用が、たとえば述語－措定の作用が、開始措定する。[47]〔しかし、〕この形成がさらに歩を進めていかないと、結果するのは、それ〔自身固有〕の仕方で原湧出する新たな〈述語措定の自発性〉ではない。むしろ、〔そもそも〕この〔述語〕措定は、〔原湧出的ではなく、〕ひとつの根拠〔＝主語措定〕にもとづいてである、のである。〔なにしろ〕述語措定が登場するのと同じ内在的な時間位相のなかで、しっかりと保持する自発性という形式で、そして変様された〔＝原湧出的でない〕形式――それは[48]原湧出的な主語措定に対比的にこの変様された形式をもつのだが——で、主語の措定が現実に遂行されてあり、そして、これのうえに〔こそ〕原本的な述語措定は築き上げられてあるのであって、〔また、そのことによってはじめて〕この述語措定は主語の措定とともにひとつの統一性を形成するのである。このひとつの統一性が、判断全体の統一性である。すなわち、時間的プロセス〔全体〕の〈存在する位相[49]〉としてのそれ、また、それのなかで判断が現下に「できあがった状態」にあるところのひとつの時間的な契機としてのそれ、である。この〔現下の〕瞬間[50]は〔ただちに〕沈降する。しかしながら、私はただちに〈判断する〉ことをやめるわけではない、すなわち、〈判断するしっかりとした保持〉の〔時間的な延び広がりの〕区間が、他の場合と同様にここでも恒常不断に、〔それを〕完成させる最後の遂行契機につながるのであり、このこととともに、判断は、時間的にあれこれの形態を与えられた判断として、さらなる〔延び広がりの〕区間を獲得する。場合によって、私は、それに、またもや新たな高次の判断形成体を結びつけ、それのうえにこの高次の判断形成体を築き上げる、などなどをする。

したがって、判断は、内的時間意識のなかでの内在的な客観としては、プロセスの統一性なのであり、〔そのプロセスのあいだの〕途切れなき(beständig)「措定」[51]（もちろん判断措定）——これのなかで二つないしいくつかの遂行契機、原措定する諸契機が登場する——の恒常不断の統一性なのである。このプロセスは、そのような諸契機のない〔時間〕[53]区間で終わる。その区間とは、「沈静状態的な」(„zuständlich“) 仕方で[52]それ〔＝判断〕の意識〔＝意識されてある」であるような区間である。〔そして、その意識は、〕「根源的な」仕方でいくつかの遂行契機によって意識〔＝意識されてある〕に到った当のもの[54]に対する信憑[55]で〔も〕ある。判断（述定）は、そのようなプロセスのなかでのみ可能であり、〔しかも〕そのプロセスのなかにはすでに、その判断の可能性のために把持が必要であるということが含まれている。

　自発的な統一性がおのれを内在的な時間客観として構成する仕方、そして、述定的判断がおのれを内在的な時間客観として構成する仕方は、感性的なプロセス――恒常不断の〈ひとつの後に他のひとつ〉――の構成の仕方から、するどく切り分けられる。もちろん、後者の場合、「根源的なもの」、〔すなわち〕いつも新たに充実される時間契機の源泉点であるものは、端的な原感覚的位相であるか（これの相関項は今における〔志向的でない〕第一次内容である）、あるいは、〔志向的な〕統握によって〔現出者の〕原現出的位相として形成される位相であるか、どちらかであるということによって〔切り分けられる〕。判断の場合の根源的なものは、しかし、〈措定の自発性〉であるが、〔ただし〕この〈措定の自発性[56]〉はおのれの基礎をなんらかの〈触発の素材〉にもつ。それゆえ、この〔判断の場合の〕建築構造[57]は、この点で、より複雑である。

　さらに詳しくいえば、ここには二重の根源性が登場している。〔第一に、〕時間形態としての判断にとって「根源的に」構成するものは[58]、「措定」の連続性であり、この点で、この措定はいつも根源的に付与的である[59]。それから、諸把持をともなった時間意識のなかで、時間形態としての判断のもろもろの時間点〔に対応するところ〕のもろもろの連続的な判断契機[60]が構成される。しかし、〔判断形成的に〕能作する自発性の〈本来的〔＝根源的〕に遂行する措定〉の諸契機を、〈しっかりと保持する自発性〉の、そして〈〔その能作によって〕形成されるものを取得したまま継続措定する自発性〉の恒常不断の諸契機から、区別すべきである。これは、〔判断という〕構成される時間形態――これのなかでもろもろの源泉点[61]が特筆されるのであるが――のなかでの区別であり、かつまた、もちろん、〔その根底の〕構成する時間意識――これのなかで本源的な（originell）[62]位相が〔やはり〕創造的な位相と沈静状態的な位相との二種に区別されるのであるが――のなかでの区別でもある。

右によって、〈絶対的に時間構成する意識〉との区別のもとで〈時間形態としての判断〉という理念が解明されたとみなしてよいならば（そして、まさにそれとともに、他の自発的な諸作用[63]の場合の、対応する区別も解明されたとみなしてよいならば）、さていま、言われるべきことがある。すなわち、この判断〔作用〕はひとつの〈思念する〉であり、〈感性的な〉内在的－客観的な現出[64]――これのなかでたとえば外的な空間時間的な存在が現出するのだが――の類比態である、ということである。この思念のなかで《思念されるもの》がいわば現出するのであり[65]、〔すなわち、〕「2×2＝4」という〈時間形態〔として〕の〉思念のなかでまさに《命題的な（propositional）[66]、あれこれに綜合的に形成された事態》が現出するのである。けれども、《事態》は〔感性的な〕事物ではないし、客観的‐時間的な存在ではないし、内在的な存在でも超越的な存在でもない[67]。《事態》は、持続的に思念されるものであるが、しかし、それ自体で持続するものではない。それは始まるが、しかし、それ自体で始まるのではなく、同様に〔それ自体で〕終わるのでもない。〔とはいえ、〕《事態》は、その本質によって〔事物とは〕異なった仕方で意識されてあることができ、あるいは与えられてあることができるのである。《事態》は分節化されることができ、そしてそれから、特定の仕方で築き上げられる自発性のなかで意識されてあることができる。この自発性[68]は、内在的な時間形態としては、「より速く」経過したり、あまり速くなく経過したりすることができるが、しかしまた、沈静状態的な仕方で意識されてあることもできる、などなどである。

もろもろの自発的な時間形態[69]は、内在的な諸客観すべてと同様に、それらの再生的変様のうちにそれらの対立形態をもつ。〔その一例としての〕判断空想は、すべての空想と同様に、それ自体ひとつの時間形態である。それの構成にとっての根源的契機は、変様に対立する「根源的」空想であり、これの〔時間的〕変様は意識の根本法則にしたがって根源的空想に直接につながるが、〔それは〕つまり把持的変様である。空想が内在的な客観としておのれを構成することによって、それ固有の空想志向性――これは中立化される準現在化という性格をもつ――のおかげで、内在的な疑似‐客観が、すなわち、空想の内在的な疑似‐時間のなかでの〈内在的な空想されるもの〉の統一性が、おのれを構成する。そして、空想が「現出」[70]の準現在化的な変様である場合には、さらに《超越的な空想されるもの》の統一性もおのれを構成するのであり、〔この場合に〕われわれは、《空想される空間時間的な客観》の統一性あるいは《空想される事態》の統一性と言う。これは、すなわち、《疑似－知覚判断のなかで疑似的に－与えられてある事態》の、あるいは《その他の種類の空想判断のなかで疑似的に－思考されてある事態》の、統一性である。

原註

［1］　第四五節、三四四頁以下に関して。

訳註

（1）「判断」は、言語的ないわゆる「命題」（フッサールの語彙でない、通常の語義での「命題」）である。カントの頃から、感性的な直観に対して、言語的な判断が対比されるようになった（カントは、言語的な悟性のカテゴリーを演繹するために「判断表」を用いた）。判断は言語構造をもつ。

この言語的な判断は、内在的時間のなかに置かれる。これは、感性的な構成の場合の「現出」と基本的に同じ位置を占める。「現出」とは、それを媒介・突破して「現出者」（あるいはこの場合は「端的な対象」がよいかもしれない）が思念されるところのものである。これと平行的に、「判断」は、それを媒介・突破して「命題」（Satz）が思念されるところのものである。

「判断」は、言語的な主語措定や術語措定を含む意味での「措定されるもの」（Gesetztes）である。「命題」（Satz）というフッサール独自の語彙は、この両者の相関関係を示している。すなわち、「措定されるもの」を媒介・突破して「命題」が思念される。こうした「命題」は「事態」（Sachverhalt）とも呼ばれる。

本補遺では、主に「判断」の構成が（感性的な現出者の構成と対比されて）解明される。本補遺では、議論を明確にするために、フッサール的語義での「命題」あるいは「事態」に当たるものを、《 》で示す。

（2）フッサールは、多くの場合に、「……する」と「……される」の区別を重視する。これは、「判断」の場合にも当てはまる。この場合に、ドイツ語的な表現と日本語的な表現との相違が問題になる。「判断」の場合の「思念する」は、言語的な構造をもつ「命題」ないし「事態」に関わる。ここでの「思念されるもの」が「命題」ないし「事態」である。しかし、これは「2×2＝4」という「判断」に対応する。「2×2＝4」は、「思念されるもの」とも言えるが、より日本語的には「思念されること」と表記するほうがよいだろう。

他の言い方も考えたが、わかりにくくなる。ここでは、注意を促す意味で、この最初の箇所で説明を記して、その後は（「……されること」と記すべきところも）「……されるもの」と記すことにする。

（3）「命題」ないし「事態」は、「非時間的な理念」だとされている。この「非時間的」が、本文では、「プロセス」などと対比的に使われるが、「プロセス」は時間的である。

また「理念」という言葉は、「実在（性）」と対比的に使われる。

注意も必要である。「命題」ないし「事態」が「非時間的な理念」だと言われると、この言い方が（「個体」に対比される）「類」や「種」を想い起こさせるかもしれない。しかし、「命題」ないし「事態」はこれらとは異なる、と後にフッサールは考え直す。

（4）「無数の判断作用」は、具体的には、昨日遂行された判断作用、今遂行されている判断作用……などなどである。このような、時間的な判断作用は無数にあるが、しかし、いずれにおいても、同一な2×2＝4が思念されることができる。これがここで言われていることである。

（5）「判断」と「命題」（ここでの《同じもの》）との関係は、「意義」と「対象」との関係の拡張である（これは「ノエマ」と「端的な対象」との関係の拡張でもある）。この「命題」は、たとえば「2×2＝6」といったものでもありうる。

この関係は、フレーゲの考え方と関連している。しかし、フレーゲは、フッサール的な「事態」に対して、「真理値」を置く。この箇所での文言は、フレーゲとの関係を想い起こさせるが、フッサールとフレーゲの関係については、詳細な研究が必要である。

（6）「判断」＝「相関項」は、「端的な対象」に対する「ノエマ」の位置にある。つまり、「ノエマ」を媒介・突破して「端的な対象」が志向されるのに対応して、「判断」を媒介・突破して「命題」が志向されるのである。

（7）この「判断作用」は、（《命題》と「判断」とに並ぶ）第三の成分である。これは、基本的に意識作用である。言語的なノエシスだと言ってもよいだろう。これの、作用としての側面を強調する場合には、「形成（作用）」などとも呼ばれる。あるいは、動詞の名詞形も使われる。

しかし、そうした意識作用それ自体が時間内に現出する。そうした時間的なものとしての作用は「プロセス」という語で示される。

この意味での判断作用は、そのつどの時間的なものであるが、しかし、だからといって、《命題》もそのつどの時間的なものだというわけではない。このことを認識させるのが、現象学的還元である。

(8) この「《2×2=4である》ということ」は《命題》である。なお、この原文は„daß 2×2=4 ist"である。これを„daß zwei mal zwei gleich vier ist"（「2かける2は4に等しくある」=「2かける2は4である」）と読む。

(9) この「4である」(„ist gleich 4")は、「4に等しくある」と訳すほうが正確であるが、日本語の習慣にしたがう。

(10) 「自発的」(spontan) の語は、本書ではすでに（先言語的・直観的な）「原印象」が「自発的な産出」であるという意味に使われていた。しかし、ここでは、「自発的」は、むしろ、カント的なニュアンスで使われている。すなわち、カントの場合、「感性」（直観）がひとえに「受容的・受動的」であるのに対して、「悟性」は「自発的」である。「悟性」は言語的である。「悟性」の「自発性」が（言語的な）「綜合」を可能にする（フッサールは直観に綜合を認めないカントの考え方に批判的であり、すでに直観が綜合を含むと見る。これが「受動的綜合」という考え方につながる。これを少し敷衍すれば、直観はすでに低次段階の自発性をもち、悟性は逆に高次段階の自発性をもつというように考えられるだろう）。

本補遺では、言語に関わる「自発的」が論じられる。しかし、「自発的」は、かならずしも「意図的」ということではない。

(11) この「現にそこに」は da である。この文章のなかでは、「現にそこに形成する」という語形になる。この語形は、dastehen（現にそこに立つ）と関連していると思われる。この言い方は、対象（Gegenstand）が現にそこに立つ（da steht）、という場合によく登場する。これとの連係を感じさせる語形であるので、このように訳す。

なお、ここで対象に対応するのは、「判断」であり、ノエマの言語版である。しかし、「端的な対象」は、ノエマとは区別される。

(12) 「論理学的な命題」の「命題」は、《事態》としての「命題」（Satz）である。他方、「論理学的」の語は、おそらく「言語的構造をもった」といった意味を含むだろう。『イデーンI』では、「構文型対象性」といった用語（この場合には「対象」の語の語義も拡張される）も登場するが、これと関わっているだろう。

(13) この「2×2」は「根本措定」に対応する。

(14) この「2×2＝4」は、「根本措定」と「……にもとづく措定」との統一性に対応する。

(15) 本補遺では、言語的な判断の「自発性」が分析されている。そして、本補遺では、ドイツ語の再帰用法が多用される。再帰用法は、なにかの中動態的な成立を示すことができる。フッサールの語法のなかでも、そうした傾向が読み取れる。

日本語にも中動態的な表現が多数ある。しかし、ドイツ語とうまく対応しない場合も多い。そういう場合には、「……されてくる」と訳すと、そのニュアンスがかなり適切に示されることもある。しかし、本補遺では主に言語的な判断の「自発性」の次元が問題になっている。これがしかし、感性的な次元と対比されている。この両者の次元のどちらにも、再帰用法が使われる。この両者の再帰用法がまさに「再帰用法」であることを示さないと、対比が際立たないだろう。そこで、本補遺では、再帰用法を明示するために、「おのれを……する」という仕方で訳すことにする。

しかし、日本語で考えると「おのれを……する」という表現は、「あえて、おのれを……する」といった強い意図性・能動性を感じさせてしまうことが多い。これは誤解を招きやすい。中動態、再帰用法は、当該の動詞の働きがそれ自身に再帰して、その主語を完成させるといったことを示す。それは、主語のもつ意図とは無関係に（とはいっても、主語がある程度動機づけられる場合も多いが）生じる。

(16) ここで「意識」に引用符がつけられているのは、それがノエシス的な意識作用ではなく、むしろ、「現出」――これは意識されてある現出であるが、意識作用ではない――だからであろう。

なお、すぐ後の（2×2＝4の）「意識」も同様に理解される。この「意識」には引用符が付けられていないが、ここで一度引用符つきで示したので、二度目は不要だということであろう。

(17) この引用符付きの「諸現象」は現出に対応する。引用符が付けられているのは、これが、判断にも対応するので、同じ次元のものであることを示しているのだろう。また、右で「意識」の語が「現出」の意味に使われていたが、これとの関連を示しているかもしれない。

(18) この「手の動き」については、たとえば指揮者の手の動きなどを思い浮かべると、わかりやすいだろう。

(19) この「意識プロセス」は、ノエシス的なものである。
(20) 「《手の動き》がそれのなかで現出するところのその現出」は、ノエマに対応するだろう。
(21) 「いわば「それはそうある」」の「いわば」の語は、「それはそうある」(das „es ist so")が一種の名詞のように扱われているので、補われているのだろう。
他方、「それはそうある」自体は、「特定の何かが何かである」という述定を一般化した言い方であろう。

なお、この「それはそうある」は、「事態」であろうから、「《それはそうある》」と記すほうがわかりやすいだろう。
(22) この「述定」は、「判断」であり、「形成体」である。
(23) この箇所の「おのれを構成する」は、先言語的・感性的な次元の事柄なので、「構成されてくる」のほうが適切ではあるが、本補遺での語形と翻訳の統一という観点から、このように訳しておく。
(24) この「流れ」に引用符がつけられているのは、判断の場合には、時間の流れを構成する時間意識にいわば依拠しているが、しかし、判断意識(作用)それ自体も(高次の)時間意識であり、流れとして自己現出するからであろう。
(25) 「述定の成素たち」は、手の動きの場合の現出位相たちに対応する。
(26) この「意識」は、「意識作用」でないので、そのかぎりでは「意識されてある」の意味で理解されるほうがよいだろう。ただし、この二つの側面は「意識」の不可分な側面である。
(27) この「おのれを〔時間的に〕変様させる」は時間的な変様であり、時間的な変様は、判断の意味での「自発性」には属さないので、「変様されていく」といった訳のほうが適切だが、やはり語形と翻訳の統一という観点から、このように訳す。以下でも、同様に理解されたい。

(28) 「意識の形成活動たち」(Bewußtseinsgestaltungen) という語に含まれる Gestaltung は、本補遺の第一段落に登場した Bildung と同義と解される。要するに、ノエシス的な作用である。

(29) これは、もちろん、ノエシス的なものである。

(30) この「おのれを構成するもの」は、「現出者」である。

(31) この「現出」に引用符がつけられているのは、(通常、現出は感性的と考えられるのに対して) ここではそれが感性的なもの (主語項など) ではないからであろう。

(32) このbについては、二つの解釈が可能であろう。

一方で、bは「命題」あるいは「事態」だと解する。

他方で、aとbの区別のなかでは、「判断」の形成途中 (たとえば主語項が形成される) がaに対応し、「判断」の完成 (主語項だけでなく述語項も形成される) がbに対応する、と解する。

この箇所につづく段落からすれば、後者のほうが有力であろう。

(33) この「動き」は、「意識作用それ自体の動き」か、「(手などの) 動き」か、わかりにくい。後者ではなかろうか。

(34) 手の動きの現出の場合には、指揮者が手の動きを止めてしまえば、静止にいたる。それを、われわれは「知覚」することができる。しかし、「判断」の形成体の場合には、たとえそれが完成状態にあったとしても、右のような意味でその静止を知覚することができない、それはつねに流れ去る、といったことであろうか。

(35) このAktusの語は、カントの語法を念頭に置いているのだろう。たとえば『純粋理性批判』B 132には、ein Aktus der Spontaneität（自発性の作用）といった語がある。これは悟性あるいは判断に関わる。フッサールも、ここで判断のことを語っている。

このように、Aktusはカントの語であるが、ただし、細かくみれば、その語義はあくまでもフッサールのAkt（作用）の語義であろう。

(36) 「いわば原感覚」と「いわば」付きで記されているのは、感性的な構成の場合には、「原感覚」が問題にされるが、ここでは判断の構成が問題にされており、この判断の次元で、感性的な原感覚に対応するものを、示すためであろう。なお、「いわば」の語は「その流れのそれぞれの瞬間に」の前に置かれているが、内容的には「原感覚」にかかるように思われる。

なお、自明ではあろうが、ここでは「判断作用」それ自体が「原感覚」の語で示されている。

(37) この文章の解釈は、すぐ後の「持続する客観」の解釈と連動する。ここでは「時間的な客観」、「生成する客観」、「出来事過程」という語が登場する。これらは――すぐ後の「持続する客観」と対比されているかぎり――、「時間的に変化する客観」、「時間的に生成する客観」、「時間的に変化する出来事過程」というように読むことになる。もちろん、「時間的な客観」、「生成する客観」、「出来事過程」はこうした含意をもつが、しかし、ここでは、この含意を強く読まねばならない。

(38) この文言は、本補遺冒頭で、判断の場合には「《思念されるものそのもの》は、非時間的な理念である」と述べられていたことに対応するだろう。

(39)「これ‐措定」については、「これ」を「これは……ある」という「判断」の主語と考えることができる。すなわち、この場合の「これ‐措定」は主語措定である。

なお、この箇所は、ヘーゲルの『精神現象学』の感性的確信の議論を想い起こさせる（フッサールはヘーゲルをあまり読んでいなかったようであるが）。

(40) この「しっかりとした保持」は、感性的時間構成における「把持」に対応するだろう。

(41) この「取得する」はErhaltenである。このドイツ語は、「取得する」（はじめて入手する）と「維持する」（保存する）の両義で使われる。

本書では、ここ以外ではこの語は「維持する」の語義で使われているように思われる。ここでも、この語を、「維持する」の意味で、あるいはもう少し補えば「そのまま維持する」という意味で、読むこともできる。

しかし、この箇所では、Erhaltenは、Festhalten（しっかりと保持する）と対比的に使われているように読める。この場合、Erhaltenを「取得する」の意味で理解することができる。

なお、二つの英訳ではErhaltenはpreserveと訳されており、立松訳では「保持すること《エアハルテン》」と訳されている。これらは、「維持する」の語義で解釈している。

(42) この「取得したまま」はforterhaltendであり、この語にはerhaltenが含まれる。訳註(41)ではErhaltenはFesthaltenと対比されていた。しかし、その後、Festhaltenは、Erhaltenと「絡み合った」形式であることが述べられた。このことをうけて、ここでのforterhaltenは、Festhaltenと「絡み合った」意味に使われているように思われる。

(43) この「措定されるもの」は、内在的なものとしての主語項を指していると思われる。

（44） ドイツ語の einsetzen は、基本的には「開始する」を意味し、fortsetzen は「継続する」を意味する。しかし、ここでは、「判断」の場合の「措定する」(setzen) の時間分析がなされている。それゆえ、これらの語と「措定する」との関係を示すために、「開始措定する」「継続措定する」と訳す。ただし、この場合の「措定する」は、超越的な存在の措定を意味しない。「命題」——これは Satz であり、setzen（措定する）と対応する——ないし「事態」の構成については、本補遺末尾から二段落目で語られる。

（45）「基礎的な」は、感性的な次元を指しているだろう。そして、「直観たち」は、基本的に「充実」しており、「空虚な表象たち」は「充実」していないという意味で、両者が並べられているだろう。

（46） この「その表象変様たち」は、時間的な変様（把持的変様など）であろう。

（47） この「開始措定する」も einsetzen である。これは、訳註（44）で示したように、「措定」の語法といわば韻を踏むように用いられている。日本語として多少奇妙なので、あえてここでも註記しておく。

（48） この「それ」（単数形の女性形代名詞 sie）が何を指すのか、意味上の解釈の余地がある。ふつうに読めば「述語措定」になるが、しかし、そうすると意味が理解しにくくなる。むしろ、変様した主語措定、と解するほうが適切であろう。

（49） この「時間的プロセス〔全体〕の〈存在する位相（seiende Phase）〉」が何を意味するか、解釈が必要であろう。「今存在する位相」と解することもできる。ただ、その「今」を、狭義の「今」（原印象に限定された今）と解すると、「時間的プロセス」という言葉と折り合いが悪くなる。それゆえ、「時間的プロセス〔全体〕がそこにいちどきに存在するところのその（垂直的な）位相」と解することができるように思われる。時間的プロセスがひとつの位相に存在するためには、それの過ぎ去った諸位相が把持されていて、その位相のなかに「存在する」ことが必要であろう。

（50）この語は、男性名詞の der Moment であり、「瞬間」を意味する。これは、訳註（49）の解釈と連関する。すなわち、直前の ein zeitliches Moment（ひとつの時間的な契機）を、ein zeitlicher Moment（ひとつの時間的な〔現在的〕瞬間）の誤植と解するならば、ここでの der Moment も「その瞬間」でよい。しかし、直前の ein zeitliches Moment を中性名詞の「契機」の意味で理解するならば、この男性名詞の der Moment も中性名詞の das Moment の誤植と解することができる。

意味的には（この箇所に関しては）、「瞬間」のほうがより整合的であるように思われる。なお、「この瞬間」は、述語措定が主語措定とともにひとつの統一性を形成するその瞬間、ただし、時間図表の垂直方向の広がりをもつかぎりでの、〈いちどきに〉をもつかぎりでの、現下のものとしての瞬間、だということになるだろう。

（51）ここでの「諸契機」は Momente であるが、複数形の Momente は、男性名詞の複数形でも中性名詞の複数形でもありうるので、訳註（50）の問題をそのまま持ち込むことになる。ただ、前の段落では中性名詞の Vollzugsmoment（遂行契機）の語が登場し、ここでは複数形の Vollzugsmomente の語が登場するので、これを「遂行契機」と訳しておく。しかし、Vollzugsmoment を男性名詞の誤植と解するならば、それに対応させて、ここでは「遂行の瞬間」

と訳さねばならない。

なお、内容的に見ると、この諸契機（これが適切だと思われる）は、基本的には主語措定と述語措定であり、さらにそれに後続する同様の措定であろう。

この段落では、以下、二度この語が登場するが、同様に理解されたい。

（52）この「沈静状態的な」は、当該のものに対して新たな措定が登場してこない、という意味で言われているように思われる。

（53）この「それの」（von ihm）が何を指すのかも解釈の余地がある。「プロセス」あるいは「判断」が考えられる。意味的には、後者の可能性が高いと思われる。

（54）この「……に到った当のもの」は、「命題」あるいは「事態」であるように思われる。

（55）「信憑」は、基本的に、当該のものが存在するという信憑、要するに存在信憑である。

（56）この文章が示すように、「自発性」は、現象学的には、触発的な基礎をもつ。

（57）この「建築」はBauである。言語的な判断を扱う本補遺では、Bauに関連する語が多用されているが、これはSatzbau（文の構造）といった語法と関連しているだろう。

（58）ここでは、感性的な構成と言語的な判断の構成とが対比されている。感性的な構成の場合に、本来の意味で「根源的な」ものが問題になる。これに対比して、判断の場合の「根源的な」もの（拡大された意味でのそれであることを引用符が示している）が問題にされている。

（59）知覚に関しては「原本的に与える」（originär gebend）と言われるが、これを受けて、ここでの「付与的」（gebend）は、判断の場合のこれの対応項を示している。

（60）この「もろもろの連続的な判断契機」は、主語措定、述語措定、さらに高次のそれらなどであろう。

(61) これは、主語措定の時間点、述語措定の時間点などを意味するだろう。

(62) ここで originell の語が登場する。似た語として、知覚が「原本的」であるという場合には、基本的に originär が使われる。両者の語義の概念的定義は与えられていないが、ここでは、(判断ではなく) 感性的な時間意識の内部の区別が問題にされている。この originell を「本源的」と訳しておく。判断全般に対して「基礎的」といった意味である。

(63) 「他の自発的な諸作用」とは何か、不明である。候補としては、すぐ後に出てくる例でいえば、たとえば「判断空想する」という作用が考えられるであろうか。

(64) この「内在的−客観的な現出」の「客観的」は、ノエシス的な意識作用の側でないことを意味する。この「内在的−客観的な現出」は、内在的時間のなかに位置するが、ノエマ側のものである。しかも、この「現出」は、「……の現出」を意味している。この「……」には、ここでは「外的な空間時間的な存在」が代入される。しかし、「判断」の場合には、「命題」あるいは「事態」が代入される。

(65) 「現出する」は、基本的には事物のような感性的な対象に関わる。ところが、判断の場合には、「命題」ないし「事態」が「現出する」。これは直接的には感性的な対象ではないので、「いわば」と言われているのだろう。

(66) この「命題的な」(propositional) は、「命題」(Satz) と用語上は区別される。しかし、Satz が setzen (措定する) から派生するのに対応して、propositional も position (措定) から派生する。この propositional は Satz の形容詞形だと見てよいだろう。

(67) 「事態」の「ある〔＝存在〕」が独特なものであることが述べられている。

(68) この「自発性」は、（意識作用としての）「判断する」の自発性である。これは作用であるが、しかし、絶対的に時間構成する意識のなかでは、ひとつの時間形態である。

(69) この「もろもろの自発的な時間形態」としては、ここでの例では、「判断空想」が挙げられるだろうか。もちろん、判断を空想する場合が語られている。

(70) この場合の「現出」は、「……の現出」の意味でのそれであろう。すなわち、志向的な媒介・突破構造をもつ現出であろう。さらに言い換えれば、「現出」は、対象や事態が「現出」（ノエマや判断）として「現出する」ということであるので、志向的な媒介・突破構造を本質的にもっている。

訳者解説

本書の課題

まず、本書第一部の冒頭（序論の第一・第二段落）を見ていただくと、フッサールは、アウグスティヌスを引き合いに出しながら時間の解明の困難を語っているが、これは同時に本書の課題の設定にもなっている。その課題は、総括すれば、「時間意識について説明」するということである（現象学的には「時間意識について解明」するというほうが適切だが）。もう少し詳しく見ると、「時間的な客観性が、それゆえ個体的な客観性一般が、いかにして主観的な時間意識のなかでおのれを構成するのかを理解」するということであり、そのために「純粋に主観的な時間意識を分析し、もろもろの時間体験の現象学的な内実を分析」することが必要になる。

逆順にしてまとめれば、時間意識のなかには何が含まれているか、そして、そこからいかにして客観的な時間が構成されてくるか（おのれを構成するか）、を明らかにするのである。

本書あるいは現象学の方法としての（二重の）「遮断」

そして／ところが、その後すぐに「客観的時間の遮断」が論じられる。客観的時間がいかにして構成されるか、を解明するために、その客観的時間を遮断するのである。この「遮断」は現象学の基本的方法である。なぜそれが必要なのかと言えば、そもそも「客観的時間」というものが、（あえて日本語的に表現するが）いわば「あるがままに」「ありのままに」「ありありと」[1]捉えられていないからである。客観的時間を大前提にしている人にとっては、この遮断という「方法」は意外なものかもしれない。あるいはむしろ、この遮断によって、客観的時間が時間以外のものから説明されるようになる、と期待する人もいるかもしれない。そうではない。

現象学の基本的発想として、「事象そのもの」が通常の「捉え方」によって覆い隠されてしまっているので、それを発掘して顕わにするということがある。通常、「対象」あるいは「客観」は、それ自体がいわば（あまりに）目立っている。それはそれ自体で存在している、もっと細かく言えば、客観的空間と客観的時間のなかで存在している、と捉えられている。そうした捉え方を機能させない方法、さらには、その捉え方それ自体がそこから生じてきた現場に帰って事象そのものの真の姿を示す方法が必要になる。[2]本書の場合、客観的時間に先立っていわば生きられている時間を発掘することが問題になる。

多くの人は、（アウグスティヌスと同様に「たずねられなければ」）時間はわれわれの外部にそれ自体で存在していると信じているだろう。われわれが存在する以前にも以後にも、時間は、われわれと無関係にそれ自体で存在している。そして、われわれの心も、そうした時間の内部で誕生以来存在している。ちょうど空間の場合に、大枠として外界が存在し、その一部分として心が存在する、というのと同様である。

さらには、われわれの心の内部で感じられる時間は、心の外部の時間の（なんらかの事情によって歪んだ）反映・現れだと捉えられたりもする。そのうえで、両者の時間の関係が問われたりもする。たとえば、「楽しい」ときに心の内部に現れる時間[3]は、心の外部に真に存在する時間に比べて[4]、どのくらい速いか／遅いか、などといった一種の心理物理学的な問い——これはこれで興味深いとしても——が、そうである。しかし、そうした問いは、それ自体、右の前提のうえで動いている。学問（この場合は心理物理学）も、その前提にもとづく解釈図式とでもいったものをわれわれの経験に押し被せている（適用している、と言ってもよいし、投げかけている、と言ってもよいだろう）。フッサールは、これを一種の、しかしきわめて根深い先入見だと見る。これは、本書でも（意味の広がりをもって）使われる語で言えば、一種の「捉え方」（Auffassung）である[5]。

そこで、右のような「捉え方」全体をいわばごっそり変更するのが、「客観的時間の遮断」である。ただし、この場合の「客観的時間」は、本書の別の術語で「世界時間」とか「実在的時間」とか「自然の時間」と呼ばれるほうが、誤解の可能性がいくらか減るだろう。というのも、本書では、「客観的」の語は、この「客観的時間」の意味よりも、それに先立つ意味で（といってもここでの「客観的時間」の「客観的」とまったく無関係だというわけではなく、これを可能にするものという意味をもつのだが）多用されるからである。

しかし、これだけでおさまらない。右のように述べると、他方で、本書は、むしろ、「時間認識」の仕組み――おそらくはアプリオリに決められた仕方で主観性に設定されている仕組み――を、あるいは時間認識の「主観的な可能性の条件」を、解明しようとしていると誤解されるかもしれない。これは、カント的な発想、あるいはそれから派生する発想であろう。しかし、フッサール現象学にとっては、これも一種の先入見であり、一種の「捉え方」である。本書にもカント的な術語はいくつか登場するし、カント的な発想も一部採用されているが、しかし、フッサール現象学は、本来、カント的な意味での認識の主観的な可能性の条件を求めるわけではなく、むしろ、これに先立つものを求めると言うべきである。

かくして、一方で、あらかじめそれ自体で（われわれの認識とは無関係に、それ自体で）存在している時間といったものを前提せず遮断すること、他方で、逆にわれわれの側での時間認識の仕組みといったものを前提せず遮断すること、これが、現象学的な時間の解明にとって肝要になる。

客観的時間の遮断後の行き先・帰り先

フッサールは、右の先入見（「捉え方」）を遮断する。しかし、それを遮断すると、いったいどうなるのか。われわれは「どこ」に行くのか。文字どおり「途方」に暮れるだけではないのか。

いや、すでに暗示されている。フッサールは、本書冒頭でアウグスティヌスを引き合いに出していた。「だれも私にたずねないとき」、私は時間を「知って」いる。そうした知は「どこ」で成り立っているのか。フッサールの答えは、私の「体験」(Erlebnis)のなかで、である。ただし、私は時間を、あるいは時間構成を、いわば「生きて」(leben)しまっているがゆえに、主題的には知らないのである。こうした「体験」はまた「意識」とも言い換えられる。時間に関しては、それゆえ本書では「時間意識」が集中的に問われる。その「時間意識」に「帰る」こと、「還る」ことが必要になる。そして、時間意識の内部でそれ自体を(あるいは時間意識それ自体がおのれを)反省的に「見る」――解釈図式を押し被せる以前に「見る」――のである。[6] そして、そこでこそ、「客観的時間」がいかにして構成されるかを「知る」ことが可能になる(この場合の「客観的時間」は、それ自体で存在する時間――すでに遮断された客観的時間――ではなく、これにいわば先立って、そして、これを可能にするものとして、「時間意識」の内部で「構成される時間」あるいは「おのれを構成する時間」である)。

さて、この遮断の方法は現象学的な判断中止(エポケー)のいわば時間バージョンであり、その帰り先/還り先まで考えるならば、現象学的還元(超越論的還元)の時間バージョンである。この方法は、当初(右の「捉え方」で)心の「外部」と心の「内部」として捉えられていたものを、いわばごっそり意味変更する。この方法を、意識の『内部』に引き戻す作業だと言ってもよいが、その場合には『内部』という言葉の意味が変化してしまうことに注目すべきである。というのも、通常、心の「内部」は、心の「外部」と「対」になっているのに、いまや、その両者が意識の『内部』に『還元』されてしまうからである。別の言い方をすれば、そもそも、心の「外部」を「見る視点」（というより、それを「想定する仮想的視点」と言うべきかもしれない）が、そして同時に、その「対」としてやはり想定されているような、心の「内部」を「見る視点」が、機能停止されてしまうからである。

もうひとつ補足的に述べておくべきだろう。この意味での意識の『内部』が確保されると、「外部」の意味も変わってしまう。(7) それは、もちろん、空間的な「外部」——空間的な「内部」に対比されるような——などではない。われわれは、そうした意味での「外部」を実際に「見る視点」をもってはいない。われわれが「見る」のは、『内部』で『現れる』ものだけである。この『内部』に立てば、「外部」とみなされているものは、意識の『内部』で「超越的な解釈を受けたもの」あるいは「超越的な措定を受けたもの」だということになる。本書では（形容詞・副詞の）「超越的」あるいは（動詞の）「超越化する」という語が、このことを示す。

この『内部』で時間が『現れている』あるいは『現出している』。この意味での『現出する時間』が現象学的な時間分析の原点だと言ってよい。ここで「事象そのものへ」を持ち出すならば、「『現出する時間』そのものへ」が本書でのモットーとなる。ただし、『時間』の場合は少しだけ複雑である。まずもって『時間客観』——『時間』のなかで持続する『客観』——を手引きとして『時間』が分析されることになる。

この『内部』での『現れる』とか『現出する』ということをフッサールは「構成」という語で言い表す。あるいは、しばしば「おのれを構成する」と言い表す。『現出する時間』はどのような成分をもち、そこからいかにして客観的時間がおのれを構成するのか、これを本書は解明する。

いま、右で「おのれを構成する」という表現を用いた。これは日本語としていささか奇妙に響く。むしろ、日本語としては「構成される」のほうが適切な場合も多い。「いかにして客観的時間が構成されるのか」のように。しかし、ただわかりやすく訳せばよい、という問題ではない。「おのれを構成する」および「構成される」に対応するドイツ語の sich konstituieren の理解は、フッサール現象学全体を理解するうえで、ひとつの鍵となる。本書の訳註で何度か解説するので、それを御覧いただきたいと思う。

そして、もうひとつ（少し先走りすぎることを承知で述べておけば）、「客観的時間がおのれを構成する／構成される」のはあくまでも「作用」のなかでのことである。この「作用」は場合によって「統握」（Auffassung）(8) とも呼ばれる。「統握」は、先に「捉え方」と訳した語と同じ語 Auffassung の訳語であることにも留意いただきたいと思う。

解明の手がかりとしての批判

現象学的な方法が略述されたうえで、時間の構成を知るべく（あるいは解明するべく）、手がかりとなるブレンターノの時間論（第一部第一章第三節以降）に批判が加えられる（第六節）。

ブレンターノは、①心理学的な立場を取り、現象学的な立場を取っていない。

彼は、②原本的な時間直観と拡張された時間直観とを区別してはいるが、しかし、前者が根源的連合に由来し、しかも根源的連合が「空想」によると言うのであれば、後者は「空想の空想」だということになってしまう——要するに、彼はそもそも原本的なものを正しく捉えていない。

彼は、③「作用」と「統握内容」と「統握される対象」とを区別していない。

彼は、④実的なものだけから成る領分で時間を考えているために、現に存在しないもの、非現在的なものを、結局、説明することができない、などなどが、その批判点である。

その後でシュテルンにまで批判が広がる（これは第一部第二章に属する第七節に配置されているが、「批判」という意味では第一章に配置されてもよいように思われる）。すなわち、⑤時間を構成するためには、瞬間的な現在だけでなく、なんらかの仕方で過去や未来も必要だが、しかし、それらを（「いちどきに」[9]）含む〈時間構成する意識作用〉それ自体も、無時間的ではなく、むしろ、時間的なものとして現出するのでなければならない。

批判に関連する解明

本書の分析は右の批判を越えて広範に及ぶが、ここでは右の批判に関連するフッサールの現象学的分析を解説しておくことにしたい。

①は、時間論だけに関わることではなく、フッサール現象学全体に関わることであるが、すでに冒頭で概略を述べたので、先に進もう。

以下の②〜④は、おもに第一部第二章で扱われる。

②については、フッサールは、原本的な時間直観としての「知覚」を確保し、これが「把持」と「原印象」と「予持」から成る「時間の場」（時間野）の構造をもつと見る（ただし、この「知覚」の語が多義的に用いられていることには注意が必要なのだが、とはいえ、この多義性はかならずしも混乱ではなく、フッサールによって自覚的に使われているので、本訳書では、そのつどの「知覚」の語義について、可能なかぎり説明した）。「知覚」は「今ある」に対応する。

他方、「知覚」に対立するものとして、「想起」や「予期」や「空想」や「像意識」が問題になるが、これらは「準現在化」（Vergegenwärtigung）と呼ばれる。「準現在化」というのは人工的な訳語であるが、このドイツ語自体はむしろ日常的に使われる語であり、「思い浮かべる」といった語義をもつ。日本語で、想起や予期や空想や像について「思い浮かべる」と言うのは自然に響くだろうが、それに近い言葉である（それゆえ、本訳書でも、読者諸賢が言葉使いに慣れるまで何度か「準現在化（＝思い浮かべる）」などの表記をする）。これに対立する

「知覚」は、「現在化」(Gegenwärtigung) と呼ばれるが、こちらのほうがドイツ語としては日常的でない人工語である。しかし、「事象そのもの」のレベルでは、現在化が原本的であり根源的である。現在化は(あるいは知覚は)現在という原本的な時間様態に対応する。これに対して、準現在化は、そうでない様態、あくまでも「準《なぞら》えた」あるいは「準ずる」現在の様態に対応する。想起の場合に、たとえば「昨日の今」と言うことができるが、これは、端的な今ではなく、準えた今あるいは準ずる今である、こういうことである。これに対応する作用が準現在化である。

このように、フッサールは、原本的なものと、変様されたもの(じつはこの「変様」にもさまざまなものがあるのだが、これも脇に置く)とを明確に区別する。フッサールにとって「空想」は、ブレンターノでは不明確だが、あくまでも準現在化であり、原本的なものではなく、変様されたものである。

③については、『論研』以来の「体験」に関わる成分が問題になる。体験のなかで体験されるものとして、(やや大雑把には)「作用」と「感覚」がある。この「感覚」が「内容」(10)に対応する。たとえば「赤」がそうである。これは、赤鉛筆「の」赤とか、赤信号「の」赤とかではない、ただの「赤」である。この「赤」(や他の感覚たち)から、赤鉛筆や赤信号が、現にそこに立っているものとして「統握」される。言い換えれば、「感覚」としての「赤」は、まだ統握されていない、それゆえ、……「の」赤でない「赤」である。他方、「赤鉛筆」

や「赤信号」は「統握される対象[11]」である。

こうした説明は、いささか人工的に響くかもしれない。同じことを「統握された対象」の側から言い換えてみよう。「聞く」ということをしていると、そのなかで、個々の「音」がそれぞれ感覚されるだけでなく、ひとまとまりの統一的な「メロディ」（たとえばアイネ・クライネ・ナハトムジークと呼ばれる現出者）が聞こえてくる（現出してくる）。この場合、このメロディのひとつひとつの「音」は、それだけでは（体験される）「感覚」であるが、それらが「統握」されると、単なる個々別々の「感覚」ではなく、それら以上のもの（生き生きとしているとともに、いわば奥行き・深みをもっているもの）としての「メロディ」（というひとまとまりの統一的な現出者）が現出してくる。[12]こういうことである。実際、そうなっているではないか、とフッサールは言うだろう。

このことから「作用」という概念（「意識」は「作用」でもある）も理解される。すなわち、「作用」（この場合は「聞く」という「作用」）とは、それを遂行しているときに、それのなかで、それぞれの感覚（「音」）が、ひとつのまとまりある現出者（「メロディ」）を、そのつど「描出」しているものとして現出するようになるところのそれ、である。そして、この「描出」（Darstellung）も現象学の基本用語のひとつである（本訳書では「描出＝提示」と表記する[13]）。

以上のことを簡略化して定式化する場合には、「作用」とは「構成するもの」だとも言えるし、「現出者」とは「構成されるもの」だとも言えるが、しかし、より細かく言えば、右のような内容をもつ。

さてしかし、このとき、それぞれの感覚としての「音」は次々に現出しては、次々に経過し去っていく。現在的なものは、次々に「過ぎ去った」(過去)になっていく。「メロディ」が現出するためには、それぞれの感覚としての「音」は、一瞬ごとに完全に失われてはならず、何らかの仕方で「残されて」いなければならない。しかし、それが物理的に残響していたのでは(あるいは実的に内在していたのでは)、「音」と「音」とが同時的に重なって、和音になってしまうだろう。「ひとつの後に他のひとつ」というような(実的でない、志向的な)順序系列が必要である。そうした順序系列を可能にするのが、「把持」(「第一次記憶」とも呼ばれる)の働きである。こうして、『論研』では主題化されなかった「把持」が、そしてまた総じて「時間意識」が、本書で詳細に分析されることになる。

時間意識のなかで、もろもろの「音」は、把持によって(「意識時間的な」)連続性を形成する。そして、それらを媒介・突破して「メロディ」という現出者が志向される、あるいは逆から言えば、それが現出してくる。この現出者が超越化的に捉えられると、「対象」と呼ばれるようなもの(この語義も一義的でないが)が構成される。

「把持」は「準現在化」も可能にするのだが、それについても本書で詳細に分析される。「想起」は「準現在化」のひとつであり、「把持」との関係においては「第二次記憶」とも呼ばれる。日本語では、「記憶」と「想起」はかなり明確に区別されるが、ドイツ語のErinnerungはこの両義をもつ。そのため、本訳書では「記憶＝想起」という表記をしばしば用いる。しかも、フッサールは、ドイツ語のErinnerungに含まれるinner（内的）の語を（ヘーゲルとは異なる語義で）活かしつつ、分析を進めている（第二七節、補遺XII）。こうしたことについては、訳註で説明する。

時間意識の働きは内在的時間を構成する。しかし、内在的時間と客観的時間とはどう関わるのか、が問われる。フッサールは、一方では（とりわけ時間図表をもちいて）客観的時間と内在的時間との関係を記述する。他方で、内在的時間が超越化的に解釈されて客観的時間が構成されるその仕方についても解明する。とりわけ後者が――なにしろ冒頭で示された本書の課題に関わるのだから――重要である。本書では、音のようなものの超越化と、時間それ自体の超越化とがいわば連係することが論じられる。

④の問題も、右のことに関係している。フッサールから見ると、ブレンターノは、体験に現に実的に内在している成分（もっと正確には現象学的還元以前の意味で「ある」（存在する）と言われる成分）を問題にしている。しかし、それだけでは、そこに実的に内在しない「過去」はどう説明されるのだろうか。実的に内在している成分にいわば非実在性の記号（たとえば「過ぎ去った」＝「過去的」）を付すことによって、それが非実在的（「ない」あるいは「あらぬ」）になるのだろうか。しかし、現に聞こえている「音」、存在している「音」にそうした

非実在性の記号を付すと、それが非実在的になるなどという理論は成り立たない、とフッサールは言う。こうした奇妙な理論が出てくるのは、詰まるところ、そもそも世界あるいは世界時間の「ある」（存在する）を遮断せず、それを心の「内部」で用いているから、である。

フッサールはそうした「ある」を現象学的に遮断する。そして、それによってわれわれが還るところの時間意識の『内部』では、右の語彙がその意味を変更する。しかし、この語義は、あらかじめ定義されない。むしろ、われわれ自身が現象学をフッサールとともに遂行するときにこそ、理解される。「外部」の視点ではなく（あるいは、その「外部」のいわば変形としての「内部」の視点でもなく）、『内部』において「ある」が捉えられる。その「ある」は『内部』の「視点」と不可分である。この（根源的な）「ある」は「知覚する」＝「真に受け取る」に対応する。また、「意識」＝「意識されてある」という概念も、この方向で、さらに深く考えられてよい[14]。

関連して述べれば、フッサールの場合、「実的に内在的」という概念は「志向的に内在的」という概念と対立する。右で述べたように「実的に内在的」な成分を非実在的にしてしまうことはできない。「過ぎ去った」は、実的ではなく、志向的でなければならない。「把持」は、こうした、志向的に内在的な成分を可能にする。

右の「意識」＝「意識されてある[15]」に話を戻すと、これのなかの「ある」の区別としての、vorhanden（sein）・（「〔前に〕ある」）と、konstituiert sein（「構成されてある」）との区別が見いだされるかもしれない。すなわち、「〔前に〕ある」は、「意識」＝「意識されてある」（これは「作用」でもあるので、作用遂行的な自己意識ということになる）のなかで、「構成されてある」にまで到る。「ある」は、それ自体、時間意識のなかで、目立たずに隠されたまま育まれて、ついには、意識的な現出から引き離されて、「超越的にそれ自体である」が、産み出される（あるいは、そのようにおのれを押し出す）。こうした解釈は定説ではないが、少なくとも本書の記述に限れば、こうした「ある」の構成を読み取れる可能性がある。[16]

さて、それでは、意識とは独立な、超越的なものとしての「ある」（存在する）はどのように構成されるのか。フッサールは以下のように考える。すなわち、「聞く」といった作用を遂行するとき、メロディという時間的な客観は、それを支える現出の諸位相ともども志向性によっていわば外部に押し出される（あるいは、そのようにおのれを押し出す）。このことによって、意識される現出から離れても「ある」（存在する）と信憑されるのである。しかるに、ブレンターノも含めて、心理学的な「捉え方」は、このような仕方で産み出された「ある」（存在する）を無批判に前提し、それどころか、それを心の「内部」にもただそのまま適用する。まさにこのことが問題なのである。

とはいえ、右のような「〔存在〕措定」がなされない場合もある（「中立化変様」とも呼ばれる）。「空想」や「像意識」の場合がそうである。こうした存在措定の変様も本書のひとつの論点となる。

さらに、総じて、存在措定と時間意識とはどう関わるのか。この両者の関係、要するに「存在」と「時間」との関係も分析され、本書では、両者のいわば十字交差する関係が明示される。

しかし、そうした関係の分類の問題ではなく、構成の問題として、想起の場合には現出者に超越的な「ある」（時間的に過去形になるので「あった」）が措定されるのに対して、空想の場合には措定されないとすると、両者は、現象学的にみて、そもそもどういう点で異なるのか。フッサールは、その相違を、現下に知覚される現在（これが超越的な「ある」の原本である）にまで到る把持系列（あるいは予持系列でもある）の「繋がり」の有無に見る。空想には、そうした把持系列の繋がりが欠けているのである。この把持系列の繋がりの構成が、現象学的な意味での「客観的時間」――唯一の客観的時間――の構成に導く。空想は（たとえその内部で時間的展開があっても）、客観的時間には組み込まれず、いわば宙に浮いている。このことに応じて、空想は、超越的な「ある」の措定を受けない。かくして、「ある」の指定に関しても、（意識自身の流れがつくり出す把持系列に由来する）「客観的時間」の構成が決定的なのである。

⑤の問題は、おもに第一部第三章で扱われる（とはいえ、注意深く読むと、第二章でもすでに何度か登場しているので、本訳書ではそれがわかるように訳註をつけた）。これは、本書の最も重要な、ある意味で最も奇妙な論点に関わると言えるかもしれない。なにしろ、「時間の根

源」としての「時間意識」あるいは「時間構成する意識」それ自体が、あるいは「作用」それ自体が、おのれの構成する時間のなかに現出する、というのである。

フッサールは弟子のインガルデンに「そうなんだよ、ばかげた話だ。そこには悪魔的な循環がある――根源的な時間構成的諸体験そのものがこれまた時間の中にあるのだ」と語ったようである。[17] インガルデンは、これをいわゆる「ベルナウ草稿」との関連で記しているが、この問題が本書でも（すでに）扱われている。

この「悪魔的な循環」は、「流れの自己現出」（あるいは「流れの自体現出」でもよい）などとも表現される。これは、『論研』の「体験」のなかに「作用」が含まれていたことと深く関係している。そして、そうした「作用」それ自体の現出が本書で時間論的に展開され、同時にまた具体化されたとも言える。作用としての時間意識は、おのれ自身が現出することで、時間位相を形作るのである。

この分析は、時間図表とも絡めて論じられている。それは（「音」などに関わる「横の志向性」と対比的に）「縦の志向性」という概念でもって分析されている。さらには、これは「『内的』把持[18]」あるいは「原統握」、「原意識」などの概念によって補われることになる（これに関するフッサールの記述は――意識の相関関係構造のおかげで――わかりにくくなっているので、本訳書では詳細な訳註をつけた）。この問題は、「意識」＝「意識されてある」の問題と深く連関する。[19]

もうひとつだけ余計に述べておけば、右の分析は、時間構成する意識（の流れ）それ自体が、おのれの構成した客観的時間のなかに現出してしまうということを言っている。この現出の仕方をフッサールは、まさに意味深長な言葉で言い表している。それは「先現象的」（präphänomenal）だと言うのである。これは、まったく現象しないということではない。この両方の「先」は、当該の現出が、メロディのような現出者の現出そして客観的時間の現出とは異なり、それに「先立つ」ということを意味する。

かくして、一方で音などの現出の根源が、他方で意識流それ自体の現出の根源（自己現出・自体現出）が発掘された。だが、こうした現出は、同時に、心の「外部」と心の「内部」という自然的な（とはいえ、ある意味では歪んだ）「捉え方」を超越論的に準備しているものでもあろう。その意味では、この自然的な「捉え方」（Auffassung）を可能にする根源的な「統握」（Auffassung）をフッサールはここで発掘した、とも言えるだろう。

しかし、本書がそれほど深く踏み込んでいない方法論的側面をさらに重視して見ると、超越論的な「統握」は、自然的な「捉え方」の「遮断」によって、そして「還元」によって、はじめて解明された。このことも考えあわせるならば、自然的な「捉え方」だけで問題が片付くわけでないのは当然としても、逆に超越論的な「統握」だけで片付くわけでもないことになるだろう。そもそも現象学は、一種の「考古学」であり、すでに構成されたものとしての自然的な「捉え方」を出発点にして、そこから遡行して、超越論的な「統握」を「発掘」

する。[20]この方法論的側面から見れば、両者は（そのあいだにいわば次元的差異を含みながらも）不可分である。その両者の「あいだ」でおのれを遂行する現象学的発掘――本書はほぼすべて時間に関するものだけであるが――は、本書以後、さらに深く、さらに広く進展した。そして、フッサール以後もそうであった。この運動を「われわれ」が引き継ぐならば、今後の研究（あるいは現象学運動）もさらに進展するはずである。

さて、以上で、本書への導入となる事柄の概要は述べられたと思う。しかし、フッサール現象学全体は、もちろん本書の射程よりも広い。フッサール現象学の全体像とでも言うべきものについては、（いくつかの入門書はあるが、結局は）フッサールの他の諸著作を参照していただくのがよいだろう。とはいえ、「時間」の問題は、フッサール現象学にとって最も重要な問題のひとつである。しかも、フッサール以後の現象学の展開にとっても、そうである。サルトル、デリダ、レヴィナス、アンリらは、みな本書を取り上げている。[21]脳科学や神経現象学といった方向でも同様である。フッサールを批判し、新たな独自の現象学を展開するためにも、本書は、基礎文献あるいは必須文献だったのである。このことを思うと、本書の新たな和訳――ここにも、翻訳上、解釈上の誤りが含まれているかもしれないが――を送り出すことが、さらに今後の日本語圏における現象学の新展開の一助となるのではなかろうか、そう期待している。

本訳書は、訳者ひとりの力によって成ったものではない。その成立には、多くの方々の協力が必要であった。立命館大学大学院での授業で底本の講読が行われた。それに出席した大学院生そして学外からの聴講者・参加者が、テクスト解釈に重要な役割を果たしてくれた。その人数がかなり多いので、全員の名を挙げることは控えさせていただくが、とりわけ池田裕輔氏、松田智裕氏、横田祐美子氏、酒井麻依子氏、有村直輝氏、柳川耕平氏（索引を作成していただいた）、畑朋宏氏、田中禎子氏、鈴木崇志氏、玉置知彦氏、木村美子氏には、深くお礼を申し上げる。

刊行にあたっては、これまでも何度かお世話になってきた伊藤正明氏に今回も多大なご尽力をいただくことになった。心よりお礼申し上げる。

註

（1）「あえて日本語で表現する」と記したが、「ある」は、「顕る」「生る」であり、「あらはる」（現れる）を意味し、そこから「あり」（存在）が出てくる、と考えられるからである。「あり」が先行して、「あらはる」が後続するのではない。むしろ、逆になる。そして、両者は、切り離されず、強く結びついている。

現在の語法でも、「ありあり」には、そのニュアンスが残っている。フッサールが（覆い隠されてしまっているがゆえに）改めて現れさせようとしたものも、右のことと（まったく同じとは言えないが）深く関わっている。

（2）ただし、この「方法」はそれ自体としてあらかじめ完成していて（そのように誤解されることがあるが）、「事象」（この場合は「客観的時間の構成」）のいわば外側から（外挿的に）適用されるわけではなく、むしろそれと内的な関係にあるので、話がいささか複雑になる。

（3）この「現れる」は、心の内部で「現れる」ということである。現象学は、こうした意味での「現れる」を問題にするわけではない。むしろ、このような捉え方の大枠としての「存在する」を判断中止して、「意識」に還元する。この「意識」は、自然科学的・心理学的な意味での心ではない。むしろ、世界全体と「広がり」が等しい、と言うことさえできる。そのため、「意識」の語は、さまざまな文脈で、さまざまなニュアンスで使われることになる。「体験」として、「作用」として、（おのれ自身を含めて、なにかが）「意識されてある」こととして、などなどである。

（4）この意味での「現れる」と「真に存在する」の対比は、古代ギリシャ以来の伝統的な二元論に結びついている。しかし、現象学が「現れる」に定位するとき、心の内部と外部の二元論が無効になるのと同様に、（心の内部の）「現れる」と（心の外部の）「真に存在する」の二元論も無効になる。

（5）第一部第一章第六節の訳註（46）、第二章第七節の訳註（6）の「捉え方」参照。

（6）解釈図式をまったく用いることなく、純粋に「見る」ことが可能なのか、という問いが出されるだろう。訳者としては、こういう問いは重要だと思う。ただ、「見る」にすでに解釈図式が働いているとしても、「見る」以外の方法はない。とすれば、「解釈」と「見る」の「あいだ」を（覆い隠さずに）積極的に開くことが必要になるだろう。そこで新たな（もはや単なる解釈図式ではない）「解釈図式」もはじめて生じてくるだろう。しかし、それでもなお自己批判的に見ること、あるいは、還元を終わらせないということが必要であろう。

（7）このことは「時間」という語の意味にも関わる。本書では、通常の zeitlich（「時間的」）の語ではなく、あえて temporal（「意識時間的」と訳した）の語が使われる場面もある（とはいえ、いつも後者が使われるわけではない）。また、明示的でなくても、重要な語の多くが意味を変える。

（8）この「統握」という訳語は立松弘孝氏による。本訳書も踏襲する。

（9）この「いちどきに」は、本書の一部の箇所で重要な役割を果たす。時間図表の垂直方向に含まれる成分は、「同時的」ではないが、「いちどきに」と呼ばれる。

（10）この「内容」という語も、本書ではいくつかの意味で用いられるが、ここでは簡略化する。

（11）「統握される対象」のなかで、『イデーンI』では、「ノエマ」と「端的な対象」との区別が重要になる。

（12）音がメロディ「として」現れてくる。このようにするのが「統握」であり、その意味で「統握」はひとつの「捉え方」、ひとつの「解釈」である。ただし、根源的な「捉え方」、「解釈」であって、ほぼ、他の選択肢のない解釈である。

（13）このように訳すのは、この Darstellung という言葉にあまり翻訳上の注意が払われてこなかったせいか、ごく一般的な意味で（言い換えれば、特段の注意が払われずに）「提示」と訳されることが多かったので、この一般的な訳語との関連性も示すほうがよい、と考えられるためである。

(14) 本訳書のあちこちで「意識」(Bewußtsein) の語が「意識されてある」の意味で用いられていることを示した。この「意識されてある」の場において、さらに「内在的」と「内的」という概念が――つねに区別されているとはいえないが――登場する。

しかし、「意識されてある」がそれ自体その内部――「内在的」な内部あるいは「内的」な内部――に「ある」(存在)と「認識」とのある種のズレを産み出すかもしれない。もちろん、この両者が切り離されてしまうことはありえないのだが。これはなによりも時間論からアプローチされる問題である。

(15) このvorhanden (sein) という言葉は、ハイデガーを想い起こさせるかもしれないが、フッサールとハイデガーとでは語法が異なる。

(16) この構成プロセスのなかで「〔前に〕ある」に対応する「感覚」が、それ自体で、おのれを「意味」へ構成していくという次元がさらに問題になる。発生的現象学の課題である。

(17) 邦訳『フッサール書簡集1915-1938――フッサールからインガルデンへ』桑野耕三・佐藤真理人訳、せりか書房、一九八二年、一八〇頁。

(18) これと同様のことが「予持」についても言えるだろう。

(19) 哲学の伝統のなかでは、この問題は、ライプニッツ、カントの「統覚」と強く関連している。いささか粗雑に言えば、(対象意識とは区別される)「自己意識」の問題である。

(20) しかし、フッサールの「発掘」の成果が、われわれの目の曇りによって、埋もれてしまっている可能性も高い。本書でもそうした成果がいわば再発見されている。おそらく、いまだなお埋もれているだろう。これは他のテクストについても言える。いや、テクストよりもわれわれの「生」のなかにこそまだ圧倒的に多くのものが埋もれている。

(21) ハイデガーは、「まえがき」でも述べたように、本書にあまり関心を示していない。とはいえ、本書の年報版への「編者序文」における「「内在的時間」の自己構成」という本書の問題のまとめ方は、たとえば（その当時の）『カントと形而上学の問題』の「純粋自己触発としての時間と自己の時間性格」（第三四節）との関連を想い起こさせる。しかし、フッサールとハイデガーの「近さと遠さ」は、今後もさまざまな角度から検討されるべき「古くて新しい」問題、あるいはある意味では「時間を超えた」問題であろう。

いや、「時間」と「自己」の「構成」は、「事象そのもの」として問われてこそ、真に「時間を超えた」問題であろう。

索　引

主要なところのみ掲出した

あ　行

アウグスティヌス　25
意識時間的（temporal）　29, 33, 336, 337, 407, 412, 507
いちどきに（zugleich）　33, 37, 171, 181, 308–314, 316, 318, 319, 328, 486, 487, 528, 548
いつでもまたもや（immer wieder）　74, 116, 155, 189, 194, 195, 198, 422, 444, 467, 469, 508, 509, 549
今（Jetzt, jetzt）　117–112, 124–133, 136–143, 150–155, 174–176, 178–193, 195, 308, 310–317, 319, 409–412, 482–488, 490–492, 506–508, 529, 530, 568
印象（Impression），印象的（impressional）　121, 122, 130, 138, 172, 180, 192, 193, 311, 329–334, 420, 421, 438, 446, 478, 490, 491, 527, 528

か　行

外的（äußer, äußerlich）　172, 173, 177, 341–343, 517, 568, 572, 573, 586, 588, 589
過去（性）：過ぎ去った（Vergangenheit, Vergangen, vergangen）　117, 130, 133, 137–143, 159–161, 165–167, 174, 176, 196–198, 418, 468–470, 483, 486, 513–515
合致（Deckung）　146, 148, 149, 155, 159, 177, 194, 316, 319, 339
感覚（Empfindung）　124–127, 154, 189–194, 310, 321, 330, 419–422, 438, 441, 443, 446–448, 477, 478, 587, 588, 590
観念的（ideell）　325, 542
記憶＝想起（Erinnerung）　27, 77, 130–132, 134, 140, 145, 161, 163, 166, 343, 344, 438, 440–444, 466, 513, 589, 590
キネステーゼ的（kinästhetisch）　542, 546
客観（Objekt）　34, 104, 106–108, 112, 113, 115–122, 188, 189, 302–304, 306–310, 312–315, 336, 337, 342–344, 467, 617, 619, 620, 622, 623
空間（Raum）　28–30, 33, 116, 123, 168, 339, 540, 541
空想（Phantasie）　68, 70–72, 76–78, 83, 126, 159, 160, 321, 331, 332, 416–419, 439, 443, 447, 448
継起（Sukzession）　105–107, 144, 146–148, 325
形式（Form），形式的（formal）　82, 117, 144, 160–162, 168, 191, 195, 308–311, 320, 441, 442, 484, 488–491, 507, 508, 512, 515
原意識（Urbewußtsein）　137, 321, 348, 530, 531
原印象（Urimpression）　120, 121, 127, 138, 143, 183, 192, 194, 329, 407–411, 467, 478, 491, 507, 515, 586

現下の，現下的（aktuell） 109, 111, 112, 114–116, 119–122, 165, 175, 179, 187, 189, 305, 311, 409, 412, 440–442, 444, 548
限界（Grenz） 76, 127, 128, 139–141, 194, 197, 318, 407, 547
原感覚（Urempfindung） 194, 195, 199, 307–313, 316–318, 617, 620
現在（Gegenwart），現在的（gegenwärtig） 76, 82, 109, 116, 124–126, 133, 138, 141, 146, 163–166, 171, 172, 174–179, 194, 200, 312, 331, 332, 444, 447, 528
現在化（Gegenwärtigung），現在化する（gegenwärtigen） 136, 330, 332, 336, 338, 420, 447
現在想起（Gegenwartserinnerung） 176, 177
原事実（Urtatsache） 491
現出者（Erscheinendes） 116, 171, 179, 335, 338, 340, 343, 346, 484
現出相（Apparenz） 420, 421, 438–440
原統握（Urauffassung） 336, 337, 530
恒常不断性（Stetigkeit），恒常不断（stetig） 112, 118–121, 138, 140, 153, 184–192, 194, 195, 198, 200, 303, 309, 315–319, 341, 407–412, 488, 491, 507, 570, 615, 618–621
個体的（individuell） 118, 141, 182, 184, 185, 189, 191, 302–304, 322, 328, 346, 509

さ 行

再生（Reproduktion），再生する（reproduzieren） 149, 151–154, 157–162, 165–168, 171–177, 196–198, 208, 312, 330, 483, 584–586, 589
再想起（Wiedererinnerung） 128, 130, 133–135, 141, 143–145, 147, 159–161, 163–165, 322, 444, 465–467, 469, 528, 585
作用（Akt） 37, 78, 79, 104, 135, 137–143, 146, 149, 151, 182, 186, 201, 305, 307, 321, 324, 332, 334, 335, 347, 466, 469, 478, 514, 528–531, 584–586, 588–590, 618
志向（Intention） 137, 151, 158, 163, 165–169, 171, 172, 179–183, 196, 208, 327, 334, 441–446, 469, 528, 594
持続（Dauer），持続する（dauern） 28, 34, 107, 108, 110–115, 118–120, 130, 134, 143–146, 165, 178, 180, 193, 302–304, 307, 313–315, 319, 321–324, 326, 340–342, 345, 468–470, 514, 529, 531, 543, 548, 572
実在的（real） 27, 31, 73, 74, 574
事態（Sachverhalt） 68, 313, 344–347, 514, 622, 623
実体（Substanz） 570–574
実的（reell） 82, 124, 126, 197, 441, 527, 569, 574
自発性（Spontaneität），自発的（spontan） 135, 154, 330, 349, 410, 411, 507, 613, 614, 617–622
事物（Ding），事物的（dinglich） 27–33, 36, 107, 168, 179, 183, 205, 301, 317, 331–334, 337–342, 345, 347, 349, 484, 540, 542–544, 546, 547, 549, 550, 571–573, 589, 622
主観性（Subjektivität），主観的（subjektiv） 25–27, 34, 68, 69, 345, 467, 485, 488
シュタイン 37, 412
シュテルン 105, 203, 204
シュトゥンプフ 26, 38

先経験的（präempirisch） 301, 543–545, 569, 570, 571, 573
先現象的（vorphänomenal） 320, 591
像（Bild），像的（bildlich） 106, 119, 125, 129, 142, 162, 169, 170, 174, 176, 178, 181, 205, 407, 417, 418, 541–546
想起（記憶＝想起参照）
自然（Natur） 27, 34, 36, 68, 347, 487, 589
思念（Meinung），思念する（meinen） 36, 37, 120, 137, 157, 175, 176, 188, 331, 333, 334, 569, 584–586, 590, 613–616, 621, 622
射映（Abschattung） 121, 161, 303, 315, 316, 337–340, 470, 483, 486, 487, 492, 617
準現在化（Vergegenwärtigung），準現在化する（vergegenwärtigen） 77, 131–135, 141–144, 148–153, 155–157, 159, 161, 162, 164, 165, 176, 179, 181, 312, 317, 322, 330–333, 343–347, 416–421, 444, 447, 448, 489, 586–590, 622, 623
順序系列（Folge） 74, 78, 104, 106, 129, 143–145, 147, 148, 155, 157–159, 164, 208, 303, 305, 307, 311, 312, 337–340, 411, 412, 469, 508, 547
信憑（Glaube） 345, 421, 438, 440, 620
世界（Welt） 27, 28, 30, 36, 168, 422, 568
措定（Setzung），措定する（setzen） 27, 78, 83, 122, 160, 163 165, 172, 173, 175–180, 182, 188, 325, 421, 422, 448, 477, 544–546, 548, 549, 584, 586, 590, 613, 617–621

た 行

体験（Erlebnis） 26–30, 33, 36, 37, 75, 80, 82, 83, 116, 144, 146, 147, 150, 153, 157, 161–163, 173, 177, 305, 307, 312, 321, 326, 330–332, 336, 348, 349, 489, 512–516, 529, 531, 540, 584–588, 590–592
たった今（soeben） 125, 132–135, 138, 141–143, 146, 160, 181, 309, 312, 315, 444, 445, 447, 470, 482, 483, 486, 487, 491, 492, 514–516, 548
知覚（Wahrnehmung），知覚する（wahrnehmen） 27, 28, 32, 33, 66, 71–73, 75–78, 106–110, 114, 121–134, 136–146, 148, 150, 151, 153, 154, 158, 161, 163, 166, 171–178, 180, 185, 194, 195, 201, 305, 306, 323, 324, 330–337, 341–343, 345, 346, 348, 349, 419–422, 438, 441–446, 465, 466, 469, 476–478, 482, 484–488, 513, 515, 516, 528, 540, 547–549, 568, 569, 572–574, 584, 586, 588–590, 594, 614, 616, 623
地平（Horizont） 119, 145, 164, 322, 466, 490
注意（Aufmerksamkeit），注意する（aufmerken） 110, 151, 168, 318, 331, 445, 591, 593, 594
注視（Zuwendung） 343, 344, 591, 592, 594
超越化する（transzendieren） 26, 28, 79, 81
超越的（transzendent） 30, 74, 106, 107, 110, 122, 128, 129, 133, 158, 168, 177, 193, 194, 302, 305, 306, 334–336, 340, 344, 476–478, 546, 573, 574, 622, 623

統握（Auffassung），統握する（auffassen） 29, 31, 32, 34, 37, 39, 78, 79, 105–108, 122, 125, 126, 132, 137, 139, 154, 158, 175, 182, 187, 188, 190, 191, 194, 195, 201, 333–339, 418–422, 440, 441, 477, 530, 531, 546, 568
統覚（Apperzeption） 32, 193, 194, 422, 440, 477, 573
同時性（Gleichzeitigkeit），同時（的）（gleichzeitig） 33, 67, 70, 81, 104, 105, 166, 181, 199, 200, 202, 205, 304, 307, 311, 325, 348, 478, 506, 507, 540
どの様に（Wie） 112, 113, 115, 116, 121, 155, 156, 515, 592

な 行

内在性（Immanenz），内在的（immanent） 30, 38, 79, 107, 112, 115, 122, 129, 155, 162, 177, 191, 205, 301, 305–310, 312–315, 319–323, 330–338, 340–344, 348, 422, 478, 485, 517, 528, 531, 568, 572, 573, 584, 616, 619–622
内的（inner, innerlich） 151, 155, 159, 161, 171–174, 177–181, 206, 324, 336, 341–344, 349, 421, 478, 479, 509, 513, 514, 516, 517, 531, 568, 573, 584–590, 619
内容（Inhalt） 34, 114, 124–126, 158, 165, 189, 191–194, 306, 321–324, 329, 330, 332, 334–339, 440–442, 446, 466, 468–470, 487, 490, 507, 508, 530, 531, 542, 544–546, 568–571, 587, 590
庭（Hof） 132, 180, 442

は 行

ハイデガー 38, 412
把持（Retention），把持的（retentional） 110, 111, 114, 115, 120–139, 143, 145, 146, 151, 159, 183, 206, 208, 305, 306, 312, 313, 315–320, 339, 340, 447, 478, 483, 514–517, 527–531, 548, 586
反省（Reflexion） 35, 161, 173, 201, 307, 333, 478, 485, 493, 527–531, 590, 594
判断（Urteil），判断する（urteilen） 306, 307, 333, 344–346, 421, 485, 517, 585, 586, 590, 613, 615–617, 619–623
描出＝提示（Darstellung），描出＝提示する（darstellen） 31, 124, 152, 157, 158, 338–341, 346, 347, 467, 488, 542–545, 549, 594
ファンタスマ（Phantasma） 78, 152, 154, 192, 209, 330, 332, 419, 421, 422, 438–440, 446, 587, 588
ブレンターノ 26, 66, 68, 82, 83, 104, 106, 110, 131, 149, 323
ヘルバルト 104
変様（Modifikation），変様させる（modifizieren） 66, 67, 70, 71, 73, 74, 79, 112, 120, 123, 134, 140, 153, 161–163, 167, 174, 177, 181, 182, 184, 200, 312, 318, 331, 336, 345, 407–410, 420, 438, 439, 443, 446, 447, 506–508, 513–516, 527, 529–531, 615, 619, 622

ま 行

マルティ 26, 38
未来（Zukunft） 71, 72, 76, 164, 165, 169, 170, 443, 548

命題（Satz） 613, 614

や 行

予期（Erwartung） 27, 72, 109, 110, 132, 139, 161, 163, 164, 169–172, 177, 178, 322, 419, 447, 448, 485, 548
予持（Protention） 132, 137, 139, 163, 164, 322, 340, 448, 490, 528, 586
予料（Antizipation） 170

ら 行

理念（Idee），理念的（ideal） 139–141, 330, 613, 621
留意する（achten） 125, 148, 485–488, 491, 492, 568, 569, 614
連合（Assoziation） 66, 71, 75–82, 445
ロッツェ 104, 202

本書は「ちくま学芸文庫」のために新たに訳出されたものである。

反解釈
スーザン・ソンタグ　高橋康也他訳
《解釈》を偏重する在来の批評に対し、《形式》を感受する官能美学の必要性をとき、理性や合理主義に対する感性の復権を唱えたマニフェスト。

言葉にのって
ジャック・デリダ　林好雄／森本和夫／本間邦雄訳
自らの生涯をたどり直しながら、現象学やマルクスとの関係、嘘、赦し、歓待などのテーマについて肉声で語った、デリダ思想の到達点。本邦初訳。

声と現象
ジャック・デリダ　林好雄訳
フッサール『論理学研究』の綿密な読解を通して、「脱構築」「痕跡」「差延」「代補」「エクリチュール」など、デリダ思想の中心的〝操作子〟を生み出す。

省察
ルネ・デカルト　山田弘明訳
徹底した懐疑の積み重ねから、確実な知識を探り世界を証明づける。哲学入門者が最初に読むべき、近代哲学の源泉たる一冊。詳細な解説付新訳。

哲学原理
ルネ・デカルト　山田弘明／吉田健太郎／久保田進一／岩佐宣明訳・注解
『省察』刊行後、その知のすべてが記された本書は、デカルト形而上学の最終形態といえる。第一部の新訳と解題・詳細な解説を付す決定版。

方法序説
ルネ・デカルト　山田弘明訳
「私は考える、ゆえに私はある」。近代以降すべての哲学は、この言葉で始まった。世界中で最も読まれている哲学書の完訳。平明な徹底解説付。

公衆とその諸問題
ジョン・デューイ　阿部齊訳
大衆社会の到来とともに公共性の成立基盤は衰退した。民主主義は再建可能か？　プラグマティズムの代表的思想家がこの難問を考究する。（宇野重規）

旧体制と大革命
A・ド・トクヴィル　小山勉訳
中央集権の確立、パリ一極集中、そして平等を自由に優先させる精神構造——フランス革命の成果は、実は旧体制の時代にすでに用意されていた。

ニーチェ
G・ドゥルーズ　湯浅博雄訳
〈力〉とは差異にこそその本質を有している——ニーチェのテキストを再解釈し、尖鋭なポスト構造主義的イメージを提出した、入門的な小論考。

ちくま学芸文庫

内的時間意識《ないてきじかんいしき》の現象学《げんしょうがく》

二〇一六年十二月十日　第一刷発行
二〇二四年　二　月五日　第三刷発行

著者　エトムント・フッサール
訳者　谷　徹（たに・とおる）
発行者　喜入冬子
発行所　株式会社　筑摩書房
東京都台東区蔵前二―五―三　〒一一一―八七五五
電話番号　〇三―五六八七―二六〇一（代表）
装幀者　安野光雅
印刷所　明和印刷株式会社
製本所　株式会社積信堂

ISBN978-4-480-09768-2 C0110